本书为 2019 年度浙江省哲学社会科学规划课题《基于文化人类学的浙江姑蔑文化》（编号 19HQZZ03）成果

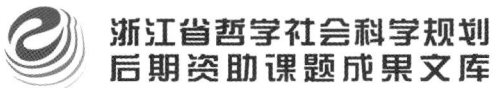
浙江省哲学社会科学规划
后期资助课题成果文库

# 基于文化人类学的浙江姑蔑文化

林胜华 著

中国社会科学出版社

## 图书在版编目(CIP)数据

基于文化人类学的浙江姑蔑文化 / 林胜华著. —北京：中国社会科学出版社，2021.3

（浙江省哲学社会科学规划后期资助课题成果文库）

ISBN 978-7-5203-6345-7

Ⅰ.①基… Ⅱ.①林… Ⅲ.①古国—文化史—浙江 Ⅳ.①K295.5

中国版本图书馆 CIP 数据核字（2020）第 065129 号

| 出 版 人 | 赵剑英 |
|---|---|
| 责任编辑 | 宫京蕾 |
| 特约编辑 | 李晓丽 |
| 责任校对 | 郝阳洋 |
| 责任印制 | 李寡寡 |

| 出 版 | 中国社会科学出版社 |
|---|---|
| 社 址 | 北京鼓楼西大街甲 158 号 |
| 邮 编 | 100720 |
| 网 址 | http：//www.csspw.cn |
| 发 行 部 | 010-84083685 |
| 门 市 部 | 010-84029450 |
| 经 销 | 新华书店及其他书店 |

| 印刷装订 | 北京君升印刷有限公司 |
|---|---|
| 版 次 | 2021 年 3 月第 1 版 |
| 印 次 | 2021 年 3 月第 1 次印刷 |

| 开 本 | 710×1000 1/16 |
|---|---|
| 印 张 | 22 |
| 插 页 | 2 |
| 字 数 | 361 千字 |
| 定 价 | 118.00 元 |

凡购买中国社会科学出版社图书，如有质量问题请与本社营销中心联系调换

电话：010-84083683

版权所有　侵权必究

# 序
## ——寻找金华历史文化的源头
### 叶志良[1]

浙江，得天独厚的自然环境，宜居宜业的生存条件，成为古代先民繁衍生息的聚居之地。从旧石器时代到新石器时代，从三皇五帝到夏商周三代，留下了先民们层层叠叠的历史足迹。金衢盆地是浙江省最早有人类居住的地区，勤劳智慧的先民世世代代于此渔猎耕稼，繁衍部落，设都建国，肇基兴业。经过生生不息的奋斗，建立了永垂史册的烈烈功业，创造了彪炳千秋的上古文明，成为华夏文化、姑蔑文化的主要源头。考古发现，目前在全国范围内发掘的早期新石器时代遗址20多处，而位于浙江的金（华）衢（州）盆地就占了18处之多，且遗址的面积之大，实属国内罕见。其中在浙江金华西部域界，有9000年前的山下周遗址、11000—4300年前的青阳山遗址、3000年前的贞姑山和老鹰山遗址、冷水井和龙口遗址以及山下陈古遗存等。这充分证明，从新石器早期到商周时期是浙江钱塘江上游的集中居住区，在历史上某些时期占据重要地位，是浙江新石器时代文明的发祥地，也是稻作农业文明的重要发祥地，充满了"文明发源地"气息。

历史篇章翻到春秋时期，黄河流域有个古老的国度，叫姑蔑国，它被吴国打败后，从山东迁居到浙江，很多学者认为它当时迁徙到了今天的浙江省龙游县一带。据古籍记载，姑蔑国的故地不仅仅在龙游，也包括整个金衢盆地及周边地区。有学者曾对姑蔑国的疆域进行考证，姑蔑国势力范围大致包括：东至太湖，南至丽水和福建闽北，西至江西赣东北广丰玉山，北至安徽休宁等。而浙江金衢盆地，只是姑蔑古国的腹地，如今金衢

---

[1] 作者为浙江旅游职业学院二级教授。

盆地上的金华汤溪和衢州龙游、开化、常山、江山以及江西玉山、广丰等地，相互之间用各自方言交流而不用说普通话就可以直接听得懂。

姑蔑国历史记载模糊，但当地民间传说比较清晰。距今4000—3000年的江浙一带小国林立，金衢盆地曾建有与越国齐名的姑蔑古国，发达一时。在浙江金华九峰山之东，有一条河称"越溪"，在九峰山之西的中戴境内，有一条溪名莘畈溪，当地一些老者却称之为"姑蔑溪"，"越溪"为越国和姑蔑国的边界。金华境内的九峰山下、姑蔑溪旁建有姑蔑国都邑，与当时的吴国、越国同为春秋时代的诸侯国。九峰山2300多年历史的汤溪镇沙头村村谱《兰源戴氏文献谱》（第一卷）《兰谷义田赋》记载："龙邱，古太末里，姑蔑墟也。县之东南四十里地名兰坡，有蓉峰拱秀峙于南，兰谷潆清流于东。宋德祐间"。《婺遗续识》：太末（龙游）故城在九峰山麓，水源自山际流出，蜿蜒而下兰江，波纹如绮，则瀫水之滥觞于兹山也。《逸周书·王会解》："东越海蛤，欧人蝉蛇，蝉蛇顺食之美。姑于越纳，曰姑妹珍。且瓯文蜃，共人玄贝，海阳大蟹。自深桂，会稽以鼍。皆西向。"《元和志》载："婺州，春秋时为越之西界，秦属会稽郡。今之州界，分得会稽郡之乌伤、太末二县地。"乾隆《汤溪县志·瀫水图说》曰："汉地理志曰，会稽太末有瀫水，东北至钱塘入海。又水经注曰，浙江钱塘瀫水入焉，源出太末，是瀫水专属太末明甚。汤邑九峰之下实惟旧址，残碑断碣所留尚可约略。其概今泉自山际流出，转衢而下，滔滔不息环带于邑之西北者独名瀫江……"乾隆《汤溪县志》记载："太末县旧址在九峰山下，其城闉（门）街址，历历犹存。"

浙江姑蔑，是中华民族文化宝库中的一颗明珠。姑蔑，作为古老的文明，对其文化事象进行深入的探讨和研究是很有必要的。浙江姑蔑地，自古以来是婺（金华）、衢、处、严四府交汇地，连接江西、安徽、福建三省的交通要道，境内峰、岩、洞、石、湖、潭与人文景观融为一体，自成特色。在漫长的岁月中姑蔑人创造了璀璨的历史文明和地方文化，处于吴、越、楚文化之间，将儒雅婉约的吴文化、激越慷慨的越文化、浪漫柔媚的楚文化精华吸收糅合，千百年来耕读立身，文化传世，从而为浙江在新的历史条件下推进文化大发展奠定坚实基础。

在民间，隐藏着非物化的底层遗存，而这个底层正为现代讯息所湮没、所同化。由于记载姑蔑的材料极少，且语焉不详，所以探索姑蔑古史极为不易。林胜华著的《基于文化人类学的浙江姑蔑文化》在已有研究的基础上，着重围绕浙江，对姑蔑历史文化作了一次有益的探索和整理。其中，有的已在国内媒体上发表过。全书选题之准，涉及历史、文化、经济、生活各方面，具有涵盖性；取证之博，引证古籍之多，非追求者难以达到，具有权威性；所论之言，精辟深化，客观谨慎而中肯，具有科学性。向读者们展现了姑蔑之源、姑蔑之说、姑蔑之脉、姑蔑之史、姑蔑之学、姑蔑之儒、姑蔑之遗、姑蔑之韵、姑蔑之习、姑蔑之尚、姑蔑之食、姑蔑之珍、姑蔑之文、姑蔑之旅等，以文化软实力提升浙江经济发展硬实力；作者从"姑蔑"这个族名入手，穷古今图籍秘籍，旁征博引，科学论定，受到国内史学界肯定，就浙江姑蔑的文化研究方面来说，具有开创先河和奠基者的地位，做出了可贵的历史贡献。《基于文化人类学的浙江姑蔑文化》的撰著、刊印、流传与价值研究，既浸润于博大精深浙江文化之中，又有着鲜明的地域文化特色，成为研究浙江历史文化之文献宝库。该专著笔触生动、思考深邃，述其版本，录其资料，是浙江省罕见的地域文化研究之集成，为浙江文献瑰宝。对坚定中华民族文化自信，传承弘扬中华民族文化，构建社会主义核心价值观，推动中国社会科学文化繁荣兴盛都具有重要的学术价值和现实意义。

作者林胜华是长期在教育文化战线工作的副研究员，利用早晚工作空隙，而始终坚持做到不甘寂寞，孜孜不倦地潜心研究所在地区的历史文化，且能达到这种水准，实属不易。本书是林胜华先生在其故乡姑蔑实地探索、反复研究的结晶，书中字字行行都渗透着作者辛勤的汗水和心血，充分表现出他对家乡、对国家、对人民群众、对事业的一种真挚无私的爱。毋庸置疑，这是一部启示当今、有益后世的著作，具有很高的学术价值、史料考证价值，细读回味，有所借鉴、启迪。本书提出的结论未必是唯一答案，但它却提供了一个研究浙江上古史的全新角度。我为作者而自豪，用一人之笔，借众之力，蘸满激情之墨力挽狂澜，奋起而搏之，为浙江有这样的专著问世而高兴。

2019 年 8 月

# 目　　录

第一章　绪论——文化人类学的浙江姑蔑认知 …………………（1）
　　一　文化人类学研究与浙江姑蔑 …………………………（1）
　　二　扑朔迷离的金衢盆地姑蔑国 …………………………（8）
第二章　溯源——商汤后裔播迁的姑蔑古国 ……………………（15）
　第一节　姑蔑之源 …………………………………………（16）
　　一　姑蔑名号 ………………………………………………（16）
　　二　姑蔑地望 ………………………………………………（29）
　第二节　姑蔑之说 …………………………………………（39）
　　一　姑蔑考据 ………………………………………………（39）
　　二　姑蔑辨章 ………………………………………………（57）
第三章　史迹——姑蔑典籍记载的人文辨章 ……………………（85）
　第一节　姑蔑之脉 …………………………………………（85）
　　一　姑蔑文脉 ………………………………………………（85）
　　二　姑蔑文载 ………………………………………………（97）
　第二节　姑蔑之史 …………………………………………（114）
　　一　姑蔑战地 ………………………………………………（114）
　　二　姑蔑治地 ………………………………………………（120）
第四章　浙学——姑蔑溪畔流动的生命符号 ……………………（133）
　第一节　姑蔑之学 …………………………………………（133）
　　一　姑蔑方言语系 …………………………………………（133）
　　二　姑蔑耕读家园 …………………………………………（157）
　第二节　姑蔑之儒 …………………………………………（165）
　　一　姑蔑才子 ………………………………………………（165）

二　姑蔑望族 …………………………………………………（175）

第五章　风物——金衢盆地姑蔑的古越遗韵 ………………………（187）
　第一节　姑蔑之遗 …………………………………………………（187）
　　一　姑蔑文产 ……………………………………………………（187）
　　二　姑蔑文艺 ……………………………………………………（199）
　第二节　姑蔑之韵 …………………………………………………（214）
　　一　姑蔑建筑 ……………………………………………………（214）
　　二　姑蔑形胜 ……………………………………………………（227）

第六章　俗尚——姑蔑方域民风的乡情乡愁 ………………………（242）
　第一节　姑蔑之习 …………………………………………………（242）
　　一　姑蔑礼数 ……………………………………………………（242）
　　二　姑蔑礼俗 ……………………………………………………（253）
　第二节　姑蔑之尚 …………………………………………………（259）
　　一　姑蔑游乐 ……………………………………………………（259）
　　二　姑蔑生活 ……………………………………………………（264）

第七章　妹珍——姑蔑文化地理的民间食味 ………………………（270）
　第一节　姑蔑之食 …………………………………………………（270）
　　一　姑蔑食论 ……………………………………………………（270）
　　二　姑蔑食析 ……………………………………………………（274）
　第二节　姑蔑之珍 …………………………………………………（279）
　　一　姑蔑食言 ……………………………………………………（279）
　　二　姑蔑食语 ……………………………………………………（288）

第八章　理论——姑蔑地域文化的美丽产业 ………………………（305）
　第一节　姑蔑之文 …………………………………………………（305）
　　一　姑蔑腹地浙江古韵 …………………………………………（305）
　　二　姑蔑文化浙江风尚 …………………………………………（317）
　第二节　姑蔑之旅 …………………………………………………（322）
　　一　集聚辐射边界 ………………………………………………（322）
　　二　融入都市版图 ………………………………………………（326）

参考文献 ………………………………………………………………（332）
后　记 …………………………………………………………………（342）

# 第一章

# 绪论——文化人类学的浙江姑蔑认知

## 一 文化人类学研究与浙江姑蔑

### (一) 文化人类学方法拓宽研究视野

探索远古文明社会产生的条件，遵照当时的气候状况，社会分工，生产特征，生活水准，活动范围，地理位置情况，从食物、气温、地貌、矿藏、方位、交通、思维、伦理、遗迹、古籍等的社会性、科学性、整体性、连续性、稳定性方面推断出远古文明之源的重要判断。

有这样一种学术研究，研究者对一个地方、一群人感兴趣，怀着浪漫的想象跑到那里生活，在与人亲密接触的过程中获得他们生活的故事，最后又回到自己原先的日常生活，开始有条有理地叙述在那里的所见所闻，这就是文化人类学研究。历史学是研究"文化化石"，而文化人类学是研究"活的文化化石"，运用实地参与观察法、全面考察法、比较法进行研究。即通过亲自到所在的地方去观察、访问和直接参与各种文化活动，进而根据现有的活的事实、情况和情节，尽可能地记录、保存下来，然后再用各种方法和技术，进行分析、比较和研究，并得出理论评价。

文化人类学研究文化与各种人类活动的关系，用现代科学的标准来衡量研究对象，而没有注重该对象自身的概念与理论，属于阐释性研究，目的是分析文化现象。文化人类学研究范围广泛，其中对探索认识论较有意义的是文化人类学家对知识体系的研究。在此思想指导下，文化人类学使很多传统文化的概念和理论得到了世界人文科学家的重视。

文化人类学家对文化的理解有所不同，一是强调生活的各种活动及其相互之间的关系，包括人们的衣、食、住、行等方面的大众生活；二是强调文化不是一成不变的，它是一种过程，产生于社会实践，即人们所说的文化制造。文化人类学家已表明，在许多不同活动中存在某些普遍的文化模式。文化是一个集体过程，从群体生活工作中产生。文化作为一种过程，是可以观察的。作为集体过程，文化强调交流。文化可以改变我们，也可以被我们改变。

文化人类学所研究的视野更为广阔，偏向于从整体上把握事物。既是深入地研究某一具体事项，也是间接或直接地为某一理论服务。日益认识到历史研究的重要性，同时历史学研究近年来也借鉴文化人类学的一些观点，将过去的时代看作一种与现在相差很远的文化。研究古代文化，尽量从当时的观点去了解，而不能用现代的标准去衡量。浙江姑蔑文化的历史研究，不仅要用传统的历史研究方法，也应认识到当时的世界观、价值观、逻辑思维、宗教信仰等与当代是完全不同的，不能理所当然地认为与现在相同。文化人类学研究提供了一种也许更为有效的方式，并且可以帮助我们更好地整理浙江姑蔑文化，以姑蔑国族自己的文化将其精华传给全世界。用文化人类学方法研究姑蔑文化不仅有助于地方文化自身的发展，也有助于浙江姑蔑更加权威地走向世界。

文化起源与演进是文化人类学的重要研究范畴。文化以何种条件而发生，文化的发展遵循何种程序，这些都是文化人类学所要解决的问题。本书试图从文化人类学的视角，研究姑蔑的历史文化、人文思想。一方面能给文旅界提供一些浙江姑蔑的基本内容；另一方面也希望为历史文化研究者提出新的研究思路，以期作出符合逻辑的解释。文化人类学研究认为，任何文化现象的产生都不可能是"突发事件"，而是漫长的历史发展的结果，尤其在古代社会，更是如此。换言之，一种文化现象在其原始形态现世之前，必定有一个长期的"过渡"阶段，在这一时期，在多元因素的作用下，经过多次由量变到质变的攀升过程，最终便导致其原始形态独立于社会文化之外的结果。这一"过渡"阶段一般也被称为"萌芽阶段"，尽管萌芽阶段可能是一个模糊的概念——模糊性其实是文化起源本身普遍存在的一种客观属性，却是文化起源研究的重要组成部分。

浙江姑蔑，是中华民族文化宝库中的一颗明珠。姑蔑，作为古老的文化事象，对其文化事象进行深入的探讨和研究是有必要的。对该问题的研究可以有两种不同的视角：一是历史学的考辨；二是文化人类学的分析与解释。总的来看，长期以来，有关姑蔑文化问题的研究主要集中于前者而忽视了后者。本书试图从后者视角研究回答"姑蔑"，比如"溯源——商汤后裔播迁的姑蔑古国；史迹——姑蔑典籍记载的人文辨章；浙学——姑蔑溪畔流动的生命符号；风物——金衢盆地姑蔑的古越遗韵；俗尚——姑蔑方域民风的乡情乡愁；妹珍——姑蔑文化地理的民间食味；理论——姑蔑地域文化的美丽产业"；等等。以历史考辨的方法根据文献记载探究姑蔑人源自何时何地是必要的。但是，研究仅仅停留在这一层面上是远远不够的，过分地对其加以追问更是没有必要的，甚至是徒劳的。由于年代的久远，姑蔑文史存留有限，加之史籍资料的匮乏，"证据"不足，所以很难对其作出准确的判断。

如何将文化的发展和理论的创新融入地方经济发展的洪流中，成为人文社会科学的重大工程？作为春秋战国时期的姑蔑方国，是浙江文化共同体的概念，隐藏着非物化的底层遗存，而这个底层正为现代化的讯息所湮没、所同化，成为学术界关注的焦点。

第一，浙江姑蔑文化研究、开发面临历史机遇。姑蔑文化，无疑增强了浙江文化的认同感和归属感，为在浙江这片古老文明的土地上崛起的现代化建设事业诸如文化的导向和推动力量，提供精神文化的吸引与支撑。其一，过去更多采用历史学、文献学、档案学的理论与方法，而现在则大量增加了社会学、民俗学、考古学、旅游学等诸多人文学科的理论与方法；其二，过去更多对人文历史、民俗风情、名胜古迹、名贤人物、村落民居等专题性的探讨，而现在则更多对文化资源、文化地域、文化产业等专题性和综合性相结合的研析，比如对姑蔑文化产业的组织柔性、组织文化系统的探讨。

第二，浙江姑蔑文化研究范围、视角更加广阔。姑蔑文化，作为浙江文化一个文化共同体概念，考察探究仅仅拘泥于零星的几条文献记载，受重视程度与经济社会发展的要求不相适应，不利于在更广阔的空间和更长时间跨度内准确认识和把握姑蔑文化的本质和内涵。而且文化挖掘表面化，多为资料整理、考证性和粗线条评述的成果，有一定思想深度且形成体系的综合性研究成果以及开发利用姑蔑文化资源直接为当地经济社会发展服务的成果少。系统地厘清姑蔑文化的基本概念、范畴、实体、内容和具体形式等，具有重大的现代开发价值。

第三，浙江姑蔑文化理论学术价值提升空间大。对于"姑蔑"，"金衢盆地"（金华衢州两地）学者都将范围"放大"，利用现有姑蔑有关的材料构拟姑蔑国，爬梳古籍（包括考古发掘的材料），归纳整理所得相关材料。姑蔑作为浙江史迹中的地名，承载了一段历史碎片，蕴含了一处风土人情，是复原浙江地域文化的重要载体。一方面，充分挖掘浙江姑蔑文化的精神内涵，弘扬优秀传统文化；另一方面，加快浙江姑蔑文化产业的开发，建设精神文明。诸如金华万年前山下周、青阳山遗迹、姑蔑国开发、姑蔑食宴、太末食府、明皇御菜的研究，古村落民居、砖雕艺术建筑、名人乡贤研究、书画艺术、民间灯彩艺术等，都是姑蔑文化代表，也是浙江历史遗存的文化讯息。

目前，国内地方文化研究已进入了瓶颈阶段，尽管地方文化研究的相关著作和大量学术论文百花齐放，但人们在各种意义上使用诸如"姑蔑文化"的地方文化内涵与外延仍模糊不定。浙江姑蔑文化具有很高的学术价值，然而，其研究的难度亦较大。首先，历史文献中关于浙江姑蔑文化的记载往往是只言片语、记载不详，需要花费大量的时间去搜集整理相关史料。其次，研究浙江姑蔑文化的基础工作是收集、整理、统计资料数据，然而对姑蔑资料获取不易，或作为文物档案藏于深闺之中查阅不便，或散佚于民间有待于搜集。因此，本书在追溯国内外姑蔑文化研究成果的基础上，从浙江姑蔑文化的发生层面来界定和框限地方文化，并在内涵、特性、功能层面上对姑蔑文化与一般文化进行比较分析，进而指出未来的姑蔑文化研究可以运用文化人类学方法来获取第一手资料。同时，本书旨在反思国内姑蔑文化研究的概念误区，并尝试以文化人类学视角来廓清浙江姑蔑文化的外延，将姑蔑文化视为文化生产与再生产的结果，为浙江文化内涵的明确化、具体化做抛砖引玉的思考。

（二）文化人类学理论丰富研究内容

文化人类学引入中国的历史并不长，但发展非常迅速。它是人类学的重要组成部分。著名的人类学家童恩正先生这样描述文化人类学："它是从文化的角度研究人类的科学……就是从物质生产、社会结构、人群组织、风俗习惯、宗教信仰等各个方面，研究整个人类进化的起源、成长、变迁和进化的过程，并且比较各民族、各部族、各国家、各地区、各社团的文化的相同之点和相异之点，藉以发现文化的普遍性以及个别的文化模式，从而总结出社会发展的一般规律和特殊规律。"[1] 文化人类学研究的目的虽不尽相同，但地方文化无疑是文化人类学的重要研究对象，无论是

---

[1] 谭国志：《从文化人类学的角度看中国饮食文化研究》，《湖北经济学院学报》2004年第2期。

第一章　绪论——文化人类学的浙江姑蔑认知

分析社会结构还是风俗习惯等，都与地方文化密切相关。地方文化的深入研究，对于推动文化人类学的更进一步发展是很有好处的。同样，用文化人类学的研究方法及理论来改变中国比较落后的地方文化研究状况，值得做有益的尝试。纵观人类学的发展历程，可知文化人类学的研究与地方文化的研究是紧密结合在一起的。

文化人类学已经初步形成了具有中国特色的民族学体系，而地方文化研究的各个方面虽然有了长足进步，但离建立完整的地方文化体系，还有很长的一段路要走。从这一方面来说，借鉴文化人类学的研究方法来研究中国地方文化有其现实意义。现代文化人类学的研究注重现实意义，旨在解决有关人类生活的各种弊端，为人类的健康发展探索各种理论方法。文化人类学的这些理论品质与地方文化研究具有的特点是非常吻合的。文化人类学要求研究人员深入最基层，收集现实生活的第一手资料，并用客观的眼光对它进行分析说明。最后结合一定的理论，挖掘其中的现实意义。文化人类学最大的特点之一就是重视历史资料的应用，历代有关民族的研究著作、历史资料丰富，这些资料提供了历史性研究的广泛资源。将史学和人类学结合，早在人类学在中国发展的萌芽时期就已经有许多学者在付诸实践。从古人的文化遗产中汲取养分，进一步丰富、发展中国地方文化是大有裨益的。

浙江金衢盆地，曾有一个姑蔑国在这里出现。本书依据文化人类学视角的文献资料和田野调查法进行探究，把姑蔑文化的基础研究和应用研究有机结合起来，以应用研究促进基础研究，以基础研究带动应用研究，寻找历史、地理、人文、饮食、民俗等"姑蔑"线索并综合考察，提升浙江文化研究理论和结论的高度，把握民间文化大发展趋势，挖掘浙江民间历史传统文化，打造当代创新的浙江文化，引领民间文化的时尚潮流。博大精深的姑蔑文化曾经是也将永远是浙江文化赓续绵延的基石，这是文化学术界的共同期盼。通过姑蔑文化的发掘整理，利用不同的文献、史料展开商榷，历史性、全方位分析历代零散的姑蔑自然生态环境、生活方式、艺术表现、社会功能等。从姑蔑古籍整理聚焦历史人物和历史事件、文化艺术、民风民俗方面的研究，探究姑蔑之地厚实的浙江文化。从经济文化一体化的角度重回姑蔑文化的原点、发掘文化资源方面的研究，提炼有一定思想且形成体系的综合性精神文化，直接服务于区域经济发展。

史前时期，浙江唯一的人类生活圈——金衢盆地，其腹地有浙江第一山之称的九峰山。大约在公元前482年有一个"姑蔑国"出现在九峰山，与当时的吴国、越国是平行的地域单位,为浙江第二大古都之地。姑蔑国,北达今安徽休宁,南至福建浦城、松溪,东延伸至浙江浦江,西及江西东北的婺源、德兴、玉山、广丰等地,今天的浙江金衢盆地则是两千五百年前的姑蔑国后裔,姑蔑文化是和上山文化、河姆渡文化、吴越文化相媲美的浙江传统文化体系。

第一,地域自然馈赠——浙江是远古文明之发祥地。远古时代,金衢盆地是恐龙活动频繁的地区。从地质来看,属于白垩纪晚期地层,以黄土丘陵为主,1.7亿年前有大量恐龙在此繁衍生息。远在五六万年前,这里就有"建德人"生活居住。史前时期,杭嘉湖宁绍平原被海水或河水淹没,金衢盆地成为浙江唯一的人类生活圈。之后,水慢慢往东消退,先祖追寻着水消退的方向,拓宽生活圈。目前在全国范围内发现的早期新石器时代遗址20多处,而位于金衢盆地就占了18处之多,人类已开始在旷野地带建造房屋、彻底告别洞穴居住的时代,是连续"不断史"的地区,一直是先秦时期先民活动的中心区域,是浙中地区和钱塘江上游的集中居住区,是浙江新石器时代文明的发祥地,充满了"文明发源地"气息,是世界稻作农业文明的重要发祥地之一,是金衢盆地区域内的文化政治中心。

第二,地域社会遗惠——浙江是吴越楚文化交融地。金衢盆地是古姑蔑国腹地,在越国的西境,为南迁的古东夷方国。《左传·哀公十三年》即公元前482年,为助越灭吴,姑蔑举师出征。《国语·越语上》说"勾践之地,南至于句无,北至于御儿,东至于鄞,西至于姑蔑",这说明姑蔑是越国西边一地,其地理位置约当今浙江金衢盆地。浙江之地人类活动发轫甚早,聚落出现具有悠久的历史,处于古代吴、越、楚国的地界,被称为"吴根越角""楚头越尾",广泛吸收了吴文化的儒雅婉约、越文化的激越慷慨、楚文化的浪漫柔媚之特色,形成既体现江南文化总特色又具个性的文化。[①]

第三,地域人文底蕴——浙江是学政商界关注高地。浙江九峰山文脉久远,"姑蔑文化"初见端倪,历代的名流高士都在此留下震撼世界的生命踪迹和文化财富,在此求学、布道、传经。西汉与严子陵为友的名士龙丘苌隐居于此,因此叫龙丘山;晋代道家创始人、炼丹名家葛洪,得道成

---

① 刘彬徽:《姑蔑历史文化论文集·论姑蔑文化和楚文化的关系》,人民日报出版社2002年版。

仙，并著《神仙传》，至今丹灶依存；南朝宋元嘉年间（424—453）徐伯珍迁居九峰山，建"安正书堂"，"筑室讲学，授徒千人"；南朝梁天监元年（502），东土禅宗第一始祖嵩陀僧达摩始建九峰禅寺，九峰中有一主峰就以其取名达摩峰，菩提达摩在九峰山生活直至圆寂；唐徐安贞自幼读书于九峰山，神龙二年（706）中进士，官至吏部尚书，后弃官隐居于此，后人于九峰寺建"三贤堂"，尊"龙丘苌、徐伯珍、徐安贞"为三贤，合祀供奉，香火长盛不衰；五代名僧贯休曾为九峰禅寺住持，并留下《寒望九峰》"九朵碧芙蕖，王维图未图"句；元画坛魁首黄公望画下了"九峰雪霁图"，现珍藏于北京历史博物馆；明代太常卿鸿胪寺卿胡森，自号"九峰"，留下许多石刻真迹……辐射出巨大的文化能量，不仅本地名儒代代有，在浩瀚学海与宦海中大展宏图，而且还活动过、寄寓过数不胜数的文化名人，从文人学者到书家画师，从能工巧匠到杏林名家，其生动活泼的文化创造与传播，绵延不绝的文化承续与传递，从来没有湮灭或消沉过。

第四，地域区位优势——浙江地域婺文化发源之地。从地域文化的角度讲，婺文化大致上是由"乌伤文化和姑蔑（太末）文化"两大地域文化组成的。浙江有得天独厚的地理优势，地处东海之滨，居大陆海岸线中段，海道辐辏，内陆河道纵横，交通非常便捷。加上气候适宜，土地肥沃，物产丰富，自古商贾云集，人烟阜盛，民风淳朴，尚学重教。浙江山地多，人均土地偏少，为了生存形成了亦商亦农的习惯，骨子里就有一种与生俱来的商业意识，强调勤耕、好学、刚正、勇为的精神。姑蔑人走南闯北，开扩了视野，突破了安土重迁的传统观念，纷纷背井离乡，与徽商、龙游商帮参与全国商品流通，对明清时期商品经济发展与区域商品市场的形成起到应有的作用。明万历《龙游县志》载："工不务淫巧，居山之人业樵采，濒水之人务刺船，驱筏其事，种植则同，南入括北走睦。"明万历龙游知县万廷谦《申明乡约保甲条规》："龙丘之民，往往半糊口于四方，诵读之外，农贾相半。"证明了从明万历年至清康熙年间经商人数有增无减，这时的社会经济繁荣，百姓安居乐业，财富大量聚积，庐室渐以雕琢相尚，衣着服饰及民情风俗渐趋奢侈，屋居、饮食、婚嫁、丧葬、待人接物、生活需求大肆铺张，渐成社会陋习。[1]

---

[1] 金华历史文化丛书编委会：《源远流长——千古风流话金华》，浙江教育出版社2018年版。

第五，地域区域影响——浙江是宽慢之文化形成地，"宽慢"之于浙江土著于越族文化环境的浸染，从上古时代到春秋战国时期越国的兴起和称霸，于越文化一直活跃于今浙江一带，对金衢盆地的社会和文化产生了深刻的影响。"宽慢"之于姑蔑文化地域的融入，春秋时期，大国争霸，战事频仍，各诸侯国莫不纷纷筑城自卫，致使城市数量空前增多、规模不断扩大，不仅促进了社会经济结构的变革和生产力的发展，而且推动了社会资源的合理配置和产业结构的调整，加大了城乡经济双向交流的力度，进一步改善和丰富了城乡人民的经济生活。"宽慢"之于婺徽文化社会的渗透，婺文化是在浙江中西部金衢盆地这一特定的地域中，徽文化是中原儒家文化的厚实积淀，唐宋以后徽州人到江浙经商和江浙一部分人迁徙徽州，加上徽州处于崇山峻岭之中，由于闭塞较少战乱的侵扰，丰富的物态和非物态文化遗产得以大量留存。宋以后受程朱理学的深刻影响，构成浙江宽慢文化的理性内核，提升了宽慢文化的理性层次。到了明清时期浙江经济的发展繁荣，又促进了宽慢文化的发展。金衢盆地有民谚：有穷侬没怂侬。浙江人肯吃苦、崇读书、做事稳、尚节约、爱面子、诚待客、讲孝道、眼界高、口筋健、硬拳头等。

至此，我们有可能将浙江这个地方的古文明史探索，从"静力学"状态深入"动力学"状态。跳出发黄的古书，跳出发掘坑，将金衢盆地的文明史定位在广阔时空里。也就是说，将微观的古文献学的研究方法同宏观的古气候古地理环境等自然环境对接起来，引入现代生物科学等进行动态研究。从文化人类学视角对金衢盆地承载的姑蔑元素进行探究和揭示，寻踪传承浙江文化及其现代价值的阐扬，了解曾经灿烂辉煌、深厚广博的浙江文化底蕴，为浙江顶层文化设计提供智力支持和文化支撑。

## 二 扑朔迷离的金衢盆地姑蔑国

近年来，有关"姑蔑国"的话题不时成为热议。在浙江金衢盆地上的九峰山一带至今仍在流传：春秋时期的这里曾有一个姑蔑古国。一直以来，学者对姑蔑的研究不曾停止。学者和考古工作者对金衢盆地这块土地上堆积的历史文明深掘不息，并不时有新成果新发现。考古人员在浙江金华的汤溪镇下伊村北面台地上、坐落在罗埠镇的山下周遗址西侧约1000米处的青阳山遗址发现大量文物。经过发掘，发现青阳山遗址分为多个文化层，有上山文化（前11000—前9000年）的器物、跨湖桥文化（前

8000—前7000年）的器物、钱山漾后良渚文化（前5300—前4300年）的器物。山下周遗址、青阳山遗址是新石器早期时代遗址，这些遗址的发现，说明浙中地区是浙江新石器时代的发祥地，也是稻作农业文明的重要发祥地。据现存先秦文献，姑蔑是黄河流域的一个古老国族，经历了源于华夏，由中原播迁东方、由夏而夷、由夷而夏，最终融入汉民族统一体的曲折历程，并在先秦夷夏互动中扮演过重要角色。至春秋时期，仍然有其族群活动的记载和遗迹可考。

（一）姑蔑国南迁聚居浙江

以文化人类学以及田野调查、民族学、异邦古史、文献记载和语言学等多重证据，则可以推测姑蔑国存在的一些蛛丝马迹。早期的地名实际上反映了族群分布，由一个族群和部落因迁移而形成的方国，必然会留下该族群的文化痕迹。

浙江的远古居民是百越人，并夹杂着三苗部族。其中古代三苗的一个部落——姑蔑，就定居在金衢盆地。通过零星史料能了解到，姑蔑国虽然称国，但实际上不过是一个半蛮夷的部落，是蚩尤的后代，丁口也不少，成丁者有四千，皆可为敢战之士，蛮夷中也算是一方霸主。有学者考证，姑蔑最初是族名，是商代君王武丁妃子妇好的后裔。商被周灭亡后，姑蔑人辗转南迁，从山东一路迁徙来到浙江金衢盆地，后人将族名指为地名，在许多文献史料上，姑蔑就泛指今天的金衢盆地。

关于这个姑蔑的部族，有姑眛、姑妹、姑昧、姑末、姑妺（mò）、姑篾等别称。《路史·国名纪》："姑蔑，一曰姑妹，大末也。"是西周以来存在于江南一带的方国或部族。从训诂学上讲，"姑"作为语气词，如同"于越"之"于"，习惯性称呼语音语调，发语词，无意义。

受政治性强制迁移、战争、自然灾害等因素影响，古代聚族迁徙的事例不乏其数。历史上的商灭夏、周灭商等都是历史的震动，一些被征服国族及其盟友遭到灭国、灭族而迁徙的命运。姑蔑国本是黄河流域的一个古东夷国族，武王伐纣和周公东征的战乱，姑蔑避西周之兵而迁鲁之泗水。春秋争霸战争持续时间长，战争频繁、战斗激烈，人为地促使民族大迁徙，加速了包括姑蔑部族在内的各族间南下北上的态势，也对人口态势以迁徙调整。

吴王夫差为争霸中原，多次北上，深入中原鲁腹地，进兵山东泗水，征服了鲁、邾、卫等中小国，与鲁、邾相邻的姑蔑国也被征服之中。前

482 年吴国北上与诸侯相会黄池，吴王夫差当上了霸主，打乱了中原诸国的格局，为姑蔑迁徙创造了空间。姑蔑又由中原南迁微山湖、三迁太湖，之后一部分部族从安吉入境浙江，定都金衢盆地九峰山下，姑蔑南迁及其定居浙江的历史表明，浙江金衢盆地早在春秋时期就已融入了华夏族之列。彭邦本在《姑蔑国源流考述——上古族群迁徙、重组、融合的个案之一》① 一文中说：夏亡以后，豕韦氏族群的相当一部分同黄河流域多数居民一样，降服于商人，并成为这一新共主麾下众多国族构成的天下政治体系的重要组成部分。商代的姑蔑国落脚河南淇县（时为商宫别院），商代解体，姑蔑国被迫迁徙到山东泗县，黄河下游和淮河流域地区的韦或曰豕韦部族，与徐、奄、熊、盈等东夷混居，逐渐接受东夷风俗，因而在商周之际，已被人们习惯性地视同东夷，并进而将整个东方地区的韦或曰豕韦部族视为夷人。

金衢盆地，五帝传说时代属禹贡扬州；夏、商、西周三代属扬州之域的于越；春秋属姑蔑。在《逸周书·王会解》《左传》《国语·越语上》《路史·国名记》《越绝书·记地传》《水经注》等古籍上均有记载。前 482 年，是姑蔑国出现在浙江金衢盆地的最早记载。当时姑蔑国军队助越伐吴，于前 473 年越、蔑联军灭吴，前 472 年姑蔑国被越国吞并。前 339—前 329 年越为楚所败，浙江（钱塘江）以北被楚占，以南也臣服于楚，浙江则归属楚国。秦统一中国后，分郡县两级，金衢盆地属会稽郡太末县。②

约秦王政二十五年（前 222），金衢盆地的东西两部分有乌伤、太末（也作大末）两县的分置，隶会稽郡。太末城址建于姑蔑国都上，位于浙江九峰山下，时为秦朝浙江的第二大古都。九峰山所在地划属太末吏治895 年，龙丘及兰溪管辖 797 年，汤溪县治理 487 年，1958 年 9 月后划属金华管辖也有 60 多年。

明万历《金华府志》载："古城在府城西四十里，广袤五六里为古州城遗址。"乾隆《汤溪县志》载："秦太末县旧址在九峰山下，其城闉

---

① 彭邦本：《姑蔑国源流考述——上古族群迁徙、重组、融合的个案之一》，《云南民族大学学报》（哲学社会科学版）2005 年第 1 期。

② 魏建震：《姑蔑历史文化论文集·先秦时期姑蔑族的渊源与迁徙》，人民日报出版社 2002 年版。

（门）街址、历历犹存。"《婺遗续识》按："太末（龙游）故城在九峰山麓，水源自山际流出，蜿蜒而下兰江，波纹如绮，则瀫水之滥觞于兹山也。"诸多文献记载说明，太末县城，沿袭姑蔑故国都城。《读史方舆纪要》卷九十三《浙江五》载：大末城在县治西。在金衢盆地的九峰山一带素有"太末古治，邹鲁遗风"之称。《国语·越语上》（卷二十）说："西至于姑蔑（今金衢盆地）。广运百里。"《吴越春秋·国外传》记载"南至姑蔑"。从"西至于姑蔑""南至姑蔑"等句说明，当时姑蔑不属于越国之领地，也不是吴之属土，而是独立于吴、越两国的一个方国。到了春秋晚期，于越势力更加强大，其势力扩张到周围地区，疆域有今江苏北部运河以东地，江苏南部，安徽南部，江西东部和浙中西部赣江的武夷山区。战国时国力衰弱，约在前306年为楚所灭。九峰山2300多年历史的汤溪镇沙头村村谱《兰源戴氏文献谱》（第一卷）《兰谷义田赋》记载："龙邱，古太末里，姑蔑墟也。县之东南四十里地名兰坡，有蓉峰拱秀峙于南，兰谷潴清流于东。宋德祐间"。"龙邱"即龙游，九峰山一带曾隶属龙邱管辖；"太末"是秦时设的一个县；"县之东南四十里"就是指九峰山一带，"蓉峰"即九峰山，因九峰山远望如莲花而得名。在沙头村姑蔑溪畔的杨林畈，深挖下去全是断瓦残垣，而且还曾挖出过千年古木，境内的塔岩峰，传说是古姑蔑国旧址，后因战乱而灭迹。从村谱、典籍的零碎记载佐证，金华九峰山附近有姑蔑国存在过的痕迹，是为春秋战国时期浙江古代政治、经济、文化中心。

在当代文化考古学术概念里，文明的出现，需要具备几个重要的特征，比如文字的出现、青铜器冶炼技术的运用、农业的发达、等级制度和私有制的产生、出现城市等等，具备其中两三项内容，即可认定进入了文明时代，而这些特征一旦出现，即意味着国家的诞生。所以恩格斯曾经在《家庭、私有制和国家的起源》中说："国家是文明社会的概括。"① 距今4000—3000年的时间里，江浙一带地区小国林立。考古发掘证明，浙江曾经出现过一些文明国家，比如邱城遗址、下菰城遗址、毗山遗址、千金塔地遗址、钱山漾遗址、长兴台基山遗址等，都出土了相当于3500—3000年前商周时代的器物，其中不乏青铜器皿，足证在吴越两国之前，

---

① ［德］恩格斯：《家庭、私有制和国家的起源》，《马克思恩格斯选集》第4卷，人民出版社2012年版，第176页。

浙江就已经有早期的国家政权存在，文明的曙光已经冉冉升起。①

《春秋》历史文献，记录最早的吴国历史是公元前6世纪，说明吴越两国出现，已经是很晚的事情。浙江金衢盆地早在商周时已建立姑蔑古国，是早于吴国、越国而在江南立国且具有高度文明的奴隶制国家，后来随着中原强国势力的扩张，姑蔑族群作为越人的一支，或者被文化同化，或者南迁。姑蔑国后来在吴越兴起后衰落，吴越两国都没有留下自己记录的历史文献，所以姑蔑国和吴越之间关系的历史，很难考察。

（二）姑蔑国融入汉族板块

文化是地域文化内聚性与同一性的外显，丰富多样的事象，既是特定地域人们的集体记忆，也是研究该地域历史和精神播迁的文化活化石。姑蔑作为于越史迹中的地名，包含大量历史、地理信息，是一个地域文明程度的缩影，城镇演变的缩影，历史兴衰的见证，折射出地域文化的底蕴和气质。

姑蔑，有文字记载可追溯到《逸周书·王会解》："东越海蛤，欧人蝉蛇，蝉蛇顺食之美。姑于越纳，曰姑妹珍。且瓯文蜃，共人玄贝，海阳大蟹。自深桂，会稽以鼋。皆西向。"

姑蔑源于华夏，周初东征践奄，姑蔑作为被征服国族，一部分留居鲁地逐渐融入华夏；其主体部分辗转南下越境，并在越国的军事政治活动中发挥过重要影响。②越王勾践在国家被吴国吞并之后，依靠姑蔑族作为复兴基地，最后打败了吴国。

姑蔑南迁后的国都建在今浙江九峰山下，姑蔑人依山傍水，懂得火耕、耜耕、撂荒农业，出现了碾盘、碾棒、杵臼等。

姑蔑在越国的西境，作为附属国，曾经协同越伐吴。当越王勾践卧薪尝胆灭吴时，姑蔑为报吴国之仇，与越为盟，主动请缨助越抗吴。越国及姑蔑国联军发生了共同攻伐吴国的战争，自前510年开始，持续至前475年，历时共35年。历经周敬王二十四年（前496）五月的"樵李（今浙江嘉兴市西）之战"、周敬王二十六年（前494年）的"夫椒（今江苏太湖中洞庭山）之战"、鲁哀公十三年［即周敬王三十八年（前482）］六

---

① 刘正武：《且瓯国考》，《湖州职业技术学院学报》2017年第2期。
② 彭邦本：《姑蔑国源流考述——上古族群迁徙、重组、融合的个案之一》，《云南民族大学学报》（哲学社会科学版）2005年第1期。

月的"泓上之战"、周敬王四十二年（前478）的笠泽之战、周元王元年（前475）的姑苏围困战，最终以吴的灭亡和越的胜利而告结束。越、蔑联军灭吴是我国历史上一件大事，彻底打败吴国，迫使夫差自刎，对姑蔑、越国都是空前的大胜利。姑蔑国君主姑蔑子被杀的深仇大恨经过艰苦卓绝的战争，终于获得彻底胜利，复仇雪耻的狂欢情绪，较之越国朝野自有过之而无不及。

越地经战国纳入统一的秦汉帝国版图，楚灭越后，金衢盆地则归属楚国，其境内的姑蔑族也逐渐融入汉族。作为历史文化坐标，"姑蔑"虽已湮没在历史长河中，但其古老的名字、悠长的岁月、灿烂的文化，却给其后人留下了宝贵的财富。

地理区位是地理环境的一个重要因素，研究文化的交流和发展不能无视地理区位与文化的交流和发展，是人地关系研究中的一个维度。历代方志记载"姑蔑城"则有三种说法：龙丘山之北汤溪地（今划入金华），金华汤溪镇贞姑山村发掘的"钻芯"以及九峰山下胡森墓南的杨梅园已发掘大量的石器瓦砾及完整的城邑排水系统，有助于探究姑蔑历史；今龙游县城所在；东汉定阳治所、唐盈川治所所在地，即今衢江区莲花、高家两镇和云溪乡之东的章戴、龙游县团石之地域。

作为南蛮之地的金衢盆地，地形多丘陵山地，都邑建于丘陵间的河谷冲积平原之上。故对外交通不便，与中原文化的联系不是非常紧密。金衢盆地所属的越文化圈可以说在一开始是完全不被中原文化所接受的，直到南朝之后才稍有好转，但生产力仍是十分落后。其原因固有距离中原文化圈太远，亦有当地的自然条件过于不足。姑蔑国与太湖边的且瓯国大约同时，而且早于常州的春秋奄城。奄城是在西周建立并"践奄"之后，奄国残余势力从原址山东曲阜一带南下，重新在太湖北岸建立起来的城市。奄城基本是属于完整的中原移民文明部落，而姑蔑国是原始区域部落或早期南迁的部落与当地文化结合而成的文明国家。

从地理环境上来讲，秦汉以前，江南土著使用古越语，浙江九峰山一带由于地处偏远，外来语种对地方方言的侵蚀较少，语言交流的相对独立性和封闭性等原因，保存了很多古朴的口音。北京语言大学语言研究所所长曹志耘教授出版有研究金华方言的《金华汤溪方言的词法特点》及《现代汉语方言大词典》分卷之一的《金华方言词典》等，他认为汤溪话是一种很古老的语言，有很多的发音还是很原始的。汤溪话完全是上古的越国音域，吴越古语也都是讲越语，保持了真浊音和清音声母的分别，听起来就像吟唱。汤溪话是多复音语系，不像一字一音的孤立语，而是多音拼合的胶着语。比如讲被子叠得"四方叠整"，就很形象；比如颜色，红冬冬、乌嘀嘀、白哩哩，音乐感极强。

本书对"浙江姑蔑"进行了追溯和查考，在吸纳现代文明因素、走向现代化的历史进程中，为地域文化作出新的样式，为保护、展示姑蔑文化提供了物质条件，姑蔑的传承为浙江文化的发展提供原动力，成为培育民族精神，增强凝聚力、向心力的有效载体。具有一定学术价值、史料考证价值，有所借鉴、启迪，给当地政府的文化产业发展提供智力支持。

# 第二章

# 溯源——商汤后裔播迁的姑蔑古国

　　研究地方古代史，不仅要以田野调查法广泛收集第一手信息资料并参阅各种史乘、家乘诸文献，还要结合地理学、民俗学、文学、民族发展学等多学科，才能破译历史谜踪。一直以来，学者对"姑蔑国"的研究没有停止过。姑蔑是先秦时期的古老邦国，与浙江的上古史有着密切的关系。生活在东南地区灉水流域的地方学者，对脚下这片土地堆积的历史文明也"深掘不息"，有关"姑蔑国"的话题不时在坊间流传。

　　追根溯源，新石器时代的中国早期有北方新石器文化、东方新石器文化、中原新石器文化、东南地区新石器文化、西南地区新石器文化和南方新石器文化六个区域文化圈，它们平行发展，彼此之间互有交流并相互影响。其中，东南地区新石器文化，《史记》记载："楚越之地，地广人稀，饭稻羹鱼，或火耕而水耨……"说的就是栽培稻米、捕鱼、采集水产等共同构成了当时人的生存方式。坐落于这个板块的浙江金衢盆地，分布着大面积的石灰岩地貌，为古代先民提供了理想的居住环境。

　　从今天的浙江省地域辖区来看，早在旧石器时期，就有原始人类在这片大地上生活和繁衍，在与大自然艰苦卓绝的斗争中不断改造着自身，也改造着环境。习近平在2006年1月任中共浙江省委书记时发表的一篇文章《与时俱进的浙江精神》中指出："远在数万年前，浙江大地就已出现了'建德人'的足迹。跨湖桥、河姆渡、马家浜、良渚文化，更是进一步呈现出文明的曙光。"[①] 在旧石器时代，浙江就有45万年前的安吉"上马坎"人、10万年前的"建德人"、万年前的"上山人"活动。"建德人"牙齿化石的发现，证明了"建德人"不仅仅是浙江人类的始祖，还

---

[①] 习近平：《与时俱进的浙江精神》，《浙江日报》2006年2月5日头版头条。

证明了中国人180万年来一脉相承的血缘和文明的续存，是让世界重新认识"中国人"的一个有力见证。① 上山文化告诉我们，万年前的浙江，气候温暖，植被茂盛，动物繁多，十分适宜人类居住，境内人类活动的范围已相当广泛。地处浙江的金衢盆地早在商周时，就已建立与吴国、越国齐名的姑蔑国，曾经发达一时。

## 第一节 姑蔑之源

地名不仅仅是一个地理坐标，还反映出当时这个地名出现、存在和延续的历史信息。"姑蔑"留下了该族群产生分布、部落迁移、方国形成等的地理环境，是反映一个阶段或一段时间的观念和价值趋向的文化痕迹。②

### 一 姑蔑名号

（一）姑蔑之名集释

大约2500年前，在今天浙江省金衢盆地瀔水的河谷平原地域，曾经存在过一个被称为"姑蔑"的部族。通过文献零星记载获知，这个部族是西周以来存在于浙江一带的方国，并有姑昧、姑妹、姑眛、姑末、姑妺（mò）、姑蔑等别称。《路史·国名纪》："姑蔑，一曰姑妹，大末也。"

1. "姑"之解

"姑"，《广韵》古胡切，《集韵》《韵会》《正韵》攻乎切，音孤。《尔雅·释亲》妇称夫之母曰姑，父之妹亦曰姑。王父之妹曰王姑。《诗·邶风》："问我诸姑。"又妇谓夫之女妹曰小姑。《说文》："姑，夫母也。从女，古声。"《书·酒诰》："姑惟教之。"又星名。《岁时记》黄姑牵牛星，一曰河鼓也。又国名。《左传·昭公九年》及武王克商，蒲姑，商奄，吾东土也。杜预注曰：乐安博昌县北有蒲姑城。

"姑"，先夏显赫的女性，是母系社会的遗留。就是以血缘关系为纽带，氏族内部按性别分工，妇女负责采集食物、烧烤食品、缝制衣服等繁

---

① 黄家豪：《浙江"建德人"在现代人类起源理论的意义》，《今日建德》2018年2月14日第4版。

② 葛剑雄、陈鹏：《地名、历史和文化》，《光明日报》2015年9月24日第11版。

金文 大篆 小篆 隶书

重任务，财产由妇女经营，世系按妇女系统传递，子女随母而姓，子长则出嫁，女长则居家招夫，居主导作用。而男子只管狩猎和捕鱼，起辅助作用。母系氏族部落的最高权力机构是议事会，由全体成年的妇女和男子参加，享有平等的表决权。每个部落有自己的名称、墓地和共同的图腾。在婚姻关系上，禁止族内群婚，必须同别的氏族公社实行族外群婚。在氏族公社里，除了氏族公社成员个人日常使用的工具外，土地、房屋、牲畜等都归属部落。氏族成员共同劳动，共同消费，没有贵贱贫富之分，过着平等的生活。按母系的血统来计算氏族成员，子女只知其母而不能确认其父，形成了女子称姓的习惯，如姬、妫、姚、姑、好、姜、嬴等。从距今10000年左右的新石器早期始至距今6000—5000年的新石器时代中期止，母系氏族进入繁荣阶段，磨制石器的使用、陶器制造的开始、农业的出现、居民村落的普及、氏族制度的形成等，到了距今5000—4000年新的氏族形态父系氏族公社组织的诞生而逐渐走向衰落和解体。类似的记述，见于《庄子·盗跖》、《绎史》、《白虎通》、《吕氏春秋》、《春秋公羊传》、《路史》注、《汉书人表考》、《帝王世纪》、《史记》、《三代世表》等古文献中。[①]

文献记载，在贵州黔南州荔波县有一个小地方竟集中有这样的一些地名：“古尧、上姑尧、下姑尧、姑成、姑后、姑其、姑更、小姑成、姑井、姑又、上姑丈、下姑夫、上姑成、姑汤、姑角、姑罗、姑正、姑样……”先夏大迁徙中，经过苏州时留下“姑苏”，是跟随“姑”的“苏部族”；经过浙江金衢盆地时留下“姑蔑”，是跟随“姑”的“蔑部族”；先夏迁徙终点的西北有“姑臧”之名，是跟随“姑”的“臧部族”。[②]

与“姑”姓氏族活动有关的，还有姑中、姑幕、姑尤、姑棼、姑密、姑孰、姑熊夷、姑苏、姑胥、姑馀、蒲姑、姑布、姑儿山、姑射（yè）

① 宋乔生：《女娲与王母娘娘打下母系氏族烙印》，《群文天地》2011年第11期。

② 戈春源：《姑苏考》，《苏州科技学院学报》（社会科学版）2014年第1期。

山、姑墨国、姑师国等地名。①

姑中，春秋越地，《越绝书》："姑中山者，越铜官之山也。"在今浙江绍兴东南15公里的平水区凤凰山，这里有大型铜矿。

姑幕，西汉置县。治所在今山东诸城县西北。故城位于安丘城南35公里的石埠子镇，《读史方舆纪要》载：莒州东北百六十里有姑幕故城，古为蒲姑氏国，汉置姑幕县。

姑尤，河名。在今山东平度市。《左传·昭公二十年》："聊摄以东，姑尤以西。"注："姑尤，齐东界也。"

姑棼，春秋时齐地，在今山东博兴县东北。见于《左传·庄公八年》。

姑密，战国时魏邑，在今河南孟县西北。

姑孰，安徽当涂县古称。东晋时置城戍守，并积盐米于此，以后常为重镇，梁太清二年（548年），侯景自采石济，袭陷姑孰，隋伐陈，韩擒虎自横江济采石，攻姑孰。

姑熊夷，江苏苏州西南横山附近古地名。《国语·吴语》："越败（吴）王子友于姑熊夷。"韦昭注："姑熊夷，吴郊也。"

姑苏，江苏苏州古地名。《史记·河渠书》："上姑苏，观五湖。"《吴越春秋》作"姑胥"，名异实同。

姑胥，江苏苏州古地名。《吴越春秋》作"姑胥山"，又作"胥山"，故知"姑"是词头。

姑馀，江苏苏州古地名。《吴郡志》："姑苏山，一名姑胥，一名姑馀"，名异实同。

蒲姑，亦称薄姑。商末周初蒲姑国都。在今山东博兴县湖滨镇寨卞村西北，小清河之阳，东南距齐都临淄城（今山东淄博市临淄区齐都镇）25公里（据今发现的考古证明在高青县境内）。蒲姑同时也是古代少数民族的姓氏之一。

姑布，复姓。春秋时赵有姑布子卿。

姑儿山，是传说中的山名，中国古典名著《山海经》之《山经》卷四《东山经》有记载，姑儿山在番条山以南四百里，高氏山以北四百里，是姑儿水的发源地。

---

① 张惠英：《从姑苏、无锡说起》，《方言》1998年第4期。

姑射山，位于汾西城西部边界，姑射山属于吕梁山脉，相传为尧王夫人鹿仙女诞生地，因春秋时期著名哲学家庄子的《逍遥游》中有"藐姑射之山，有神人居焉；肌肤若冰雪，绰约若处子；不食五谷，吸风饮露；乘云气，御飞龙，而游乎四海之外；其神凝，使物不疵疠而年谷熟"之语而出名。①

姑墨国，原址位于新疆阿克苏一带，分布地区为今叶尔羌河以北，天山腾格里峰以南地区，治所在今新疆阿克苏。汉时属西域长史府。南北朝时属魏，附于龟兹。称姑墨，又称亟墨，唐时称跋禄迦，于其地置姑墨州，属龟兹都督府。《汉书·姑墨国传》载："姑墨国，王治南城。去长安八千一百五十里，户三千五百，口二万四千五百，胜兵四千五百人。姑墨侯、辅国侯、都尉、左右将、左右骑君各一人，译长二人。东至都护府治所千二百一十里，南至于阗马行十五日，北与乌孙接。出铜、铁、雌黄。东通龟兹六百七十里。"

姑师国，吐鲁番古称姑师，汉代为车师前国，车师前王庭。姑师——最早出现在我国是书中的西域古国之一，位于吐鲁番盆地（丝绸之路北线和中线的必经之地，因与楼兰相距较近所以在古书中两者常并称）。掌控着罗布泊以东，以北直到乌鲁木齐、奇台、吉木萨尔一带。

学界认为，不同的学者对"姑"有不同的看法。

一是无实在意义的发语词或"语发声"。作为语气词，乃古夷语的发声。《史记·河渠书》的"姑苏"，《国语·吴语》的"姑熊夷"，都是发声词。19世纪以来瑞典最杰出的学者、西方世界最优秀的汉学家高本汉在《中上古汉语音纲要》一书中提到，找不到"姑"字的上古音，《广韵》：古胡切；音韵地位：遇合一平模见；拟音：*kuol。

二是有实在意义的通名。古代东方口音习惯的发语词，常用于地名或者族名，犹如句吴之"句"，于越之"于"。于，於也。有学者认为"於越"的"於"字不是语气词，《说文解字》："於，象古文乌省。""乌，古文乌，象形。"《康熙字典》："於……同乌，隶变作於，古文本象乌形。"由此可见，从汉至清的文学家认为，"於"就是古文象形字"乌"的笔画简化，即"於"就是"乌"，"於越"族名包含了於越先民对鸟的图腾的崇拜，是鸟图腾符号和"钺"武器符号的统一。《博物志》中有提

---

① 李宽：《寻幽姑射山仙洞沟》，《中关村》2018年第2期。

到越人以鸟为祖先,于越民族是以鸟为图腾,崇拜鸟的民族。

三是敬语冠词,从语言学和地名学的原理及方法对"姑"的理解,习惯性的称呼语音语调,一般作为敬语修饰语。

2. "蔑"之意

"蔑",甲骨文有27种画形,字形没有固定,是用图画方式来表达的象意文字,而不是后起的形声文字。从蔑的甲骨文可以看出:蔑,从苜从戌(或从戍)。也有从苜从戈的写法。所以在甲骨文的蔑字中戌、戍和戈代表着武器,是一个非固定意符,三种符号可以互相替代。换句话说,就是在甲骨文蔑字中,将自己的武器放置在脚边,是他自己专用的武器,说明他正是处在战争期间的一段休憩状态。所以在甲骨文蔑字中人多处于坐姿;眼角向下;眉毛耷拉;武器被随手放在脚边。东汉许慎《说文·首部》:"蔑。劳目无精也。从苜。人劳则蔑然。从戍。莫结切。"其一,目不明。表示人过于劳倦眼睛歪斜无神。本义是眼睛红肿看不清。其二,战争使人无精打采。引申为无视,不屑。动词。①

甲骨文　　　金文　　　小篆　　　楷体

蔑字在现代汉语中有无视、不屑和瞧不起的含义,古汉语中也有蔑如(微细)、蔑贱(微贱)。"蔑"的本义,《尚书·周书·君奭》:"无能往来,兹迪彝教,文王蔑德降于国人。"(细小、轻微)《国语·周语》:"郑(未失)周典,王而蔑之,是不明贤也。"(细小、轻微)

商甲骨文"蔑"字,是殷商祭祀的神名或先祖名号,詹子庆在《姑蔑史证》②中提出:"饶说甚详,蔑当为昧或冥。"《左传·昭公元年》:"昔金天氏有裔子曰昧,为水官之长。"

从商代文献中寻找,《甲骨文合集》第三六二五八版中,甲骨文研究专家徐云峰教授发现有"戊寅卜贞雨其蔑""其从襪"的记载,并认为

---

① 赵丽娟:《破译甲骨文字之170:蔑300》,新浪博客(http://blog.sina.com.cn/s/blog),2011年2月14日。

② 詹子庆:《姑蔑史证》,《古籍整理研究学刊》2002年第2期。

# 第二章 溯源——商汤后裔播迁的姑蔑古国

"襪"就是"蔑",而蔑与襪则互为通假。"襪"为稻名,姑蔑是以"稻"命族名的。① 徐云峰还发现《甲骨文合集》第一四八一一版"余求犀蔑"的记载,认为这里的"蔑"是地名;《甲骨文合集》第二〇四四九版"蔑征贯执,苇其蔑不只(捉)",认为这里的"蔑"是邦族名。②

《龙游县志》中说:"蔑""妹""末"三字一声之转,与"眛""妹"等字古皆通用。学界认为,蔑与眛、妹、眛、末、靺、沫、韦、秒、灭,都同音假借。

"蔑"与"妹"通假。"蔑"《说文》劳目无精也,人劳则蔑然。《疏》蔑,小也。《扬子·法言》视日月而知众星之蔑也。又《小尔雅》无也,末也。《诗·大雅》丧乱蔑资。又《周语》不蔑民功。《旧音》蔑作篾。《玉篇·竹部》:"篾,竹皮也。"《正字通·竹部》:"篾,《埤仓》:析竹层也。"篾与筵为同一物品。《玉篇·竹部》:"筵,小破竹也。""制篾",就是制作占卜用的小竹片。高本汉在《中上古汉语音纲要》一书中有"蔑"字,《广韵》:莫结切;音韵地位:山开四人屑明;拟音:* mietd。"妹",《广韵》《集韵》《韵会》《正韵》莫佩切,音眛。《说文》女弟也。《诗·大雅》俔天之妹。《卫风》东宫之妹。又同母异父曰外妹。《左传·成公十一年》声伯嫁其外妹于施孝叔。又《易·说卦》上震下兑,归妹。《难卦》归妹,女之终也。又《集韵》莫贝切,音眛。义同。又地名。《书·酒诰》明大命于妹邦。又国名。《汲冢周书》姑妹珍。《注》姑妹国,后属越。《甲骨文前》六七五:"辛酉卜:王燎于蔑"(人名,夏桀的王后妹喜);《甲骨文合集》第一四八〇四版:"王燎于蔑";《甲骨文合集》九七〇卜辞:"有伐于黄尹亦侑(yòu)于蔑";《甲骨文合集》第三〇四五一版:"其侑蔑暨伊尹"。"妹"字从"末(mò)",不从"未(wèi)"。《康熙字典》解释"妹",又国名。先秦时期之所以有人把姑蔑称为姑妹(mò),这是因为"妹"与"蔑"发音很接近。③

---

① 刘援朝:《中国首届人类语言学国际学术研讨会论文集·人类语言学在中国:吴方言与苗瑶语》,黑龙江人民出版社 2007 年版。

② 徐云峰:《姑蔑历史文化论文集·三言两语话姑蔑》,人民日报出版社 2002 年版,第 245—249 页。

③ 钟翀:《姑末考——兼论江南河谷平原地带中历史人文地域之形成》,《杭州师范学院学报》(社会科学版)2005 年第 1 期。

姑妹之"妹",音"末",读 mò。女子旁加个"末"字。由于其名字的"妹"字与"妹妹"的"妹"字字形相似,且在《庄子》等作中也有以妹为妹的用法,因此常误作"妹喜"。古代四大妖姬之一的妹喜,又作末喜,末嬉;有施氏,名妹,姓嬉;夏朝第十七位君主桀的王后。查证历代史书,最早记载是《国语·晋语一》,上面也是很少的一段文字,只说:"昔夏桀伐有施,有施人以妹喜女焉妹喜有宠,于是乎与伊尹比而亡夏。"《列女传》:"末喜者,夏桀之妃也。美于色,薄于德,乱孽无道,女子行丈夫心,佩剑带冠。桀既弃礼义,淫于妇人。置末喜于膝上,听用其言,昏乱失道,骄奢自恣……颂曰:末喜配桀,维乱骄扬。"[1]

蔡运章在《姑篾史迹考略》中提到,《经典释文》"沬,音妹,卫邑也"。《尚书·酒诰》"明大命于妹邦"。伪孔传:"妹,地名,纣都朝哥以北是也。"妹邦,又名妹方,妹土。郦道元《水经注·淇水》引《地道记》说:朝歌城本沬邑。诗桑中有"沬之北矣""沬之东矣""沬之乡矣"。"沬"即商代晚期的别都朝歌,在今河南淇县北。《汉书·地理志》曰:"琅琊郡有姑幕县。"是为奄境。殷亡,妹方族人转徙于东,据泗水,谓之薄姑。成王时,薄姑氏与四国共作乱,成王灭之。《吕览》云:"商人服象,为虐于东夷。周公遂以师逐之,至于江南。"昔越王争霸,姑妹臣越,周志曰:"于越纳姑妹珍。"

"篾"与"昧""眜""沬"通假。《春秋·隐公元年》"三月,公及邾国盟于蔑",杜预注"蔑,姑蔑"。《公羊》《穀梁》均作"昧",《逸周书·王会解》称"末、冥",是同音假借,古代"昧、篾"字通假。《吴越春秋》作"至于姑眜";商周之际"眜"地,在古文献和金文里有线索,"眜"作"沬、妹",《周易·丰》:"日中见沬。"《经典释文》:"沬,王肃云:音妹,郑作昧。"古代,"昧、沬、妹"均读"末"音,是为通甲字。古文献学家杨伯峻先生认为:"盖同意假借,犹战国时楚之唐蔑,亦作唐眜。"眜作为族称又或为韦,韦属古微部字,眜乃古祭部字,微祭合韵相通,故其人又可称为篾、昧、妹、沬、鞈、韦、秽、灭,可以

---

[1] 彭利芝:《妹喜形象考论——兼论明清历史小说中的"女祸"现象》,《明清小说研究》2005年第2期。

大致追索姑蔑族的源流，而且可以进而考察上古族群互动以至重组的史实。①

3."姑蔑"释

"姑蔑"典籍有记载，除《春秋》《史记》所载鲁国的姑蔑城外，以春秋时越国所辖"姑蔑"最为著名，地在以今浙江省九峰山为中心的金衢盆地南山一带。《水经注》卷四十："浙江又东北流至钱唐县，縠（瀫，即衢江）水出焉。水源西出太末县，县是越之西部姑蔑之地也。"秦在今浙江金衢盆地置大（太）末县，属会稽郡，两汉因之。姑蔑，是商周时期的一个重要国族。《左传》称：无女而有姊妹及姑姊妹。《疏》称父之妹为姑妹。也就是说，国族定位充分女姓化的名字，姑蔑国族是由女性掌管的。②

姑蔑"地名"说，在传世文献中，盖始见于《春秋》。清惠栋《左传补注》谓："隐公名姑息，当时史官为之讳也。"晋杜预《春秋经传集解·后序》引《竹书纪年》云"鲁隐公及邾庄公盟于姑蔑"正作"姑蔑"。蔑国，又称姑蔑国，夏王朝豕韦国后裔于商末复国。根据现存先秦文献，姑蔑是东方的一个古老国族，至春秋时期仍然有其族群活动的记载和遗迹可考。《左传·隐公元年》："三月，公及邾仪父盟于蔑，邾子克也。"杜预注："蔑，姑蔑，鲁地。鲁国下县南有姑城"（地名）；《春秋经传集解·后序》引《竹书纪年》："鲁隐公及邾庄公盟于姑蔑"（地名）；《左传·定公十二年》："伐之，费人北。国人追之，败诸姑蔑"（地名）。而古文献学家杨伯峻注："姑蔑，即隐公元年《经》、《传》之蔑，在今山东泗水县东四十里。"早先地名，都因人因事而来，说明有了语言、文化之后，把自己部落、族群的住地喊出地名，后人给予相应的地名。《越绝书》载越国的统治区域，"大越故界，浙江至就李、南姑末、写干"。这里的"姑末"其区域即今浙西，与"写干"（即余干，大致位于今赣东北）相连。勾践归越后若干年，吴又"增之以封"，"东至于句无，西至于檇李，南至于姑末，北至于平原，纵横八百余里"（《吴越春秋·勾践

---

① 徐永生：《姑蔑历史文化论文集·姑蔑文化源远流长》，人民日报出版社2002年版，第76—87页。

② 徐云峰：《试论商王朝的穀物征收》，《中国农史》1984年第4期。

归国外传》）。姑末至越之中心的距离和方位，与今日浙江中西部是相符的。① 今江浙一带的姑苏（苏州）、无锡、乌程（古代湖州属县）、由拳（古代嘉兴）、句章（今宁波慈城一带）、姑蔑（即浙江中西部一带）等地名都是越语孑遗，贯于首的"姑、句（通勾）、乌、余、由、无"等字其实都是越语发声词，并无实际内涵，是一种"齐头式"的格式。②

姑蔑"国名"说，古代国名常随国君迁都而转移，早期的地名后来成为国名，成为朝代的名称。浙江之地，本属越国地盘，《吴越春秋》：少康"封庶子无余于越"。而《国语·越语》称："勾践之国，南至于句无，北至于御儿，东至鄞，西至于姑蔑，广运百里。"可见，姑蔑的存在早于越王勾践之前，与越国为邻。由于对吴国的不满，与越王结盟共同对付吴国。春秋时期的一段相当长的时间内，姑蔑悄无声息地失联。而在16年后的鲁哀公十三年，姑蔑出现在越国的西鄙，杜《注》"姑蔑，越地"。《汉书·地理志》补注第八上：会稽郡（太末县）是越之西鄙，姑蔑之地也，秦以为县。

"姑蔑"不同称呼和写法颇多，《国语》"西至于姑蔑"，《吴越春秋》作"至于姑昧"，《左传》曰"盟于蔑"，杜预注"蔑"即"姑蔑"是其证也。郝懿行云："雨师妾盖亦国名，即如《逸周书·王会篇》有姑妹国矣。"盖姑妹国乃姑蔑国。顾颉刚的《"三监"人物及其疆地》也指出："古代国名常随国君迁都而转移，则是一件显著的事实。"

（二）姑蔑国族蕴意

1. 周代分封子爵国姑蔑

周代封国，分为公爵、侯爵、伯爵、子爵、男爵五等，均世袭罔替，封地均称国，在封国内行使统治权。公、侯、伯、子、男爵位不同，待遇也不同。公爵最尊，侯、伯、子爵依次而降，男爵最卑。这主要体现在国家、宫室、车旗、衣服、礼仪等级别管理方面。

前1048年，周武王观兵孟津，参加会盟的诸侯就有八百人。《史记》载："不期而会盟津者八百诸侯"，如果再加上没有参加会盟的诸侯，总数应当在一千以上。周灭商后，一些拥护商纣的诸侯国无疑会被消灭，那

---

① 彭邦本：《姑蔑国源流考述——上古族群迁徙、重组、融合的个案之一》，《云南民族大学学报》（哲学社会科学版）2005年第1期。

② 周振鹤、游汝杰：《古越语地名初探》，《复旦学报》（社会科学版）1980年第4期。

## 第二章 溯源——商汤后裔播迁的姑蔑古国

些拥护周朝或持中间立场的诸侯国得以继续存在。姑蔑（姑妹）人是商汤的后裔，周灭商后，商各贵族部族四散天下。

周代分封多少诸侯国，没有确切数字。《吕氏春秋·观世》说："周之所封四百余，所服八百余"，也就是说在1200国以上；《礼记》载："封方百里者三十国，其余，方百里者七十。又封方七十里者六十，为方百里者二十九，方十里者四十。又封方五十里者百二十，方百里者三十余，方百里者十，方十里者六十。"由此看来，分封方百里的诸侯国前后加起来有二百多个，方七十里者六十个，方五十里者一百二十个，方十里者一百六十个。这还不包括周天子王畿在内的数以百计宗室封国。《礼记·王制第五》说："凡九州，千七百七十三国，天子之元士，诸侯之附庸不与。"因此，西周时期，诸侯近两千个，但国土面积远没有今天国土面积之大，有些小国的面积只和现在的乡、村差不多。

到了春秋战国时期，礼崩乐坏，周天子失去掌控诸侯的能力，诸侯之间弱肉强食，众多诸侯国为强国所灭。"《春秋》二百四十年间，书亡国五十二，弑君三十六，前古未有也。"春秋五霸、战国七雄都是在兼并争战中强大起来的。晋国侵占王畿，兼并狄戎，灭了雍、肥、鼓、贾、耿、邢、霍、虢等国，而被三分为赵、魏、韩；郑国灭了密、胡、於、戴、祭、邰等国，又被韩国兼并；鲁国兼并了鄫、极、邿、项、根牟等国，又为楚国所灭；吴国消灭了潘、徐、钟吾等国，反而被勾践的越国所亡；楚国由一个荆蛮小国发展到王畿问鼎，背离周制自称王，被其吞并的国家载于史册的就不下百个，如江汉一带的姬姓诸侯国，以及越、鲁、陈、蔡、杞、莒、道、巢、皖桐、群舒等大国。到战国晚期，只剩下齐、楚、燕、韩、赵、魏、秦七个强国。六国最终被秦消灭，封国改为郡县。

根据现存先秦文献，姑蔑国虽然称国，但实际上不过是一个半蛮夷的部落，丁口也不少，成丁者有四千，皆可为敢战之士，蛮夷中也算是一方霸主。

《山海经》说的与"黑齿国"（越）相邻的"玄股之国"亦即姑蔑。所谓越国疆域"南至于姑末"，是与姑蔑接壤，或姑蔑属越。

光绪《龙游县志·沿革》：夏禹贡为扬州之域，帝少康封庶子无余于越遂为越地；商扬州之域；周姑蔑国，子爵，越附庸也。

新版《龙游县志·政区·建置沿革》：（龙游）夏商时为越（於越）

地，春秋为姑蔑，后属越国。

康熙《衢州府志·郡县表》：衢州，古称姑蔑国。

新版《衢州市志·概述》：衢州历史的确切纪年，始于前482年，堪称春秋古地。

光绪《兰溪县志·沿革》：兰溪，金华望邑。在禹贡为扬州荒服，夏少康封庶子无余会稽号于越邑，地属其西鄙；商周因之，战国时越为楚并，周属楚。

2. 成周之会及其姑妹国

根据《逸周书·王会篇》记载，于越之地（今之中国东南地区）曾经有很多国家到中原纳贡。周成王二十五年"于越纳姑妹珍"的记载：东越海蛤，欧人蝉蛇，蝉蛇顺食之美。姑于越纳，曰姑妹珍。且瓯文蜃，共人玄贝，海阳大蟹。自深桂，会稽以鼃。皆西向。其中且瓯国以南太湖为核心，曾经一度发达，其疆域至少北至今芜湖，南达姑妹国，东至于海，西邻于楚。① 距今4000—3000年的西周初期，环太湖地区小国林立，各自为政，如且瓯、海阳、姑蔑、共人……为了保护自己部族的利益，各自筑城……周王室建立后，它们朝周纳贡，服从其王室地位。

按照"夏商周断代工程"研究成果理解，前1035年，周成王（周武王之子）开始兴建都城，完工后天下诸侯都来朝贺。前1000年，周成王大会诸侯及部落联盟，来朝贡的国家有64个。其中，从东方来国20个；从北方来国14个；从西方来国21个；从南方来国9个。合计贡品64种。简单地分类，陆上走兽21种，陆上飞禽9种，陆上奇异动物11种，水产品10种，水产物品1种，植物7种，工艺品4种，矿物产品1种。而于越地区来朝贺的有4个国家，分别是姑妹国、且瓯国、共人国、海阳国。所贡之物，姑妹国（浙江一带）带来了稀有珍宝——水产物品"珍"，即优质珍珠；且瓯国（位于南太湖）呈献的是华丽的贝壳；共人国（江西一带）进贡的是黑色的贝壳；海阳国（江苏一带）则带来了大螃蟹。

从贡品组成类别来看，以周朝为中心的东亚地区的动植物资源非常丰富，自然环境也十分好。贡品中诸如麋鹿（四不像）、白马、白鹿、羳羊（绵羊）、玄貘（黑熊）、青熊等18种动物今尚存在，或者说其变种尚存，

---

① 黄怀信、李学勤：《逸周书会校集释·王会解第五十九》，上海古籍出版社1994年版。

贡品中诸如前儿（猕猴类）、兹白牛（牛形象齿）、豂冠（奇鱼）、乘黄（似青黑色棋盘格子纹的马，背有两角）、虽马（独角马）、九尾狐、嗛羊（六角羊）、邛邛（传说中的异兽）、距虚（同上）、鳖封（鹿的怪胎）等 13 种奇异动物已经绝迹，贡品中诸如陆上飞禽的凤鸟、鸾鸟、比翼鸟（鸳鸯）、皇鸟（凤凰的一种）、文翰（天鸡，像五彩鸡）、孔鸟（孔雀）、善芳（头像雄鸡）、翟（翟鸟）等似乎仍然存在但是数量已经很少。见证了早在 3000 多年前文明程度就已经十分发达，其手工业、矿业和冶炼加工业已经达到较高水平，在世界上处于领先地位。

根据《逸周书·王会篇》记载《商书·伊尹朝献》商汤责成伊尹起草制定各诸侯国朝贡所献物品规定的制作过程及内容。约前 1560 年，伊尹上朝，商朝皇帝汤问伊尹："诸侯来献，或无马牛之所生（没有马牛等平常物品），而献远方（稀有）之物，事实相反不利（不实际不便利）。今吾欲因其地势所有（特产），献之，必易得而不贵（不用太珍稀的，价值也不要太贵），其为四方献令（制定朝贡物品的规章制度）。"伊尹受命，于是为四方令……汤曰："善（可行）。""伊尹朝献"时期比"成周之会"早 761 年，规定东方来朝献的诸侯国家或部落联盟有 8 个：符娄、仇州、伊虑、沤深、十蛮、越沤、剪发、文身。"成周之会"时期从东方来朝献的有稷慎、秽人、良夷、扬州、解隃、发人、俞人、青丘、周头、黑齿、白民、东越、欧人、遇越、姑妹、且瓯、共人、海阳、自深、会稽 20 个国家或部落联盟。周成王大会，来朝贡的部落诸侯有 64 个。比之前的"伊尹朝献"时期增加了 29 个，是因为部落联盟的分离、诸侯国的兼并和重组而致。而且，"成周之会"时各朝贡诸侯国人员站立的方向，是秉持从诸侯国各自方位哪个方向，四个方向来的都面对中央，表示四方诸侯国都臣服于商周中央政府。

前 16 世纪，殷汤灭夏桀王，诸侯朝服。殷汤对大臣伊尹说：诸侯贡物，往往舍近求远，非本地所产，这样会加重诸侯国的负担。以后要颁布《四方献令》，命诸侯国因地制宜，进贡本地特产。伊尹受殷汤之命，制定《四方献令》。其中东方符娄、仇州、伊虑、沤深、十蛮、越沤等国，因地处沿海，以海味与利剑为贡物："请令以鱼皮之鞞，乌鲗之酱，鲛盾利剑为献。"南方瓯邓、桂国、损子、产里、百濮、九菌等国，因地处热带且近海，以山海珍奇为贡物："请令以珠玑、玳瑁、象齿、文犀、翠羽、菌鹤、短狗为献。"①

从《逸周书·王会篇》所附《伊尹朝献·四方献令》"正东越沤"以及《逸周书·王会篇》"东越海蛤"看：如果说在成汤时期，"东越"是个"部族制"的方国，那么至迟在西周初期，起码已是"酋邦制"的方国了。周成王二十五年（即《竹书纪年》首载"于越来宾"后的翌年），周公营建东都洛邑告竣，还政于成王。遂于洛邑大会天下诸侯。《逸周书·王会篇》（卷七）就是记载周成王于洛邑大会天下诸侯和各诸侯国贡献的盛况。王会即周成王之会。在"主席台"四周，按方位排列天下诸侯与贡物。

3. 征服国姑蔑扈跸南迁举族南下

姑蔑，即姑妹。在万方万邦的上古时代，拥有自己的领地。传说少昊生倍代，封于蔑，至夏末为桀所灭。古姑蔑国国王乙翼不接受夏王朝的赐封，统五百里疆域自封为王，建都于河南淇县北沫水沿岸一带，这里是商王朝的离宫别馆。在前887年，乙蓉公主登上王位，成为中国古代史上第一位女王，她把姑蔑推上了历史的鼎盛时期，被天下邦国君王称誉为"息兵宁人，国运昌隆，民众辛勤樵耕，安居乐业"。有学者考证，姑蔑最初是族名，是商代君王武丁妃子妇好的后裔。

周初东征践奄，商被周灭亡，商汤后裔姑蔑作为被征服国族，辗转南迁，一部分留居鲁地逐渐融入华夏，主体部分南下越境迁移至今浙江金衢盆地，并在越国的军事政治活动中发挥过重要影响。② 后人将族名指为地名，在许多文献史料上，姑蔑就泛指今天的浙江金衢盆地。《衢州简史·导言》：前482年（鲁哀公十三年），姑蔑作为一支重要的军事力量参与了吴越争霸之战。这也是姑蔑在浙江金衢盆地出现的确切纪年的开始。

姑蔑国本是黄河流域的一个古东夷国族，武王伐纣和周公东征的战乱，使得姑蔑国迁徙到了山东泗水县。吴国北上争霸，姑蔑又由中原南迁于浙江一带，表明浙江早在春秋时期就已融入了华夏族之列。彭邦本在《姑蔑国源流考述——上古族群迁徙、重组、融合的个案之一》一文中说：夏亡以后，（姑蔑国）除部分逃徙东北外，豕韦氏族群的相当部分同

---

① 黄怀信：《逸周书校补注译》（修订本），三秦出版社2006年版。
② 刘锡诚：《春神句芒论考》，《西北民族研究》2011年第1期。

黄河流域多数居民一样，降服商人，并成为这一新共主麾下众多国族构成的天下政治体系的重要组成部分。黄河下游和淮河流域地区的韦或曰豕韦部族，与徐、奄、熊、盈等东夷混居，逐渐接受了东夷的风俗，因而在商周之际，已被人们习惯性地视同东夷，并进而将整个东方地区的韦或曰豕韦部族视为夷人。① 历史上姑蔑的地域变迁，证明其举族聚居、军政合一的传统，这是一个人口达相当规模的共同体，当是商周之际的大动荡中迁离黄河下游的姑蔑人的主要族系。

## 二 姑蔑地望

（一）姑蔑、于越同为古越部族

1. 浙江地理方域婺越

疆域，是地理环境的一个重要因素，研究文化的交流和发展不能无视疆域与文化的交流和发展，这是人地关系研究中的一个维度。

《汉书·货殖列传》颜师古引孟康注曰："于越，南方越别名也。"于越在其发生、发展、繁盛等时期，分布地域有很大的不同。于越族早在西周时期就与中原华夏族发生联系，《竹书纪年》卷下：周成王二十四年（前1001）"于越来宾"。《逸周书·王会篇》周成王成周之会诸侯以及各方国的地理：一千里见方以内为比服，两千里见方以内为要服，三千里见方以内为荒服。姑蔑地处"荒服"。

春秋时期，"大国八百、小国三千"。姑蔑，是古越西陲的一个小国。到了春秋晚期，于越势力更加强大，其势力扩张到周围地区，疆域有今江苏北部运河以东，江苏南部，安徽南部，江西东部，浙江中西部和福建北部。姑蔑国之疆域，《越绝书》在记述越国领土范围时如是说："南至于句无（今诸暨市句无亭），北至于御儿（今嘉兴市御儿乡），东至于鄞（今宁波市），西至于姑蔑（今金华市西部包括浦江、兰溪、金华市西、衢州市全部，丽水地区西北和江西省东北部部分、安徽南部部分、建德市部分）。"

《吴越春秋·国外传》记载："南至姑蔑。"从"西至于姑蔑""南至姑蔑"等句说明，当时姑蔑不属于越国之领地，也不是吴之属

---

① 彭邦本：《姑蔑国源流考述——上古族群迁徙、重组、融合的个案之一》，《云南民族大学学报》（哲学社会科学版）2005年第1期。

土，而是独立于吴、越两国的一个方国。这说明姑蔑是越国西边一地，其地理位置西至今江西玉山、广丰，东至今浙江金华西部和衢州，北至包括兰溪、浦江在内的杭州淳安、建德，南至今丽水遂昌、松阳全境及福建浦城。①

有学者对于越地之姑蔑大致的辐射域作过踏勘与探索，应用地名学、地理学、古方言等学科进行综合性分析和研究，姑蔑国的范围东部到达浦江和金华以西，西至江西鄱阳湖之东（江西东北的婺源、德兴、玉山、广丰），北到徽州南（安徽休宁），南达福建浦城北部、松溪，总面积约24000多平方公里，约延续了280余年，到了前334年灭亡。于是，又有部分楚人作为占领者迁到了原姑蔑国的境内。姑蔑国地望的这个范围，比太末县还要大。于越地之姑蔑如此广大的辐射域，从地貌特征说，以瀫水为界，北系百际岭、怀玉山、千里岗山三山脉；南系仙霞岭山脉（亦可称武夷山脉）。北部三山脉为喀斯特地貌，群山多溶洞；南部仙霞岭山脉一般为丹霞地貌，多红砂岩。②《吕氏春秋·恃君篇》高诱注云："越有百种"，其中于越、句吴、杨越、闽越、南越、东越、山越、骆越、瓯越等，都是越族中著名的分支。浙江省社会科学界联合会原副主席连晓鸣提出：对浙江文化地理区域的划分，参照朱海滨《近世浙江文化地理研究》认为，包括杭嘉湖（钱塘江以北）吴越文化、宁绍（宁波舟山）古越文化、温台丽瓯越文化和金衢严婺越文化。金衢严是浙江中西部很重要的地方，素有"婺越要冲"之称。明代浙江临海人王士性认为，"金、衢、严、处丘陵险阻，是为山谷之民。山谷之民，石气所钟，猛烈鸷愎，轻犯刑法，喜习俭素，然豪民颇负气，聚党与而傲缙绅"。地理上，金衢盆地是浙江省最大的走廊式盆地，横贯于浙江中部，地形以山地丘陵为主。

金衢盆地是姑蔑国的腹地，金衢盆地指浙江省金华、衢州、梅城一带的衢江、兰江、新安江、金华江河谷地带，包括金兰衢盆地、东阳盆地、墩头盆地、浦江盆地、江山盆地、常山盆地等及其周围的山地。盆地中的城市从东北到西南分别为东阳、义乌、金华、兰溪、龙游、衢州，为浙江

---

① 张仲淳：《江西贵溪崖墓族属新探——兼对"干越说"质疑，《东南文化》1989年第1期。

② 钱宗范：《姑蔑历史文化论文集·关于姑蔑文化几个问题的探讨》，人民日报出版社2002年版。

省内最大的中生代陆相盆地，是钱塘江流域最大的走廊式盆地，位于浙江腹地，介于千里岗山脉、仙霞岭山脉、金华山脉和大盘山脉、会稽山脉之间，是由衢江（瀫水）、婺江（金华江）河谷冲积而成。金衢之地与福建、江西、安徽相连，历来是向纵深的湘、鄂、赣、皖发展的重要门户。东北与浦阳江河谷相接，两河谷分水线位苏溪南侧；西南与江西信江河谷相连，两河谷分水线位新塘边西侧。金衢盆地不圆也不方，而是呈长条状；长200多公里，宽15—25公里，金衢盆地海拔多在50米左右，盆地边界线海拔100—200米。盆地发展的中期堆积了2000多米的棕褐色砂泥岩，后期则为河流粗碎屑沉积。盆地内部地貌类型多种多样，盆底为河谷平原，盆缘有低丘高丘围绕，姑蔑国所在地就坐落在瀫水的冲积平原上。金衢盆地内衢江、金华江两侧，除有宽2—4公里的带状溪流性冲积平原外，其余均为丘陵地和起伏地。地理坐标：东经118°15′—120°47′，北纬28°15′—29°41′，面积15091平方公里，占浙江全省面积的14.8%，是我国南方著名的红色盆地之一。金衢盆地的水热气候条件及其相应的植被和土壤类型，属于中亚热带常绿阔叶林红壤黄壤地带，光热资源充足，夏季炎热干燥，河谷土地肥沃。但由于盆地内次一级的地域差异，构成了以下几个自然地理的特点：轮廓界线分明的近东西走向的走廊式的构造盆地，盆地中心线——衢江区、柯城区、龙游、金华、义乌、东阳平直，夏季炎热干燥的盆地气候、冬季的"过风带"与北部局地"背风区"，阶梯式的层状地貌，对称式分布的土壤，山地自然垂直分带明显。[①]

"婺越"的金华，春秋战国时，为越之西界，古称"婺州"。这里有10000—8000年前的上山文化遗址，该遗址发现了人工种植的水稻；这里有商周以后姑蔑文化与越文化融合后形成的"太末文化、乌伤文化"；这里更有唐宋元明以降的一大批历史文化名人，如初唐四杰之一骆宾王、浙东学派代表吕祖谦、永康之学代表陈亮、明代开国大儒宋濂等。婺越文化区除了现今的金华、衢州，还包括历史上的严州。严州，也称睦州，位于钱塘江中上游，原下辖建德、寿昌、桐庐、分水、淳安、遂安六县，即现在杭州地区的淳安、建德、桐庐一带。金衢盆地指金华、衢州、梅城（古严州府所在地）一带的衢江、兰江、新安江、金华江河谷地带。

---

① 许健楠：《一亿年前金衢盆地横空出世》，《金华日报》2012年3月9日第8版。

2. 吴根越角楚头越尾

古越族，是百越地区越人各部的统称。先秦古籍对长江中下游以南沿海地区的部落常统称为"越"，文献上也称之为百越、诸越等，"越"或"百越"都只是一种泛称，并没有形成民族。古代文献的记载"於越"和"于越"互见，"于""於"古通用：文献记载"於越"者，如《春秋》：定公五年"於越入吴"。《汉书·地理志》载，古越人的分布"自交趾至会稽七八千里，百越杂处，各有种姓"。也就是从当今的江苏南部（苏南）沿着东南沿海的上海、浙江、福建、广东、海南、广西以及越南北部这一长达七八千里的半月圈内，是古越人最集中的分布地区。① 古越人是文明创造的先行者，在饮食方面，古越人"饭稻羹鱼"，是栽种稻谷的先行者；在居住方面，古越部落是干栏式房屋的创造者；在交通方面，古越人是舟船的初创者。由是可见，古越部落对中华民族文化有不可磨灭的历史贡献。于越族，因春秋之际吴越争霸而彰显于世，已被确定为有别于中原华夏民族的古越人。随着现代考古学的新发现，"于越为土著人"观点具备了较为充分的实物依据和理论说服力。② 古越族是构成华夏民族的重要一支，而闽浙赣皖四省交界之地正是古越族的发源地，姑蔑地就处于这一地区的中心，姑蔑部族与其不远的于越部族当同属于古越族。

良渚文明衰落、中原夏商文明开始之后，吴越两国兴起之前，距今4000—3000年的大约1000年时间里，环太湖地区小国林立，各自为政，如且瓯、海阳、姑蔑、共人等，它们多数是中原南迁的部落。此时，人类进入青铜时代，农业生产比较发达，渔猎与采集则为辅助。为了保护自己部族的利益，诸侯国各自筑城，城中已经产生阶级关系和严重的不平等。它们大多相信殷商时代遗留的多神教信仰，周王室建立后，它们朝周纳贡，服从其王室地位。其中且瓯国以南太湖为核心，曾经一度发达，其疆域至少北至今芜湖，南达姑妹国（今金衢盆地），东至于海，西邻于楚。它们修筑了很多座城堡，以保障自己的安全，其民众甚多，乃至后来吴国兴起，依旧以其子民为主，陈陈相因，遂沿袭了旧城堡名称，并最终融汇到了与中原文明的相互激荡发展中。

吴根越角，原指吴越故地之边陲，后多泛指江浙一带。吴王夫差释放

---

① 孟文铺：《关于"于越"、"於越"及其音读》，《绍兴日报》2012年2月23日第11版。
② 叶岗：《论于越的族源》，《浙江社会科学》2008年第10期。

越王勾践,并以"封赐"之名归还越地八百余里之后,吴臣子胥叹曰:"吾君失其石室之囚,纵之于南林之中,今但因虎豹之野而与荒外之草,于吾之心,其无损也?"这里所述的八百余里疆域包括了南部荒芜之地。《国语·越语》中提到"勾践之地,南至于句无,北至于御儿,东至于鄞,西至于姑蔑,广运百里",此处的"姑蔑"就是今浙江的金衢盆地,故有吴根越角之称。百越及其先民是一个统一而多样的民族集团,这个民族集团是由不同的时空共同体组成的,不但包括了东南不同分域的族群文化,而且这些族群文化在先秦两汉间经历了不同阶段的变迁。唐杜牧《昔事文皇帝三十二韵》:"溪山侵越角,封壤尽吴根。"元陈樵《北山别业三十八咏·越观》:"吴根越角两茫茫,石伞峰头俛大荒。"清钱谦益《西湖杂感》诗序云:"登登版筑,地断吴根;攘攘烟尘,天分越角。"姑蔑古邑,烟火万家。楼台森列,市声如潮。乃古越巨埠,江南中坚。实为百物翔集,而今凤舞龙吟。斯地文化,万种风情。占天时地利人和,承吴越一脉风流。正可谓,山水如画,福地宜人。欣逢盛世,国泰民安。

楚头越尾,泛指长江中下游一带地方,位于楚地上游,越地下游,因首尾相衔接,故称"楚头越尾"。《水经注》卷四十:"浙江又东北流到钱塘县接纳瀫水。瀫水发源于西部的太末县,这是越国的西部小邑,属于姑蔑的地方。秦时才建为县,王莽改县名为末理。三国吴宝鼎年间(266—269),从会稽郡分出来立县,隶属于东阳郡。"从汉文史籍记载来看,位于上古华夏东南的民族大致经历了从传说时代的"三苗"到商周时期的"诸蛮",再到东周以后的"百越"的发展历程。《吕氏春秋·恃君览》称"扬汉之南,百越之际",《史记》则有"及到秦王……南取百越之地"的记载。百越族是由当地原始先民发展形成的。其理由是,大量考古资料证明,在百越各族登上历史舞台之前,早在几十万年以前的旧石器时代和新石器时代早、中期以及四五千年前的新石器晚期,那里已有人类活动的遗迹。对于"越"的得名,较常见的说法是"越"源于"钺"(或写作"戉"),是一种扁平穿孔石斧,开始是生产工具和武器,后来逐渐演变成很薄的象征权力的礼器。由于百越族分布区域较广,不同区域、不同时期的文化不可能完全相同。[①] 浙江是以越文化为发展主线,但浙江金衢盆地仍有其自身发生、发展和繁荣的历史,有着明显的地域与土著特色。

---

[①] 冯爱琴:《走进百越研究:历史源流与文化发展》,《中国社会科学报》2013年第1期。

《尚书·禹贡》分天下为九州，浙江金衢盆地分属扬州。春秋战国时期，属于与吴国、越国并列的姑蔑国辖地。前473年越灭吴，前306年前后楚灭越，浙江金衢盆地又归楚国，为南楚之地，浙江金衢盆地实为"楚头越尾"。姑蔑后裔现居于浙江省中西部，其最古老的村子分散于南山这个至今仍以强蛮民风、固执守旧、东夷古语著称的崇山峻岭间。

(二) 金华、衢州同处姑蔑腹地

1. 姑蔑墟

墟，《唐韵》去鱼切《集韵》《韵会》《正韵》丘于切，音虚。《说文》大丘也。《礼记·檀弓》墟墓之间，未施哀于民而民哀。又故城。《竹书纪年》磐庚自奄迁朝歌，遂曰殷墟。在金衢盆地有"姑蔑之墟，太末古治，邹鲁遗风"之说，秦统一全国后在金衢盆地设立乌伤、太末二县，其中太末县设在姑蔑墟上，统属会稽郡。《元和志》载：婺州，春秋时为越之西界，秦属会稽郡。今之州界，分得会稽郡之乌伤、太末二县地。《越绝书》谓："姑末今大末。"这与秦王政二十五年（前222）于原吴越地置会稽郡，其西南设大末县一脉相承。光绪《龙游县志·沿革》：秦制天下为三十六郡立太末县属会稽。《太平寰宇记》说："婺州，春秋战国为越国之西界。"由此可见，当时的婺州地属越国，而太末则属越之邻国。

浙江金衢盆地，在交通和军事上具有十分显著的地位，自古以来隶属于大末县（或作太末），大末古称姑蔑、姑妹。加拿大汉学家、不列颠哥伦比亚大学亚洲研究系荣休教授蒲立本《上古时代的华夏人和邻族及其语言》认为，从汉代到隋代，浙江的"太末"称为龙丘，此前称为"姑末"（早期中古音 kO-mat<*ka-mat）或"姑蔑"（早期中古音 kO-met<*ka-jmat；是硬腭因素来源于前缀，而不是介音）。这个地名到汉代为"太末"，这暗示它可能是个越语词，在《左传》和《国语》里都有姑蔑这个地名。在《国语》里，这个地名被当作越国领土及西部的标志。《吴越春秋》则用"姑末"取而代之，称之为越国的南极；注解则说它与太末（龙丘）是同一个地方。① 姑蔑（即大末）在鲁哀公前为越之邻国，在鲁哀公时为越所灭成为其属地。

---

① ［加拿大］蒲立本：《上古时代的华夏人和邻族及其语言》，游汝杰译，《扬州大学中国文化研究所集刊》1998年第1辑。

## 第二章 溯源——商汤后裔播迁的姑蔑古国

姑蔑南迁定居金衢盆地后，成为这一地区的早期居民。春秋时期的姑蔑地究竟有多大，没有确切的史料记载，但后来的太末县的范围，却是基本清晰的。公元前221年，秦始皇统一中国，建立了大一统的封建王朝，分天下为三十六郡，郡下设县。当时有会稽郡，其范围跨越了今天的浙、苏、皖三省，管辖着十多个县，在会稽郡的西南部，设置了太末县，太末也称大末。当时的太末县范围非常广，除了现在的衢州境之外，东边与乌伤县（位于金衢盆地东，与太末同时建县，其管辖范围相当于今天的义乌市及金华市东部）接壤，今天金华市的汤溪、兰溪市的一部分，杭州市的建德、淳安一部分，西边江西省玉山县、广丰县，南边丽水市的遂昌县、松阳县都在太末县的管辖范围之中。这是一片广袤的大地，而它仅仅是一个县的辖区。由此我们可以推断，秦朝时的太末县地域大致上应该是春秋时姑蔑地的范围。因为行政区域的设置，除地理因素外，还有它的历史沿革。中国社会科学院民族学与人类学研究所副研究员刘援朝的《吴方言苗瑶语》认为，这个地区有一些姑蔑地名，但作为姑蔑大本营的龙游县却很少见到姑蔑式地名，而在龙游县周围的地区却有一些姑蔑地名。如开化的高韩村、高坪村、古田山村，衢州的高家村，永康的古山村、古竹坂村、古龙村、古竹村，金华的古方村、古塘里村、乌石屏村、乌云村、古城范村等，这说明姑蔑并不集中居住在龙游境内，而是分散在浙中西部的金衢盆地上。由于材料所限，这里的地名仅仅是列举性质，不能完全反映古代姑蔑地名的全部情况，但可以从这些地名上揭示出姑蔑活动的区域。姑蔑的史料稀缺，但建于姑蔑国中心地带的秦汉大末（东汉以后称太末）城，对探索姑蔑提供了线索。历代正史地理志均未注明大末城的确切位置，然金华、衢州、兰溪诸地方志对古城遗址记载纷纭。根据万历《汤溪县志》记载："太末县旧址，在九峰山下，其城阓（门）街址历历尚可识也。"这说明确切记载古大末城者唯浙江金华（汤溪），金华与龙游均为姑蔑的核心区域。①

《吴越春秋》说"越南至于姑妹"。

《越语》说涉姑蔑，韦昭注："今太湖是也。"

《左传·哀公十三年》所涉及姑蔑，杜预注曰："越地，今东阳大末县。"

---

① 詹子庆：《姑蔑史证》，《古籍整理研究学刊》2002年第6期。

《后汉书·郡国志》太末县下刘昭补注:"大末,《左传》谓姑蔑。"

南宋的罗泌《路史·国名记》:姑蔑,一曰姑妹,太末也,晋之龙丘,今衢之龙游。有姑蔑城,而瑕丘其析也。谓"姑蔑""姑妹""太末"实皆一地名,最为通论。

明万历年间编修的《龙游县志》《舆地·沿革》篇有"周姑蔑国,子爵,越附庸也"的记载。

《大明一统名胜志》卷六十九记载:"旧唐书,龙丘,赫注云,本秦太末县,贞观八年置,以县东四十里龙丘山得名。"

清代的王先谦《汉书补注》:"姑蔑故城在龙游,太末县亦治龙游,其地实兼有今西安、江山、常山、开化、遂昌、玉山及汤溪县之半。"

乾隆《汤溪县志》"瀫水图说"曰:汉地理志曰,会稽太末有瀫水,东北至钱塘入海。又《水经注》曰,浙江钱塘瀫水入焉,源出太末,是瀫水专属太末明甚。汤邑九峰之下实惟旧址,残碑断碣所留尚可约略。其概今泉自山际流出,转衢而下,滔滔不息环带于邑之西北者独名瀫江……

民国《龙游县志》地理考记载:"五代时,龙丘县属吴越国,宝正末,钱镠以'丘'为墓,不祥,改曰龙游,属衢州如故。"

《汉书》注:大,音如闼。李留之曰:自杭而上,至常山六百九十五里,逆流多惊滩,以竹索引船乃可上。大,读如达,义有取焉。王象之曰:龙丘,故大末也。黄武五年(226)七月,分三郡恶地十县置东安郡,郡治富春县,辖富春、建德、桐庐、新昌、新城、钱唐、临水、于潜、新安、太末。唐光化二年(899),淮南宣州将康儒败两浙将王球于龙丘,擒之,遂取婺州,即此。太末曾分县也曾被并县,第一次分县是在三国时期,"遂昌令,孙权赤乌二年(239)分太末立平昌,晋武帝太康元年(280)更名",所分为太末北乡一带;第二次分县在武则天如意元年(692),分龙丘立盈川县,所分为太末西乡土地;还有一次被并入金华,那是在隋朝。明成化七年(1471)汤溪设县时,虽从金华划去白沙乡五都的土地,但并不包括汤溪城一带。

2. 太末里

地理在人类文化发展各类要素中最具持续性与恒定性,金衢盆地,人文、历史、地理等各类资源丰富。金华是一座历史文化名城,在其西南,靠近九峰山的脚下,有个地方叫汤溪,是一座有数千年悠久历史的文化古城镇,今镇址即为当年的汤溪县治所在地,汤溪以其独特的文化风貌存在，春秋时期的姑蔑国城邑即建在今汤溪九峰山下，是古婺八县之一。乾隆《汤溪县志·地理》载："汤溪地，在衢之东、金之西、处之北，原隶三府四县，前明成化辛卯，金华守李公嗣，以其阻山带水猖獗难治，延请民情，请割金兰龙遂四隅之地，另为一县，隶金华。以附近有汤塘故名汤溪县。"还记载："汤溪由县治达京师，陆路4030里，水路4215里。汤溪割四县边隅为邑地，无专属考。"①浙江在中华人民共和国成立后消失的县：桐庐并分水，富阳并新登，建德并寿昌，淳安并遂安，临安并于潜和昌化，武义并宣平，桐乡并崇福，德清并武康，安吉并孝丰，金华并汤溪。②在汤溪镇，九峰山下里许庐舍相连，询之故老，皆曰：古太末地。今碑刻模糊已不可考。

姑蔑之名始见于《左传·哀公十三年》。杜预注谓："姑蔑，今东阳太末县。"韦昭《越语注》则谓："姑蔑，今太湖。"王应麟《困学纪闻》以为"太末之讹"是也。"大末"作"太末"，始于《后汉书·郡国志》，《汉书·地理志》尚作"大末"。顾祖禹《读史方舆纪要》引李留之语谓："逆流多惊滩，以竹索引船乃可上。'大'读如'达'，义有取焉。"其说非是。至正莽改"太末"为"末治"，亦属单举，盖"大"者夸张之词，如"大梁""张楚"之例，"治"犹县也。《路史》中谓"姑蔑""姑妹""太末"，实皆一地名，最为通论。③2300多年历史的汤溪镇沙头村村谱《兰源戴氏文献谱》（第一卷）《兰谷义田赋》记载："龙邱，古太末里，姑蔑墟也。县之东南四十里地名兰坡，有蓉峰拱秀峙于南，兰谷潆清流于东。"这是说，与《国语·越语上》"西至于姑蔑"描述的"姑蔑"在越国西边是一致的，其地理位置在今浙江金衢盆地。

《婺遗续识》载：太末故城在九峰山麓，水源自山际流出，蜿蜒而下兰江，波纹如绮，则瀫水之滥觞于兹山也。汤溪置县在明成化七年（1471），其地于春秋为越之姑蔑；于秦汉为大末乌伤二县境，大末即姑蔑，姑、大皆尊称，其义同蔑，末则音近也；东汉分乌伤南乡立长山而大末沿讹为太末（治所在汤溪九峰山下）矣；三国时分太末立平昌，晋初

---

① 奉新陈钟炅、嘉善冯宗城等纂：《汤溪县志》，清乾隆四十八年（1783）刊本。
② 金华县志编纂委员会：《金华县志》，浙江大学出版社1992年版。
③ 慧一文：《这段历史，龙游人要大声说出来！》，浙江新闻客户端（https://zj.zjol.com.cn/news/788761.html），2017年10月30日。

改为遂昌；隋改长山为金华，并省太末入之遂昌，亦省入松阳；唐初复置太末、遂昌，太末寻更名龙丘，又析金华县置兰溪；"丘"意为小土山、坟墓，是故五代长兴二年避"丘"字讳，改龙丘为龙游，因汤溪缺水不利发展而移至今龙游县址；明成化七年（1471），划金华、兰溪、龙游、遂昌四县边陲之地置汤溪县（隶属金华府），其县划包括"罗埠市（县北十五里，康熙志称花园市），洋埠市（县西十五里），叶湾埠（县北二十里），伍家埠（县北十五里），三港埠（县北二十里）"。①

姑蔑，地处扬州之域。扬州地，相当于今天的江苏（高邮、天长县以南）、安徽（霍山、庐江县以南）两省南部部分及浙江、江西、福建三省全部。孙吴时，据有东汉时期的丹阳郡、会稽郡、吴郡和豫章郡全部，及九江郡、庐江郡、广陵郡的一部分。汉末置庐陵、新都、鄱阳、临川、彭泽、蕲春六郡及地位相当于郡级政区的毗陵典农校尉（赤乌以前称"吴郡西部都尉"），《建康实录》卷一记黄武元年（222）扬州"所统十四郡，148县"，十四郡即上述所述的诸郡，而当中的彭泽、九江、广陵、临川四郡不常置，所置时间不久。三国时期新置有东安、故鄣、吴兴、东阳、临海、建安、临川、安成八郡及庐陵南部都尉。仅东安、故鄣二郡，因建置时间不久而废止。至孙吴末期，扬州辖有十五郡、一都尉、一典农校尉。

建安初，孙策平定江东后领有会稽郡。郡治山阴县（今浙江省绍兴市），领山阴、鄮、乌伤、诸暨、永兴、太末、上虞、剡、余姚、句章、鄞、章安、永宁、东冶、新安、长山、吴宁、建安、汉兴、南平、丰安、遂昌、松阳、建平、定阳、始宁二十六县。孙权时分章安县置临海、始平、罗阳三县。赤乌二年（239）分太末县置平昌县。赤乌八年（245）分乌伤县置永康、武义二县。废武义县（不知何时）。太平二年（257）以会稽东部都尉所属六县置临海郡，会稽南部都尉所属五县置建安郡；宝鼎元年（266）以会稽西部都尉所属九县置东阳郡。吴末领山阴、上虞、余姚、句章、鄞、鄮、剡、诸暨、永兴、始宁十县。

东阳郡，汉时已置会稽西部都尉，管辖会稽郡西部的乌伤、太末、新安、长山、丰安、吴宁、定阳、永康八县，后增辖平昌、武义（后废县）二县。宝鼎元年（266）以都尉所属九县置郡。郡治长山县（今浙江省金

---

① 丁燮、薛达、戴鸿熙：《汤溪县志》，金震东石印局1931年排印本。

华市），领长山、乌伤、太末、新安、丰安、吴宁、定阳、永康、平昌九县。吴末时领县未变。

东汉时乌伤属会稽西部都尉管辖，而太末属会稽东部都尉管辖。《后汉书·任延传》记载着这么一件事：任延任会稽东部都尉时，曾派人礼聘隐居在九岩山（即九峰山）的龙丘苌。"任延为会稽东部都尉礼聘龙丘苌事，知太末在更始时（23—25）为会稽东部都尉所在。"可见乌伤与太末汉时隶属不同，汉末长山县分乌伤县南乡而立，不包括太末辖境内的汤溪。东阳郡建立后，太末与长山虽同属其管辖，但太末的辖地未有变动。《南齐书·徐伯珍传》云："（伯珍）宅南九里有高山，班固谓之九岩山，后汉龙丘苌隐居处也。"民国《汤溪县志》引旧志云："是知伯珍故居在龙丘山北九里，即今县治左近。"据《元和志》载：婺州，"春秋时为越之西界，秦属会稽郡。今州界得会稽郡之乌伤、太末二县地"。唐婺州治今浙江金华市，领有今衢州市、江山、龙游、常山、开化与金华的兰溪县（市）全境以及金华市界。又康熙《金华府志》记载："徐伯珍字文楚，本东阳太末人也。其地旧属龙游，今为汤溪，其宅南去九峰山数里，伯珍移居之。"据《元和郡县图志》记载："义乌本秦乌伤地，今金华、义乌、永康、武义四县及兰溪东北、仙居西、缙云北，治在义乌。"

## 第二节　姑蔑之说

姑蔑作为古越族史迹中的地名，记载着从孕育到生长的历史全过程，既是一个历史地理概念，又是重要的文化地理概念。作为浙江最具古老传统的地域文化之一，姑蔑文脉为浙江文化的延续提供持久力，姑蔑文化是地域文化与民族文化的统一。姑蔑，在吸纳现代文明因素走向现代化的历史进程中，从生产方式到生活方式，从物质文化形态到精神文化形态，从思维方式到认知体系，从生活习惯到制度规范，传统和现代的东西无不在碰撞、冲突、相互吸纳的过程中形成新的统一，成为传统文化与现代文化有机统一的整体，为浙江文化提供新的样式。

### 一　姑蔑考据

（一）姑蔑徙居

众所周知，浙江在历史上经历过多次重大的移民潮。第一次是东夷人南迁，浙江的民族构成中就有相当比例的东夷人，一直到浙江金衢盆地古时期的姑蔑国，都显示有东夷人的影响；第二次是泰伯奔吴，带来了一部分的华中苗瑶人和少量北人；第三次是楚人东迁，楚人对浙江血统上的影响，反映在江南很多地区的类苗瑶长相；第四次是两汉东吴时期的相对少量的北方移民；第五次是东晋永嘉南渡以及之后南北朝对北方移民的吸收；第六次是安史之乱和黄巢匪乱带来的北方移民；第七次是两宋尤其是南宋靖康南渡；第八次是明清时延续至今的江淮人向苏南上海乃至浙西北的移民；第九次是太平天国造成的江浙内部移民和江淮移民。浙江金衢盆地在夏、商、西周时属越，春秋属姑蔑，战国越亡属楚；秦统一中国后，分郡县两级，属会稽郡乌伤县、太末县；西汉分三级制，属扬州刺史部会稽郡乌伤、太末县。衢州地方文化社科专家张水绿先生认为，第四纪冰期之后，姑蔑的先民们一支向今宁绍杭嘉湖平原分流；一支向东南分流，渡海到了今天的中国台湾、菲律宾，直至沙捞越；一支向西南分流，到了柬埔寨（即今天的吉蔑人的祖先）；但大部分仍滞留在境内。

1. 扈跸南迁说

中国社会科学院历史研究所孟世凯发表在《文史知识》2010年第12期上的《姑蔑与龙游》一文，对蔑氏族的故地作了大量的文字引证，提出姑蔑（指山东泗水）在商末已经南迁于越（今浙江省），姑蔑地实有泗水、太湖、浙江之说。姑蔑避西周之兵而迁鲁之泗水，再南迁微山湖，三迁太湖，之后一部分部族又迁浙江，后曾与越结盟而伐吴。

受政治性强制迁移、战争、自然灾害等因素影响，古代聚族迁徙的事例不乏其数。历史上的商灭夏、周灭商等都是历史的震动，一些被征服国族及其盟友遭到灭国、灭族而迁徙的命运。春秋争霸战争持续时间长、战争频繁、战斗激烈，人为地促使民族大迁徙，加速了各族间南下北上的态势。吴王夫差为争霸中原，多次北上，深入中原鲁国腹地，进兵山东泗水，征服了鲁、邾、卫等中小国，与鲁、邾相邻的姑蔑国当处被征服之中。公元前482年吴国北上与诸侯相会黄池，吴王夫差当上了霸主，打乱了中原诸国的格局，为姑蔑国迁徙创造了空间。

姑蔑国族南迁路径是：东夷部族少昊后裔→商代晚期居住在今河南淇县以北的商王畿内→西周初年东迁山东泗水县的鲁国境内→春秋中晚期举族南迁江苏邳县（出土西轴铜簋为证）→南迁太湖北岸→沿着太湖至南岸到浙江北部的安吉（姑蔑长印）→南迁浙江金衢盆地落脚（即越之西

鄫，以金华"越溪"为界建都九峰山下）协助越军灭吴→姑蔑与越国联军灭吴的同时，越国顺势吞并了姑蔑→公元306年楚灭越后姑蔑属于楚国管辖→秦始皇统一中国后在姑蔑墟上设立太末县（隶属会稽郡）。

姑蔑在河南淇县。朝歌，又名殷墟。在今河南淇县，商朝武丁、武乙、帝乙、帝辛四代殷王在此建都。据史料文献记载，商朝始都于亳，曾五次迁都。《竹书纪年》载：商王仲丁"自亳迁于嚣"、河亶甲"自嚣迁于相"、祖乙"居庇"、南庚"自庇迁于奄"、盘庚"自奄迁于北蒙，曰殷"。姑蔑为古东夷集团蚩尤部族的后裔，是殷商颇有实力的氏族方国，原居河南淇县，居住在商宫别院里，学者研究考证，时蒲姑国、商奄国和徐国是东方三个大嬴国，其后裔都是姑蔑国君民的主要来源。

姑蔑在山东泗水县。姑蔑避西周之兵而迁鲁之泗水，后为商的方国。《左传·定公十二年》说的是鲁定公十二年（前498）鲁定公讨伐费国，在姑蔑大败费国军队。鲁费交战，根本就不可能以江南的姑蔑地作战场。蔑，姑蔑。在今山东泗水县东南五十里泗张镇天齐庙村北，梅鹿庄南。附近有天齐庙遗址（见图2-1），为一高出周围地表1.5—5米的台形高地，现有面积约4500平方米，是一处包括大汶口文化、龙山文化、岳石文化及商周文化的古遗址。①

图2-1 天齐庙遗址

---

① 郎兴启：《泗水县域曾为十二古国建都之地》，《济宁日报》2015年11月20日文化周末版。

姑蔑在微山湖。姑蔑主体部分与徐奄等夷人族群，沿着泗河水系辗转南下进入微山湖。泗河，发源于今山东省泗水县东陪尾山区，向西流经曲阜、济宁、鱼台，折向东南，流至今江苏省沛县境内。作为天然河流的泗河水系，被历代开发利用为运河，始于春秋末年（前486）。当时，吴王夫差战败越国，欲北伐齐、晋两国，称霸中原。军队决战千里，必须有足够的军用物资和粮草先行，地处水乡泽国的吴国，欲发挥"以船为车，以楫为马"的作战优势，必然选择水路，即开挖邗沟，作为南接长江、北入淮河的运河。微山湖则介于苏、鲁两省之间，原为泗河沿线的一片洼地。前132年黄河在濮阳瓠子堤（今濮阳西南）决口，向东南冲出一道新河注入泗河，黄泗合流了二十余年，致使邹县和滕县一带入泗山水受黄、泗高水位顶托无法入泗，被迫滞蓄在泗河东岸而形成了一片沼泽地。

姑蔑在江苏邳县。周分天下为万国，通过征战，小国纷纷被灭。因遭到西来周人的征讨，姑蔑小国为避免被灭亡的命运举国南迁，黎民被迫四处流落。春秋晚期，姑蔑举族迁徙经过邳县，1958年江苏邳县战国墓出土"春秋中晚期的铜簠"可证。簠出现于西周早期，盛行于西周末春秋初，在战国晚期以后消失。商代和秦汉时代，都没见有簠。一般呈长方形，盖身相同，大小一样，上下对称，合则为一体，分来则为两个器皿，即古文献里的"胡"或"瑚"。是古人用来盛稻粱的用具，它的用途相当于后世的盘子。长方形，口向外侈，盖上有两耳、四个短足，盖子与器物的形状大小相同，合上成为器盖，打开来时就成为相同的两器。早期"簠"的特点是足短，口向外侈；到春秋末时，簠的足渐变高、器变深，这是断代的特征。① 江苏邳县位于山东泗水县东南约165公里，这件铜簠是春秋中晚期姑蔑族的珍贵遗物，是姑蔑举族迁徙的佐证。②

姑蔑三迁太湖。西周时期，姑蔑人因遭周人的征讨，遂迁至太湖西岸。郑泉生《姑蔑新考》提到，《国语》："……西至于姑蔑，广运百里"，韦昭注曰："姑蔑，今太湖是也。东西为广，南北为运。"浙江省的德清、长兴县在太湖的西南岸。金衢盆地上出土的原始瓷与印纹陶，与此地风格一致。一枚"姑蔑长印"出现在长兴地界，有力佐证了姑蔑人停留的痕迹。而太湖地区是吴国的势力范围，姑蔑南迁引起了和吴国的冲突，吴与

---

① 王健：《先秦秦汉时期徐淮地域文化的变迁》，《史学月刊》2013年第8期。
② 周尊生：《邳县奶林遗址出土西咪簠铭释文》，《考古》1960年第6期。

周联合，迫使姑蔑继续南迁。

  姑蔑在浙江安吉。顺着太湖沿岸，进入浙北的安吉，鲁哀公十三年（前482），姑蔑出现在越国浙江的土地上。安吉是商周时期至两晋时期浙江人类文明的重要区域，亦是当时长江下游太湖流域的经济和文化中心。安吉是春秋战国、秦汉时期江南地区极为重要的城址，不仅是因为它处在东西文化的传播走廊及楚越交接处这一特殊位置，更为重要的是，作为秦汉长江下游重要经济文化之江南要地的区域政治中心——鄣郡郡治，集中反映了当时的社会政治、文化、经济、丧葬习俗等各方面的情况，是综合研究当时社会、集中体现和还原古代历史的重要资料。2008年安吉县第三次全国文物普查小组在梅溪镇普查，发现商周时期的文化遗存石室土墩墓群。龙气合聚的春秋战国之地，潜藏了两千多年的文化世界。安吉古城遗址是迄今为止保存最好的越国城址，也是太湖流域及浙江地区迄今发现同时期规格最高的城址。1976年浙江安吉三官乡周家湾村出土的青铜器数量少，但器物组合与器物造型、纹饰等均有很大的研究价值。安吉出土的这批器物的埋藏性质为土墩墓，墓葬年代与青铜器的年代一致，为商代晚期至西周早期。[①] 1997年8月29日公布，安吉笔架山、龙山土墩墓群是浙江土墩墓最为密集的地区之一，为研究姑蔑以及吴、越、楚文化及其交融情况提供了丰富的实物资料。

  姑蔑在皖南屯溪。姑蔑的地望核心区域，西至江西玉山，东至浙江金华（汤溪），北至安徽屯溪休宁，南至遂昌、松阳，西北面包括屯溪地区，明显大于秦太末县的疆界。土墩墓，顾名思义，最大的特点便是平地掩埋，不设葬具，堆土不夯，封土成墩，这是一种商周至春秋时期我国江南地区流行的墓葬形式，和同时期中原及周边地区的"不封不树"墓葬有很大差异，研究者多认为是吴越文化的葬俗。屯溪土墩墓是西周时期，江南地区吴越墓葬制度与习俗的独特文化遗存，土墩墓的营造方法与中原地区同期墓葬完全不同。随葬品一般有陶器、几何印纹陶、原始青瓷和青铜器。这个墓葬出土的青铜器，绝大部分属于国家一级、二级文物。八号墓出土的一款青铜宝剑更是让人称奇，因为剑身上有数道黑色花纹，虽然经历两千三四百年的历史，但至今没有一丝锈迹。这些黑色花纹后经专家实验证明，这是人为涂抹上去的一种稀有金属。也就是说早在两千多年

---

[①] 余全介：《秦汉越地人物传》，浙江大学出版社2011年版。

前，人们就知道如何不让金属生锈。而这项技术直到20世纪60—70年代，德国人才知道。不过令人遗憾的是，这项技艺曾一度失传。而且从这些墓葬出土的随葬品判断，这些墓葬主人应该是当时越国派驻该地的将领。①

姑蔑在浙江金华。金华罗埠山下周遗址、汤溪青阳山遗址以及汤溪贞姑山遗址（出土有"钻芯"）是上山文化时期的发展中心地带，是金衢盆地的核心位置，这个地带从万年前延续至今，一直有人类生存。姑蔑国进入浙江落脚在今金衢盆地一带，姑蔑一部分部族在九峰山下定都，后曾与越结盟而伐吴。约2500年前，"有越侯夫谭，子曰允常，拓土始大，称王"。时姑末即为越之南鄙，《越绝书》谓："姑末今大末。"越败于吴后，一度归吴，勾践七年（前490）复属越，此为浙西地区可考纪年之一，还略早于泓上之战时。越败楚后，仍为越地。秦统一中国后，于原吴越地置会稽郡，其西南设大末县。今人考证，秦之设县多渊源有自，姑末之沿革也脉络清楚。

姑蔑在浙江龙游。龙游是姑蔑南迁的最后归宿地，徐偃王迁姑蔑地还是姑蔑族随徐偃王南迁，学术界论定不一。徐子赢诞在历史上"以仁失国"记入史册，并被持"人性本恶"的荀子引为反面教材，在其著名的《荀子非相》中更是将徐子赢诞称为"偃王"。偃，《说文》按，伏而覆曰仆，仰而倒曰偃，即迎风而倒之意。唐代作家韩愈曾为龙丘徐偃王庙撰纪念碑文，记载814年一位徐姓官员修复此庙的事迹。碑文说当地有许多人姓徐，皆以偃王为祖宗，当地有一传说，说偃王失败后南逃至越，揭示古代夷族和越族的关系。②龙游也可说是徐族、姑蔑族南迁后的一个重要居住地，按照龙游的民间传说，徐偃王和姑蔑子是舅甥关系。旧时龙游四乡徐偃王庙甚多，但是没有丝毫和姑蔑有关的信息留存。龙游地方志的记载中一直是把姑蔑和徐偃王分开来记叙的，绝不混淆，而且明显以姑蔑为主、徐族为宾。③姑蔑地的龙游县南灵山村的徐偃王庙，因唐朝韩愈写有《徐偃王庙碑》而闻名于世。庙碑一直立于庙中，后因岁月久远断成两

---

① 彭适凡：《开展对中国南方古代青铜器研究的若干思考》，《南方文物》2010年第1期。

② 郑洪春、袁长江：《姑蔑历史文化论文集·试探姑蔑族与东夷族皋陶之少子徐偃王的关系》，人民日报出版社2002年版，第202—205页。

③ 杨善群：《姑蔑历史文化论文集·姑蔑、徐人南迁考》，人民日报出版社2002年版，第121—126页。

截，上半截在清朝咸丰年间的战乱中被湘军一个师爷掳走，为了保护剩下的半截碑，民间建起"景韩楼"专门庋藏。

2. 土著多源说

曲路浚撰写的《衢州：东方中国文明启动点之一的古老而发达的地方》（下）一文提出，先撇开南北姑蔑关系问题争论，应在以下三点达成共识。第一，将浙江境内的古文明史的历史原点金衢盆地界定为东方中国文明启动点；而衢州这个地方除开化以外，全部与金衢盆地搭界，考虑到开化是浙江母亲河钱塘江的源头，因此将衢州这个地方界定为东方中国文明启动点之一。第二，越族是构成华夏民族的重要一支，而闽浙赣皖四省交界之地正是古越族的发源地，衢州就处于这一地区的中心。既然衢州这个地方是东方中国文明启动点之一，其远古先民应该是本土古越族而不是北姑蔑族及徐偃王后裔等。第三，不要把北姑蔑南迁与徐偃王南迁及其定居衢州的历史看成衢州地区早在春秋战国时期就已融入了华夏族之列的证据，而要把这一历史进程看成衢州这个地方在远古是一个宜居之地的古老而发达的地方的证据。对于浙江姑蔑一名，为中原至此，有学者提出两点"不妥"：一是证据不足，仅仅是故事传说；二是史料中的"姑蔑"，是后人注解和衍生分析，可信度不高。

金衢盆地土著说。姑末，春秋越地。又作姑蔑、姑妹。《左传·哀公十三年》："越伐吴，吴王孙弥庸见姑蔑之旗。"注："姑蔑，今东阳太末县。"蒲立本认为，汉代前称为"姑末"或"姑蔑"。这个地名到秦汉又变为"太末"，这暗示它可能是个越语词。张水绿先生在《对"姑蔑南迁"说之质疑》一文中，从地名学、地理学、古方言等学科进行综合性分析和研究，不但指出衢州这个地方的姑蔑是土生土长的，而且指出北姑蔑同衢州这个地方的姑蔑是一种远古的"先天"的血缘关系。[1] 据《吴越春秋》载：夏朝，少康"封其庶子无余于越"。而《国语·越语》称："勾践之国……西至于姑蔑。"可见，姑蔑存在于金衢盆地，早于越王勾践，与越国为邻。夏商周时期，境内的土著民已经散布在金衢盆地的江河、山地、丘陵和平原地带。住在深山里的原始民这时已掌握了采矿、炼铁、炼铜技术，并用铁、铜制造兵器来保护自己，制造生产工具进行农

---

[1] 徐永生：《姑蔑历史文化论文集·姑蔑文化源远流长》，人民日报出版社2002年版，第76—87页。

耕。也学会了驯养家禽和走兽。养蚕、纺织技术都逐渐掌握，甚至追求文化娱乐享受，从部落向奴隶制社会过渡。约在公元8世纪，原来生活在今天的宁绍平原的千里岗人的后代和南下的于越族人建立了越国。而越国的疆域比较小，东部是大海，北部有钱塘江阻隔，又是属于强大的吴国领土。他们为了补充资源和组建一支能与吴国相抗衡的军队，并为这支军队补充兵源，就不断向西拓展。而它的西部就是衢江和新安江流域。这里土肥水美，土著民又会采矿、炼铁和冶铜，农耕也发达。于是，越国向金衢盆地扩张，就不断地派兵攻打。每打下一块地方，就迁移一部分老百姓定居下来，可以说是南山境内的第一批带千里岗人血统的外来移民。到了西周晚期，原定居在今江淮流域的徐人，在周人的打击下逃到今天的舟山群岛，后来又沿着钱塘江流域定居下来。最后一批到达衢江流域。这是迁入衢州境内的第二支外来移民，加上原来一直住在境内的原始民合在一起就有了三支先民。三支先民经长期在一起生活、通婚，形成了统一的生活习性和文化，历史学界就称他们为山越族人。居住在衢州境内的山越族人后来大部分以徐为姓；住在西北部山区里的即今天的开化、婺源、德兴、徽州一带的山越人后来改称自己为汪姓；住在淳安、建德、桐庐一带的山越人称自己为方姓。他们相互合作，相互依存，到了春秋初期，建立了一个割据一方的酋长国——国名叫姑蔑（2018年7月1日，来自中国社会科学院等专家在衢江区庙山尖西周大墓考古再次证实姑蔑国的存在，而今高家、莲花、盈川一带即系姑蔑国地带）。

　　姑蔑南北各立说。也有学者认为"北姑蔑南迁"的证据并不充分，南姑蔑应该是先民以今天的浙江金衢盆地为中心，由氏族而部落，由部落而部落联盟，直到形成政权实体，逐步发展形成的。这当中自然也有南北交流和对中原先进文化的吸收，但不可能是"北姑蔑南迁"这样的形式和规模。对于南北姑蔑，还是持"异地而同名者不可以不辨也"的态度为是。姑蔑，在鲁国北部，即现代山东泗水东部。《左传·隐公元年》："公及邾仪父盟于蔑。"杜注："蔑，姑蔑，鲁地。鲁国下县南有姑蔑城。"在《春秋》《穀梁》《公羊》的注解里，这个地名也简称"蔑"，或写作"眛"或"昧"。这样一来，在山东和浙江各有一个相同的双音节地名，它们所记录的可能是同一个非汉语的词。姑蔑文化研究著名学者劳乃强认为，有关姑蔑的历史记载中，基本上北是北、南是南，截然分明。西周时期"成周之会……於越纳姑妹珍"，说明西周初期已经有南姑蔑，排除了姑蔑由鲁地南迁的可能。《左传·定公十二年》记载："伐之，费人北。国人追之，败诸姑蔑。"说的是鲁定公十二年（前498），鲁定公讨伐费国，在姑蔑大败费国军队。鲁费交战，根本就不可能以江南作战场。鲁定公十二年距离鲁哀公十三年仅16年，在当时的条件下，这么短的时间北姑蔑要完成南迁并投入吴越之战，可能性也不大。[①]

由南而北迁徙说。西周初期的姑蔑，在越之西鄙，有明确的记载。《左传》中诸侯国80多个，唯独未有姑蔑国，没有迹象表明姑蔑是国名。徐云峰在文献与甲骨文研究的基础上力主"迁徙说"：姑蔑族自山东泗水，分迁至微山湖西、南下合肥，东渐吴境，终与越人同盟，最后来到浙江金衢盆地。然而《左传》中"自南方先及郊"的两支越军是"丙子"日到达，作战在"乙酉"，按此推断，姑蔑人不可能在九天内作为勾践的先头部队参与"泓上之战"，更何况金衢盆地较勾践国都绍兴甚远。难道还有一支姑蔑族？原来三国韦昭在《国语·越语上》中注云："姑蔑，今太湖也。"徐云峰力主姑蔑人从慈溪渡江经平湖抵泓上，较为近便，且表明南迁的姑蔑不仅定居太湖，也已到达衢州。换句话说，他们是分族而居。如此，杜预注与韦昭注，两皆不误。徐云峰的这一说法，至少解释了姑蔑由北迁金衢且参与了"泓上之战"，可问题仍存在。《国语·越语上》："勾践之地……西至于姑蔑。广运百里。"魏俊杰认为，韦昭注的"太湖"不在越国之西，而在越国之北，故韦昭注解可能有误。事实上，南宋王应麟《困学纪闻》也说韦昭注解错误："太湖"为"太末"之误。

对姑蔑之国（地），史学界有学者称"浙地姑蔑系鲁地后裔从山东泗水迁入，为鲁地'姑蔑'之沿袭地名"。但据《左传》哀公十三年及民国《衢县志·沿革》"哀十三年·姑蔑地"条载：越地"姑蔑"立国于鲁隐公元年（前722）之前，鲁地之"姑蔑"立国于卫定公十二年（前577）。其语云："考春秋有两姑蔑，其一为隐公元年，盟邾（春秋古国名，今湖北黄冈市）之蔑；《左传》哀公十二年（前498）之姑蔑，彼注，为鲁地。"古籍记载得非常清楚，鲁地姑蔑成名晚于越地姑蔑145年。事实是鲁地姑蔑系越地姑蔑之沿袭地名，民皆越地之后裔。因此，吴越姑蔑鲁地

---

[①] 劳乃强：《姑蔑历史文化论文集·南北姑蔑关系考》，人民日报出版社2002年版，第136—144页。

迁之说难以软着陆。①

（二）姑蔑家乘

1. 春秋越国始于姑蔑

百越又称为百越族，是居于现今中国南方和古代越人有关之各个不同族群的总称。文献上也称之为百粤、诸越。古文中常泛指南方地区。《过秦论》"南取百越之地"，《采草药》"诸越则桃李冬实"。在先秦古籍中，对于东南地区的土著民族，常统称为"越"。如吕思勉先生所指出，"自江以南则曰越"。在此广大区域内，实际上存在众多的部、族，各有种姓，故不同地区的土著又各有异名，或称"吴越"（苏南浙北一带），或称"闽越"（福建一带），或称"扬越"（江西、湖南一带），或称"南越"（广东一带），或称"西瓯"（广西一带），或称"骆越"（越南北部和广西南部一带），等等。越即粤，古代粤、越通用。越与粤，古音读如Wut、Wat、Wet，是古代江南土著呼"人"语音，越是"人"的意思。百越的百是多数、约数，而不是确数。夏朝称"于越"；商朝称"蛮越"或"南越"；周秦时期的"越"除专指"越国"外，同样是对南方诸族的泛称；周朝称"扬越""荆越"；战国称"百越"。《汉书·地理志》注引臣瓒曰："自交趾至会稽七八千里，百越杂处，各有种姓。"战国以前，《周礼·职方氏》中最早出现"七闽"名称。闽即古代东南地区越族的名称。许慎《说文解字》说："闽，东南越，蛇种。"《汉书·严朱吾丘主父徐严终王贾传》记载淮南王安谏伐闽越书说："越非有城郭邑里也，处溪谷之间，篁竹之中"，"以地图察其山川要塞，相去不过寸数，而间独数百千里，阻险林丛弗能尽著"。"夹以深林丛竹，水道上下击石，林中多蝮蛇猛兽。"从这些记载来看，古代百越民族多聚邑结寨散居于山川要塞、深林丛竹之中，溪谷之间，而且数目众多。《周礼·冬官考工记》又出现"吴、粤"名称。《逸周书·王会解》又有"东越""欧人""于越""姑妹""且瓯""共人""海阳""苍梧""越区""桂国""损子""产里""九菌"等名称。宋朝人罗泌的《路史》又具体解释了百越的族称有："越常、骆越、瓯越、瓯皑、且瓯、西瓯、供人、目深、摧夫、禽人、苍吾、越区、桂国、损子、产里、海癸、九菌、稽余、北带、仆句、区吴，是谓百越。"现在居住在中国南方属于壮侗语系和苗瑶语系的各个

---

① 孟世凯：《姑蔑与龙游》，《文史知识》2010年第12期。

民族，不论是在语言上，还是在文化习俗上，都与古代的百越族有一定程度的渊源关系。① 根据有关文献的记载，早在商、周时期，就有被称为"越"的古民族（古代中国人泛称东南方蛮族为"越"，北方蛮族为"胡"），生活在现今中国的东南及南部地区。

距今万年的浙江金华山下周遗址、青阳山遗址，就是古越族所创造出来的文化。遗址发现了稻谷、稻草和稻壳，是当时世界发现最早的稻作文化。此外，现在的考古学家也普遍认为，广泛分布于中国南方各地的以几何印纹陶为主要特征的文化遗存，可能也是由古越族所创造出来的。最近数十年来的考古发掘表明：这种以几何印纹陶为主要特征的文化遗存，在时间上从4000多年前的新石器时代晚期开始，一直延续到商周秦汉时期，在空间上则遍布于中国东南地区及岭南一带。和"古越族"相关的最早文字记录涉及"于越"，于越是春秋时期之越国的前身，最早在商朝时期就已经存在，虽然没有参加武王伐纣，但至少曾经北上当周成王的宾客。该国传至勾践的时候，他试着向北扩张，曾经沿着江苏的海岸北上胶州湾。古越族和汉族早期的关系主要在贸易，越人以象牙、玳瑁、翠毛、犀角、玉桂和香木等奢侈品，来交换北方的丝帛和手工产品。春秋晚期至战国前期，越族曾在今江浙一带建立强大的越国，共传八代，历160多年，与当时中原国家会盟，雄视江淮地区，号称"霸主"。有学者根据《史记·越王勾践世家》的描述，认为越族是夏禹的后代。不过，研究百越族的中国学者宋蜀华认为："勾践的祖父夫镡以上至夏少康庶子无余，世系不清楚；夏少康经商至周敬王共60余代，两者世系相差近1000年，把越王勾践说成是夏少康的后裔，实难信服。"此外，宋蜀华也认为夏文化和越文化截然不同，因为："夏人活动地区从未发现过'印纹陶文化'，而'印纹陶'流行地区也从未发现过'二里头文化'。"前333年，楚威王兴兵伐越，大败越国，尽取吴越之地。自此，越人流散到南方一带，分化成众多的支系。故而，从这个时候开始，文献中便出现了"百越"这一个新的称谓。战国后期，除了有百越这个名称以外，还有"扬越"的名称，即扬州地区的越族。扬州包括今淮南、长江下游和岭南的东部地区，有时又包括整个岭南地区。所以"扬越"实际上也是战国以来至秦汉对越人的另一种泛称。越族所建立的这些政治中心，后来都被汉武帝征服，改为

---

① 黄现璠、韦秋明：《试论百越和百濮的异同》，《思想战线》（双月刊）1982年第1期。

汉朝的郡县。此后，百越这个名称就不见于史载，越族之名也十分罕见。①

越国源于姑蔑国，吴国是姑苏国，所以吴越一体。姑蔑国势力范围广大，后来被越国取代，姑蔑人曾是越国人的主体或统治阶级。《逸周书·王会篇》中有"於越纳姑妹珍，且瓯文蜃"。晋孔晁注："於越，越也，姑蔑国，后属越。"文字记载分析，姑蔑于前1001年就已经在浙江存在，且远远早于《春秋·隐公元年》的文字记载。《竹书纪年》"周成王二十四年（约前1001）于越来宾"，在洛阳大会诸侯，八方来贡。说明，当时越国向周天子进贡的物品中，有来自姑蔑的珍品，姑蔑当时已在浙江的范围内，且其存在于越王勾践之前，可以判断姑蔑开始并不属于越国。

2. 云贵苗族源于姑蔑

金衢盆地的远古居民是百越人，并夹杂着三苗部族。其中，古代三苗的一个部落——姑蔑，就定居在浙江。南蛮是以三苗氏为首的南方部落联盟，所谓"三"，就是多的意思。一场旷世之战成就了禹，从此三苗一蹶不振，去向成谜。史料上记载说三苗氏先后与黄帝、尧、舜、禹争霸天下，此后三苗与北方华夏联盟虽曾一度妥协，但三苗仍较强大，始终是华夏集团强有力的竞争者。直到禹伐三苗，三苗才遭到摧毁性打击。史料记载说："故龙（蛇）出于旷野，犬哭于市郊。"②战争结束以后，三苗作为国家的雏形已不复存在了，禹征服三苗后，三苗族民一部分沦为奴隶，一部分"更易其俗"，还有部分逐渐与华夏族融合而成为华夏族的一部分，另有不少南逃或西奔山区，并入后起的楚民族及发展成后来的苗瑶等民族。关于三苗与越的关系，《史记·越王勾践世家》记载说，"越王勾践，其先禹之苗裔，而夏后帝少康之庶子也"，一句话道出了三苗与越的渊源关系。史书对此未有更多记载，但因为越与三苗同处一地，它们之间的关系应该十分密切。研究者徐松石先生指出："古代三苗领域的土著，在最东的称为'于'、'阳'、'凤'、'猷'等夷，后来形成吴越民族，其余则称为荆蛮、扬蛮。苗者蛮之音转，闽也，南夷之名，蛮亦称越。三苗旧地，在商周之世，为古越人之地，应是合乎情理的。"徐松石认为，今江浙地区在远古曾是三苗的聚集地。古越族正是在古三苗及三苗领域的土著

---

① 蒋炳钊：《百越文化研究》，厦门大学出版社2005年版。
② 侯哲安：《三苗考》，《贵州民族研究》1979年第1期。

的基础上发展起来的。①

至夏代的东方已有众多夷人的方国部落,古籍记载的东夷、南蛮、西戎、北狄,都是对一方民族的统称,并非已形成五大民族集团。同一方位各族未必都属同一族系,而且具体包括哪些地区的民族,随着时间推移,也有所不同。姑蔑为蚩尤之后,蚩尤与炎帝、黄帝同时,是原始社会末期东夷人九黎族之君,是一位有重大发明创造、受到万民景仰的古代英雄。姑蔑古国在浙江存续2500年之久,源于其勤劳、勇敢、善良的优良传统和创造精神,姑蔑文明是中华文明的瑰宝之一。苗族源于炎黄时期的"九黎",尧舜时期的"三苗"。"九黎"是五千多年前居住在黄河中下游的一个部落,后与黄帝部落发生战争,即历史所称的"涿鹿大战"(《史纪·五帝本纪》)。南蛮地,分布在长江中下游及其以南的众多族群,其中以九黎集团最为强大,又与东夷有着密切的关系。蚩尤是中华文明史上一位杰出的代表人物,统领的"三苗""九黎"部落曾经活跃在南至杭嘉湖平原,北至冀豫平原,从东海、渤海、黄海等海岸以西,直至太行山、大别山等广大区域,正对应着中国古代最发达、文明程度最高的浙江上山文化。九黎集团,归结为东夷集群、百越集群。春秋时期的管子曾称蚩尤"明乎天道""爱庐山之兵而作五金",在冶炼和兵器制造技术上丧失领先地位。而"三苗""九黎"是发明牛耕和率先种植水稻的部落,"黎民百姓"之称源于此。在战争中,黄帝与炎帝联合,九黎首领蚩尤被黄帝擒杀,余部退入长江中下游,形成"三苗"部落,建立了三苗国。据《逸周书·尝麦篇》记载,涿鹿之战结束后,黄帝对于战败的东夷九黎部落没有采取斩尽杀绝的极端手段,而是"命少昊清司马鸟师,以正五帝之官"。在四千年前,以尧、舜、禹为首的北方华夏部落与"三苗"争战近千年,最后,三苗国被夏禹所灭。"三苗"失败后,一部分被驱逐到"三危",即今陕甘交界地带,后又被迫向东南迁徙,经过很长时间逐步进入川南、滇东北、黔西北等,形成后来西部方言的苗族;留驻长江中下游和中原地区的"三苗"后裔,有部分与华夏部落融合,另一部分形成商周时期所称的"南蛮";而居住汉水中游的"三苗"后裔,被称为"荆楚蛮夷"。后来,荆楚蛮夷中先进部分逐渐发展为楚族,建立楚。后进的部分继续迁入黔、湘、桂、川、鄂、豫等省毗连山区,成为今天东部、中部方

---

① 徐松石:《粤江流域人民史》,人民出版社2016年版。

言的苗族先民。①

　　苗族支系繁多，共尊蚩尤为始祖。古老的姑蔑族群，正是属于以蚩尤为首领的"九黎"东夷集团的一支重要力量。蚩尤是古姑蔑族的首领，姑蔑族源于豕韦，而豕韦是华夏集团的一支。苗族人崇拜蝴蝶，起源于蝴蝶妈妈即妹榜妹略。她的蛋孵化出人类之祖姜央，以及龙、蛇、雷公、蜈蚣等等。她是人类之母，也是苗族之母。鼓社祭所祭的第一个祖先就是妹榜妹略。由于对蝴蝶妈妈的崇拜，苗族妇女多名为榜和略。作为苗族的第一个祖先，她的名字妹榜妹略里面居然有两个"妹"字。仅是从这一个名字，就直接说明了苗族的起源就是姑蔑。②

　　3. 姑蔑部族始祖考辨

　　东夷部族之于姑蔑。姑蔑人，一说是东部的东夷集团，一说是南部的苗蛮集团。学术界尚无定论。徐云峰教授认为，姑蔑属于古东夷部族的一个分支，商人所崇拜的"蔑"与传说中的蚩尤是同一人。姑蔑族是蚩尤的后代，是善战的民族。古代称野蛮人为夷，姑蔑的远古始祖就是东夷集团中的重要首领少昊。"夷"在春秋早期有时用作泛称，同时也一直用作专称，尤其是指淮河流域的夷。那里的夷人曾建立起一个可以辨认的政治实体。在淮河流域的湿地和山东地区，是东夷的所在地，亦即通常被看作商文化的直接源头。《礼记·明堂位》："东夷之乐曰昧。"显然，姑蔑亦即姑昧，在周代人的视野中已属东夷之人。东夷集团是以鸟为图腾的部落群体，这是因为这个地区自古以来就是各种鸟类栖息与候鸟迁徙停留的好地方，居住在这儿的人，自然以捕鸟为食，以鸟羽为衣，处处依赖鸟类作为主要生活来源。东汉许慎《说文解字》的解释是："夷，从大从弓，东方之人也。"随着对鸟的图腾崇拜的加强，逐步开始以鸟为氏族、部落的名称和标志，再慢慢发展成姓氏。③

　　姑妹始祖豕韦。祝融弟吴回生陆终，陆终生彭祖，封于大彭，大彭氏国是也。豕韦防氏，脉出大彭氏。大彭、豕韦历虞夏、殷商二世。郑语记："大彭、豕韦为商伯矣。"太史公云："夏帝孔甲立刘累为豕韦国君以

---

① 覃董平：《苗族的鼓社祭与图腾崇拜》，《贵州民族报》2004年7月3日第3版。
② 项珮霞：《漫谈缙云仙都与黄帝文化》，《少儿科学周刊》（教学版）2014年第4期。
③ 徐云峰：《商纣后裔今何在　姑蔑之地有续篇》，《浙江师大学报》（社会科学版）1995年第2期。

养龙，龙死，刘累惧，逃鲁山隐居姓刘。"故风氏豕韦复国。左传氏云："昔匄之祖，自虞以上为陶唐氏，在夏为御龙氏，在商为豕韦氏，在周为唐杜氏，晋主夏盟为范氏。"故今越西姑蔑，多有丰、祝、刘、范姓。丰者，假借风也。又多夏姓，姓出大司乐。礼春官载："大司乐舞大夏，以祭山川。钟师掌金奏，凡乐事，以钟鼓奏九夏。"殷时，夏之乐官多有居豕韦，采歌于沫。沫、妹、蔑、韦、灭、秽，盖一属。在夏为韦灭秽，在殷为妹昧，在周为沫蔑，在秦汉为末幕。姑蔑，是夏王朝重要同盟国家豕韦的后裔，而豕韦是其时黄河流域历史极为悠久的部落之一，在传世文献中留有斑斑可考的记载。曾经称霸天下的诸侯，豕韦氏是夏、商、周三代最有势力、最具影响力的五位霸主之一。《四书章句集注》注云："丁氏曰：夏昆吾，商大彭、豕韦，周齐桓、晋文，谓之五霸。"《左传·昭公二十九年》晋太史墨曰："有陶唐氏既衰，其后有刘累，学扰龙于豢龙氏，以事孔甲，能饮食之。夏后嘉之，赐氏曰御龙氏，以更豕韦氏。"杜注云："更，代也。以刘累代彭姓之豕韦，累寻迁鲁县，豕韦复国，至商而灭，累之后世复承其国为豕韦氏。"可知夏室重臣豕韦氏先后有两个族系，前者大约即《世本》所记"防姓"豕韦，《国语·郑语》所记为"彭姓"，字虽异写，所指则一。韦注："大彭，陆终第三子，曰，为彭姓，封于大彭，谓之彭祖，彭城是也。豕韦，彭姓之别封于豕韦者也。殷衰，二国相继为商伯。"《诗经·商颂·长发》郑玄《毛诗笺》也云："韦，豕韦，彭姓是也。"这支豕韦既然是陆终之后、祝融之裔，族系自然源出华夏。其自夏初以来，长期是夏王亲信族邦，至帝孔甲时方为唐尧之后刘累之族更替，不久又复国，直到夏朝末年方亡于商，因而《国语·郑语》云："豕韦、诸稽则商灭之矣。"这支豕韦显然在殷商时期仍然主要居息活动于中原地区，先秦传世文献和卜辞称之为妹、沫、昧等。《尚书·酒诰》："王若曰：'明大命于妹邦。'""妹土嗣尔股肱。"此妹邦、妹土，伪《孔传》称之为"妹国"，并且明确指出："妹，地名，纣所都朝歌以北是。"而朝歌一带，正是周公东征后卫康叔的封地。《诗经·鄘风·桑中》妹作沫，郑《笺》："沫，卫邑。"《正义》引"《酒诰》注云：'沫邦，纣之都所处也'。于《诗》国属鄘"。沫邑、妹邦、妹土，所指为一，在今河南淇县一带，正好与《诗经·长发》中遭成汤首伐的韦（今河南滑县）紧相邻接，又从历史地理方面印证了沫、妹、妹和昧与韦的密切关系。由此可知，殷商时期，妹国也已经逐渐成为殷王室倚靠的亲信国族，因而地处殷王朝政治重心区域。商代晚期的卜辞反映殷王颇为重视之，《甲骨文合集》第八〇六四版即记"王往于昧""乎田于昧"。西周朝歌一带属卫后，同音地名妹、沫、昧仍长期保留下来。①

妇好与妇人岩。历史上的姑蔑族，不仅武功盖世，而且是东方文化渊薮之一，曾经左右过我国历史的发展进程。商朝的创建者成汤伐桀，多得益于姑蔑族。因而，商朝的历代统治者皆尊崇蔑族，商、蔑关系源远流长。有学者考证，姑蔑最初是族名，是商代君王武丁妃子妇好的后裔，商被周灭亡后，姑蔑人辗转南迁，从山东来到浙江，后人将族名指为地名。妇好，别名母辛、后母辛，职业女军事统帅，曾率领军队平定鬼方、羌方、土方等地，谥号辛，夫君武丁，是文献记载我国古代最早的女将军。"妇好"之名见于武丁时期甲骨文，生前曾主持祭祀，从事征战，地位显赫。武丁是商王朝的第二十三位国王，也是第二十位国王盘庚的侄儿。武丁的个性非常强，是一位非常富于情感和壮志的君主。妇好就是武丁的第一位王后。她嫁给武丁之前的身份，是商王国下属或周边部落的母系部族首领或公主，有着非同一般的出身和见识。妇好有着超乎寻常的勇气和智慧。她臂力过人，所用的一件兵器重达九公斤，足见她的身体强壮。而该兵器为大斧，更可见她的骁勇。妇好和武丁，是一对真正志同道合的好夫妻。刚刚结婚的时候，武丁对妇好领兵作战的能力还不是非常了解。某年夏天，北方边境发生外敌入侵；派去征讨的将领久久不能解决问题，妇好便主动请缨，要求率兵前往助战。武丁对妻子的要求非常犹豫，考虑很久之后，还是通过占卜才决定让王后出征。没想到，妇好一到前线，调度指挥有方，而且身先士卒，很快就击败敌人，取得了胜利。武丁从此对妻子刮目相看，封妇好为商王朝的统帅，让她指挥作战。从此以后，妇好率领军队征讨作战，前后击败了北土方、南夷国、南巴方以及鬼方等20多个小国，为商王朝开疆拓土立下了不朽战功。甲骨文中有关妇好的记载有200多条。她曾率领13000多人的军队去攻打前来侵略的鬼方，并大胜而归，因功勋卓著而深得武丁、群臣及国民的爱戴。除了率军作战，妇好还掌握着商王朝的祭祀占卜之典，经常主持这类典礼。她是名副其实的神职人员，最高祭司。众所周知，浙江金衢盆地的九峰山，古称妇人岩。徐伯

---

① 彭邦本：《姑蔑国源流考述——上古族群迁徙、重组、融合的个案之一》，《云南民族大学学报》（哲学社会科学版）2005年第1期。

珍移居九峰山，《南史·列传第六十六》记载："宅南九里有高山，班固谓之九岩山，后汉龙丘苌隐处也。山多龙须柽柏，望之五采，世呼为妇人岩。二年，伯珍移居之，阶户之间，木生皆连理。门前生梓树，一年便合抱。馆东石壁，夜忽有赤光洞照，俄尔而灭。白雀一双栖其户牖，论者以为隐德之感焉。刺史豫章王辟议曹从事，不就。家甚贫窭，兄弟四人皆白首相对，时人呼为'四皓'。建武四年卒，年八十四。受业生凡千余人。"另据《浙江通志》卷四十七记载：金华先民传伯珍金华人，其地今隶汤溪宅南，去九峰山数里，伯珍移居之，庭除木生连理，一双白鹤巢于户牖（成化《汤溪县志》：在县西五里，地名界牌——今汤溪镇东祝村）。《南齐书·高逸》记载："徐伯珍，字文楚，东阳太末人也……又同郡楼惠明，有道术。居金华山，禽兽毒螫者皆避之。宋明帝闻之，敕出住华林园，除奉朝请，固乞不受，求东归。"九峰山下的村民一直有个传说，九峰山是姑蔑国的建都地，而姑蔑国是妇好的后裔，人们为了纪念妇好，而称之为"妇人岩"。隐居九峰山的徐伯珍，妇好是他崇拜的偶像。不过，九峰山世称"妇人岩"，已成不解之谜，也只能从这些蛛丝马迹中寻踪而已。[1]

　　姑蔑与伊尹。商代蔑之族源，文献缺乏记载。蔑与伊尹、黄尹一起受到商人祭祀，从文献与甲骨文刻辞对伊尹、黄尹的记载中，可以对姑蔑之族源作一些推测。伊尹，传世文献与甲骨文刻辞多有记载，《孟子·万章》："伊尹耕于有莘之野。"《墨子·尚贤》："昔伊尹为有莘氏女师仆。"伊氏家族源远流长，今姑蔑地的金华汤溪镇下伊村就是伊尹后裔聚居地。下伊村，即旧汤溪县的伊上庄和伊下庄，该村南至旧汤溪县（今汤溪镇）城七华里，东至金华城区六十里，西至龙游县城四十里，南至遂昌县一百二十里，北至兰溪县四十里。北宋乾德二年甲子（964）参知政事兵部侍郎吕余庆撰记，伊氏始祖受辛公为第一代，管授少典君，当时称伊恭氏，后改伊氏。到汉伊范开始编写氏行序，称太原伊氏。元至大元年（1308），伊氏第八十九代伊恭任龙丘（游）尉，外游至现下伊村地段，见此处树木葱翠，绿水环绕，喜伊地，故卜居于此，称古城下伊，伊恭被奉为下伊始迁之祖。下伊村，为古姑蔑方国的政治、经济、文化中心地带。姑蔑人好吃、能吃、会吃，均与厨神伊尹的真传有关。"五味神尽在

---

[1] 赵凤富：《妇好的九峰山》，《今日婺城》2016年8月26日第3版。

都门"，所谓"五方杂处"。姑蔑，又称姑妹。关于汉文史笈记载中古越人的饮食生活《逸周书·王会解》云："东越海蛤，瓯人蝉蛇，蝉蛇，顺食之美。于越纳，姑妹珍。且瓯文蜃。共人系具。海阳大蟹。"《博物志·五方人民》云："东南之人食水产，西北之人食陆畜。食水产者，龟、蛤、螺、蚌，以为珍味，不觉其腥臊也。食陆畜者，狸、兔、鼠、雀，以为珍味，不觉其膻也。"姑蔑饮食特色，有带尾巴的汤圆、二头乌、野鸡（伊尹说汤以本味）等，时青铜器、铁器、陶器并用，水族多于禽畜，六畜、六兽、六禽、六谷、六清、三羹，大米小米新麦黄粱般般有，鲜咸酸辣甜样样都可口。①

  姑蔑人阿青"越女"剑。据《吴越春秋·勾践阴谋外传》载："越有处女，出于南林越王乃使使聘之，问以剑就之术。"其剑法天成，居于山林，授剑法以士兵，助越王勾践灭吴。越王称其"当世莫胜越女之剑"。这位"越国少女"，是春秋时女剑术家，是个姑蔑族人，"出于南林"，在金衢盆地南山森林里长大，向白公公（白猿）学得奇特剑术，白公公骑羊玩，阿青不许，用竹棒赶它，它也拿了竹棒打阿青，起初阿青打不到白公公，后来阿青总能打到它，戳得它很痛，就这样阿青于无意间学会了一套神妙的剑法，并用这套剑法重创吴国八剑士。后越国将士也是靠阿青的几招示意，练成精锐之师，大破吴国。此套剑法轻妙灵活，变化繁复，极是美妙。越国剑法，起初用迷惑人的剑法，当被击破后又用死拼硬打的剑法。直到范蠡引荐阿青到宫中教授士兵练剑后，学习了阿青的"越女"剑，从而攻破了吴国孙武子兵法，终于帮助越王勾践雪耻复仇。越王加封她，封号为"越女"，后来她不知所终。这位"越女"，亦是金庸小说《越女剑》（发表于1970年1月《明报晚报》上）女主角原型，《射雕英雄传》第二回作者描述"越女剑法"时也曾提及阿青的事迹。小说借助历史上的传说和事实，不但抒发了历史情怀，还表现出人性的悲歌，把家国之仇与个人的爱结合在一起，使小说增加了厚重感和无限的余味。阿青是姑蔑国一名牧羊女。别看阿青容貌清秀，弱质纤纤，却是金庸小说中武功和实战能力最强的人物之一。阿青在一次牧羊时巧遇一头会使竹棒的白猿，并从那次之后就常与它以竹棒交手，因而悟得高超的剑法。范蠡在街

---

① 林胜华：《古村落下伊：寻踪商汤名相伊尹后裔卜居地》，《金华广播电视报》2017年5月4日第23版。

上遇见她以一人挫败八名吴国剑士，就请了她去"训练"越国剑士。由于她不懂教人，虽说是训练，实际上是让她与越国剑士交手。在她和范蠡相处期间，她爱上了范蠡，但范蠡却深深地爱着远在吴王宫中的西施，对于阿青的爱慕之情竟是丝毫也没有察觉。阿青黯然之下，对西施起了杀心。在范蠡与西施见面之时，她终于出手杀西施，可是在最后关头却因西施那绝世的容光自愧不如，黯然神伤而去。可她那临去一剑虽然停住，但是劲气却甚为凌厉，没有收住，以致伤了西施的心脉，造成了内伤，使她时常心口疼痛，于是成就了西子捧心的典故。①

## 二 姑蔑辨章

（一）姑蔑古文明

1. 新石器时期金衢盆地先民

姑蔑先民穴居在浙江省 30 个盆地中规模最大的金衢盆地喀斯特地貌的山洞中，因盆地中有金华、衢州两座城市而得名，金衢盆地是地球生命进化的孕育之地（见图 2-2）。早在 5 亿年前的奥陶纪，这里的人类就伏下了生命暗码，然后才有寒武纪地球生命大晋级。金衢盆地是一个地质年代起始期间地层发育最完好、生物化石含量最丰厚、研讨程度最高的地质剖面；而奥陶系则是地球有生命物质以来首次呈现生物多样性的主要前史期间，灉水是地球生命的初元之地、孕育之河。

沧海桑田，金衢盆地在亿万年前是一片海洋，这可从红砂岩中的贝壳等诸多化石得到见证。金衢盆地为浙江省内最大的中生代陆相盆地，形成于中生代早期。到了白垩纪，火山奄奄一息，原始森林冠盖日月，1.7 亿年前金衢盆地横空出世，正是恐龙盛行的年代——白垩纪早期，白垩纪的时间区间是距今 1.45 亿年至 6600 万年。《兰溪县志》有记载，1982 年冬于姚塘下严宅村发现恐龙蛋化石，属中生代侏罗纪，距今约 1.3 亿年，是浙江省恐龙蛋化石中时代较早者。2000 年夏在兰溪赤溪街道金家插村又发现恐龙蛋化石，经浙江省自然博物馆专家鉴定，距今约 6500 万年。1979 年 12 月在今浙江省金华市汤溪镇中戴乡堰头村发现距今约 60 万年的恐龙化石，此骨现藏浙江省自然博物馆。清代光绪年间，衢西北七里竖岭村农民在织机洞外锄地掘得犀牛骨（里人称龙骨）与齿化石数枚。

① 张秀奇：《金庸武侠小说完全手册》，山西教育出版社 2006 年版。

图 2-2　金衢盆地地貌

1963年，与衢北上方葱口毗邻的乌龟洞发掘出的50000—100000年前旧石器时代的古人类牙齿化石和剑齿象、大熊猫化石。1964年，考古工作者在衢北灰坪前叶山洞中又发现中晚新生代犀牛、熊猫、水牛、猪等动物齿的化石。1974年冬，中国科学院古脊椎动物与古人类研究所和浙江省博物馆的专家，在建德市李家镇新桥村乌龟洞里发掘出一枚古人类的牙齿化石及大量古脊椎动物化石，被中国科学院正式命名为"建德人"。10万年前，浙江"建德人"依靠集体的力量同大自然进行顽强的斗争，开辟草莱，揭开了浙江历史的序幕。"建德人"化石附近，金衢盆地的多处石灰岩洞穴中发现大熊猫、中国犀、猕猴、野猪、水牛骨骼化石，以及在浙江省境内首次发现"新人阶段"的古人类化石。有学者认为，"建德人"就是浙江的原始民族——越族的祖先。"建德人"牙齿化石是浙江省境内首次发现的旧石器时代的人类化石，这是浙江省迄今为止发现的唯一原始人遗迹，揭开了在浙江省和华东地区进一步开展古人类学研究的序幕。2000年12月，在衢州葱口村东南一洞内发掘出众多的豪猪、黑鹿、剑齿象化石。2000年，在桐庐境内的山洞中发掘出古人类牙齿化石。2002年中国科学院古脊椎动物与古人类研究所、浙江省考古所在浙江省安吉县溪龙乡溪龙村"上马坎遗址"出土人工打制石器。姑蔑先民聚居地带，属括苍、仙霞岭山脉的浙中丘陵盆地区，地形西南高东北低，西南山地高峻，谷地幽深，山地丘陵多，平原少。一簇簇、一群群鲜活的生命和人类之先于中生界、新生界、晚新世时起就在金衢盆地这块神秘的大地上、母腹中骚动、诞生。

　　远古文明发源地四周气候温和，食物丰富，这种环境条件下才会有空余时间去探索与文明相关的语言与文字；有制造工具的矿物资源；人们已经有了社会分工，并掌握了生产与生活相关的工具，如船、水车；用语言或初级文字进行感情、经验和知识的交流、传递；认识了用火与泥的结合可制成日常的生活用品，认识了种植水稻及加工后可作为食物，认识了木栏式房子可以遮风避雨。旧石器时期，土著先民在此"刀耕火种"，瀔水河谷平原已经有原始的开发利用，但是由于该地区地形以低山丘陵盆地为主，水土流失严重，旧石器文化遗址已经湮灭，或者还没有被发现。旧石器时期该地区是一片尚未开发、荒无人烟的处女地，金衢盆地的新石器文化可能是土著先民与外来民族共同创造的。迁移的路线主要有两条：一是经浦阳江支流开化江及其分支陈蔡江越东白山边缘，顺金衢盆地东端东阳江支流白溪而下。今天已在沿途诸暨市境内的璜山、涅浦和东阳市的大潦、三甘塘等地发现新石器时代的文化遗址。二是沿浦阳江向偏西方向进入浦江盆地，越洞坞岭至梅江盆地，跨过金华江抵达金衢盆地中部及西部地区；或跨过兰江，沿兰江、衢江北侧支流越岭进入新安江流域。沿途已在浦江盆地的浦江县白马镇傅宅南的高兀、黄宅镇歪塘山背村后和梅江盆地的兰溪市横溪镇的西塘、兰江北侧兰溪市殿山乡胡山、金华江与衢江汇合的三角地带东侧兰溪市新周乡赤山等地发现新石器时代文化遗址。[①] 根据《三十年来浙江文物考古工作》载：浙江已发现的印纹陶可以分为杭嘉湖平原、宁绍平原、金衢丘陵地和瓯江水系四个系统。除瓯江水系的面貌和福建有许多相似之处外，另外三个区域的总特征还是接近的。它们既受良渚文化的影响，又较多地继承了河姆渡文化因素，应属青铜文化的产物。说明了金衢地区的居民除西部边缘外，与宁绍平原的居民有千丝万缕的联系。这一时期的土地开发利用是以狩猎和河谷平原"刀耕火种"的迁徙农业并存的，自然地理因素的影响起主导作用，开发的路径是由东向西。[②]

　　姑蔑境内在相当长的历史时间段，一直是浙江金衢盆地区域内的文化

---

[①] 王志邦、陈兴构：《东阳郡》，团结出版社1992年版，第26页。
[②] 陈雄：《论古代金衢盆地的土地开发及其利用》，《浙江师范大学学报》（社会科学版）2001年第4期。

政治中心，境内地下文物埋藏丰富，独特的地理位置孕育了钱塘江流域的早期农业文明，姑蔑人开始制造和使用磨制石器，发明和使用陶器，出现了农业和畜牧业。姑蔑人利用土地的天然肥力，进行火耕、耜耕、撂荒农业，因不懂得用地与养地结合，故经常为寻找更好的土地而迁徙流动。随着长期的生产经验积累，初步懂得了翻耕土地、改良土壤、施肥，地力有所提高，慢慢过渡休闲制——一块土地种过之后，只要撂荒两三年就可以恢复地力，继续耕种。人们对谷物的加工一直比较原始简单，先民们通过碾盘、碾棒、杵臼等对谷物进行粗加工，难以提供大量去壳净米来满足饭食需要，只能连壳一起粒食，只有少数人才有权享受去壳谷物。目前，已经发掘的先民落脚点有：

柯城区境内，有石梁镇营盘山新石器时代先民落脚地，大岭背新石器时代先民落脚地，万田乡白塔山东南旧石器时代先民落脚地，白塔山西南旧、新石器时代先民落脚地，桥头汪新石器时代先民落脚地，石梁镇柘川新石器—商时代先民落脚地，白云街道普同塔新石器时代先民落脚地，航头山新石器—早商时代先民落脚地；

衢江区境内，有云溪乡西山新石器—西周时代先民落脚地、黄甲山新石器—商时代先民落脚地、横路乡汪村新石器时代先民落脚地；

江山市境内，有江山达坪新石器—商时代先民落脚地、峡口镇模三村山岩尾新石器—商时代先民落脚地、大桥镇东安山新石器时代先民落脚地、清湖镇路陈村西北童家墩新石器时代先民落脚地；

龙游县境内，有鸡鸣山新石器—商时代先民落脚地、东华山商时代先民落脚地、官潭洪呈村鸽山新石器时代先民落脚地、湖镇镇西南寺底袁新石器—商时代先民落脚地；

常山县境内，有辉埠镇大埂新石器时代先民落脚地、狮子口特畈村头蓬新石器时代先民落脚地；

开化县境内，有城关镇汶山十里铺村大墩新石器时代先民落脚地、中村乡双溪口自然村溪边山坡上新石器时代先民落脚地等地。

岁月向前推进到新生界，狂暴的雷雨洪流不断地将地球冲刷，出现了河流与河流沉积，形成了金衢盆地河谷和无数串珠状的山间盆地。这里气候温和，雨量充沛，丛林密布，境内生长着热带、南亚热带森林，遍布着蕨类植物、淡水鱼类、飞禽走兽，喀斯特地貌溶洞遍布千里岗群山。优越的生态环境，为维持生存、繁衍创造了客观条件，原始人在这里与熊、象、水牛、豪猪共舞，是一个鸟语花香的原始天地。丘丘岗岗生长着茂盛的树种，有枫香树、栎树、栲树、青冈树、白雪树、蕈树等。先后于不同时间段在境内金华汤溪厚大溪河床、柯城区黄家乡铿坑村江山港河床、双港街道大埂村双港大桥河床、樟潭河床等地都曾挖掘到新生界时期的乔木。林下蕨类植物繁盛，有石松、卷柏、水龙骨、瓶尔小草、柳叶海金沙、树上缠绕狭叶海金沙和水生草本植物孢粉等。生活在水里的有鲤鱼、鲫鱼、鲶鱼、青鱼、石斑鱼等淡水鱼类，还有雁、鹤、鸭、鹅和獐、四不像等生活于芦苇沼泽地带的水鸟和动物，生活在密林中的有虎、熊、象、独角犀牛、豪猪、黑鹿、猕猴等脊椎动物。如此良好的生态环境极为适合原始人生息，姑蔑先民以血缘关系群聚，夜居山林和溶洞，日出狩猎或下河捕鱼，使用简单、粗陋的木棒、石器、骨角器采集山中草木之实，捕捞河里鱼虾螺蚌，猎取鹿、野猪、大熊猫、大河狸、犀牛、东方剑齿象等野生动物充饥果腹，从而得以一代接一代繁衍。在数万年的繁衍过程中，迅速地发展成多族群的团队，向今天的浙、闽、赣、皖边陲的仙霞岭、怀玉山、白（百）际岭山地辐射。

  金衢盆地是人类发祥地之一。境内发现有新石器时代遗址多处，出土大量石斧、石镞以及夹砂陶、着黑陶、印纹陶器，姑蔑先民已在这里从事农业、狩猎和手工业生产活动，创造人类文明生活。整个钱塘江上游地区不但是浙江新石器时代文明的发祥地，也是中国乃至东亚地区最重要的稻作农业文明的重要发祥地之一。浙江的古文明史探索，同农业起源与人类起源、文明起源等世界考古学的三大战略性课题对接起来。

  浙江在万年前的新石器时代就有先民聚居，浙江省文物考古研究所"金衢一带的考古勘探工作"负责人蒋乐平说，目前在全国范围内发现的早期新石器时代遗址不过20多处，而位于浙中、浙西的金（华）衢（州）盆地就占了18处之多，其中金华占2/3，达12处之多，具体为：浦江上山遗址、小黄山遗址、龙游青碓遗址、龙游荷花山遗址、龙游下库遗址、金华青阳山遗址、金华山下周遗址、武义大公山遗址、湖西遗址、永康庙山遗址、长田遗址、长城里遗址、薦山遗址、太婆山遗址、义乌桥头遗址、东阳老鹰山遗址、下汤遗址、峙山头遗址，这些遗址除仙居下汤遗址和临海峙山头遗址外，均位于钱塘江上游地区，集中在金衢盆地，能够发现如此密集的新石器早期遗址，在中国乃至整个东亚地区都是唯一的。2019年浙江省文物考古所对金华市汤溪镇下伊村青阳山新石器时期遗址开展考古调查，重点对三塘山遗址地点进行勘探试掘，发现大量上山文化时期的遗迹，是金华城区范围内目前发现最早的遗址。这说明，人类从洞穴迈向旷野，第一步的落脚点就在金衢盆地，对探索中国区域早期文明意义重大。

1987年金华山双龙洞出土一对精美的玉璧，经鉴定为5000年前良渚文化时期的文物，2004年金华白龙桥镇下窑村西古城自然村发掘商周时期的西古城老鹰山遗址，2005年小黄山遗址发现并被评为当年的"全国十大考古新发现"，2009年永康庙山、蓭山、太婆山等上山文化遗址发现，2010年永康湖西遗址、金华山下周遗址、青阳山遗址、武义大公山遗址、龙游青碓遗址（距今约9000年）等的发现，2011年龙游荷花山遗址（距今9000—8000年）发现。还有，衢州市区石梁镇柘川遗址、衢州市区华墅乡航头山遗址、衢州市区上方镇葱洞遗址、龙游城南鸡鸣山遗址、龙游下库乡寺底袁遗址、龙游上圩头乡牛形山遗址、江山王村乡山岩尾遗址、江山石门镇达坪遗址、江山长台镇营盘山遗址、常山辉埠镇大埂遗址、常山狮子口乡山头篷遗址、开化汶山乡大墩遗址、开化池淮乡鲤鱼山遗址、开化中村乡双溪口遗址等，这些遗址基本上涵盖金衢盆地全境，串起了浙江省新石器时代的文明史。其中浙江的河姆渡文化、良渚文化等后来都神秘消失"断史"，而姑蔑之地的金衢盆地是浙江连续"不断史"的地区。金衢盆地是浙江最宜人居之地，浙江境内的古文明史的历史源头在姑蔑之地。这充分证明了位于浙中西部的姑蔑之地，从新石器早期到商周时期是浙中地区和钱塘江上游的集中居住区，在历史上某个时期占据重要地位，是政治经济文化中心。说明浙中地区不但是浙江新石器时代文明的发祥地，也是中国乃至东亚地区稻作农业文明的重要发祥地之一，具有不可替代的文化遗产价值。

2. 金衢盆地新石器时期遗址

在旧石器时代晚期，人类在采集食物的劳动中就已经注意到了植物的种子掉落在地上，第二年还会长出新的植物，并可以收获比种子更多的植物果实。农业是在采集基础上产生的。人们在长期采集野生植物的过程中，逐渐掌握了一些可食用植物的生长规律，经过无数次的实践，终于将它们栽培、驯化为农作物，从而发明了农业。当农业在人类经济生活中占据相当重要的地位时，就进入了新石器时代。金衢盆地新石器时期诸多遗址出土的夹炭陶表面，均发现疑似稻谷的印痕。也就是说，早在万年前，姑蔑人不仅吃上了稻谷，而且是人工栽种的，这是目前发现的人类最早栽种的稻谷，是世界稻作农业文明的重要发祥地之一（见图2-3）。

**图 2-3　万年前的上山文化稻米**

浦江上山文化。浙江省文物考古研究所和浙江省浦江博物馆2005年1月22日联合宣布：位于浙江省浦江县黄宅镇境内的上山遗址，代表了一种新发现的更为原始的新石器时代文化类型，这种新颖的地域文化可以命名为"上山文化"。经发掘证实，一万年前当地人就会种水稻，会用石磨棒和石磨盘磨稻谷脱壳，这重新改写了世界稻作文明的历史，并为考古界提供了一种全新的人类早期定居生活方式。上山遗址石制生产工具为打制石器，以石片石器为主。同时还出土了大量的石球、石磨盘、磨石，另有少量的穿孔"重石"。上山遗址的陶器主要为夹炭陶，器型体现出单一性与多样性的统一，大部分为大小、特征基本一致的大敞口红衣厚胎平底盆，其余类器物形态丰富，有罐、盘、钵、杯、碗等，可能还有釜。圈足、圜底、侈口、多角沿、镂空、堆贴、刻画等特征均已出现，并发现少量的绳纹。圈足器的数量较多。上山文化将著名的河姆渡等史前文明上溯了3000年，已被公布为全国重点文物保护单位。

金华罗埠镇山下周遗址。山下周遗址位于罗埠镇山下周新村，面积约100平方米，属于早期新石器时代，距今至少有9000年历史。遗址的土层共分四个文化层：最上面一层是现代层，这是现代人类活动遗留下来的；第二层属于良渚文化晚期，距今约4000年，考古人员曾在这个文化层发掘出一些相当于良渚文化时期的石器和陶器；第三层和第四层属于上山文化（距今11000—9000年）晚期，穿孔器、平底盘、圜底罐和带有疑似稻谷的夹炭陶片就是从第三层和第四层中发掘出来的。考古专家发现了商周时期的硬纹陶片、红衣夹炭陶片（是上山文化的典型出土器物）、石磨棒、穿孔器、大口盆、平底盘残片等数百件陶器、石器等器物。大大的平底盘是用来盛放食物的，高高的圜底罐是用来取水的，还有保存完整的石磨棒以及裂成碎片的大口盆。出土器物的印迹清晰可见，在夹炭陶表面发现了疑似稻谷印痕，而且夹炭陶中发现的稻壳、稻叶数量不多，含沙量大，说明当时的姑蔑人已经吃上了稻谷，但仍以狩猎、采集野果为主。较为显眼的是6个直径20厘米的柱洞，说明当时的先民已经开始在这里筑房而居，结束穴居时代，迈入旷野定居时代。①

金华汤溪镇青阳山遗址。省、市文物部门多次走进青阳山，经过持续性、拓展性发掘，遗址分布区内至少有3处新石器时代遗存，分别是下伊青阳山地点、下伊半盘山地点和东祝三塘山地点。发现最多的就是万年前的各种陶片，还有一些像夹心饼干一样的红衣夹炭陶片，还发现了上山文化时期的陶盘、陶罐、石核石器、石球、石锛、穿孔石器、石磨棒、石片石器、砾石工具等。目前青阳山遗址分布区发现有两晋时期的青瓷虎子、青瓷唾壶；商周时期的印纹硬陶、石镞、有段石锛；后良渚钱山漾文化时期的鱼鳍形鼎足、器盖、穿孔石刀；与崧泽文化同类器相近的扁凿形鼎足；跨湖桥文化时期的绳纹陶罐、圈足盘、石锛、锯齿形工具等大量文物。其中与崧泽文化同类器相近的扁凿形鼎足为金华首次发现，为研究浙江"后上山文化"阶段的演变脉络及特征提供了重要资料。②

自万年浦江后，又有了响当当的万年金华市区。

三塘山遗址，距青阳山遗址直线距离一公里左右。表层采集和出土了汉代弦纹壶、商周时期印纹硬陶；第二层发现后良渚时期的鱼鳍形鼎足、陶釜、石镞等；第三层属上山文化阶段，下面有一条沟，这是最早的文化层，距今一万年。有各种形状的石斧、石锤、石锛、石镞、石球，也有不完整但仍像模像样的陶罐、陶壶、陶盆，还有制作精巧的石钻芯、穿孔石器、石刮削器、石钺。

贞姑山遗址，位于汤溪镇贞姑山村南部，距青阳山遗址5公里左右。采集和出土商周时期遗物丰富，主要是印纹硬陶，器型有鼎、罐、壶、钵

---

① 吴宇桢：《龙游发现新石器时代遗址》，《文汇报》2013年9月16日第8版。
② 余菡：《金华万年历史又发现考古新证》，《金华日报》2018年10月23日第A04版。

等。此外，也有少量新石器时代的穿孔石斧、石锛、夹炭陶和神秘的石钻芯等，还有地表采集的上山时期典型器物——穿孔石器、石刮削器、石锤，以及汉、六朝时期的一些虎子、瓷盂。

金华汤溪镇冷水井遗址。位于汤溪镇东约2公里的冷水井山背上，商周时期遗存，范围约1.2万平方米，出土有印纹硬陶片，纹饰有叶脉纹、折线纹、方格纹、回字纹等。可辨器物有罐、釜等，还有少量的石镞和原始青瓷。

金华罗埠镇龙口遗址。位于罗埠镇龙口村东北约40米的山背上，商周时期遗存，范围约1000平方米。采集有印纹硬陶片，纹饰有方格纹、米字纹、蓆纹、曲折纹等。可辨器型有罐、釜等。另外有少量原始青瓷和陶片。据《金华县志》（1992年版）记载："陶器生产历史悠久，商周时期已有生产，唐宋年间婺州窑青瓷已输往海外，明清时期的酿造、纺织、铸铁等30多种行业的手工作坊、工场已初具规模。"

金华罗埠镇山下周古村落遗存。该遗址位于今天的罗埠镇山下周村，在新石器时代晚期和商周时期的罗埠山下周等村落遗址中收集到印纹陶片。

金华罗埠镇山下陈古遗存。山下陈古遗存位于罗埠镇山下陈村南，该遗址面积约1.5万平方米。

金华白龙桥西古城遗址。位于白龙桥镇西古城约1公里处的老鹰山东南侧，新石器时代遗存，范围约1万平方米，堆积层厚0.4—1.1米。遗物以印纹硬陶片为主，纹饰有绳纹、席纹、针点纹、米字纹、小方格纹等，可辨器型有罐等，另外还有少量的夹炭黑陶，石器有锛、镞等。

金华老虎山遗址。遗物以印纹陶以及釜足为主，纹饰有绳纹、米格纹等，另外还有少量的黑陶、石器等。

浦江查塘山背遗址。年代为春秋战国至汉代，文化层已破坏。采集有镞、锛、斧、铲等石器。陶器除少数黑陶片和硬陶三足盘外，多夹砂红陶三足器。印纹硬陶以编织纹、回字纹、方格纹、米字纹居多。另外还有铜粒、铁斧出土。

龙游青碓遗址。龙游与金华汤溪、罗埠接壤，历史上曾是太末县辖区，一直是先秦时期先民活动的中心区域。从2010年8月开始，浙江省文物考古研究所与龙游县博物馆一起，对龙游县境内的衢江、灵山江流域进行新石器时代遗址的考古调查，发现了青碓新石器时代早期遗址。青碓遗址位于龙游县龙洲街道寺后村西面 500 米处，灵山江西岸，海拔 50 多米。所在位置原有一个相对高度约 1.5 米的丘堆，在数十年前被取土平整。经现场踏勘，现存遗址最深处约为 1.5 米，遗址分布范围南北长约 170 米、东西宽约 160 米，遗址核心面积约 30000 平方米，发现了夹炭红陶器、石磨盘、石磨棒等上山文化特征的遗物。遗址包含两个阶段的文化层堆积，遗存大量的陶器和石器。其中，下层遗物具有浓郁的上山（浦江）文化晚期特征，年代距今 9000 年；上层遗物具有明显的跨湖桥（萧山）文化特征，年代距今 8000 多年。青碓遗址年代距今约 9000 年，是龙游县境内年代最久远，同时也是浙江省境内保存最完好的新石器时期遗址，青碓遗址比河姆渡文化提前了 2000 年，比良渚文化提前了 4000 多年。①

龙游荷花山遗址。距今 10000—9000 年，龙游荷花山（县城东 4 公里处）遗址考古发现，浙江人早在大约 1 万年前就吃上了人工栽种的稻谷，是世界稻作农业文明重要发祥地之一，也是浙江迄今发现的最早的新石器时代遗址。在夹炭陶片中，发现了数量较多的稻谷遗存。在山脚的低洼区域，专业科技人员专门进行了有针对性的钻孔取样，发现了大量的早期水稻植硅体遗存，这说明当时沿山低地生长着水稻。荷花山北边的冲积平原距离衢江仅 3000 米，地势平坦而且灌溉便利，孕育出农耕文明。根据大口盆、圜底盘、双耳罐等复原陶器和大量带有器形特征的陶片分析，遗址的年代约相当于上山文化晚期，延续时间较长。而那些绳纹陶釜和圜底钵、锛形石锤、石锛等都具有跨湖桥文化特征。遗址里出土的石器以砾石石器为主，如磨盘、磨棒、石球、石锤、磨石、穿孔器等，形态粗糙，数量极多，多由鹅卵石简单加工而成，上有摩擦、锤击痕迹；少量为锛、镞等精加工的磨制石器。发掘出的小穗轴包括野生型、中间型和栽培型，充分反映了水稻栽培在早期阶段的驯化变异。而出土的陶器中发现了部分红衣夹炭陶，证明当时的浙江人已经会熟练地制作各种各样的陶器了。该遗址是长江下游早期新石器时代考古学文化的重要突破，是目前保存完好、内涵丰富的重要上山文化遗址，为解决上山文化和跨湖桥文化的关系以及

---

① 蒋乐平：《龙游发现青碓新石器时代早期遗址》，《浙江文物》2010 年第 5 期。

与周边考古学文化的关系提供了全新的资料。①

龙游鸡鸣山遗址。位于县城南郊鸡鸣山。遗址范围内采集有多件石锛、穿孔石镰、石镞、石网坠等石器，印纹陶片比比皆是，另有泥质陶豆、夹砂陶鼎、圆锥形鼎足等残件。初步断定遗址年代上限为新石器时代，下限为商周时期。

龙游牛形山遗址。位于县城南5公里下杨村北牛形山。地表散落各种纹饰软硬陶片、零星石器，采集到部分陶器残件。印纹陶片纹饰有席纹、绳纹、叶脉纹、菱形纹、圆圈纹、方格纹等。石器有石镞、石网坠、有段石锛等。推断该遗址至迟在商周时期。

龙游寺底袁遗址。位于县城东6公里寺底袁村西南300米的黄土坡。当地农民在遗址范围内取土时，常有陶器、玉器出土。考古调查中采集有陶豆足、夹砂陶罐、夹炭黑陶片、石刀、石锛、石镞、穿孔石器等。1989年9月征集到遗址内挖出的玉珠、玉玦4件。据对陶器质地、制作及石器、玉器特征分析，该遗址属新石器时代。

衢州境内的新石器时期遗址。在龙游境内，衢江南岸的支流如罗家溪、社阳港、灵山江等流域的龙游东部地区都是先秦时期龙游先民活动的中心区域。衢江南岸各支流的文化遗址大多集中在这些支流的下游至靠近衢江的丘陵平原相接的区域，明显形成了大抵以龙丘山（九峰山）为核心的龙游县东部区域和以姑蔑城为核心的灵山江至东部罗家溪流域，其次是以新安县（今常山县）为核心的常山港、江山江汇合处至东部的乌溪江、罗樟源下游地区。历年来，在龙游发现的新石器时代遗址有寺底袁遗址、鸡鸣山遗址、牛形山遗址、方坦遗址等十余处，都位于龙游东部地区，当时还出土了穿孔石器、纺轮、石刀、夹炭黑陶片等40余件，其中一"猪头"形象的石器表明浙江人饲养猪的历史长达4000多年。之前在龙游方坦村新石器时代的遗址上采集的一块动物髌骨盖，还发现了一个深深雕刻在其上的文字图案，刀锋犀利，排列似无规律，残存4厘米见方，骨骼已石化，据此推测该古文字距今至少有七八千年了，堪称天下第一甲骨。衢江区上方镇境内的葱洞、观音洞遗址就是典型的新石器时代遗址，也是迄今为止人类活动在衢州的最早例证。各县市区（除龙游外）的新

---

① 刘慧：《沉睡万年荷花山醒来　早期新石器遗址又一重大发现》，《浙江日报》2013年9月16日第13版。

石器遗址有柯城区石梁柘川遗址、柯城区华墅航头山遗址、衢江区大洲清水遗址、衢江区横路汪村遗址、江山王村山岩尾遗址、江山石门达坪遗址、江山长台营盘山遗址、常山辉埠大埂遗址、常山狮子口山头篷遗址、开化汶山大墩遗址、开化池淮鲤鱼山遗址、开化中村双溪口遗址等。新石器时代遗址出土文物有石矛、石斧、三孔石斧、石簇、石锛、石璧、石钺、石凿、泥质陶豆、夹砂陶釜、印纹陶罐、动物骨骼化石等。

义乌桥头遗址。位于义乌市城西街道桥头村,通过探掘发现,该遗址共分为六层,出土的器物包括石器类的石磨盘、石磨棒和石锤,以及陶器类的双耳罐、钵、圈足盘、平底盘、大口盆等。专家证实,这是一处上山文化遗址,距今约9000年,也是迄今发现的义乌市最早的新石器时代遗址。出土的这些彩陶,在当时应该是装食物用的,功能像今天家庭厨房里的瓶瓶罐罐。这些陶片的烧成温度要很高,部分器物口沿外侧刷有一层红色陶衣,颈部或圈足刻画有连续的"^"或"I"纹,有些陶器内外壁均有一层米黄色类似"化妆土"的物质,使得器物看上去平滑而略有光泽。说明当时这里的人们制陶技艺已经遥遥领先,义乌先民已经有较高的制陶技艺和朴素的审美意识。还发现了"太阳纹":一块彩陶残片上,画着一条粗线,中间出现半个太阳,看着感觉有点像地平线上升起一轮闪闪发光的太阳。在新石器时代,那时有太阳神等关于太阳的种种神话传说,这个图案9000年前出现在这里,表明这里可能有太阳崇拜。[①]

义乌矮坟山遗址。年代为东周,出土有印纹陶罐残片等。纹饰有席纹、方格纹、米字纹等,胎色以黑灰和灰色为主,红色次之。

东阳新石器时期遗址。东阳境内横店新石器遗址,地处横店镇横店村东北一带红壤山丘约1平方公里,出土新石器为石斧、石锛、石镞和夹砂红陶、夹砂灰陶等,采集品部分存省博物馆;大溱新石器遗址,地处白溪大溱村西南朝岗山,范围约2000平方米,出土新石器有石斧、石锛、石镞等,石质坚硬,呈青灰色,磨制精细;金村新石器遗址,地处千祥镇金村南山坡上;三甘塘新石器遗址,地处巍山镇三甘塘擂鼓山,出土新石器有石镰、石锛和陶器类制品。2014年8月29日在东阳城北新区华店小区东北蟠溪边发现的出土物与上山文化的类似,属距今1万年左右的新石器

---

① 杨林聪:《义乌发现新石器时代遗址距今约9000年》,《金华晚报》2013年3月29日第3版。

时代。考古人员发现了夹炭陶碎片、红衣夹炭陶片、石磨棒（块）等遗物，部分陶碎片可以确定为大口盆器、罐类器的碎片，在夹炭陶中，发现夹有稻壳、叶子等物，有些陶片表面稻谷痕迹明显。系东阳首次发现，为研究东阳地区的人类活动提供了重要依据。[①]

永康湖西遗址。2013 年 1 月 21 日，浙江省文物考古研究所发布了2012 年度考古重大发现，在永康地下找到了一些炭黑状谷物，而且是人工栽种的。浙江省文物考古研究所研究员蒋乐平说："永康湖西遗址上发现的一些炭黑状谷物，被人为干预、驯化特征已比较明显，有充分的证据证明，这是迄今为止发现的最早的栽培水稻。"湖西遗址距今有 9000 年左右时间，在新石器时代永康分布的遗址是最多的，有庙山遗址、太婆山遗址、夏溪遗址等，可以说是"上山文化"的一个重镇。自然界也有野生稻，与栽培稻相比，在特征上比较难区分。永康湖西遗址的稻谷就不一样，已经有充分的证据证明它是人工栽培的。

永康老胡爷山嘴遗址。年代为新石器时代，出土有打制刮削器以及磨制的石斧、石锛、石球等。

武义县小黄山遗址。位于浙江省武义县东南部，距县城 48 公里，交通便捷，总面积 5 平方公里。小黄山遗址新石器文化早期遗存保存之完好，出土文物储藏坑发现之多，石磨盘、石磨石出土数量之丰富在江南新石器时代遗址中十分罕见，其中出土的石雕人首距今 9000 年以上，应是我国新石器时代遗址考古发现中最早的。此外，第一阶段夹砂红衣陶多角沿盆等陶器形态上与河姆渡文化早期多角沿盆很相似，第三阶段最具特征的双鼻罐、平底盘也与河姆渡文化的代表性陶器具有传承发展的联系。据此，考古专家大胆推断，小黄山类型文化遗存是河姆渡文化重要的来源之一。小黄山跨湖桥遗址、浦江上山遗址揭示了浙江省新石器文化的多源性和复杂性。小黄山遗址的发掘，揭示和确立了上山类型阶段遗存和跨湖桥文化阶段遗存地层上的叠压关系，将年代差距达 2000 年、文化内涵难以比较的两个古老文化有机地联系起来，"盘活"了浙江省早期新石器时代遗址分布格局。

武义大公山遗址。武义县大田乡大公山曾挖掘出土过新石器文化遗

---

① 段菁菁：《浙江东阳发现距今 1 万年左右新石器时代遗址》，《齐鲁晚报》2014 年 8 月 30 日第 A15 版。

址，是浙江上山文化的有机组成部分，证明一万年前就有人类在大公山一带生产生活。早在20世纪80年代，当地村民在山上取土烧窑时，挖掘出有明显打凿痕迹的石球等石器。1994年在山丘中部挖掘到炭化稻谷粒，据大公山村民反映有十余厘米厚。2010年，浙江省考古研究所蒋乐平研究员对大公山遗址进行深掘，在多个地方出土了石球、石棒以及一些夹红陶碎片等，同时在机耕路断层中发现窑址遗迹。大公山遗址是武义县迄今为止发现的最早的人类活动遗迹，具有较高的文物保护价值。田野考古调查和发掘表明，武义县境大公山、草马湖、董源坑、祝村、溪里、北缸窑、荷丰等地都发现有新石器时代遗址，出土有双孔石斧、单孔石斧、石锛、石镞等。

磐安冷水遗址。位于磐安县冷水镇冷水村，遗址面积约有3万平方米。1984年该县进行文化普查的时候，在好溪两岸的矮山坡和溪边上相继发现了新石器时代晚期的石锛、石斧等，还有饰有云雷纹、席纹、方格纹、网格纹、蓝纹等印纹的硬陶器残片，数量并不多。据考证，这些硬陶器残片均为新石器时代晚期直至西周中期之人类活动所遗。此外，古址旁有一眼清泉，从不枯竭，炎夏饮之，寒冷透骨，故名冷川，俗称冷水。另外，在位于深泽乡深泽村、金钩村西的金钩遗址上，也曾发现一些新石器时代的陶器残片；位于玉山镇浮牌村的浮牌遗址上，也采集到新石器时代的石器斧、锛、矛、镰等，还有一些陶器残片。

兰溪新石器时期遗址。兰溪有着悠久的文明历史，早在7000多年前这里就有人类活动的踪迹，境内有多处新石器时代的遗址。20世纪70—80年代，就先后在永昌、溪西、香溪、马涧、横溪、殿山等地出土石斧、石锄、石刀、石犁、石箭头及印有原始图纹的陶片、陶罐、陶钵等新石器时代中后期文化遗址之遗存的工具和器皿。目前，兰溪市博物馆馆藏三级文物有：石器类8件，即旧石器时期石斧，新石器时期石斧、石刀、石镰、石锛、石箭头、明石砚台、石印章等。陶瓷类127件，即战国印纹陶罐、陶杯；西汉陶双耳罐、釉陶盖鼎；东汉青瓷双耳罐、陶双耳盘口壶；西晋青瓷三足洗、三足砚、双耳炉、盘口壶；东晋青瓷碗、鸡首壶、三足砚、釉陶盖碗、陶双耳罐；南朝青瓷碗、双耳罐、灰陶罐、白陶盘；唐青瓷碗、罐、龙瓶、盘口壶、陶碗；宋青瓷执壶、碗、虎子、多角瓶、影青将军罐、白瓷粉盒、釉陶酒壶、堆塑魂瓶；明青瓷三足炉、八卦炉、紫砂双耳鼎；清青花瓶；等等。铜器类11件，有商青铜鬲，南朝青铜焦斗，

## 第二章 溯源——商汤后裔播迁的姑蔑古国

五代金涂塔残片，宋铜尊、铜笔架，元铜权，明铜熏炉、铜三足炭炉、铜瓶、铜香炉，清铜尊。铜镜类 10 件，有东汉重列神兽镜，三国神兽镜，唐禽兽葡萄镜、菱花镜，宋湖州葵花镜、钟式镜，明素镜，等等。

江西玉山之地新石器时期遗址。据考古发现，早在新石器时代早期，江西省上饶万年县仙人洞就有人类的生产活动；余干县华林岗小石山的洞窟里，曾刻有尧舜时期记录治水的古篆文；上饶市广丰县五都镇前山村罗家自然村社山头遗址，是新石器时代晚期至周商时期的古代文化遗址，为探讨人类如何从旧石器时代过渡到新石器时代这一世界性大课题提供了重要资源。

遂昌好川古文化遗址。位于遂昌县城西 12 公里的三仁畲族乡好川村。1997 年夏在好川村东部土名岭头岗的小山岗上进行考古发掘，发掘面积 4000 平方米，清理墓葬 80 处，出土石器、玉器、陶器、漆器等计 1062 件（组）。经专家鉴定，属新石器时代晚期，距今 4300—3700 年，相当于良渚文化晚期至马桥文化初期，在浙西南地区是首次发现，为 1997 年全国重大考古新发现。遗址地处仙霞岭南麓的大山深处，山高坡陡，森林茂密，雨量充沛，动植物资源丰富，可供耕种土地稀少。距县城妙高镇约 12 公里。属山间低谷丘陵地貌。发源于好川西约 8 公里的忠溪经好川襟溪汇入松阴溪，属瓯江水系。1997 年 3—4 月，好川村修水渠从吴处水库引水，准备将三仁乡好川村岭头岗茶园改为水田，并借来推土机施工，推土机推出文物。好川文化既与周边的良渚文化、花厅基地、昙石山文化、樊城堆文化、山背文化、石峡文化、肩头弄文化、马桥文化以及松阴溪流域商周文化有着密切的联系，又有着自己浓厚的个性特征。它的文化面貌新颖独特，文化内涵丰富多彩，文化因素多元特点明显，因此许多考古学家将此命名为"好川文化"。好川文化遗址的发现填补了浙西南浙闽赣三省交界地区新石器时代考古的空白，把遂昌县的历史推到 4000 年前，好川文化时期是中华民族向海洋开拓的始发期，对研究东南沿海史前文化具有重要价值。从遂昌析置的松阳县，有新石器时期的阴岗山、占安山、营盘背遗址，商周时期的塘寮遗址和大石遗址。[①]

缙云壶镇陇东遗址。陇东遗址位于壶镇溪东区块，其东南约 500 米为陇东村。陇东遗址是一处包含了上山、良渚、商代、西晋和宋代堆积的古

---

[①] 蒋巨峰、章荣高：《好川村发现新石器时代遗址》，《浙江年鉴》（文化），浙江人民出版社 1998 年版。

遗址，遗址主体以良渚和商代堆积为主，共发现灰坑65座、灰沟8条、柱洞23处，良渚时期的遗物可见罐、豆、壶以及各类鼎足；商代遗物中未发现完整器型，但出土较多印纹硬陶残片、石镞等。上山时期遗物数量较少，发现了少量红衣夹炭陶片，在部分采集品中发现了平底盘残片、陶罐口沿、大口盆腹部残片、羼合稻壳的陶块以及石球、磨石。通过发掘可以肯定，陇东遗址是迄今为止丽水地区发现的最早的史前人类聚落，年代为上山文化晚期，距今9000年左右。

建德境内文化遗址。建德寿昌江流域分布有大同久山湖、航头六山岩、东村洋池岗、寿昌青龙头等新石器时代遗址。

（二）姑蔑古文存

1. 姑蔑墓葬

墓葬反映的是当时人们的经济生活状况，"墓"作为放置尸体的固定设施，是随着人类文化的进步而发生的，并随时代发展而不断变化。最初的时候，对尸体的处理非常简单。《周易·系辞下》云："古之葬者，厚衣之以薪，葬之中野，不封不树，丧期无数。"即用茅草裹尸，弃置荒野了事，并不挖墓穴。后来，人们可能不忍心看到亲人尸体被禽兽所食，开始掩埋尸体，于是就出现了专门放置尸体的墓穴。

在旧石器时代，人们居于山洞或栖身树顶，也就有了洞葬的习俗，在树上或山洞安葬亡者。古人由穴居发展到半地穴建筑，死后也由巷竖坑墓而不坟，发展到墓而堆坟。南方潮湿，居宅多采用"干栏"式建筑，墓葬也多崖葬、木架葬，出土铜棺也是干栏式的，下边有柱脚。

在墓葬中，往往还包含着各种随葬的器物。自古以来，由于受"祖先崇拜"以及"事死如生"等传统观念的影响，人们对丧葬十分重视。因此，墓葬资料所提供的就不仅仅是埋葬习俗和墓葬制度本身，往往也能在一定程度上反映出社会政治、经济、生产、生活、风俗、宗教、观念等方面的情况。所以，墓葬所展现的埋葬习俗与埋葬制度常常被视为当时社会的缩影，墓葬研究自然也就具有相当重要的意义。

姑蔑是商周时期南方百越地区的一个民族集团，大型墓葬的地点往往与政治中心有关，自古帝王诸侯都将墓葬葬于都城附近，墓葬的土建工程、建筑流程和方法等有相当重要的研究价值。目前，所发掘的墓葬表明，葬俗因时代、地域、文化的不同而在墓形、葬式、葬具等方面显示出不同的特色。

# 第二章 溯源——商汤后裔播迁的姑蔑古国

衢江区庙山尖西周时期土墩墓。庙山尖土墩墓位于云溪乡棠陵邵村庙山尖山顶，村名带"陵"疑似守墓人后裔，2017年遭盗掘。经国家文物局批准（考执字〔2018〕第329号），2018年3月以来，区文广局会同省文物考古研究所对该墓进行了抢救性考古发掘。发掘庙山尖土墩墓其实为周边西周土墩墓群中的一座，还有几座土墩墓分布在庙山尖以南2公里范围以内，沿着庙山尖山脊和衢江沿岸分布。该墓为熟土堆筑的浅坑木室墓，封土呈馒头状，残高3.4米，底径25—30米。墓坑长14.3米、宽6.2米、深0.3米左右，南、北、东三面坑壁由鹅卵石垒成，坑壁外侧坡面用鹅卵石铺砌，墓底平铺鹅卵石。墓坑西端有墓道，长8米，宽3米，墓向朝西。该墓的墓室为两面坡的人字形木结构，形制特殊，分为前、后两室，前室宽4.9米，长3.5米，后室宽6.2米，长10.8米。该墓多次被盗，发掘仍出土了大量的随葬品，主要为青铜器、玉器，少量陶瓷器。本次出土的青铜器包括剑、戈、镞等兵器和铜削等工具，及龙首形钩、铜泡等构件，铜钩饰有夔龙形扉棱，造型优美华丽；玉器以玉玦为主，还有璧、珠、玦形挂饰。根据出土遗物的器型和纹饰特征，专家确认该墓为西周早期越地典型的土墩墓；随葬的青铜器、玉器数量多，制作精美，显示墓主人应是越国早期上层贵族。该墓营建独特，墓底平铺鹅卵石、墓坑外侧坡面铺砌鹅卵石。两面坡人字形的木结构墓室为国内目前已发现的年代最早的人字形墓室，为绍兴印山越王陵的人字形墓室结构找到了渊源。[①]形制规模巨大的庙山尖西周大墓，年代断代为越国早期，正处于历史文献记载的姑蔑地域范围内，很可能是当时姑蔑国的统治者墓地，意味着姑蔑的政治中心就在金衢盆地一带。

金华九峰山悬棺葬。在南方的丹霞地貌区分布了很多悬棺葬遗迹，成为丹霞地貌文化内涵的重要组成部分。九峰山，又称为妇人岩、芙蓉山。由于充满了丹霞地貌，加上有大小马峰、芙蓉峰等九大奇峰，所以被称为九峰山。据史料记载，中国佛教禅宗创始人菩提达摩，在面壁九年以后，从嵩山到达浙江乌伤（今天的义乌），之后到浙江金华九峰山建了龙丘岩寺（今天的九峰禅寺）。达摩圆寂后，当地村民按当地"悬棺葬"风俗，在九峰禅寺前最高峰的岩壁山开岩缝，将其遗体置于其中，为表达对达摩

---

[①] 陈霞、潘旻、雷文伟：《3000年前，衢州已生活着越国贵族！衢江惊现西周大墓》，《衢州晚报》2018年6月27日第1版。

的无比尊重，村民将九峰山的主峰命名为"达摩峰"。九峰禅寺、达摩像、达摩亭等景点都与这个传说有关。悬棺葬是古代流行于南方的一种古老丧葬形式，影响范围广，持续时间长。悬棺葬不仅反映了行悬棺葬仪式民族的历史、文化、宗教、迁移等情况，其分布也显示出了一定的地理规律性，多分布于临水的山崖上，与当地的地理环境密切联系。丹霞地貌是以赤壁丹崖为特征的红色陆相碎屑岩地貌，具有顶平、身陡、麓缓的特点。

龙游新安长墓。2010年11月，在龙游詹家镇方家山上，由于杭长高铁线修建，发现汉—六朝古墓葬群，其中一墓中出土文物34件，有青瓷盏、青瓷四系罐、青瓷堆塑五管瓶、铜洗、神兽镜、五铢钱、金珠等。最为重要的是，其中有一件瓦纽铜印，铜印上阴刻篆书"新安长印"四字。东汉初平三年（192），分太末县置新安县；晋太康元年（280），因与弘农郡新安县同名，改为信安县，仍隶东阳郡，至此衢州一带使用"新安县"名结束。新安长墓的发掘，为研究龙游及衢州地区东汉至三国时的历史增添了珍贵的实物资料。

龙游杨后殿山土墩墓群。位于县城南5公里，下杨村东北500米，杨后殿山东北坡。散见原始瓷片、印纹陶片。据所采集的原始瓷片及印纹陶片考证，属商周时期。

龙游扁石土墩墓群。位于县城南24公里的溪口镇扁石村，散布在约1公里长的黄土岗上。出土原始瓷豆、盂、尊、碗及筒形罐、印纹陶瓮等，属西周时期器皿。

龙游寺底袁宋墓。位于寺底袁村马报桥自然村西部山坡南麓，背倚山坡，面向西南，东南侧有一处水塘，背山面水，位置颇佳。由地表墓园和地下墓室两部分组成。墓园平面近圆形，由外向内依次为围墙、环道、环埠、地坪，南部有排水沟，左、右、后三方以围墙封闭，正面设有出入口。围墙平面近圆形，由砖砌筑，仅北部残存少许。环埠设于围墙内，平面近圆形，直径9.52米，北高南低，以砖墙包面。围墙与环埠之间，形成一道宽约1.1米的环道，北部残存砖铺痕迹。地坪位于环埠内，平面近圆形，直径9.36米，东西两侧以条砖侧砌，南北两侧为长方形砖平铺。地坪底部北高南低，紧贴环埠南端地栿处，以砖砌筑长条形排水沟，是为地表墓园的散水。地下墓室位于墓园北端的中心，由墓室、排水沟组成。墓室以砖砌筑，平面呈长方形，内长3.7米，内宽1.72米，墓室底部距地坪深0.82—0.98米，东壁北部残存。墓底平砖铺满，四周稍低，为墓室内排水沟，中部砌高一层为棺床。墓底南端正中向南通出一道排水暗沟，位于地表茔园排水沟正下方，上部覆盖板瓦，下部为半弧形土沟，横截面呈合瓦形。墓室早期曾遭盗扰，出土随葬品较少，墓底及填土发现堆塑罐2件，瓷碗3件，铜钱若干。寺底袁村位于龙游县城东部，衢江南岸，东邻金华，发现较为密集的汉、六朝、唐、宋时期的墓葬。该墓附近发现有汉—六朝时期的砖室墓和土坑墓，其茔园排水沟上铺盖的砖块为汉墓墓砖，可能是营建墓园的时候打破先前埋葬在此地的汉墓，并利用了汉墓的墓砖。

龙游下库村古墓群。坐落在湖镇镇下库村茶叶山背，古墓葬区内共有十多座古墓，其中汉墓1座，六朝墓7—8座，宋墓4—5座。此处，高出地面20余米，山包顶部比较平整，是一个台地形状。此次新发现的遗址，就位于罗家溪和社阳港之间，北临衢江，依山傍水，所处位置距离浙江金华汤罗埠山下周遗址直线距离不到10公里，这座砖券拱顶砖室墓，是两晋时期的墓葬，虽然墓葬多次被盗，有盗洞3个，但幸存的瓷碗、瓷壶两件瓷器很精美。这个墓葬对两晋时期丧葬文化的研究有一定意义。①

龙游东华山姑蔑子墓。龙游东华山有一座姑蔑子墓，民国《龙游县志》有载，卷二十四《丛载·古迹》中云："姑蔑子墓，在东华山下偃王别庙后，宋庆元间为人所发，古物充牣，随即灰散，惟数瓦缶不坏，贮水满其中。众并志石毁之。墓北五里，其崇累累如贯珠者凡百余，名百墩坂，皆其疑冢也。"墓虽然早已被毁，但千百来凭吊者依然不乏其人。明万历年间知县万廷谦就有诗作《姑蔑墓》："侯封原是越西陲，鞭弭曾随勾践师。去里旌旗出姑妹，江边壁垒泣吴儿。千年世事归三尺，百种培嵝类九疑。霸业稽山尚消灭，一丘何用冢累累？"

龙游东华山石塔头汉墓群。位于县城东郊东华山至石塔头一带山坡。1979年上半年兴建预制场时发现，在约5000平方米范围内发掘汉墓葬12座，出土文物170件。1987年村民在石塔头建造住房时又发现汉墓群。县博物馆曾组织清理发掘汉墓20余座，出土文物300多件。其中在一座战国时期的大型墓中，出土了一块未腐烂的椁木底板，上面有八个大型青铜器底圈足印痕，依据青铜器残片看，器物为鼎、钟、簋、鐎壶、博山炉

---

① 方令航：《"山下周遗址"又添佐证》，《金华晚报》2010年7月2日第3版。

等，上面錾刻着精美的龙、鸟等图案。有如此丰富且制作精美的大型青铜器的墓主，最起码也是个贵族。

龙游东华山会稽太守鲁伯墓。系西汉晚期会稽太守鲁伯之墓，位于龙游东华山石塔头，在龙游县龙游镇桥下村、鸡鸣村。在东华山汉墓群约2000平方米内，清理发掘了12座汉墓，皆为竖穴土坑木椁墓，共出土文物200余件。其中出土了三枚"鲁"姓铜印章，铜印印文分别是"鲁伯之印""鲁毋害印""鲁奉世印"。墓葬虽遭偷盗，但仍出土了59件珍贵文物，随葬器物以陶瓷器为主，器物组合为鼎、盒、壶、瓿、罐，其中鼎足已演变退化消失，只保留了两回形耳，为典型的浙江西汉晚期汉墓风格。伴生的铜镜是西汉的铭文"日光镜"。所出青瓷器皆精品，器形制作规整，烧结程度高，釉面光洁，玻光感强，釉色青透，胎釉结合牢固。最令人惊喜的是前室出土了一枚保存完好的龟纽铜套印，套印长、宽、高皆为1.5厘米，子印套入母印中，甚为精巧。子印刻篆书"鲁尊"，母印为"鲁伯之印"。字体遒劲、粗犷、古朴，是汉代难得的一方印章精品。墓主人姓鲁，名伯，字尊。鲁伯，班固《汉书》卷八十八，《儒林传》第五十八在介绍大儒施雠时有这样的记载："施雠字长卿，沛人也。……雠授张禹、琅邪鲁伯。伯为会稽太守，禹至丞相。禹授淮阳彭宣、沛戴崇子平。崇为九卿，宣大司空。禹、宣皆有传。鲁伯授太山毛莫如少路、琅邪邴丹曼容，著清名……"传统史学界一直以为西汉时浙江地区仍然是蛮荒之地，经济文化落后，且往往忽略所出土的青瓷器，而以出土青铜器、玉器等为指标来衡量汉墓的规格等级是极不科学的片面方法。龙游东华山西汉会稽太守鲁伯墓的发现将用事实来颠覆传统的对浙江地区汉墓研究的观点，即汉墓中的大量瓷器精品也是当时富人和有地位的阶层才能享用的高档生活用品。会稽太守墓是浙江省内第一次发掘有明确身份的西汉高级别大墓，考古价值不言而喻；精美绝伦的龟纽铜套印在浙江西汉墓葬中也是首次发现，弥足珍贵。因此，会稽太守鲁伯墓的重见天日必将推动浙江地区汉墓研究更加深入，也为该地区西汉晚期墓葬提供更为准确的断代标尺以及给研究龙游地区汉代历史增添了极为珍贵的实物资料。[①]

德清县龙胜东坡岭战国土坑墓。9座战国土坑墓位于龙胜村新村委西北东坡岭上，是一处海拔标高14.1米的岗岭。墓葬开口在表土下，均为

---

① 祝左军：《东华山怀古》，《今日龙游》2017年12月8日第3版。

竖穴浅土坑长方形墓，其中三座带有墓道，长度在3.1—4.4米，宽度在1.1—2米，残存深度在0.16—0.58米。这些墓葬早年曾被盗掘，每个墓均有2个盗洞以上。其酸性土壤埋葬环境致使所有墓葬人骨均朽蚀无存，随葬物以原始瓷和印纹陶、泥质陶为主，其中原始瓷鱼篓尊、鉴、瓿、钵、双系罐等出土时较完整，原始瓷仿生产农具镰刀、斧头、凿子、铲子、锤子等弥足珍贵。此次战国土坑墓的清理，为研究战国时期土坑墓与原始瓷窑址之间的关系提供了珍贵的实物资料，墓葬距大树下原始瓷窑址直线距离不到200米，出土随葬物中原始瓷碗、盅式碗、瓿、鉴均可在窑址中找到标本。

安吉笔架山、龙山墓葬群。位于安城镇兰田、坭坝、古城、石角等村。分二大区。龙山土墩墓群面积约3平方公里，山脊、山坡及农田区均有分布，共有300余座，土墩规模大小不一，大者底径达100米，小者则不到10米。1998年发掘其中1座春秋墓，出土器物有米筛纹、叶脉纹、方格纹印纹硬陶罐及原始瓷碗等，另采集有西汉釉陶鼎、罐、壶等残片。笔架山土墩墓群范围约2.5平方公里，沿山脊和山坡分布，共100余座。土墩底径10—50米，高2—15米。外观呈馒头状。采集有席纹、米筛纹、方格纹印纹硬陶瓿、罐及原始瓷簋、碗等。2016年12月，安吉龙山古城遗址已被列为国家"十三五"重大遗址，由安吉古城遗址和龙山越国贵族墓群组成。它是继良渚遗址之后，浙北西苕溪流域最重要的考古发现之一，是浙江省古罗马时期（春秋战国）和古埃及时期（新石器时代）两个世界文化时代的重要遗址代表，其历史地位具备国家级大遗址条件。先秦时期青铜器太湖—杭州湾文化区的苕溪流域，包括长兴、湖州、安吉、德清、余杭等地，其中在长兴发掘了春秋中晚期姑蔑族珍贵遗物"簋"（guǐ）。长兴铜簋由四块腹范、一块圆形底范和一块芯范浑铸成型。腹部花纹四分，作对称状。[1]

安徽屯溪西周土墩墓。位于屯溪区龙井村南约1公里处。墓有两座。两墓相距0.25公里。一号墓墓底的地面高出现存田畈的地平面，在墓底地面上加铺一层厚约25厘米的鹅卵石作为墓底，其上再加封土。墓底铺石是东西长、南北宽的长方形。南北两边沿各长8.5米，中间全长8.8米；东西两边沿各宽4.3米，中间整宽4.4米。四周以铺砌鹅卵石为界，

---

[1] 俞珊瑛：《青铜管窥：浙江出土青铜器研究》，《东方博物》2010年第3期。

没有墓坑，也没有墓壁，只在鹅卵石层面上加堆封土，形成圆形孤堆。二号墓墓底已残缺不全。1959年3月27日至4月4日，由安徽省文化局文物工作队主持发掘。两墓出土遗物共102件，有陶器、釉陶器、铜器、玉石件和漆皮残迹等五类。其中釉陶器最多，有71件，均为生活用器。其次为青铜器，有20件，有食器、酒器、水器和乐器。两座墓葬所出土文物现均由安徽省博物馆收藏陈列。

江苏邳县战国墓葬铜簋。1958年冬邳县刘林遗址战国墓葬出土了一批青铜器，其中簋2件，1件有铭文，共两行8字，有好几个字都不常见。铭文为："西替乍其妹靳靳钴"。簋，流行于商至春秋战国时期。主要用于放置煮熟的饭食。簋的形制很多，变化较大。商代簋形体厚重，多为圆形，侈口，深腹，圈足，两耳或无耳。器身多饰的兽面纹，有的器耳做成兽面状。西周除原有式样外，又出现了四耳簋、四足簋、圆身方座簋、三足簋等各种形式，部分簋上加盖。商周时多数簋体形厚重，饰云雷、乳钉等纹饰，少数为素面或仅饰一两道弦纹。春秋时期，簋的铜胎变薄，花纹细碎，有的簋盖铸成莲瓣形。战国以后，簋极少见到。簋是商周时重要的礼器。宴飨和祭祀时，以偶数与列鼎配合使用。史书记载，天子用九鼎八簋，诸侯用七鼎六簋，卿大夫用五鼎四簋，士用三鼎二簋。①

龙丘县令孟府君墓志拓片。龙丘县的名称，始于晋。据唐代《元和郡县志》记载："龙丘县，西至州（即指衢州）七十二里。本春秋姑蔑之地，越西部也，杜注云'今东阳太末县'。《越绝书》谓之'婺州'。晋改太末为龙丘，因县东龙丘山为名。"衢州文献馆得《大唐故衢州龙丘县令孟府君墓志铭并序》拓片图片，因墓志铭系近年出土之物，铭文字迹比较清晰完整，为衢州历史人物的研究提供了翔实资料。这位墓主人名叫孟景仁，平昌郡（今山东境内）人。考其先祖为鲁桓公三子仲孙为孟氏，其后至孟轲（即亚圣孟子）为世贤达，历汉魏晋，簪组不绝。孟景仁为进士及第，衢州龙丘县令，赠殿中丞。墓志记载其"开元八年（720）八月寝疾终于官第，春秋七十有五"。看来这位卒于龙游官署的县令也算高寿。由此推算，孟景仁当生于唐太宗贞观二十年（646），死后迁葬于帝乡东都（即洛阳）城东。

金华九峰禅寺故址。位于汤溪镇宅口自然村西南、九峰山风景区东北

---

① 尹焕章、张正群：《1959年冬徐州地区考古调查》，《考古》1960年第3期。

侧。2018年3月以来,省文物考古研究所联合市文物局对该区域进行考古探勘与试掘工作,发掘出大型唐宋时期建筑基址,其中房址建筑十余处、道路遗迹一条、唐代水井一处、北宋墓穴一座,并获得大量唐宋元明时期的建筑构件、陶瓷器皿。从建筑基址中发掘出的筒瓦、瓦当、板瓦、脊兽等建筑构件及"方丈"款器底瓷器,印证其为九峰禅寺佛教寺院废址;遗址内出土的建筑构件,均为唐代中晚期至南宋前期遗物,可知唐代中晚期至北宋时期是九峰禅寺建筑的鼎盛时期,与史料记载(九峰禅寺始建于南朝,兴盛于唐宋,明嘉靖三十五年毁于兵燹,旧址则沦为废墟)基本吻合。①

龙游佛潭地宫的姑蔑子。据明代崇祯《衢州府志》云:"在(龙游)县东二里,下有姑蔑子墓。"民国《龙游县志》载:"在东华山下偃王别庙后,宋庆元间为人所发,古物充牣,随即灰散。惟数瓦缶不坏,贮水满其中,众并石毁之。"据考证,这是春秋战国时期的姑蔑子墓。姑蔑的文献最早见于《春秋》,本属东夷昊族的后裔。商代晚期居住在河南淇县北的商王畿内,西周初年周公东征时部分百姓被迫南迁到今日浙江金衢盆地境内。《春秋·隐公元年》载:"三月,公及邾仪盟于蔑。"春秋末年越国西陲有个姑蔑族,《古今中华地名大辞典》说:"姑蔑,春秋越地,在今浙江龙游县北。"龙游,至今流传着舞貔貅的习俗。今天的龙游是姑蔑故宫的所在地,姑蔑宫就是姑蔑的王宫。《元丰九域志》载:姑蔑故城在谷水(衢江)南三里,东门的临薄里溪(灵山江)。龙游城隍庙里的城隍像原来是姑蔑子像,姑蔑子是姑蔑国的国王。②

2. 姑蔑陶窑

新石器时期在考古学上是石器时代的最后一个阶段,以使用磨制石器为标志的人类物质文化发展阶段。人们日常生活用陶器,狩猎采集用打磨过的石器,因为开始了农业耕作而定居下来,种庄稼、养牲畜就是文明的开始。一般认为新石器时代有三个基本特征:开始制造和使用磨制石器、发明了陶器、出现了农业和养畜业。新石器时代是陶器的鼎盛时期,当时的人们运用自己的智慧和心血,烧制了大量各具特色、异彩纷呈的陶器,

---

① 金华县志编纂委员会:《金华县志》,浙江大学出版社1992年版。
② 瘦石:《〈龙游文库·综述篇〉出版发行 揭示龙游地方文化建设》,《今日龙游》2017年3月22日第1版。

掀开了陶瓷文化史上灿烂辉煌的篇章。万年前金衢盆地新石器时期遗址告诉人们，制陶技术在这里已经很普及了，这一发明证明我国是世界上最先烧造和使用陶器的国家之一，标志着人类新石器时代的起始，成为贯穿这个时代始终的重要标志。陶器由于其自身具有的特性和优点在当时被广泛运用，不仅极大地改变了当时先民们的生活方式，更记载了新石器时代的经济、文化、宗教、民族、国家起源以及气象、地理等方面的状况，是我们研究古代社会和历史原貌不可多得的珍贵资料。

商周时代是以青铜器为时代标志的历史阶段，这一时期的陶瓷纹饰和青铜器饰相似，刻纹白陶的烧制成功是制陶工艺上一个重要的里程碑。它用高岭土制坯，烧成温度达1000℃，素洁可爱的造型与优美的纹饰相结合，逗人喜爱。西周以后，陶器种类繁多，除生活器皿之外，还出现了各种砖瓦、陶俑和建筑用陶等。春秋战国是一个大动荡的时代，战事频繁，但文化、科技还是繁荣的。春秋战国时期，陶器主要朝建筑用陶和冥用陶两个方向发展。当时各诸侯国大兴土木，急需大量陶制材料，这样就促进了建筑用陶的工艺水平。在长江中、下游地区出现了大量的制陶作坊，产品上大多留有文字铭记，此时印纹硬陶处于繁盛时期，另外，这一时期的大量彩绘陶深受同时期漆器的影响。秦汉时期，"秦砖汉瓦"更成为制陶艺术的佳话。

陶器和瓷器是人为制作的物品，它们在反映客观世界的同时，必然反映人的主观意识，陶瓷艺术装饰表达了人的自然观念，人的想象、情绪和理想。陶瓷艺术装饰精致地表现了中国自古以来人与自然和谐统一的人文思想，历代陶器和瓷器装饰纹饰既有自然界的山山水水、花鸟鱼龙，又有人类自身，而且在这一纹饰中，总是执着地追求人与自然和谐统一。它与民俗文化的关系极为密切，表现出相当浓厚的民俗文化特色，广泛地反映了我国人民的社会生活、世态人情和我国人民的审美观念、审美价值、审美情趣与审美追求。我国人民有一个好传统，不管处于何种时代、何种处境，都热爱生活，追求幸福、和谐、吉祥。因而，表现喜庆、幸福的祥瑞题材，自古及今，一直是陶瓷的一个重要的题材和一个基本的文化特征。它是人类创造的第一项物质，是远古人类进入农耕和定居生活的一项重要标志。它也是远古先民们在与自然作生存搏斗中，经验、劳动与智慧凝合而产生的结晶。

姑蔑地有着深厚的历史文化底蕴，曾经孕育过辉煌的陶文化，上山文化出现的万年前敞口盆见证了浙江为中国瓷器的主要发祥地。目前发现最早的婺州窑窑址是新石器晚期（相当于夏朝）东阳山甘塘窑址，也是浙江省最早的一个窑址。到了夏朝时期，金华出现的原始瓷是中国瓷器萌动的实物见证，东阳、义乌等地商周时期的土墩墓中、磐安的金钩遗址中可以普遍见到各种原始瓷器以及瓷片。婺州烧制瓷器从东汉开始到唐代进入成熟发展期，唐宋期间为繁荣鼎盛期，南宋后至元代为文化融合期，直到元明清后逐渐衰退，烧瓷史长达 3100 余年，在中国陶瓷史上享有很高的地位。婺州窑是我国六大青瓷产地之一，在中国陶瓷史上享有盛誉。在古时不但畅销国内，还远涉重洋，一度大量外销，出口至朝鲜及东南亚等地。1977 年在韩国新安海域水下打捞出的中国元代沉船中，有 100 多件是浙江铁店窑产的乳浊釉瓷器。台北"故宫博物院"藏品中有一件三足盘样式同在韩国新安海域出水的基本一样，专家认为也是婺州铁店窑的产品。这些历朝历代的婺州窑古窑址、陶瓷实物、陶瓷片遗迹遍布金华各地，共有 600 多处，其品种之丰富、工艺水平之高反映了古婺州历史上的经济繁荣和当时人们较高的生活质量及审美水平，再现了当时人们的宗教、民俗、饮食、服饰、建筑、杂技艺术等生活形态，它有着数千年的连续性、系统性，在中国陶瓷史上占据过重要的地位，是研究中国乃至世界陶瓷发展史极其珍贵的实物资料。

  姑蔑地的婺州窑是唐代六大青瓷窑之一，名列第三。大盛于唐宋，衰落于元明。婺州窑瓷器质量在唐代以前仅次于越窑，婺州窑可以说是金华古代先民留给中华民族的一份最宝贵的遗产。在金华汤溪的九峰贞姑山、厚大片西夏村、中戴片的新塘里以及九峰山下水弯口、厚大馒头山等姑蔑之地，存在大面积的婺州窑古窑群遗址，数量之多、生产年代之久、瓷器质地之上乘，在全国实属罕见。当地农民在遗址范围内生产劳动时，常有陶器、玉器发掘。据考古科学发现，贞姑山古窑遗址年代最久，可追溯到新石器时代晚期，发现的瓷器为不上釉、烧制温度也较低的陶片，但保存的量较少。位于西夏村的古窑群遗址则属于东汉年代的窑址，年代略迟于龙游古窑址，属于原始青瓷，通过残片发现其成型技术简单，釉色也不稳定，但窑址没有得到相关保护，残片遗留也较少。而新塘里和碗窑背古窑址都在乌溪江引水渠旁边，古窑遗址数量可观，单新塘里古窑址就有 9 口古窑，可惜被严重破坏，清晰度差；往东 200 米处的碗窑背古窑址，有很明显的龙窑窑口痕迹，窑口和窑岗保存完整，窑口散布大面积青瓷碗片，瓷土更精细，含铁量低，拉坯工艺成熟，瓷体和景德镇瓷器一样薄，碗内壁都有蓖纹花型，属于北宋瓷，与河北定窑有相似之处，但有定窑所不具备的特征。在九峰山下水弯口窑址，由于20世纪80年代开发九峰茶场种茶，已经完全没有古窑痕迹，但数量多，古窑至少有几十座，瓷器形状和碗窑背古窑址完全相同，同属宋代。厚大馒头山古窑址规模比前几处都要大，但被当地村民开垦种植，难以保护。考古调查中采集有印纹陶片（印纹陶片纹饰有席纹、绳纹、叶脉纹、菱形纹、圆圈纹、方格纹等）、泥质陶豆、夹砂陶鼎、圆锥形鼎足残件、陶豆足、夹砂陶罐、夹炭黑陶片、石刀、石锛、石镞、穿孔石器、穿孔石镰、石网坠、原始瓷豆、盂、尊、碗及筒形罐、印纹陶瓷等，初步断定遗址年代上限为新石器时代，下限为商周时期。[①]

早在商周时期就出现了原始青瓷，到了春秋战国时期制作精良、纹饰细密，进入了南方早期青瓷器的鼎盛期。虽然商周青铜器的铸造无论是工艺水平还是造型纹饰，都达到了同时期艺术审美的最高水准，代表了那一时期统治阶级共同的审美情趣，但早期青瓷器比之于青铜器具有清洁卫生实用、工艺制作简单、原料方便易得等优点，所以一经出现便博得了贵族阶级的喜爱。因此在春秋战国时期，在吴、越两国境内，青瓷器的发展已经达到广泛使用的新阶段，并且部分地代替了铜器和漆器的使用范围。20世纪50年代以来，在金华市各县三国至隋代的墓葬中出土了大批青瓷器，同时在武义县发现西晋瓷窑遗址。墓葬和瓷窑遗址中所出的瓷器，既与越窑不同，又和瓯窑有别，而与唐宋时期的婺州窑瓷器，在胎釉质地、器型和装饰等方面都有着明显的渊源关系，应该是婺州窑早期的产品。婺州窑自三国创烧以来，制瓷工艺不断改进提高，产品销售到江苏、福建等地。到唐宋时期婺州窑瓷场广布东阳、金华、兰溪、武义、永康、江山等县，成为我国青瓷较有名的产地之一。唐代陆羽在《茶经》中认为"碗，越州上，鼎州次，婺州次"，说明当时婺州窑青瓷碗已在全国使用。据贡昌《婺州古瓷》相关论证，婺州窑因州得名，与龙泉窑等同属婺窑系，兴于商周，盛于唐宋，于明清时期逐渐衰弱，前后绵延2700多年，首创化妆土工艺，于汉代中期即开始使用青、褐两色釉。西汉以前，婺州窑原始瓷多见于墓葬，做明器，胎厚釉薄，也曾出现过青黄釉、彩釉等丰富的釉

---

① 覃小华：《金西发现大面积婺州窑古窑群遗址》，《今日婺城》2013年10月14日第2版。

色，及针点纹、网格纹、连珠纹等修饰图案。南宋时期，婺州窑吸收各地窑口之所长，烧制青白瓷、青瓷等，出产日用瓷及观赏瓷，远销全国各地，并出现出口瓷。

姑蔑地金华古窑址众多，诸如铁店窑址、浆塘窑址、馒头山窑址、上堰头古窑、沙头村古窑、长山乡雅溪村窑头自然村窑头窑址、长山乡桐溪村叶脉山窑址、长山乡卢家村窑岗山窑址、长山乡长山三村西马垅窑址和瓦叶山窑址、长山乡乌石屏村乌石屏窑址和百头岭窑址、长山乡良种场矮山窑址、长山乡石道畈村古塘窑址、长山乡东屏村东屏窑址、沙畈乡店边村白担下窑址；琅琊镇泉口村奖塘窑址、琅琊镇泉口村长桥头自然村凤凰山窑址和石夹头窑址、琅琊镇高田塍村窑堂山窑址、琅琊镇白沙卢村仓里自然村水碓山窑址、琅琊镇山后金村山后金窑址和岩山窑址、琅琊镇琅琊林场窑址、琅琊镇水碓村横塘垅窑址、琅琊镇南山村汤瓶湾窑址等，其中铁店窑是婺州窑的一个缩影。

姑蔑地衢州，从柯城区的上叶陶瓷窑址到衢江区的沙后塘窑址，从龙游县的方坦窑址到江山市的达垄窑址，从常山县的黄泥畈窑址到开化县的龙瓷窑址，三衢大地考古发现约有70处古窑址，陶瓷文明源远流长。1977年，在江山营盘山遗址采集到印纹陶、夹砂陶等，这是衢州地区首次发现的商代古人类遗址。江山博物馆珍藏着一件距今约4000年的细砂红陶盉，陆续出土的还有夹砂红陶、夹砂灰陶、泥质灰陶等。

姑蔑地缙云窑址，以大溪滩窑址群影响最大：主要分布在大坟山（山巅叫窑山头）至四义门前一线，即村西南面三四百米的小山坡上，面积约1平方公里。窑址传有18条，今查实17条。窑体最长80多米，最短30多米。窑前均有小水塘和小平地，为作坊址。周围的遗弃碎片，厚的有2米多。常见的器物种类有各种大小的碗、盏、盘、碟、洗、瓶、罐、碾钵、香炉、大花瓶、油灯盏等碎片。有的较粗糙，有的较规整精细。花纹装饰，有的刻画莲花、水草、云纹、莲瓣、菊瓣、双鱼、蝴蝶等。有些碗内戳印阴文楷书"清凉河滨""河滨遗范""金玉满堂""儿男遗范""一统天下"的款识。釉色以青釉为主，呈粉青色、梅子青、青灰、青绿、青白、青黄，也有少量黑釉。釉质前期的光泽强，透明呈玻璃状，后期的乳浊不透明。可考窑具有匣钵、泥质垫饼、瓷质垫饼、喇叭垫座、筒柱垫座等，系匣钵装烧、垫饼装烧和叠烧等多种装烧方式。匣钵有大至直径40—50厘米，小至直径25厘米多种。烧瓷时期为唐宋元。1989年公布为浙江省重点文物保护单位。还有壶镇姓汪村碗窑山窑址、壶镇关坛庙村虎山窑址、壶镇黄迎祥村长毛山窑址、东方镇黄坑门口窑址、壶镇曹坟遗址、后湖遗址、驸马遗址等。

　　姑蔑地，还有江西广丰县的铜钹山、上饶县的五府山古窑址、玉山县怀玉乡马路村境内明代古窑址群，浙江丽水遂昌湖山古窑址，浙江建德新安江街道章村龙窑遗址、大慈岩后山窑址、窑坞窑址、大慈岩脚窑址、新安江大白山窑址等。

# 第三章

# 史迹——姑蔑典籍记载的人文辨章

## 第一节 姑蔑之脉

"浙江省区"设立诞生于明朝，将苏南湖州、嘉兴从原江浙行省中划出，在今浙江地区设浙江等处行中书省。"浙江省境"形成源于1381年，浙江行省管辖杭州府、嘉兴府、湖州府、严州府、绍兴府、宁波府、台州府、温州府、处州府、金华府、衢州府11府。"浙江省名"于清初正式落地。浙江省地形的基本特点，一是西南高，东北低，西南山地高峻，谷地幽深，主要山峰海拔均在1500米以上；二是山地多，平原少，山地丘陵约占全省面积的7/10；三是海域广阔，岛屿众多，海岸曲折，海岸线长约2200公里。姑蔑，位于浙江省金衢盆地的钱塘江水系河谷地带，这里是浙江省除杭嘉湖平原之外第二个经济发展的中心地带。金衢盆地指浙江省金华、衢州、梅城一带的衢江、兰江、新安江、金华江河谷地带，是我国南方著名的红色盆地之一。金衢盆地中的城市从东北到西南分别为东阳、义乌、金华、兰溪、龙游、衢州，历来是向纵深的湘、鄂、赣、皖发展的重要门户，西与福建、江西、安徽相连。人口稠密，物产丰富，为军事要塞，便于大兵团兵力展开和诸军、兵种合同作战。

### 一 姑蔑文脉

（一）姑蔑国族历史演进

1. 姑蔑国治理时期

从夏商周到春秋战国结束是邦国时代，夏商周时代建立了初级的合众国模式，有中央政府也有各个邦国的国王，建立了和平相处的时代。此时，没有建立统一的军队和法律，只能以德服人，以德治国，统治者和被统治者的境界都很高。后来，随着大家没有团结在以周天子为中心的中央政府周围，不能统一思想，又没有一支强大武装力量可以整治诸侯，就慢慢进入了春秋战国时代。浙江金衢盆地，在周初至春秋时期为子爵（第四等）诸侯国"姑蔑国"的中心地区（见表3-1）。

夏商周时期宗族社会结构的特点明显，居民都是聚族而居、聚族而葬，相互间有着宗亲与姻亲关系。商业活动活跃，有手工业作坊，分工细致。商代则主要是青铜器，是中国第一个有文字记载的朝代，而且是一个非常俭朴的朝代，无论是房屋建筑还是衣着布料，都很简陋粗糙。商代后期的妇好（姑蔑国族的先祖）墓出土的玉雕动物中有马、牛、羊、狗、猴、兔、龟、鹅、鸭、鸽等逼真造型的家养畜禽，说明早在三千多年前家畜家禽就已定向驯养了。1992年版的《金华县志》记载：金华陶器生产历史悠久，商周时期已有生产，在金华厚大馒头山、山下周等村落遗址中均收集到印纹陶片，对中国新石器时代文明的起源、发展都有重要的意义。

到了周代，饮食上体现出浓厚的礼仪特征，对各种场合的饮食行为都有详细具体的规定。谷物加工使用石臼，肉类加工懂得选择无病、无特殊腥臊异味而又健壮的畜禽，并辨别畜禽各部位，然后施行宰割。春秋战国时代，是邦国时代，也是真正的封建社会，各国的土地领域，名义上都是周天子封的，然"国"却是自己建的。这是中国历史上最灿烂的时代，文化繁荣、经济发展、创新不断。

金衢盆地上的姑蔑国，是春秋战国时期浙江古代政治、经济、社会思想和科学技术史上极为重要的时期。此时的姑蔑人，普遍使用铁器、推广牛耕。在生活习惯上非常注意卫生工作，已形成良好的社会习俗，如不洒扫庭院，就会遭到鄙视。特别是非常注重垃圾的处理，会利用天然的或挖掘而成的土坑来处置垃圾，而且解决垃圾最快的方法是直接烧掉，烧不掉的就掩埋起来。姑蔑人已经注意到饮食的定时、定量、清洁，强调按四时变化加以安排，重视饮用井水和保持井水清洁的管理。[①]

---

[①] 陈文华：《中国古代农业文明史——春秋战国、秦汉时期的饮食文化》，江西科技出版社2005年版。

表 3-1　　　　　　　　　姑蔑时期历代建置沿革

| 朝代① | 年号 | | 纪元 | 沿革 | | | 备注 |
|---|---|---|---|---|---|---|---|
| | | | | 属省 | 属地区 | 属县 | |
| 五帝传说时代 | 黄帝 | 轩辕 | 前3076—前2029年 | 先越、苗蛮 | | | |
| | 少昊 | 玄嚣 | | | | | |
| | 帝喾 | 高辛 | | | | | |
| | 帝尧 | 陶唐 | | | | | |
| | 帝舜 | 有虞 | | 禹贡扬州 | 姑蔑部族 | 夏朝少康封庶子无余于会稽，号于越。贺循《会稽记》云："少康，其少子号曰于越，越国之称始此。" | |
| 夏 | 禹 | | 前2070—前1600年 | 百越 | | | |
| 商 | 商汤成汤帝子天乙 | | 前1600—前1046年 | 百越 | 姑蔑部族 | 商承夏制。此时的姑蔑国，建都于河南淇县北沫水沿岸一带（是商王朝的离宫别馆），武王伐纣和周公东征的战乱，使得姑蔑国迁徙到山东泗水县② | 金衢盆地地处"荒服" |
| | 西周周武王姬发 | | 前1046—前771年 | 百越 | 姑蔑国族 | 西周承商制。此时的姑妹国即姑蔑国，是周王朝分封的诸侯国之一，位尊子爵 | |
| 周 | 东周 | 春秋 | 前770—前476年 | 百越 | 姑蔑国 | 姑蔑国，《国语·越语上》"勾践之地，南至于句无，北至于御儿，东至于鄞，西至于姑蔑" | |
| | | 战国 | 前475—前221年 | 越国 | 姑蔑国 | 姑末国，《越绝书·记地传》："大越故界，浙江至就李，南姑末、写干。觏乡北有武原。武原，今海盐。姑末，今大末。写干，今属豫章。" | 为越国西邻的姑蔑国属地，越溪为边境线 |
| | | 周显王四十六年 | 前342—前306年 | 楚国 | 姑蔑 | 姑蔑国，《左传·哀公十三年》：公元前323年越为楚所败，浙江（钱塘江）以北被楚占，江以南也臣服于楚 | |

---

① 万国鼎：《中国历史纪年表》，中华书局2010年版。
② 余全介：《秦汉越地人物传》，浙江大学出版社2011年版。

2. 秦汉以后的大末①

姑蔑，秦汉时期为会稽郡太末县地。前221年，秦王政（前246—前210年在位）统一六国，结束了长期的诸侯割据局面，建立了以咸阳为首都的幅员辽阔的国家。秦王政二十五年（前222），秦灭楚，于姑蔑之地设太末县（一称大末），隶会稽郡。秦汉以后的太末人（姑蔑人）仍居住于金衢盆地，与世居在今浙、闽、赣、皖接合部的于越族人远离秦汉统治者，时而发生冲突。武帝时，会稽郡守朱买臣率兵入境镇压。《汉书》卷六十四上称："是时，东越数反复。"到了东汉中后期，随着镇压的残酷，于越族人反叛亦愈演愈烈，加之政局动荡，"天下分裂，擅命者众"。时任会稽太守的王郎为了加强对会稽的防守和疏通，及与豫章郡保持畅通（经衢州），实行有效的控制，于初平三年（192），在会稽郡西部从太末县析出新置长山（金华）、新安（今衢全境）两县。新安县县治选在三水（即今常山、江山、乌溪三港）与瀫水汇合处的临水依山平川之中，治所设峥嵘岭（见表3-2）。

汉代时期的太末，仍然保留着姑蔑遗风，仍是金衢盆地的政治、经济、文化中心，治理着原先广大的土地。姑蔑，三国时为东安郡太末、新安两县地域，南朝陈国永定三年（559）置信安郡。《三国志·吴书》："宝鼎元年，分会稽为东阳郡。"郡治长山（今金华市区）。《晋书·地理志》："东阳郡，统县九：长山、永康、乌伤、吴宁、太末、信安、丰安、定阳、遂昌。"《隋书·地理志》："金华县旧曰长山，置金华郡。""开皇九年，废吴宁，分五乡入乌伤。""平陈，置婺州，统乌伤。""大业三年，置东阳郡。统县四：金华、永康、乌伤、信安。"乾隆《汤溪县志·山川》载："龙岩山在（汤溪）县南五里，岩口平旷，或曰古太末地，曹姓居焉。瀫江，县北二十里，上接盈川（太末曾称之盈川）下通兰溪，波纹细织如縠，故名。即衢港也。由青阳之西北面达叶湾埠而下。"

《史记·货殖列传》："楚越之地，地广人稀……无积聚而多贫，是故江淮以南，无冻饿之人，亦无千金之家。"秦汉时期，历时440年，钱塘江流域城镇发展在总体上比较缓慢。这段时期是钱塘江流域经历了越国时代的发展高潮之后的一个低落期。当时，钱塘江流域经济水平要比北方落

---

① 陈永祥：《浅谈先秦时期楚人的饮食文化》，《黄淮学刊》（哲学社会科学版）1998年第4期。

后得多,特别是在秦至西汉的200多年时间里,流域内一直处于火耕水耨、地广人稀、经济落后的状态。因为本地区气候暑湿、疫病蔓延,政治地位的下降,加上秦始皇不合理的移民政策,致使本地区经济发展水平和城镇的建设远远落后于黄河流域。

《汉书·食货志》载:该地区"厥土涂泥,田下下,赋下上错"。在东汉时期,钱塘江流域出现了大转折,城镇发展迅速,广阔的中上游地区也新建了许多县级城市,开始逐渐缩小与黄河流域的差距。同时,此流域土地利用状况在东汉时开始有所变化,一方面是由于和平环境人口的自然繁衍以及对粮食需求的增加,另一方面是由于西汉文、景帝采用"与民休息""轻徭薄赋"的政策,生产逐渐得到恢复和发展。从东汉中后期起,由于下游人口稠密,人地矛盾开始变得紧张,于是人们不得不寻求更广阔的发展空间,为了加强管理,在广阔的钱塘江中上游设立许多新的郡县,基本上奠定了当今城镇的分布格局,从而也打破了西汉以来"得其地,不可郡县"的状况。与此同时,钱塘江流域中上游城市开始起步,生产力发展水平逐步提高,人事趋于复杂,交通不便的状况逐步改善。

到了六朝,钱塘江流域城镇的建设有多种层面的内容,包含土地开垦、城市发展、社会文化进步等方面,农业生产无疑是这些进步的基础,而寒冷干旱的气候环境,意味着六朝时期钱塘江流域的开发并不是在一个较好的自然环境中进行的,但却引起带有先进劳动技术和文化的北方人更大规模南迁,可以说气候的变化对钱塘江流域城镇建设的影响是弊中有利的。孙吴之后,经西晋的短暂统一,到东晋南朝时期,钱塘江流域的政治地理开拓进一步走向深化。就钱塘江流域经济发展的全貌而言,它不仅远远超过了秦汉时期,而且与同时期的十六国北朝相比,也已经赶上甚至超过北方,造成这一切的主要原因在于北方战乱造成大量人口南渡,给南方带来了大量的劳动力和先进的技术,在促进江南开发的同时,使都市人口急剧增加,为提高流域的城镇建设水平、加速流域的开发创造了重要的条件。①

---

① 赵建国:《论魏晋南北朝时期的饮食文化》,《许昌师专学报》(社会科学版)1990年第2期。

表 3-2　　　　　　　　　　　太末时期历代建置沿革

| 朝代 | | 年号 | 纪元 | 沿革 | | | 备注 |
|---|---|---|---|---|---|---|---|
| | | | | 属省 | 属地区 | 属县 | |
| 秦 | 始皇帝 | 嬴政 | 前221—前206年 | 会稽郡（吴县） | | | 大末县（《汤溪县志》记载：秦"太末县旧址在九峰山下，其城闉街址，历历犹存。"） | 太末县南面为台州、温州一带；东北面为富春、富阳一带；东面为乌伤；西面为上饶一带① |
| 汉（前206—220） | 西汉 | 高祖五年 | 前202年 | 楚国（韩信） | | | 《汉书·地理志·会稽郡》："高帝六年为荆国，十二年更名吴。" | 其地实兼有今西安、江山、常山、开化、遂昌、玉山及汤溪县之半，以及兰溪市的一部分，杭州市的建德、淳安的一部分，西边江西省玉山县、广丰县一部分，南边丽水市的遂昌县、松阳县，都在太末县的管辖范围之中② |
| | | 高祖六年 | 前201年 | 荆国（刘贾） | | | | |
| | | 高祖十二年 | 前195年 | 吴国（刘濞） | | | | |
| | | 惠帝三年 | 前192年 | 吴国 | 会稽郡（吴县） | 大末县（浙江九峰） | | |
| | | 景帝四年 | 前153年 | 扬州 | 会稽郡 | 大末县（浙江九峰） | | |
| | | 武帝建元二年 | 前139年 | 会稽郡（吴县） | 会稽郡 | 大末县（浙江九峰） | | |
| | | 武帝元鼎二年 | 前115年 | 扬州刺史部 | 会稽郡 | 大末县（浙江九峰） | | |
| | 新 | 王莽始建国 | 9年 | 扬州刺史部 | 会稽郡 | 末治县（浙江九峰） | | |
| | 东汉 | 光武帝建武元年 | 25年 | 扬州刺史部（和县） | 会稽郡 | 太末县（治所浙江九峰，自起恢复太末县名。《汉书·地理志》将太末县称为"大末县"，讹为太末） | | |
| | | 顺帝永建四年 | 129年 | 扬州刺史部（和县） | 会稽郡（三阴） | 太末县（浙江九峰） | | |
| | | 献帝建安四年 | 199年 | 扬州（寿春） | 会稽郡（三阴） | 太末县（浙江九峰） | | |

① 曹晓恒：《九峰山下神秘古国姑蔑的猜想》，《金华日报》2012年3月30日第8版。
② 孟世凯：《姑蔑与龙游》，《文史知识》2010年第12期。

# 第三章 史迹——姑蔑典籍记载的人文辨章

续表

| 朝代 | 年号 | 纪元 | 沿革 属省 | 沿革 属地区 | 沿革 属县 | 备注 |
|---|---|---|---|---|---|---|
| 三国吴（220—280） | 吴大帝（孙权）黄武五年七月 | 226年 | 扬州（建业） | 东安郡（富春） | 大末县（分丹阳、会稽、吴三郡恶地十县置东安郡，辖富春、建德、桐庐、新昌、新城、钱唐、临水、于潜、新安、太末）（《吴志·吴主传》） | 今金衢盆地属于太末县境内 |
| | 吴大帝（孙权）赤乌八年 | 245年 | 扬州（建业） | 会稽郡（三阴） | 太末县（浙江九峰） | |
| | 末帝（孙皓）定鼎元年 | 266年 | 扬州（寿春） | 东阳郡（金华） | 太末县（浙江九峰） | |
| 晋（265—420） | 惠帝永宁六年 | 301年 | 会稽郡 | 扬州 | 太末县（浙江九峰） | 今金衢盆地属于太末县境内 |
| | 成帝咸和二年 | 327年 | 会稽国（司马里昱） | | | |
| | 明帝太宁元年 | 323年 | 扬州（建康） | 东阳郡 | 太末县（浙江九峰） | |
| | 安帝元兴六年 | 402年 | 东扬州（山阴） | 东阳郡 | 太末县（浙江九峰） | |
| 南朝（420—589） | 宋 武皇帝永初 | 420—422年 | 扬州 | 东阳郡 | 太末县（浙江九峰） | 今金衢盆地属于太末县境内 |
| | 齐 高皇帝建元 | 479—482年 | 扬州 | 东阳郡 | 太末县（浙江九峰） | |
| | 梁 梁武帝天监 | 464—549年 | 扬州 | 婺州 | 太末县（浙江九峰） | |
| | 梁 敬帝绍泰二年 | 556年 | 扬州 | 缙州 | 太末县（浙江九峰） | |
| | 陈 武皇帝永定 | 557—559年 | 东扬州 | 金华郡 | 太末县（浙江九峰），陈天嘉三年（562），东阳郡改名金华郡 | |

续表

| 朝代 | 年号 | 纪元 | 沿革 属省 | 沿革 属地区 | 沿革 属县 | 备注 |
|---|---|---|---|---|---|---|
| 隋<br>(581—618) | 文帝<br>开皇九年 | 589 年 | 东扬州 | 吴州 | 吴宁县（废建德、太末、丰安三县入长山并更名吴宁，太末县名第一次消失） | 今金衢盆地属于太末县境内 |
| | 文帝<br>开皇十二年 | 592 年 | 东扬州 | 吴州 | 东阳县（开皇十二年改吴宁为东阳） | |
| | 文帝<br>开皇十三年 | 593 年 | 东扬州 | 婺州 | 金华县（开皇十八年改东阳为金华） | |
| | 炀帝大业三年 | 607 年 | 扬州刺史 | 东阳郡 | 信安县（公元605年，太末、定阳二县并入信安县，太末县名第二次消失） | |
| 唐<br>(618—907) | 高祖武德四年 | 621 年 | 江南东道（越州） | 衢州（信安） | 太末县［唐武德四年（621）改东阳郡置婺州，并于信安（新安）县分置衢州。析建德、太末地复置太末县］ | |
| | 高祖武德七年 | 624 年 | 江南东道（越州） | 婺州 | 信安县（并定阳、须江、白石、太末四县入信安县，太末县名再次并从此消失） | 今金衢盆地属于太末县境内 |
| | 太宗贞观八年 | 634 年 | 江南东道（越州） | 婺州（金华县） | 龙丘县（治所在浙江九峰，从信安、金华二县析置龙丘县，以九峰山即龙丘山为名）［旧唐书（卷44，志20，地理3）］ | |

（二）古太末的历史演变

1. 龙游建置的前身今世①

浙江的九峰山，龙丘苌多年隐居九峰山，山因人而出名，故又名龙丘

---

① 余绍宋：《龙游县志》，北京城印书局刊印 1925 年版。

山。唐朝时期因此改太末县为龙丘县，因龙丘苌而命名。

唐咸亨五年（674）析金华县西三河戍地始建为县，时为上县，属婺州。因县西兰阴山下有溪，崖岸多兰茝，故水名兰溪，县又以水名。浙江金华九峰山和今洋埠青阳一带仍属龙丘（龙游），而厚大、罗埠一带划属兰溪县。姑蔑地兰溪挟"三江之汇"之势，处金、衢两江汇合之冲，踞杭州、严州两府之上首，职衢州、婺州之门钥，扼富春之咽喉，故有"六水之腰"（衢江、婺江、兰江、新安江、富春江、钱塘江）、"七省通衢"（江西、福建、江苏、安徽、湖南、广东、广西）之称，历来是浙江中西部水陆交通枢纽和商品集散中心，商埠经济长盛不衰。凭借这黄金水道，在现代交通工具汽车、火车兴盛以前，兰溪一直为金华、衢州、严州三府最富庶的地方。而兰溪的繁荣可以说是由整个婺商群体创造的。兰溪的文明深深地影响了浙江大地，刺激了浙江文明向前发展。浙江人多地少，许多人纷纷谋生创业经商。后来，姑蔑人从依人为佣转向自主创业，在与各路商人的频繁接触中，逐渐积累了资本，也学会了经商之道。古老土地和深厚文化底蕴造就出来的姑蔑人，忍辱负重的品格、坚韧不拔的意志、锲而不舍的韧性、勇于拼搏的气概，"勤耕、好学、刚正、勇为"精神始终像血液一样，流淌在姑蔑人的血脉里，扎根在心灵中，表露在行为习惯与价值观念中。[①]

后梁开平元年（907）五月，太祖朱温封钱镠为吴越王，浙江的龙丘县属于吴越国，承唐制。

长兴二年（931），因避"丘"字之讳，改龙丘为龙游。因缺水而迁龙游今址。

五代，钱塘江流域一直被钱氏所统治，杭州成为钱镠建立的吴越国的都城，一跃而成为地占两浙十三州的吴越国的政治、经济和文化中心，使钱塘江流域有了突飞猛进的发展。

宋宣和三年（1121），因有诏讳"龙"字，改名盈川县。绍兴元年（1131），复称龙游。

唐代以后的北方，因为人类长期活动，导致生态系统恶化。森林大量减少，地面失去气温调节的机能，年平均气温下降，无霜期缩短，农作物的生长期随之减少。在这同时，降雨量也日减，北方变成半干旱地区。地

---

① 兰溪市地方志编纂委员会：《兰溪市志》，浙江人民出版社2013年版。

面上的天然植被遭到严重破坏后，水土流失日趋严重。加以黄土高原的土壤松软，易受冲刷，于是北方大部分河川的含沙量逐渐增加，造成淤积和水患。北方平原的湖泊相继被填平，蓄洪滞洪的天然机能消失，水灾频仍。在这同时，南方还能保持生态之平衡，没有显著恶化，加之适于南方农业生产的技术条件逐渐改善，其结果是南方农业生产相对优势增加，人口随之由北向南移动，整个的经济活动重心也转移到南方地区。此外，五胡乱华及金人、元人入侵，迫使人民向南逃避。在经济因素之外，又增加了非经济因素，促成中国人口由北向南的长期大迁徙。从唐朝中后期开始经济中心南移，到南宋最后完成。

宋朝是中国历史上经济、文化、教育最繁荣的时代，达到了封建社会的巅峰。著名史学家陈寅恪说："华夏民族之文化，历数千载之演进，造极于两宋之世。"南宋占当时全球经济的比重高达75%。著名历史学家漆侠先生曾指出："在两宋统治的三百年中，我国经济、文化的发展，居于世界的最前列，是当时最为先进、最为文明的国家。"历史教授杨渭生先生也认为："两宋三百二十年中，物质文明和精神文明所达到的高度，在中国整个封建社会历史时期内是座顶峰，在世界古代史上亦占领先地位。"世界著名经济史学家贡德弗兰克也认为："11世纪和12世纪的宋代，中国无疑是世界上经济最先进的地区。自11世纪和12世纪的宋代以来，中国的经济在工业化、商业化、货币化和城市化方面远远超过世界其他地方。"法国著名汉学家谢和耐曾说："在社会生活、艺术、娱乐、制度、工艺技术诸领域，中国（宋朝）无疑是当时最先进的国家，它具有一切理由把世界上的其他地方仅仅看作蛮夷之邦。"日本宋史学家宫崎市定认定"宋代是中国历史上最具魅力的时代"。[1]

2. 汤溪建制的宿世前生

到了明成化七年（1471），割金华、兰溪、龙游、遂昌四县之边隅，设立汤溪县。以附近有汤塘，因名。

民国《汤溪县志·序》：汤溪置县在明成化七年，其地于春秋为越之姑蔑；于秦汉为大末乌伤二县境，大末即姑蔑，姑、大皆尊称，其义同蔑，末则音近也；东汉分乌伤南乡立长山而大末沿讹为太末矣；三国时分太末立平昌，晋初改为遂昌；隋改长山为金华，并省太末入之遂

---

[1] 陈文华：《宋元明清时期的饮食文化》，《南宁职业技术学院学报》2005年第4期。

昌，亦省入松阳；唐初复置太末、遂昌，太末寻更名龙丘，又析金华县置兰溪；五代时龙丘更名龙游，自后逐为金华、兰溪、龙游、遂昌四县境。

民国时期，龙游名人余绍宋（《浙江通志》总纂）认为：龙丘山是龙游祖山，在明成化七年（1471）设立汤溪县时，把龙游县的龙丘山划给汤溪县是有悖龙游县民意的，因此他曾数次请求浙江省民政厅厅长阮毅彧（时任金华专署专员）把龙丘山重新划归龙游县。然而当时阮毅彧则因抗日战争爆发，无暇顾及，此事遂寝。[1]

《明史·地理志》："元婺州路，成祖戊戌十二月为宁越府，庚子年正月曰金华府。领县八：金华、兰溪、东阳、义乌、永康、武义、浦江、汤溪。"清朝的金华府领县同明。而在1958年，汤溪撤县建镇并入金华县。在汤溪城内设东隅、南隅、西隅、北隅，城外设4乡，辖16都86图。明成化八年（1472），汤溪全县共有12346户、51525人。

旧汤溪县兰溪乡辖6都42图：一都管5图、二都管7图、四都管6图、五都管5图、八都管11图、九都管8图。时兰溪析出龙岩乡（今汤溪镇大部）横山乡三十三、三十四都（今罗埠镇西南、洋埠镇以西）及太平乡二十九都（今永昌街道钱村、后胡，游埠镇下王、中洲、伍家圩等地）划出人口22304人，合6894户，占其时汤溪县总人数51525人的43.3%，户数12346户的55.8%。

旧汤溪县龙游乡辖3都22图：三都管7图、六都管11图、七都管4图。

旧汤溪县金华乡辖5都17图：十都管2图、十一都管5图、十二都管4图、十三都管3图、十四都管3图。

旧汤溪县遂昌乡辖2都5图：十五都管2图、十六都管3图。

明代，随着商埠繁盛，浙江纺织业、中药业、造纸业、造船业、食品业、酿造业、制茶业、陶瓷业、榨油业、竹木加工业、金属加工业等发达，还出现了金融业和仓储物流业。

清代，浙江的纺纱、织布、踹布、印染等部门进入手工业专业化分工阶段，手工业产品有：丝、绢、绸、纸、茶（叶）、酒、漆、棉布、麻布、柏油、白蜡、颜料（以靛蓝青、黄蘗为主）、桐油、菜油、香油、陶

---

[1] 高旭彬：《余绍宋的九峰山情结》，《金华日报》2017年6月8日第7版。

器、瓷器、冶器、铁器、锡器、铜器等。除纺织业、石灰烧制业、草编业外，境内造船业、榨油业、火腿业、豆制品业、制枣业、陶瓷业、砖瓦业、中药业、印刷业、制茶业、制糖业、铁业、铜锡业、金银器业等制造业持续发达。手工业行业细分出新的制造业，有许多成为传统优势行业，如笔墨业、皮毛业（制皮箱）、穿甲业（缝纫军队服装）、藤棕麻业、竹器业、铜器业、木梳业、寿器业、花炮业、佛香业、锡箔业等。民国时期，依托水运之利，商业贸易流通繁荣，习艺兴盛，行业有印刷、木作、缝纫、雨伞、泥水、金银器、铜锡、豆腐、线、木、竹、藤、石灰、刻字、裱画、石器、绣花、纸箱、灯笼、绳、烟筒、织布、织袜、成衣、漂染、石印、爆竹、土陶、造纸、草编、砖瓦、碾米、铁匠铺等。[1]

自古就有"商品、市场、商业、信息"等的社会经济概念，重诺守信、待人诚恳、注意商业道德、不为蝇头小利而失信于人，富有开拓精神、无远弗届，不怕艰难困苦，凡有利可图，就离家远走，志在四方，养成开放的心态，在观念上也比较新潮。受中国古代十大商帮之一"龙游商帮"的影响，龙游是"入闽要道""金衢处徽之冲"，为古代重要盐道饷道，"通浙孔道，馈饷之所必系"之地，又是浙皖闽赣四省交通枢纽。明人徐复初说："邑（龙游）当孔道，舟车所至，商货所通，纷总填溢。"据史料记载：明万历年间，"龙丘之民，往往糊口于四方，诵读之外，农贾相半"。龙游商帮萌发于南宋，兴盛于明代中叶，以经营珠宝业、贩书业、纸张业著名。明万历年间（1573—1602），它与徽商、晋商以及江右帮商人在商场中角逐，称雄一时，故有"遍地龙游"之谚。它以一府一县之地为基础，聚集了大量资金，而成为中国十大商帮之一，至清代逐渐为宁绍商帮所替代。明清时期，许多商人将经营商业所赚得的资金用来购买土地或者经营典当、借贷业，以求有稳定的收入。他们敏锐地意识到，要获得更多的利润，必须转向手工业生产上，便果断地参与商品生产，使商业资本转化为产业资本。不排斥外地商帮对本土的渗透，分工合作、诚信为本、市场意识、相处友善，吸收外地商人于己帮，推进了浙江商贸的发展。[2]

---

[1] 金华县志编纂委员会：《金华县志·金华县大事记》，浙江大学出版社1992年版。
[2] 余绍宋：《龙游县志》，北京城印书局刊印1925年版。

## 二　姑蔑文载

（一）史乘中的姑蔑战役

1. 吴越争霸的姑蔑国

姑蔑国在与四邻关系处理上遵循徐偃王以和为贵的精神，尤其与比自己强大的越国关系处理上既不卑躬屈膝，也不挑逗是非。商灭于周，商的方国姑蔑人不投降，被越国收容保护，因大部分兵民为神武将帅之后（见曹锦炎《春秋初期越为徐地说新证》，《浙江学刊》1987年第1期），越王拿他们做秘密武器，要求姑蔑在军事力量上助一臂之力时，加之姑蔑梦寐以求的"复国"理念，姑蔑参战了。浙江师范大学徐云峰教授考证，《左传》《国语》等史籍记载：姑蔑，属东夷族，又称淮夷，原与徐国都在淮水流域。鲁伯禽即位后，不断进攻淮夷、徐戎，迫使姑蔑南迁太湖，又遭吴国攻击，再迁浙江长兴、安吉、德清，最终到金华金衢盆地，与越国为邻。当越王勾践卧薪尝胆灭吴时，姑蔑为报吴国之仇，与越为盟。①

欈李之战。吴、越是我国春秋时期地处东南的两个国度，密迩相邻，国界绵延至百余里。但它们不能和睦相处，而是相互攻战，成为世仇。周敬王二十四年（前496）五月，越王允常死去，吴王阖闾积多年的怨愤，乘丧起兵伐越。越嗣王勾践率兵抵御，双方在欈李（今浙江嘉兴市西）摆开战场。勾践见吴军阵势严整，命令敢死队冲锋，为吴军擒获。再次组织敢死队冲锋，又为吴军所擒，而吴军阵势仍然岿然不动。勾践见两次冲锋不能成功，另派罪人排成三列，各持剑注于颈上，走到吴军阵前说，现在吴、越二君交兵，臣等违犯了军令，在君的队列前面行为不果敢，不敢逃避刑罚，谨敢自首而死，于是都自刎而死。吴军注目观看，惊骇不已。勾践抓住机会，突然进攻，大败吴军。越大夫灵姑浮挥戈攻击吴王阖闾，斩落他的脚趾。阖闾身受重伤，在败退途中，死在陉地，距欈李仅七华里。阖闾临终命其子夫差：一定不要忘记越国的仇恨。欈李之战，虽然以吴败越胜告终，但当时吴国领土广大，兵强马壮，实力远超过越国，越并不是吴国的对手。然而，越国却战胜了吴国，这就教育了吴国的执政者，要称霸中原，必先灭掉越国，以扫除后顾之忧，由此又引发了吴、越夫椒之战。

---

① 萧军：《吴越春秋史话》，华夏出版社2008年版。

夫椒之战。周敬王二十六年（前494），在吴越争霸战争中，吴王夫差率军在夫椒（今江苏太湖中洞庭山）大败越军的作战。这年，越王勾践闻吴王夫差为报父仇，正加紧训练军队，准备攻越，遂不听大夫范蠡的劝阻，决定先发制人，出兵攻吴。吴王闻报，悉发精兵击越。两军战于夫椒。越军战败，损失惨重，仅剩5000余人，退守会稽山（今浙江绍兴南）。吴军乘胜追击，占领会稽城（今浙江绍兴），包围会稽山。越王无奈，采纳大夫范蠡、文种建议，派文种以美女、财宝贿赂吴太宰伯嚭，请其劝吴王夫差准许越国附属于吴。伍员请吴王勿许。此时，夫差急于北上与齐争霸，不纳伍员之言，遂与越讲和，并率军回国。春秋战国时期，越王勾践在夫椒之战失败后，面对越国"人民不足"（《吴越春秋》卷八）的现实，承中原以往在人口问题上采取的策略，提出了在越国执行以增殖人口、富国强兵为主要目的的人口思想和人口政策。勾践增殖人口的政策主要有引进人口、与民休养生息和奖励生育等内容，这些政策的实施对越国人口数量的增加、人口素质的提高以及社会经济的发展和军队战斗力的加强产生了深刻的影响，保证了越王勾践兴越称雄目标的实现。

泓上之战。姑蔑，是浙中西部地区历史文化的源头。战国时期，吴越争霸。鲁哀公十三年（即周敬王三十八年，前482）六月，爆发了泓上之战。吴王夫差率精兵3万北上黄池（今河南封丘西南）和各诸侯国会盟，企图称霸。夫差命王子地、王孙弥庸辅佐太子友守国，只留下1万人留守吴城。勾践乘虚而入，调集越军4.9万人（习流2000人、教士4万人、君子6000人及诸御千人），兵分两路进攻。其中一路由范蠡率领循海而逆入淮河，以切断吴军自黄池的归路；另一路由勾践自率主力进攻吴城。吴太子友认为吴国精兵已全部北上，实力不足，主张坚守待援。泓上，位于今天上海松江区华亭泖港一带。六月十一日，一支由越国大夫、姑蔑首领畴无余与另一位古讴越族首领讴阳率领的先头部队，先攻至吴国郊区。吴军很快在郊外发现了先头部队。吴国留守军队的总指挥太子友以及王子地、王孙弥庸、寿於姚在泓上察看越国军队的动向。忽然，吴将王孙弥庸看见越军打着他父亲的"姑蔑之旗"，即要求出战："那可是我父王的旗帜呀！我们不能见到仇人却不杀他们！"吴太子友不允许。但弥庸不听，于六月二十日率兵5000人出击，在王子地的协助下，双双得胜。由于越军先头部队人少，经过一场激烈战斗，越军寡不敌众，畴无余、讴阳被杀害。畴无余是目前可以确知的最早一位姑蔑族人的首领。勾践大军赶到，王子地则入城防守。六月二十一日，勾践率领的主力渐渐靠近吴军，两国再次交战。为了将吴军引入伏击圈，越军再次派姑蔑族军前往搦战，以撩动暴躁的王孙弥庸，也利用太子友因初战告捷而渐渐丧失的谨慎之心。姑蔑族军依照计谋，节节败退。等引诱吴军过泖港一带后，勾践率领伏兵迅速出击。越军溯江而上，断吴退路，致使太子友腹背受敌。结果越军大败吴师，俘虏吴太子友、王孙弥庸、寿於姚。六月二十二日，越军攻入吴都，焚毁姑苏台，尽获吴国大舟。吴国派人向夫差报告国内败讯。吴国出了这么大的事，夫差还在黄池！因为当时的形势是，吴王夫差正举全国兵力北上与晋国争霸于河南封丘黄池之上。在越军进攻吴国，吴国大败时，太子友就已派人迅速告诉了夫差。夫差为防止此事泄露，在帐幕中连杀七名使者灭口。夫差会盟回国后，因都城已失，士卒疲惫，无力再战，就派太宰伯嚭向越求和。勾践得知后，征求范蠡的意见。范蠡说："我同意与吴国讲和，虽然咱们已占领吴都，但夫差率军肯定会拼死争夺，因为他没有退路了。我们的实力还没有完全消灭吴军的能力，我看先和他们讲和吧。"勾践答应了范蠡的主张，下令班师回国。勾践也因吴国主力未损，越军实力不足灭吴，允许和议撤兵。吴国的军事优势已经丧失，夫差佯作息民姿态，暗中做战争准备，企图恢复力量复仇。这场战争是越王勾践十年以来第一次对吴国开战。由此看来，姑蔑部族在春秋晚期已臣服于越，但保持相对的独立性，姑蔑子就是部族首领畴无余，这是一个善战的部族。《左传·哀公十三年》：弥庸见姑蔑之旗。注云：越地，今东阳大末县。是二姑蔑，为二国地也。[①]

三战三北。越国及姑蔑国联军发动了共同攻伐吴国的战争。《左传·哀公十三年》记载：越国伐吴，随从越王出征分二队。姑蔑国畴无余和讴阳自南方先至城郊来助战。畴无余即泓上之战中献身的姑蔑子，亦即龙游史籍上所载的"姑蔑子庙"供奉的"太末余"。《左传·哀公十七年》："越子伐吴，吴子御之笠泽，夹水而陈。吴师大乱，遂败之。"这就是吴国"三战三北"的事，所谓"三战"是一战于笠泽即太湖，二战于木渎，三战于郊即姑苏郊外。《国语·吴语》："吴师大北。越之左军右军，乃遂涉而从之，又大败天没。又郊败之。三战三北，乃至于吴。"《韩非子·

---

[①] 徐云峰：《姑蔑历史文化论文集·泓上之战与姑蔑南迁》，人民日报出版社2002年版，第250—258页。

五蠹》:"鲁人从君战,三战三北,仲尼问其故,对曰:'吾有老父,身死莫之养也。'"周敬王四十二年(前478),吴国发生饥荒。勾践接受文种之计,乘机率军5万发动进攻。夫差闻讯仓促起兵抵御,双方在笠泽江(位于今江苏省苏州市吴江区)隔江相峙,吴越两军在南北岸布阵,准备白天在江上水战。晚上,勾践派出部分兵力组成左、右两队隐蔽江中,半夜时鸣鼓呐喊,进行佯攻。吴军误以为越军打算分两队渡江,夹击吴军,于是也分兵两路准备迎击。勾践乘机以私卒君子6000人为中军主力潜行渡江,出其不意地从吴军两部中间薄弱部位展开进攻,吴军大乱,兵败溃退。笠泽之战过后,吴越两国军事实力对比发生根本性变化,越国已占有绝对优势。

姑苏围困战。周元王元年(前475),勾践倾全国之力,发动灭吴战争。吴国经过长期战争,元气大伤,再加上年青壮年大多阵亡,力量悬殊,无力抵御越军,只能退回吴城死守。越国则在吴城西南郊筑城,采用长期围困的战术。越军包围吴国三年,终于在周元王三年(前473)攻陷吴城。吴王仅率亲近卫士与大臣,突围西上姑苏山,数次派使者向勾践请和。勾践提出将吴王流放甬东,吴王不能接受而自杀。一说勾践战后逼迫吴王自杀(《吴越春秋》)。吴国灭亡。《左传·哀公二十二年》:"冬十一月十卯,越灭吴。"越、蔑联军灭吴是我国历史上一件大事,彻底打败吴国迫使夫差自刎。对姑蔑、越国都是空前的大胜利,姑蔑国君主姑蔑子被杀的深仇大恨经过艰苦卓绝的战争,终于获得彻底胜利。复仇雪耻的狂欢情绪,较之越国朝野自有过之而无不及。

越灭吴之战。这是春秋末期位于长江下游的两个诸侯国吴和越之间进行的最后一次争霸战争,自前510年开始,持续至前475年,历时共35年,中经吴伐越的槜李(今浙江嘉兴市西南)之战、越伐吴的夫椒(今江苏苏州西南)之战、笠泽(水名,今苏州南)之战和姑苏围困战,最终以吴的灭亡和越的胜利而告结束。

春秋时期的吴越之战,勾践先败于夫差。吴王夫差罚勾践夫妇在吴王宫里服劳役,借以羞辱他。越王勾践在吴王夫差面前卑躬屈膝,百般逢迎,骗取了夫差的信任,终于放他回到越国。勾践被释回越国之后,卧薪尝胆,不忘雪耻。吴国强大,靠武力,越国不能取胜。越大夫文种向他献上一计:"高飞之鸟,死于美食,深泉之鱼,死于芳饵,要想复国雪耻,应投其所好,衰其斗志,这样,可置夫差于死地。"于是勾践挑选了两名绝代佳人：西施、郑旦，送给夫差，并年年向吴王进献珍奇珠宝。夫差认为勾践已向他臣服，所以一点也不加怀疑。夫差整日与美人饮酒作乐，连大臣伍子胥的劝谏也完全听不进去。后来，吴国进攻齐国，勾践还出兵帮助吴王伐齐，借以表示忠心，麻痹夫差。吴国打胜仗之后，勾践还亲自到吴国祝贺。夫差贪恋女色，一天比一天厉害，根本不想过问政事。伍子胥力谏无效，反被逼自尽。勾践看在眼里，喜在心中。前482年，吴国大旱，勾践乘夫差北上会盟之时，突出奇兵伐吴，吴国终于被越所灭，夫差也只能一死了之。

2. 越灭吴后的姑蔑国[①]

姑蔑国之疆域，《越绝书》在记述越国领土范围时如是说："南至于句无（今诸暨市句无亭），北至于御儿（今嘉兴市御儿乡），东至于鄞（今宁波市），西至于姑蔑（今金华市西部包括浦江、兰溪、金华市西、衢州市全部，丽水地区西北和江西省东北部部分、安徽南部部分、建德市部分）。"《吴越春秋·国外传》记载："南至姑蔑。"从"西至于姑蔑""南至姑蔑"等句说明，当时姑蔑不属于越国之领地，也不是吴国之属土，而是独立于吴、越两国的一个方国。约在春秋战国时代，姑蔑国已为其强邻越国所并。

越国的西部"姑蔑"也写成"姑妹"，孔晁《汲冢周书》有"姑妹后属越"的记载。姑蔑地处浙中西腹地金华—衢州盆地，是浙中西沟通江西的必经路口（衢州因沟通浙、皖、赣、闽而得名）。换句话说，这里连着"干越人"生活过的鄱阳湖以东平原，不久之前干越在楚国的东进过程中，消失于赣东、皖南的群山。《左传·哀公十三年》提到，当越人伐吴的部队里出现了来自衢州姑蔑人的旗帜后，吴国就再也没有抵挡住越国的攻势了。而越国以南那位"越女剑"的传人和楚国的弩箭教师，更暗示了楚、越之间的深层联系——拥有剑戟、弓弩之术和人力资源的浙中西（或更西部）人口，源源不断地加入了浙东越国的战阵。得到吴国的"粟与财"（为越国人口自然增长打下基础），获得从江西深入浙中西"干越"的人员递补，这才是越国"十年生聚"的关键。

当越国愈强之际，吴国却因为失去外援而沦为强弩之末。南有越，西

---

[①] 程有为：《姑蔑历史文化论文集·姑蔑史迹管窥》，人民日报出版社2002年版，第24—28页。

有楚，东有海，吴国只剩一条向北突围的不归路。吴国伐齐也好，开挖邗沟也罢，只是其对自身命运的认识。夫差赐死伍子胥，只因其率先把儿子安顿到了齐国。然而吴王也难逃宿命，所谓"黄池会盟"，这表面上的争霸，只是吴国破亡的前兆，因为吴国的确是倾巢而出，作最后一搏。这也是为什么夫差始终对勾践的蠢蠢欲动听之任之，只靠"贷粟"换取短暂的喘息时间。十年不到，他们就真的亡于南方的越国了。

吴越战火熄灭，勾践顺势剿灭了曾经帮助过自己的盟国——姑蔑国，以绝后患，延续越国万年的江山。姑蔑被越国取代，姑蔑人曾是越国人的主体或统治阶级。

3. 楚灭越后的姑蔑国[①]

前475—前473年，身居浙东的百越人渡钱塘江攻吴，夫差兵败而逃，被围困在馀杭山（今苏州南阳山），向勾践求和，勾践不准，夫差自杀，吴国亡于越国（又称作"于越"）。越国是春秋战国时期位于中国东南方的诸侯国，春秋五霸中卧薪尝胆的勾践即是第39代越王。春秋末年，越逐渐强大，其王勾践经常与吴国对抗，前494年，败于夫差，向吴臣服。但经过20年的韬光养晦，重新崛起，于前473年灭掉吴国。勾践灭吴后北上争雄，横行江淮，号称霸王。战国时，越国势力衰弱，前306年，为楚所灭。

据史料记载，前312年，在秦国、韩国、魏国与楚国、齐国对峙的时候，楚国派遣大批军队包围秦兵于曲沃和商于。越王在这个时候派使者以"乘舟"（君王乘坐用以指挥作战的大船）、战船三百艘，箭五万支，送给魏国以示支持。这些水战所需的军用物资运输到魏都大梁，一定要从长江经邗沟，再经淮水和鸿沟，可推断出当时邗沟和淮水仍然在越国的势力范围之内。此时越王原要伐齐国，经齐王使人游说越王，越不攻齐而攻楚，被楚打败。因此，楚国企图灭亡越国，消除后顾之忧。这样做，也能扩展领土到江东一带。前307年，秦武王举鼎绝膑而死，秦国有争立君位的内乱，一时无暇对外兼并，楚国就趁这个时机攻灭越国。楚国曾派大臣昭滑到越国去调查了5年，到前306年（楚怀王二十三年），楚趁越内乱的时候，把越国灭亡了，设江东为郡。之后，越

---

[①] 钱宗范：《试论姑蔑文化与楚、吴、越文化的关系》，《广西师范大学学报》（哲学社会科学版）2005年第3期。

国王族后裔分散于现今中国南部一带，分而治之。随着越国的灭亡，扬越已经不复存在，浙江金衢盆地的姑蔑也成楚国的属地，姑蔑只作为地名沿袭下来。

鲁哀公二十二年（前473），姑蔑军队帮助越国灭掉了吴之后，继又在鲁元公十四年（前415）帮越灭掉了滕（今山东滕县），次年灭郯（今山东郯县）。尔后，随越还驱兵江淮间，与其他诸侯国逐鹿中原。史载："于越横行于江淮"，并且"兴师北伐齐，西伐楚，与中国争强"。结果，被楚威王打得大败，越王无强被杀，楚威王尽取旧吴国之地，直至浙江，时在周显王三十三年（前336）。"而越以此散，诸族子争立，或为王，或为君，滨出于无奈江南海上，服朝于楚。"而姑蔑之地，时以大山为依托，楚军不敢贸然入境。正如何光岳在《于越的来源与迁徙》一文中所指出的：时，"不等于越国全被灭亡，尚有一些遗族立国自存"，《文献通考》亦称："周显王时，越为楚所破，其浙江南之地越犹保之而臣服于楚"，这就包括了姑蔑国在内。直至秦始皇二十四年（前223），秦派大将王翦、蒙武灭楚。次年，"王翦遂定荆江南地，降越君，置会稽郡"，将原姑蔑之地立大末县。时，姑蔑和越国一道，才真正地灭亡。

（二）太末地析出的诸县

1. 姑蔑之西隅

江西上饶。上饶辖境可考的历史中属扬州，最早为周之番邑，属楚东境。周敬王十六年（前504），吴伐楚取番，属吴。周元王三年（前473），越灭吴，属越。周显王三十六年（前333），楚灭越，复属楚。秦设郡县制时主属九江郡（玉山、铅山县部分属会稽郡，婺源县属鄣郡）；汉属豫章郡（玉山、铅山县归属同秦，婺源改属丹阳郡）；三国吴至隋主属鄱阳郡；梁承圣二年（553）改鄱阳郡为吴州，时区境主要属吴州，次属金华、新安、建安三郡；陈光大二年（568）罢吴州，复为鄱阳郡。隋初改金华郡为婺州，并定阳县入信安县。开皇九年（589），改鄱阳郡为饶州，改新安郡为歙州。大业三年（607）复饶州为鄱阳郡，复婺州为金华郡，复歙州为新安郡。唐时改郡为州，贞观元年（627）分天下为十道，区境属江南道。乾元元年（758年）始设信州，其时市境主属饶、信二州，其次分属歙、抚二州，均属江南西道。五代，区境初属杨吴，后属南唐，都归镇南军节度管辖。杨吴时，区境仍分属饶、信、歙、抚四州。

升元元年（937）改饶州为永平军。宋，开宝八年（975）废永平军仍为饶州。区境分属饶、信、歙三州，均隶江南东路。元贞元年（1295）后，区境分属信州路、饶州路、徽州路和铅山州，均隶江浙行中书省。明初区境分属广信、饶州、徽州三府。太祖丁酉年（1357，元至正十七年），改徽州路为兴安府；庚子年（1360，元至正二十年），改信州路为广信府，仍隶江浙行省；辛丑年（1361，元至正二十一年），改饶州路为鄱阳府。洪武二年（1369），复改鄱阳府为饶州府；四年（1371），以广信府改隶江西行省；九年（1376），改行中书省为承宣布政使司，广信、饶州两府均隶江西承宣布政使司。清代与明同。

江西玉山。东邻浙江省开化县、常山县及江山市。玉山处信江上游弋阳至玉山丘陵盆地东段。地势北高南低，怀玉山横亘北部边境。信江正源金沙溪发源于怀玉山东段，西南流贯县境，纳古城溪、八都溪、玉琊溪等支流，主要农业区在河谷平原。上饶辖境古属扬州，最早为周之番邑，属楚东境。周番邑南接豫章（今南昌市），东接姑蔑（今浙江省衢州市），北邻鹊岸（今安徽省鹊头镇），东北界鸠兹（今安徽省芜湖市东），西南毗艾（今江西省永修县），西北连潜（今安徽省霍山县东北）。唐代诗人戴叔伦的《送前上饶严明府摄玉山》"家在故林吴楚间，冰为溪水玉为山。更将旧政化邻邑，遥望浦人相逐还"，勾勒出一幅"玉可比德"的唯美中国画。所谓吴楚故林，烟雨江南，自古繁华锦绣地。我国古今地理志之祖——《尚书·禹贡》按照大禹治水途经的路线，依据大河、大山和大海的自然分界，将天下分为九州，依次为冀州、兖州、青州、徐州、扬州、荆州、豫州、梁州、雍州。"淮海惟扬州"，玉山全境均属古扬州地。历经夏商而至周。周室衰微，"礼崩乐坏，瓦釜雷鸣，高岸为谷，深谷为陵"，其时群雄并起，开启春秋战国。前2079年，第五代夏王少康即位，封其庶子无余于会稽，《史记》记："越王勾践，其先禹之苗裔，而夏后帝少康之庶子也。封于会稽，以奉守禹之祀。"《汉书》载："……帝少康之庶子，封于会稽，文身断发，以避蛟龙之害，后二十世，至勾践称王。"周敬王十六年（前504），吴伐楚取番，属吴。周元王三年（前473），越灭吴，属越。《越绝书》有："昔者，越之先君无余，乃禹之世，别封於越，以守禹冢。"这种安排，体现了过人的政治智慧和全局眼光，既实现了向民众宣传夏王朝"以孝治天下"的政治目的，又把当时尚无统一政权的江南地区纳入夏王朝的版图。无余则入乡随俗，"文身断发，

第三章 史迹——姑蔑典籍记载的人文辨章

披草莱而邑",很快便与当地融合在一起,后建立越国,玉山属之。《广信府志》则直言:玉山县,春秋时为姑蔑,秦置太末县……姑蔑,商末期,帝乙、帝辛相继以强大兵力征伐东南夷族,东南方的一些小氏族、方国纷纷南迁,其中的姑蔑族迁徙至越国的疆土之内,依附于越,成为越的附庸国。到西周末期,玉山县境金沙溪以西属楚国番(鄱阳)地;周敬王十六年(前504)吴伐楚,又属吴。金沙溪以东属越国。战火纷飞、群雄逐鹿,导致了玉山全境第一次东西分辖。周元王三年(前473年)越灭吴,玉山全境重属越。周显王四十六年(前323)楚成王兴兵伐越,尽取吴故土,玉山全境又归于楚。玉山县,以金沙溪为界,秦设郡县制时主属九江郡(玉山、铅山县部分属会稽郡,婺源县属鄣郡),从公元前222年开始至公元695年,东境为太(音"达")末县地,西境为余汗县地(其间有"王莽新政",改余汗县为治干县,改太末县为末治县)。汉属豫章郡(玉山、铅山县归属同秦,婺源改属丹阳郡),初平三年(192),析太末县西部置新安县,东境属新安县;建安十五年(210),析余汗县东境葛阳乡置葛阳县,西境属葛阳;建安二十二年(217),又分新安设定阳县,东境分属新安、定阳两县。晋太康元年(280),因弘农郡(今河南)有新安县,改东阳郡新安县为信安县,东境分属信安、定阳两县。三国吴至隋主属鄱阳郡,梁承圣二年(553)改鄱阳郡为吴州,时区境主要属吴州,次属金华、新安、建安三郡。陈光大二年(568)罢吴州,复为鄱阳郡。隋开皇十二年(592),改葛阳为弋阳,西境相应属弋阳县;大业三年(607),太末、定阳二县并入信安县,东境属信安县;大业十二年(616),鄱阳操师乞、林士宏起兵反隋,林士宏称帝,国号楚,金沙溪以西为楚地,直至武德五年(622)灭林士宏。唐武德四年(621),析信安县之南川置须江县,东境则属信安、须江;咸亨五年(674),分信安置常山县,东境则属常山、须江。唐(周)证圣元年(695),分衢州的须江(今江山市)、常山和饶州的弋阳三县市之地设玉山县,以境内有怀玉山而得名,隶江南道衢州。明洪武四年(1371),因漕运不便,从江浙行省改隶江西行省。建县前,玉山现辖地域在春秋战国时先后属吴、越、楚三国。秦朝,金沙溪以东属会稽郡太(读"达")末县,金沙溪以西属九江郡余汗(读"干")县。汉代,初沿旧属,至献帝初平三年(192),分太末立新安县,东部属新安;建安十五年(210),析余汗东境设葛阳县,隶鄱阳郡,县西境属葛阳县;建安二十二年(217),又分新安设定阳县，县东境属定阳。据《玉山县志》载："县地属扬州境域，古为荒服。春秋时为姑蔑，秦并天下置太末县属会稽郡。汉代献帝初平三年析太末置新安县，隶属东阳郡，晋改新安为信安……"①

2. 姑蔑之南疆

丽水遂昌。② 丽水，古称处州，浙江省辖陆地面积最大的地级市；地理位于浙江省西南部，地势以中山、丘陵地貌为主，由西南向东北倾斜。境设1个市辖区：莲都区，7县：青田县、缙云县、遂昌县、松阳县、云和县、庆元县、景宁县，代管1县级市：龙泉市。总面积17298平方公里。其中，景宁县是中国唯一的畲族自治县。遂昌县隶属于浙江省丽水市，位于浙江省西南部，钱塘江、瓯江上游，东倚武义、松阳，南邻龙泉，西接江山和福建浦城，北与衢江、龙游、金华相连。《遂昌县志》载："夏、商、西周时属越。春秋、战国时属越姑蔑（姑妹）。秦时属会稽郡太末（大末）县。西汉时属扬州刺史部会稽郡太末县。东汉献帝建安二十三年（218），孙权分太末县南部地始置遂昌县。"《后汉书·郡国志》刘昭注，东汉献帝建安二十三年（218）孙权分太末县南部地始置遂昌县；《宋书·州郡志》载："孙权赤乌二年（239）分太末时更名曰平昌。"清光绪《遂昌县志》卷一载："平昌县以去十五里两山前后平叠如昌字，故名。"晋武帝太康元年（280）更名复称遂昌。东汉末年，其时地广，约含今遂昌县和龙泉市、庆元县大部，金华县（原汤溪县）部分地区。南朝属东扬州东阳郡或扬州东阳郡，变动频繁。隋开皇九年（589）至大业元年（605）撤县，属东扬州括州和东扬州永嘉郡。光绪《浙江通志》卷四载："唐武德时复置寻省入松阳。"《旧唐书》载："唐武德八年（625）撤县入松阳。"遂昌自隋开皇九年至唐武德八年的30多年，据《大明一统志》《读史方舆纪要》，皆谓属处州。唐景云二年（711）遂昌县复置，属江南道括州，开元二十一年（733）至贞元三年（787）先后属江南东道括州、江南东道缙云郡、浙江东道括州、浙江西道处州、浙江东道处州。五代吴越国地，属处州。宋时属两浙路处州或浙东路处州。元时先后属江淮行省处州路，浙江行中书省处州府。明时属浙

---

① 黄寿祺修，吴华辰总纂：《江西玉山县志》，成文出版社有限公司影印清同治十二年刊本。

② 刘宗鹤总纂：《遂昌县志》，浙江人民出版社1996年版。

江承宣布政使司处州府。清光绪《遂昌县志》卷一载，明成化八年（1472）析八、九两都与金华、兰溪、龙游县部分地置汤溪县。清时先后属处州府，浙江军政府处州军政分府。1912年属浙江省都督府，1914年属浙江省长公署瓯海道。1927—1949年5月属浙江省第九（丽水）、第六（丽水）、第三（衢州）行政督察区。

　　福建浦城。浦城县（古属建宁府浦城县），福建省南平市辖县，中国丹桂之乡。位于福建省最北端、闽浙赣三省交界处，是福建的"北大门"，自古为中原入闽第一关，分别与浙江省的江山市、龙泉市、遂昌县和江西省的广丰县接壤，与福建省的建阳市、武夷山市、松溪县毗邻。山延两脉、水注三江。县境西北为武夷山脉的延伸，东北则为仙霞山脉的延伸。浦城县属三江源头之一，境内溪水分别流入闽江、长江和钱塘江。北部渔梁岭和西部的铸岭头是长江水系与闽江水系的分水岭。水系有南浦溪为干流的大小河流57条。205国道纵贯南北近百公里，省道花崇线横贯东西，小浦线、古二线连接东北、西北，建设中的浦南高速公路是京台高速入闽第一站，是海西区连接长三角的重要交通枢纽。新石器时代，先民在南浦溪主支流两岸聚居。西汉时，浦城为闽越活动中心。浦城建城早于置县，因西汉中期东越王馀善筑城临浦得名。东汉建安初年（约196—200）置县，称汉兴，是福建省最早置县的五县之一。三国称吴兴，唐称唐兴，武周称武宁，武则天去位后复称唐兴。唐天宝元年（742），以东越王馀善曾在此临溪筑城，定名浦城县，简称"浦"，别称"南浦""柘浦"。为当时福建省三个"紧"县之一。浦城县境内旅游资源主要以浮盖山、匡山、九石渡等为著。名胜古迹有宋大口窑遗址、南宋真德秀故居、梦笔山、汉阳城遗址、仙楼山、九石渡、石陂镇连墩村男木乃伊、古埠观前、镇安桥等。龙窑的起源——浦城猫耳弄山商代窑群被评为2005—2006年度"全国十大考古新发现"，为中国早期陶器制造历史研究提供了极为珍贵的实物资料。东南地区青铜文化的新探索——浦城管九村周代土墩墓群被评为2006年度"中国考古六大新发现"和"全国十大考古新发现"。

　　3. 姑蔑之东隅

　　衢州龙游。衢州，为浙江省地级市。是一座具有1800多年历史的江南文化名城，一直是浙、闽、赣、皖四省边际交通枢纽和物资集散地，素有"四省通衢、五路总头"之称。衢州位于浙江省西部，钱塘江上游，金（华）衢（州）盆地西端。总面积8844.6平方公里。衢州南接福建南平，西连江西上饶、景德镇，北邻安徽黄山，东与省内金华、丽水、杭州三市相交。下辖柯城区、衢江区、江山市、龙游县、常山县和开化县，均属于姑蔑国方域。衢州市历史悠久，源远流长。据辖区内柯城区、衢江区、龙游、江山、常山、开化等地出土的石斧、石锛、石刀、石矛等证明，远在新石器时代，祖先就在这块土地上依山傍水，凭借天然丰厚资源而繁衍生息。衢州，春秋初为姑蔑国，后为越国姑蔑之地，战国时属楚。秦朝，秦王政二十五年（前222），灭楚，平定江南，于吴越之地置会稽郡，今衢州属会稽郡之太末县（一作大末）。汉朝，西汉高祖六年（前201），为荆王国地；十二年（前195），吴国地。景帝四年（前153），诛吴王刘濞，复属会稽郡。东汉初平三年（192），分太末县置新安县。为衢县建县之始，仍属会稽郡。建安二十三年（218），析新安县置定阳县。龙游县隶属于浙江省衢州市，位于浙江省西部，金衢盆地中部，介于北纬28°44′—29°17′、东经119°02′—119°20′。辖区东连金华市，西交衢江区，北连建德、兰溪两市，南接遂昌县，县境南北长61.5公里，东西宽29.37公里，总面积1143平方公里。龙游，商周时姑蔑地。秦始设太末县，秦王政二十五年（前222），秦灭楚，于姑蔑之地设太末县，属会稽郡，为龙游建县之始。其时壤地至广，今衢州市所属县、区，及遂昌、玉山和汤溪一部分等县皆在其内。东汉初平三年（192）后，地有析出。唐贞观八年（634）改名龙丘，五代吴越宝正六年（931）改称龙游。至中华人民共和国成立，县建制历二千余年。1959年12月，撤并入衢县。1983年9月恢复，属金华地区。1985年5月撤地区建市后属衢州市。

衢州常山。常山县位于浙江西部，钱塘江上游，东邻柯城区，南连江山市，西接江西省玉山县，北通开化县，东北与淳安县接壤。下辖7镇、14乡、341个行政村。全县总面积1099.1平方公里，人口32.12万人。县城驻天马镇。春秋时期为越国姑蔑之地，战国归楚，秦属会稽郡太末县。东汉建安二十三年（218）建县，始称定阳，建县已近1800多年的历史。曾先后使用过定阳、信安、常山三个县名。

衢州江山。春秋战国时，江山为姑蔑一部分。春秋末期属越国，战国后期属楚国。秦王政二十五年（前222），属会稽郡太末县。新王莽始建国元年（9），改太末县为末治县；东汉建武元年（25），恢复太末县名。先后属末治县、太末县。东汉初平三年（192），析太末县西部置新安县，属会稽郡新安县。三国时期孙吴宝鼎元年（266），划会稽郡一部置东阳郡，属东阳郡新安县。西晋太康元年（280），改为信安县。南朝陈天嘉三年（562），东阳郡改为金华郡。隋朝初年，又易名婺州，607年复为东阳郡。唐武德四年（621）十一月，分信安县南川置须江县，以城南有须江得名。隶越州总管府属衢州。武德六年（623）须江县废，并入信安县，隶越州都督府属婺州［《旧唐书》作武德八年（625）废县］。永昌元年（689）恢复须江县，隶江南道属衢州。证圣元年（695）析须江县和常山县、弋阳县部分地域置玉山县。乾元元年（758）划西南之地入永丰镇，置永丰（广丰）县；划镇头墟至头墟归玉山县。五代吴越国宝正六年（931）因境内有江郎山，须江县易名江山县。咸淳三年（1267）江山县易名礼贤县，县治设礼贤镇。元至元十三年（1276）复礼贤县为江山县，迁旧治，隶衢州路总管府。雍正十三年（1735）衢州府奉文设峡口同知署，咸丰八年（1858）毁。乾隆二十六年（1761）县丞署移驻廿八都。宣统二年（1910）设立地方自治事务所和地方自治研究所，全县设23个自治乡（区），乡设乡董、乡佐各1人。民国元年（1912）废县衙，建立县知事办公处。次年改为县公署，直属于省。二年（1913）县议会成立。三年（1914），省以下设道，属金华道，十六年（1927）废，十八年（1929）改行村里制，23乡镇改为146里，下辖村、坊、闾、邻。二十年（1931）改村里制为乡镇制，全县设146乡镇。二十二年（1933）全县146乡镇合并为18乡6镇，下辖545保。二十四年（1935），属省第五行政督察区。三十七年（1948）8月8日浙江省第三行政督察区专员公署由衢县迁江山，改隶第三行政督察区。1949年5月，中国人民解放军解放江山，属衢州专区。1955年改属金华专区。1985年分设金华、衢州两市，属衢州市。1987年11月27日，国务院批准撤销江山县，设立江山市（县级），属衢州。江山市位于浙江省西南部，浙、闽、赣三省交界处，东邻衢县、遂昌县，南毗福建省浦城县，西部与江西省玉山县、广丰县接壤，北连常山县。南北长70.75公里，东西宽41.75公里，总面积2019平方公里。

金华金西（旧汤溪县一带）。地理在人类文化发展各类要素中最具持续性与恒定性，汤溪是金华西部的一个文化古邑，人文、历史、地理资源丰富，周边峰峦起伏，中间一马平川，地形像一只在波涛中行驶的方舟，故汤溪被称为仙舟。乾隆《汤溪县志·地理》载："汤溪地，在衢之东、金之西、处之北，原隶三府四县，前明成化辛卯，金华守李公嗣，以其阻山带水猾獗难治，延请民情，请割金兰龙遂四隅之地，另为一县，隶金华。以附近有汤塘故名汤溪县。"汤溪，坐落在浙江省30个盆地中规模最大的金衢盆地上，因盆地中有金华、衢州两座城市而得名。金衢盆地出世于距今1.45亿—6600万年，此时正是恐龙盛行的年代——白垩纪早期。汤溪，属括苍、仙霞岭山脉的浙中丘陵盆地区，地形西南高东北低，西南山地高峻，谷地幽深，主要山峰海拔在1500米以上；山地丘陵多，平原少。乾隆《汤溪县志》记载："汤溪由县治达京师，陆路4030里，水路4215里。汤溪割四县边隅为邑地，无专属考。三国吴赤乌二年分太末南界置平昌县（即今遂昌），今九峰山下里许庐舍相连，询之故老，皆曰：古太末地。今碑刻模糊已不可考。然据典论相传，汤溪所属即其地也。"①民国《汤溪县志·地理》载：汤溪县治，经度居京师偏东三度零六分三十秒，省城偏西三十三分；其纬度当北极出地二十九度零五分，京师南十度五十分，省城南一度十二分。东西相距四十三里，南北相距一百一十里，辖四乡十六都八十六里，今分为十区八十六庄。东至金华县治六十里、西至龙游县治五十里、南至遂昌县治一百二十里、北至兰溪县治四十里。万年前的金华山下周、青阳山遗址告诉我们，这里文脉绵长、薪火不息，揭开了汤溪历史的文化讯息。金华汤溪一带至今仍在流传：春秋时期，曾有一个姑蔑古国在汤溪。姑蔑地汤溪，太末吏治895年、龙丘（兰溪）管辖797年、汤溪县治487年，1958年9月后划属金华管辖也有60多年，是人杰地灵、物阜民丰的好地方，承载着远古文明与现代荣耀，展示的是这方土地先民的生活。

金华浦江。浦江，在新石器时代的晚期，浦江县浦阳江中下游沿岸已有人类活动。在周代属姑蔑国。鲁哀公时（前494—前467）为越所灭，浦江乃属越国。秦和西汉时均属会稽郡乌伤、太末两县。东汉兴平二年（195）孙策分太末、诸暨的部分境地立丰安县，是为浦江建县之始。县治在今浦阳镇的西南。东晋香岩教寺建成，址在县东25里的金芙蓉山（又名蒋山）。梁天监二年（503）水灾，冲毁田地房屋，官府派人来县勘查，免除赋税征调。隋开皇九年（589）并省江南州县，废丰安县，其地

---

① 林胜华：《古婺芳踪：学者揭秘数千年前曾经存在于金华汤溪区域的强盛古国》，《金华晚报》2018年7月20日第10—11版。

并入吴宁（今金华），立为戍镇，属吴州总管府东阳郡。唐贞观十五年（641）中印度名僧宝掌（千岁和尚）驻锡于县东里浦山。其后，山和寺都名宝掌。唐朝时，本县佛教颇盛，共计建有寺庙18座，其中左溪、石井、官岩、白佛、乾元（后称龙德寺）等都为闻名遐迩的丛林。天宝十三年（754）析义乌、兰溪、富阳部分境地置浦阳县，分全县为7乡，以境内浦阳江得名，属江南东道东阳郡，县治即今浦阳镇所在地。始筑土城，周1里。后梁开平四年（吴越天宝三年，910）时，本县属越国。是年，吴越王钱镠奏改浦阳县为浦江县。北宋太平兴国三年（978）浦江县随吴越王钱俶归宋而隶于宋。天圣（1023—1032）初通化乡人钱侃，在其家附近建东湖塘。政和元年（1111），其曾孙钱熽又筑椒湖塘和西湖塘，时合称"通化三湖"，可溉田15里。天圣三年（1025）龙德寺僧咸若捐募巨金，在城东龙峰山之巅建成龙德寺塔。此塔自大中祥符年间（1008—1016）即已动工兴建。皇祐元年（1049）儒学重建于县城西南。南宋嘉定三年（1210）迁至城南慈相院（即白佛寺）之东。元符（1098—1100）中尚书钱熽在县城之南浦阳江上兴建石桥，名大南桥。政和三年（1113）知县孙潮查到月泉旧址，疏浚为曲池，并在池南筑亭。此泉以泉水随月之盈亏消长而得名。政和五年（1115）县设医学，掌治药物，为民众医疗疾病。宣和二年（1120）十二月，方腊起义军入浦江，县内民众纷起响应。翌年秋被镇压。宣和三年（1121）龙德寺塔被焚，朱庞等重修。南宋建炎元年（1127）县人何三五聚义起兵，被黄仁环与唐子容等合谋镇压。建炎（1127—1130）初麟溪郑氏姊郑绮始，同居15世，历330余年，屡获旌表，号称"义门"。绍兴十六年（1146）重修县署，建县治厅（今人民广场一带）。此后代有修建，颇为严整。绍兴二十四年（1154）全县分主客户丁。主户16497户，客户43户；主丁33529人，客丁54人。淳熙八年（1181）朱熹因提举浙东常平茶盐公事而过浦江。吕祖谦、陈亮来会，相与讲学于月泉之上。宝庆三年（1227）席场桥建成，为石墩、木梁、木桥板、瓦盖式结构。后曾多次重修。1982年列为县重点文物保护单位。绍定三年（1230）浦阳驿建立，置通金华的急递铺6处。咸淳三年（1267）月泉书室建成，至元初升为书院。咸淳年间（1265—1274）成本县第一部县志——《浦阳县经》2卷。宋末铅坑建成，址在县西35里，政府核定年发黑铅920斤。

金华兰溪。兰溪境部分由太末县析出。兰溪市位于浙江省中西部，地处钱塘江中游,金衢盆地北缘,距金华市区20.5公里。东南邻金华市金东区、婺城区,西南接龙游县,西北毗连建德市,东北与浦江县、义乌市交界。光绪《兰溪县志》开宗明义载,"邑虽褊小而实当四冲。踞杭严之上游,职衢婺之门钥,南蔽瓯括,北捍徽歙。定职方者,谓为浙东之要区,洵不诬也"。自夏至周,兰溪都在越地,春秋时属越国(姑蔑国),战国时属楚国。秦实行郡县制,兰溪地属会稽郡之太末县和乌伤县,西汉因之。东汉初平三年(192),分乌伤县西南置长山县,兰溪部分地属长山县。三国吴在此设三河戍,吴宝鼎元年(266),于长山设置东阳郡,兰溪属东阳郡长山县。隋开皇十八年(598),改长山为金华县,兰溪属金华县。唐咸亨五年(674)建兰溪县,八月,析金华县西三河戍地置兰溪县,溪以兰阴山名,县以溪名,县名自此始,属婺州。神龙二年(706),紫岩乡徐宅山背村(今属上华街道)徐安贞中进士,这是兰溪历史上第一位进士。大历十三年(778)正月,兰溪升为紧县(唐代县分七等:赤县、京畿、望、紧、上、中、下)。宋熙宁六年(1073)升为望县。元元贞元年(1295)升为兰溪州,仍属婺州。明洪武三年(1370)复为县,属金华府。清因之。民国元年(1912)兰溪定为一等县。民国三年(1914)废府设金华道,辖金、衢、严3府19县,道尹驻兰溪。民国五年(1916)移驻衢县。民国二十二年(1933)9月置兰溪实验县。民国二十三年(1934)8月设兰溪区行政督察专员公署,辖金华府8县及建德、桐庐、分水共11县。民国二十六年(1937)撤实验县复为普通县,兰溪区改称第四专区,驻地迁金华。1949年兰溪解放,建立人民政权。1949年11月划城区置兰溪市(县级,浙江唯一一个),翌年又撤市并入县。1985年5月15日国务院批准撤兰溪县建兰溪市(县级),兰溪是浙江省第一个县级市。清乾隆《汤溪县志》称:"割四县边隅之地为邑。"时兰溪拆出龙岩乡(今婺城区汤溪镇大部)、横山乡三十三、三十四都(今婺城区罗埠镇、洋埠镇)以及太平乡二十九都(今兰溪市永昌街道钱村、后胡,游埠镇下王、中洲、伍家圩等地)。①

**4. 姑蔑之北疆**

新安文化的地域范围主要是浙西、皖南等地,这里是姑蔑国地域的北

---

① 胡汝明:《寻回历史的记忆——记明成化七年汤溪县的兰溪乡》,《金华日报》2015年3月21日第4版。

疆范围。浙中西是指金华、衢州、严州三市，安徽的休宁地域也属于姑蔑国范围。金衢严三府与安徽歙县地域，地缘相近、人缘相亲、文化相通，自古以来交往密切，衢江在兰溪与婺江汇合成兰江，兰江与新安江在建德梅城汇聚成富春江，富春江最后与浦阳江汇合成钱塘江。

浙江淳安。是新安文化的中心，淳安县曾有"锦山秀水、文献名邦"之誉，建制于东汉建安十三年（208），距今1800多年，历史悠久，人文荟萃。东吴孙权遣威武中郎将贺齐，率兵征平山越，征平了黟、歙两地，另设郡玄县，分歙东乡置始新县，为淳安最早县名。分歙南武强乡为新定县，为最早遂安县名。始新县曾七扬其名，又称新安、雉山、还凉、淳化、青溪，至南宋绍兴元年（1131）定淳安县至今。古往今来人才辈出，尤其是隋唐以来，逐渐形成了具有地域特性的新安文化（又称睦州文化）。

浙江建德。隶属于浙江省杭州市，位于浙江省西部，钱塘江上游，东与浦江县接壤，南与兰溪市和龙游县毗邻，西南与衢州市衢江区相交，西北与淳安县为邻，东北与桐庐县交界。建德古为百越地。秦王政二十五年（前222）于原吴国、越国地置会稽郡（郡治在今江苏吴县）。新莽时改富春为诛岁，东汉初复为富春。汉永建四年（129），分会稽郡置吴郡，富春县属吴郡。三国吴黄武四年（225），分富春置建德县，县城在今梅城，建德之名自此始；同年，又分富春置新昌县，县城在今大同。两县均属吴郡。晋太康元年（280），新昌县更名寿昌县，寿昌之名自此始。自西晋至南朝的宋、齐两代，建德、寿昌仍属吴郡。梁普通二年（521），寿昌改属新安郡，陈时同。梁普通年间，建德划归金华郡，陈时仍旧。隋开皇九年（589），寿昌并入新安县（今淳安）；建德并入金华县，改置为吴宁县，为婺州治。两县均属婺州。隋仁寿三年（603），以新安故城置睦州，治新安县。隋大业三年（607），改睦州为遂安郡，改新安县为雉山县，仍为郡治。唐武德四年（621），复遂安郡为睦州；在桐庐置严州。分金华复置建德县，属严州。唐武德七年（624），废严州，又析建德并入桐庐、雉山两县，属睦州。唐永淳二年（683）复置建德县，属睦州。唐神功元年（697），睦州治由雉山移建德，建德为州治始此。唐永昌元年（689）复置寿昌县，属睦州，旋又废。唐神龙元年（705）再置，属睦州。五代，建德、寿昌隶睦州，属吴越国。建德仍为睦州治所。北宋宣和三年（1121）改睦州为严州，建德、寿昌隶属不变。南宋咸淳元年

（1265）升严州为建德府，建德、寿昌属之，建德为府治。元至元十四年（1277）改建德府为建德路，路治建德，寿昌仍为所属。明初改建德路为建安府。明洪武八年（1375）又改为严州府，府治建德，下领建德、寿昌、桐庐、分水、遂安、淳安六县。清宣统三年（1911）十月，废旧府制，设立严州军政分府，建德、寿昌属之，建德为府治。

安徽休宁。新安江发源于安徽徽州，经浙江淳安县，流至建德市；江水再往东流，经桐庐，流入富阳市境，曰富春江；再往东，到了萧山区的闻家堰，称钱塘江。富春江—新安江—千岛湖风景区就位于上起淳安、下至富阳的一段区域内，是浙江省的一个重要风景区。休宁县位于安徽省最南端，境域介于东经117°39′—118°26′和北纬29°24′—30°02′。南北长约71公里，东西约79公里，总面积2135平方公里。东邻屯溪区、歙县；东北与黄山区、徽州区相连；西北与祁门县、黟县毗邻；东南与浙江淳安、开化县交界；西南与江西省婺源县、浮梁县接壤。著名风景名胜齐云山在县境内，县西南边缘的六股尖为钱塘江、富春江、新安江的发源地。休宁县境内前11—前8世纪就有定居居民，并形成族国，春秋战国时期（前8—前3世纪），休宁先后为吴、越、楚三国之领地。秦汉时期为歙县西乡之地，秦属会稽郡、鄣郡，汉属丹阳郡。东汉建安十三年（208）分歙县西乡设置休阳县，县治鸺山之南。吴永安元年（258）改名海阳县，县治万安万岁山，隶属新都郡。晋太康元年（280）改新都郡为新安郡，海阳县为海宁县。此后，经唐、宋、元、明、清、民国各代至中华人民共和国成立，县名均未改变。县治自唐天宝九年（750）定驻松萝山之南海阳镇。境域大部未变，局总边缘地域曾有划进划出的调整。

## 第二节　姑蔑之史

### 一　姑蔑战地

（一）姑蔑演兵场

1. 春秋勾践练兵起家之地

今浙江省金华市婺城区汤溪镇，有一条从厚大流出来的小溪，当地人称之为"越溪"。现在从汤溪去莘畈，出汤溪西门200米左右，就要经过这条溪，溪上的桥就叫越溪桥。据考证，越溪这个名字与春秋时期的越国有关，表示越国的溪，是姑蔑国与越国的边界。越溪及越溪东边属于越国的版图，越溪西面，也就是现在的金华市汤溪镇仓里村往西经中戴、莘畈到衢州都属于另外一个国家，这个国家叫姑蔑国。而姑蔑国时为越国的附属国，曾在越国的军事政治活动中发挥过重要作用。越国被吴国打败后，越国向吴国称臣，越国军队编制及武器数量都受到吴国的严格管制。勾践表面上对吴国服服帖帖，暗地里却训练军队，制造武器，企图东山再起，最终灭掉了吴国。要让训练军队的事情不被吴国发觉，最好的办法是找个很偏僻的地方。考古学家根据这一点，推论金衢盆地资源丰富，适合人居生存，群山绵延，适合藏兵练兵，认为姑蔑地是越王勾践练兵起家之地。前494年，吴、越开战，越国战败，越王勾践忍辱负重开始了报仇雪耻的艰难历程。为了不让吴王看穿他的野心，勾践四处寻找秘密的练兵场所。在勾践被流放后，勾践身边受重用的文官文种从会稽山带来五千兵秘密与勾践会合，他们把队伍编成了左、中、右三军，统一把军队号称"哀兵"轮流进行操练。谋丞范蠡最善于用兵，为了整顿军队军纪，他特别制定了"五不准"规定：凡操练将士，一不准擅自离队外出；二不准探亲访友；三不准与家中书信往来；四不准畏缩、怕苦、偷懒；五不准泄露寨基坪的操练情况和队伍行踪。就是这样完全与山下断绝往来的几年中，这支哀兵经过秘密训练，成了日后打败吴国的一支重要力量。为了保证军队供给，勾践亲自下田耕种。据传，勾践有一天傍晚经过山地的空地，是一块沼泽地无人耕种，面积有三十多亩，这样一块地任其荒芜，勾践觉得实在是太可惜了，于是找来范蠡一合计，决定要把这块沼泽地开垦好，作为示范田。第二天，勾践就背犁耕种起来，附近农民见越王都亲自动手种地，很是感动，于是奋起耕田，给越王的军队提供了有力的粮食保障。

2. 明朱元璋大本营驻扎地

元至正十八年（1358），朱元璋率大军屯兵婺州城外，欲与当时占据婺州城的元军恶战。朱元璋得知部下连攻金华不下，亲自率部前往支援，在九峰山遇谋士刘基、宋濂，不胜欣喜。刘、宋不仅助其攻克金华，而且以理学影响他，为日后建立大明王朝打下了更加坚实的思想基础。根据《中国通史》记载：1357年，朱元璋命邓愈、胡大海克徽州、休宁后，紧接着进攻婺州，但未取。次年十一月朱元璋亲征，十二月攻克婺州。《金华县志·清代前重大战事》（1992年版）载：元至正十八年（1358），朱元璋在夺取应天府（今南京）后，立即进攻婺州。十月，胡大海攻克兰溪，婺州久攻不下。十二月，朱元璋亲率十万大军攻克，改婺州为宁越府，置中书浙东行省，在省门竖二面黄旗。上写"山河奄有中华地，日月重开大宋天"。朱元璋视婺州为其战略后方，命胡大海镇守。《汤溪县志》也有记载，朱元璋曾在一个水塘洗手，水热如汤，所以名之为汤塘，后建县，名为汤溪。据说这个塘至今还在。《明史·太祖纪》有云："一日城中人望见城西五色云如车盖，以为异及。是乃为太祖驻兵。""五色云"的太祖驻兵营地，就是汤溪的汤塘四周广阔平坦的田野。朱元璋坐镇金华，于1359年9月命常遇春攻取衢州，1360年，命胡大海攻取今上饶等地。算起来，有20个月左右时间，朱元璋的部队大本营在汤溪。汤溪是"南走瓯括，北蔽严明"的战略要地。而且当年"太祖高皇帝龙飞启运之初，其侍帷幄以赞谋，由居庙堂而定制作者，大抵多衢婺之人"，说的就是刘基、宋濂等人。浙江师范大学人文学院硕士生导师龚剑锋认为，朱元璋屯兵金西是有可能的，当时朱元璋进攻路线是安徽到兰溪，再到金华。传说胡大海打金华未取，大军被阻挡在城西。途经金华九峰山暂驻，是合理的解释。

14世纪，朱元璋的金华之行，最重大的收获，就是网罗了一批人才。那次金华之行，对金华和朱元璋来说，是相辅相成、互相促进的：因为朱元璋"天子"、明王朝缔造者的身份，给金华留下了许多谈资，身后留下了许多传说；而朱元璋占领金华，不仅开辟了浙中西部的根据地，有了稳固的后方，扩大了起义军的税源和粮源，更重要的是，得到了一大批知识分子的投靠和效力，大大充实了自己的智囊团。如果说来金华之前，朱元璋的智囊团还"囊中羞涩"的话，金华之行让朱元璋迅速成为一个人才上"腰缠万贯"的大款。1358年，因手下大将胡大海屡攻金华不下，30岁的朱元璋带领10万大军从南京南下，一路攻取徽州、睦州，来到金华。在行军途中，朱元璋得到了徽州大儒朱升的辅佐，并献上"高筑墙、广积粮、缓称王"的战略方针。攻下金华后，"置中书分省于婺州……建观星楼于分省治之东偏，置宁越税课司及杂造织染二局。召儒士许元、叶瓒玉、胡翰、吴沉、汪仲山、李公常、金信、徐孳、童冀、戴良、吴履、张起敬、孙履，皆会食省中，日令二人进讲经史子，敷陈治道"。上面提到的这些人，都是金华的儒士，如果他们的名气还不够大的话，那朱元璋攻下金华第二年，应命前往南京辅佐他的两个人，名气就大了：宋濂、刘基。宋濂被朱元璋称为"开国文臣之首"；刘基，字伯温，被朱元璋称为

"吾之子房"。刘伯温也和张良、诸葛亮一起被称为中国历史上的三大谋士。此外,宋濂等被任命为修撰《元史》的总裁;金华人张孟谦被刘基称为明朝开国文臣"第三"(第一是宋濂,第二是刘基自己);许元为明第一任国子祭酒。朱元璋攻下金华前,1352年全国爆发大规模农民起义,24岁的朱元璋投奔濠州起义军郭子兴,并迎娶其义女马秀英(即大脚马皇后)。此后的几年时间里,朱元璋手下聚集了徐达、汤和、胡大海、常遇春等大将,脱离红巾军自立门户。1356年,朱元璋攻占南京,改名应天府。此时的朱元璋,虽然已经有了一定的地盘和实力,可以称得上是猛将如云、谋臣如雨,不过,这个雨只是毛毛雨——只有一个李善长。李善长读书不多,但素有智计,也就是俗称的低学历、高能力、高智商、高情商。此时的朱元璋,还是一个典型的农民起义军领袖,并没有明确的政治诉求,手下的军队军纪也较差,烧杀掳掠时有发生。占领金华后,朱元璋得到了徽州朱升以及浙江大群儒士的辅佐,规章制度开始完善,军队进一步正规化,严禁军队烧杀掳掠,军中禁酒,开仓救济贫民,所以老百姓对朱元璋很有好感。可以说,朱元璋在攻占金华后,逐步完成了从一个农民起义军领袖到明王朝缔造者的角色转变。①

(二)姑蔑军事地

姑蔑方域,地处山区,历来就是兵家练兵屯兵之地。利用天然的山岭、山坡、山谷、山崖、山脊、山麓或类似复杂地形下进行作战,高山在任何时候都是危险的,山体滑坡、严寒、强风、闪电等情况都会对战斗人员造成额外的威胁,在某些连驮畜都难以通过的陡峭斜坡上的行军、运输、医疗后送等都势必消耗大量的资源。战斗人员既要和敌军交战,同时也要对抗极端的天候和危险的地形,在战斗中夺取制高点将给进攻或防御提供极大的优势。比如,姑蔑西隅的上饶山区,第二次国内革命战争时期,在方志敏、黄道、邵式平等老一辈无产阶级革命家指导下,建立了赣东北革命根据地和赣东北苏维埃政权,创建了中国工农红军第十军团,进行了土地革命和经济建设,以弋横根据地为中心,形成6个苏区,纵横闽北、皖南、浙西50多个县,人口数百万,建立中共58个县级组织,32个县级苏维埃政权。

---

① 曹晓恒:《金华:朱元璋的"隆中"》,《金华日报》2010年12月24日第11版。

1. 太平军作战在金衢

1992年版《金华县志》记载：太平天国十一年（咸丰十一年，1861）春，太平军侍王李世贤自率大军绕衢州西乡，由全旺大洲直趋龙游。四月十八日，太平军李尚扬攻占汤溪。驻守汤溪，以功授忠裨天将。冬，往仙居参加攻占台州。1862年2月，至黄岩，寻赴乐清。5月，攻瑞安不下，后返回。9月，奉命进击龙游城西的清营，失利。10月，李世贤进援天京后，他负责留守金华、汤溪、龙游、武义、永康、义乌、东阳一带。据史料记载，咸丰十一年辛酉（1861），五十岁的左宗棠以三品京堂候补，帮办两江总督曾国藩军务。清廷令曾国藩统辖江苏、安徽、江西和浙江军务，命左宗棠督办浙江军务。同治元年（1862），左宗棠补授浙江巡抚，左宗棠率楚军与太平军李世贤大军鏖战，先后攻陷金华、绍兴、衢州等地。左宗棠对常捷军和常安军采取限制措施，予以裁抑和防范。颁布《浙江补救条例》十二条，整肃军纪，赈济抚恤，增税劝捐。同治元年正月十五日（1862年2月13日），左宗棠以浙江巡抚的身份率军由赣北经皖南进入浙西开化，开辟了浙江战场。浙江与天京、苏南同为太平天国后期的主要基地。李秀成、李世贤兄弟着意经营江浙，在浙江布有重兵。李秀成在攻克杭州后，南进江苏，两次攻打上海，旋率兵救天京之围。浙江战区主要由李世贤负责，他以金华为中心，以20余万的兵力设重防于浙西、浙中地区，试图阻止左宗棠由西向东的进犯。同时，李世贤还设兵于宁波、绍兴，并会同汪海洋和李秀成部将分别防守杭州、湖州。此外，杨辅清部太平军在皖浙交界一带活动，还在咸丰十一年底左宗棠准备入浙之前，率太平军进攻徽州，"意在扰徽郡以犯江西"。左宗棠遂派刘典督兵赴婺源，以阻挡杨辅清的攻势。①

2. 粟裕挺进师在南山

1935年2月，根据中共中央分局的电令，以中国工农红军北上抗日先遣队的先头部队和突围部队为基础共500余人，组建中国工农红军挺进师，师长粟裕，政委刘英。中央赋予挺进师的任务是：进入浙江开展游击战，创建苏维埃根据地，以积极的作战行动，打击、吸引和控制敌人，从战略上配合主力红军的行动。3月，挺进师从赣东北转战进入浙西南，

---

① 左宗棠、刘泱泱：《左宗棠全集·衢州东南北三路一律肃清现筹进取情形折》，岳麓书社2014年版。

5月进入金华地区。1992年版《金华县志·红军时期战事》记载,1935年5月20日,粟裕、刘英率领红军挺进师从江西上饶出发,经福建进入浙西南,到达汤溪、厚大、岭上、塔石、银坑、周村、兰贝及外畈的马畈坑、郑宅等地开展革命根据地,进行游击战争,发动群众镇压了一些恶霸地主和土豪劣绅。红军活动于金华的溪口、银坑、文岩、井上、上阳、源头、唐泗、南坑口、九家畈等地区,每到一地就打土豪、分田地,到处张贴、书写革命标语口号,向广大人民群众进行广泛的宣传。书写在黄泥墙上的字迹已模糊,书写在白灰外墙的白灰已大多脱落,只有书写在傅竹堂室内木板上的标语还比较完整。挺进师在汤溪莘畈上范行政村枫坞里自然村写的标语:"红军是工农自己的队伍""反对国民党抽丁拉夫""农民起来打土豪分田地"等8条(见图3-1)。山坑乡交椅山村还保存着"打倒卖国的国民党""农民起来实行土地革命"等标语7条。挺进师在汤溪银坑写的标语:欢迎工农群众团结起来,打土豪分田地!溪口是浙江省新民主主义革命时期革命根据地之一,1982年7月9日公布为市级重点文物保护单位。红军挺进师,这支英勇的部队,以数千之众牵制了国民党十万大军,有力地配合了主力红军的长征。红军挺进师,这支顽强的部队,驰骋于浙南山区,为创建和保存这个战略支点,开展了艰苦卓绝的游击战,作出了巨大的牺牲。红军挺进师,这支灵活的部队,国难当头,战略转变,与国民党当局达成和平协议,奔赴抗日前线。[①]

3. 郑秾红二师在瀫水

郑秾,1894年出生于浙江省青田县仁庄乡罗溪村,读过小学,练过武术,能文能武。到上海做过苦工,到法国当过劳工,参加过俄国革命,经历非常丰富。早在1918年,郑秾就在苏联参加了革命。1930年5月15日,他在老家青田县罗溪组织20多名勇士,加入中国工农红军第十三军第一团。他身先士卒,快速攻进平阳县城,建立头功。同年秋,红十三军攻打黄岩县乌岩镇失利,主力部队被敌人击溃。他隐姓埋名,等待东山再起的时机。20世纪30年代初,他从青田来到瀫水平原,隐居在今兰溪市永昌街道童山行政村后屋自然村的包塘殿,1931年8月,郑秾在汤溪、龙游等县组建红十三军第二师,自命师长、周金海任副师长。没有想到,郑秾被叛徒江天吉出卖被捕。1933年12月15日,他在龙游县西门外壮

---

① 罗江红:《红军在金华》,《浙中新报》2014年12月4日第14版。

图3-1 婺城区莘畈乡上范村古建筑上的红军标语毛笔字

烈就义。1982年4月2日,浙江省人民政府追认他为革命烈士。1992年版《金华县志·红军时期战事》载:"1931—1933年间,郑秾组织领导的红十三军第二师,在汤溪、龙游等县发展红军1500余名,汤溪县和龙游县湖镇区50多个自然村有534人参加。后因叛徒出卖,红二师组织遭到破坏。"郑秾、张自强、林来均、邱瑞沛、吴思荣、王福奎、黄庆云、周金海、吴守华、李林汝、苏小弟、章耀麟、邵志熙、周金标、刘叶心、赖樟松、胡风金、夏金祖等十八位烈士为了红二师的革命事业献出了自己宝贵的生命(见图3-2)。①

## 二 姑蔑治地

### (一)姑蔑城邑

对于姑蔑城定都之地,历代方志记载有三种说法:一是浙江金华的龙丘山(即九峰山)之北汤溪地;二是浙江省的今龙游县城所在;三是东汉定阳治所、唐盈川治所所在地,即今衢江区莲花、高家两镇和云溪乡之东的章戴、龙游县团石之地域。

1. 姑蔑城衢州说

姑蔑地衢州,历史悠久,源远流长。据辖区内衢县、龙游、江山、常

---

① 李啸、欧阳锡龙、徐肖富:《三叠岩下红军亭,"红二师"的悲与壮》,《衢州日报》2011年5月17日人文周刊。

图 3-2 位于龙游县湖镇三叠岩的红军亭

山、开化等地出土的石斧、石锛、石刀、石矛等证明，远在新石器时代，就有人类在这块土地上繁衍生息。

夏、商、西周三代属百越之地。

春秋初为姑蔑国，后为越国姑蔑之地，战国时属楚。

秦王政二十五年（前222），灭楚，平定江南，于吴越之地置会稽郡，今衢州属会稽郡之太末县（一作大末）。

西汉高祖六年（前201），为荆王国地。十二年（前195），吴国地。景帝前元四年（前153），诛吴王刘濞，复属会稽郡。

东汉初平三年（192），分太末县置新安县。为衢县建县之始，仍属会稽郡。建安二十三年（218），析新安县置定阳县。

三国吴国宝鼎元年（266），新安县改属东阳郡。

晋太康元年（280），因与弘农郡新安县同名，改新安为信安，因信安溪得名，一说溪以县得名，仍隶东阳郡。

南朝宋、齐、梁三代，信安县隶属不变；陈永定三年（559），置信安郡，领信安、定阳二县，隶缙州。

隋大业三年（607），太末、定阳二县并入信安，隶东阳郡。

唐武德四年（621），分婺州于信安置衢州，并分置须江（江山）、定阳（常山）二县，衢州州名始于此，以路通三越而得名，信安遂为州治；同时，析太末县之西设白石县并置濲州，州领太末、白石二县，白石为州治之所；七年（624）废衢州，并定阳、须江、白石、太末四县入信安县，隶婺州。贞观八年（634），从信安、金华二县析置龙丘县。武后垂拱二年（686），复置衢州，辖信安、龙丘、常山三县，属江南道，信安为州治；如意元年（692），分龙丘县之西置盈川县，衢州辖信安、龙丘、须江、常山、盈川五县；证圣元年（695），分须江、定阳、弋阳三县置玉山县，隶衢州。天宝元年（742），改衢州为信安郡。乾元元年（758），复为衢州；同年，玉山县改隶信州，衢州仍辖信安、龙丘、须江、盈川、常山五县，信安为州治，隶浙江东道。大历十四年（779），改隶浙江西道。建中元年（780），复隶浙江东道；二年（781），又改隶浙江西道。贞元三年（787），复隶浙江东道。元和七年（812），废盈川县入信安。咸通中（860—874），改信安为西安，因西溪得名，仍隶衢州。

定阳、盈川之说。定阳县，位于今浙江省衢州市境东北部，即唐盈川县境。东汉建安二十三年（218）孙权分新安县置；隋大业三年（607）入信安县；唐武德四年（621）重置，七年（624）入信安。依据引唐李吉甫撰《元和郡县志》卷二十六"常山"下载："本太末县地，隋初置定阳县，隋末废，咸亨二年于今县东四十里置常山县。因县南有常山为名。"又引明弘治《衢州府志》"吴定阳县治在常山县定阳乡，孙氏置县于此"。依据引北魏郦道元《水经注·浙江水》载："瀫水又东，定阳溪水注之，水上承信安县之苏姥布。……其水分纳众流，混波东逝，迳定阳县……"又引明嘉靖《衢州府志·古迹》载："古城县（院），隋大业元年建。"清康熙《衢州府志·古迹》载："定阳城，去西安城二十里，今为古城县，盖即此城。"清光绪十二年（1886）《常山县志·沿革》又云："建安二十三年孙氏分新安置定阳县。治在西安县东。"基于建安二十三年（218）在衢江北岸广大地域曾置定阳县，故唐初在同一地复又立白石县，遂废；如意元年（692）于斯地再次立县，名盈川。显然，立、废、立，系历史渊源与特殊的地理环境所致。至今盈川、莲花一带仍有民谣称："先有故城县，后建衢州府。"可见，"故城县（即定阳县）"，历史早于州治。①

龙游宋城墙。龙游县古有姑蔑城遗迹。据宋《元丰九域志》载，姑蔑旧城在瀫水（今衢江）南三里，其东门正对灵山江。又据万历《龙游县志》记载，整座城池"东西二百二十步，南北一百六十八步。高一丈七尺，厚四尺，周围四百七十步"（宋代一步合今 1.536 米），由此可推

---

① 孟世凯：《姑蔑与龙游》，《文史知识》2010 年第 12 期。

算，姑蔑城是一座近似椭圆形的城池，东西轴长337.9米，南北轴长258米，总占地面积约为68000平方米。宋元时期的一尺约为今31.68厘米，折算姑蔑城的城墙高度约为5.4米，厚度在1.3米左右，周长约为722米。应该说，姑蔑城并不是很大，与其说是城，不如说是一个大城堡。这种大小也是与当时相对较低的生产力和人口基数相符的。据《国语·越语上》记载，越王勾践的管辖范围最西到达姑蔑边境。

龙游明城墙。城墙，曾经是龙游城池的防御体系、功能性建筑，它们屹立于城周，见证着历史的变迁，残存部分也一度深掩于地下，几乎被世人遗忘。龙游近代城市的框架应以明代隆庆年间的修建为基础，由余绍宋主修的民国《龙游县志》卷五《建置考·城池》中明确记载："县城建于明隆庆间，先是姑蔑城久废，惟存四门，因以设关，时其启闭。"当时的龙游存有四个城门，却没有城墙。可龙游的地理位置又十分重要，介于金华、衢州、严州（今桐庐县、淳安县和建德市一带）、徽州之冲，寇贼出没，官兵往来，若不整治，老百姓肯定遭殃。于是，当时的府县官员开始重视修城墙这件事。隆庆二年（1568），浩浩荡荡的建墙工程终于开始了。直到次年夏天，延袤六里（据现测为2.5公里）的城墙才完工。据志书记载，彼时的龙游城墙"高一丈六尺，基广一丈三尺，面九尺"（明代一丈＝10尺，营造尺1尺＝31.1厘米）。我国古代在城门之外修建半圆形或方形的护门小城，即瓮城。以衢州城墙为例，其中东、南、北三面设有瓮城。而龙游城墙上开设四门，东为永安门，南为归仁门，西为太平门，北为向义门。每个城门间还有一便门，即小东门、小南门、小西门、小北门。龙游城有八个城门，却无瓮城，这不仅反映出明代龙游城池的规模和重要性，也反映了当时这座城的气韵是开放的，能接纳外来人事的融入。而在对龙游大南门的考古调查勘探中，鹅卵石道路的一端，仍可见归仁门遗迹，石块上还有因城门启闭而留下的深深凹槽。鹅卵石道路西侧的城墙，厚约4米，与"基广一丈三尺"的记载相吻合。外侧墙体用平整的条石和不规则的块石垒砌而成，部分条石上还刻有"汪三""丘元福"等字样。在城墙的砖头上勒刻自己的姓名，这不是为了青史留名、千古流芳，而是在执行明王朝强制推行的"质量追溯制"。砖上铭刻的那些名字，其实就是一份对工程质量问题负责的责任人名单。然而，再坚固的城墙也抵不过战乱纷争和时光消磨。明末，龙游因战乱关闭了四个小门。直到清康熙十一年（1672），知县许琯以居民出入城市不便为由，重新开放小门,并对四扇大门进行了修整。而后,太平天国运动爆发。龙游身处太平军和清军的多次拉锯战间,岁月亦在倾圮的城墙旁悄然流淌。同治十三年(1874),龙游城墙被重修,后来各门城楼又发生倾倒。19世纪末,龙游城墙经历了最后一次维修。如今,龙游大南门老城墙遗址已被列入省级文保单位,归仁门遗址、鹅卵石路面等也将被纳入城墙遗址保护范围。沧桑数百年,屡经重灾,岿然不移。无论是新,还是旧;无论是巍然屹立,还是断壁残垣,老城墙都如一首气壮山河的史诗,记录了这座城池血与火的历史,记录了潮涌中龙游先人的果敢和智慧,记录着未来的城有界而心无疆。

2. 姑蔑城金华说

地理区位是地理环境的一个重要因素,研究文化的交流和发展不能无视地理区位与文化的交流和发展,是人地关系研究中的一个维度。姑蔑国最终定居在浙江金衢盆地,成为这一地区的早期居民。秦汉至今两千余年,金衢盆地中历史最为悠久的城市之一是古大末故城(东汉后称太末),亦渐为后世淡忘,然此城并非无踪可寻,试辨析之。按前提"姑妹国"之畛域既明,则大末城建在金衢盆地之中段。历代正史地理志均未明言大末故城之位置,翻检金衢盆地中段的衢州、龙游、金华、汤溪及兰溪诸县方志,有关废城遗址记载纷纭,然确载古大末城者唯《汤溪县志》。万历《汤溪县志》谓:"太末县旧址,在九峰山下,其城闉街址历历尚可识也。"浙江汤溪县为明成化七年(1471)分龙游县东乡与兰溪、金华、遂县四县地所立,其地当与龙游等县同属古"姑妹"核心之区。万历《汤溪县志》云古太末龙丘山下这座"城闉街址历历尚可识"的古城为太末县旧址,未言所据。清代章绶《吊古太末治》一诗云:"首枕九峰环带砺,臂连三叠拥戈矛。残碑泯灭留鱼篆,断碣欹鼓伴鹿游。"诗中不仅描绘了这座废城的古城墙遗址,还提到了相当有价值的"鱼篆"的残碑遗存。如其记载可信,则该遗址大末故城之说,应有相当的根据。① 汤溪境内九峰山下的古城是否为"姑妹"国古城遗址,按现有资料尚难定论。不过,位于"姑妹古国"中心的古龙丘山一带,较早地得到先民开发是没有异议的。据目前已知考古发掘,九峰山一带的古文化遗址相当集中,

---

① 戴建东:《塔岩峰:遗落在姑蔑古国上的泪珠》,《浙中新报》2013年6月14日第17版。

已发现年代自新石器时代晚期到商周时代的古村落遗址非常集中。①

春秋姑蔑城。汤溪历史源远流长，早在万年前就有先民在这片土地上生息繁衍，上古禹划九州，汤溪为扬州地，春秋为姑蔑，姑蔑故都即在汤溪镇九峰山下的姑蔑溪畔。汤溪南的九峰山脚曾是姑蔑古国的建都之地，汤溪一带为春秋战国时期浙江古代政治、经济、文化中心。据九峰山2300多年历史的汤溪镇沙头村村谱《兰源戴氏文献谱》（第一卷）《兰谷义田赋》记载："龙邱，古太末里，姑蔑墟也。县之东南四十里地名兰坡，有蓉峰拱秀峙于南，兰谷潺清流于东。""龙邱"即龙游，九峰山一带曾隶属龙邱管辖；"太末"是秦时设的一个县；"县之东南四十里"就是指九峰山一带，"蓉峰"即九峰山，因九峰山远望如莲花而得名。在沙头村姑蔑溪畔的杨林畈，深挖下去全是断瓦残垣，而且还曾挖出过千年古木。汤溪镇沙头村境内的塔岩峰，传说其山脚是古姑蔑国国都旧址，距今已有两千五百年历史，后因战乱而灭迹。从村谱、典籍的零碎记载佐证，金华九峰山附近有姑蔑国的印痕。

秦大末城邑。约秦王政二十五年（前222），金衢盆地的东西两部分有乌伤、太末（也作大末）两县的分置，隶会稽郡。太末城址即姑蔑国都所在，位于旧汤溪县九峰山下，时为秦朝的浙江第二大古都。文献记载，明万历《金华府志》载："古城在府城西四十里，广袤五六里为古州城遗址。"乾隆《汤溪县志》载：秦"太末县旧址在九峰山下，其城闉（门）街址，历历犹存。"《婺遗续识》按："太末（龙游）故城在九峰山麓……"这段文字说明，太末县城，沿袭姑蔑故国都城，故国都城很可能与史书记载一样在九峰山下。《读史方舆纪要·卷九十三·浙江五》载：大末城在县治西。在今金华汤溪一带素有"太末古治，邹鲁遗风"之称。《国语·越语上》（卷二十）说："勾践之地，南至于句无（今诸暨一带），北至于御儿（今嘉兴一带），东至于鄞（今宁波一带），西至于姑蔑（今金华、衢州一带）。广运百里。"这说明姑蔑是越国西边一地，其地理位置和上述记载相符。乾隆《汤溪县志》记载：龙岩山，县西南五里，岩口平圹，或曰古太末地，曹姓居焉。进坞里许两旁，皆石壁中，一潭澄澈，山上有石，如梁高数丈，跨于山际。

---

① 李艳、洪兵：《浙江发现距今9千年新石器时代遗址》，《金华日报》2010年1月25日第6版。

龙丘县治所。《旧唐书·地理志》载:"龙丘,汉太末县,属会稽郡。晋置龙丘县,以山为名。"龙丘县,唐代时位于江南东道东部,即今浙江省中部偏西。唐贞观八年(634)析信安、金华二地复置龙丘县。其地,大部分系原太末县之疆域。县以著名的隐士、西汉龙丘苌之名命名。后人简作为龙丘。龙丘县有著名的龙丘山,山以龙丘苌曾隐居于斯命名。公元674年,在衢婺两江汇合处从金华划出兰溪县,厚大、岭上、罗埠一带属兰溪县管辖,而九峰仍属龙丘县管辖。五代吴越宝正六年(931),吴越王钱镠以"丘"与"墓"近义不吉,又据县邑丘陵起伏如游龙状,遂改龙丘为龙游,因缺水而移至现龙游县址。明成化七年(1471)设立汤溪县隶属金华府,而此前汤溪地分属金华府的金华县和兰溪县、衢州府龙游县、处州府遂昌县。汤溪镇下伊村宗谱载有"古城伊氏",① 明万历《金华府志》说:"古城在府西南四十里,广袤五六里,相传汤溪西之古城山为古城遗迹。"明章懋《古城伊氏宗谱序》载:为尉于龙游,乐其山水之胜,土田之沃,又仆居邑东之古城,厥后古城之地,析汤溪,故今为汤溪人(摘自《枫山章先生集》)。乾隆《汤溪县志》说:"古城脚,在汤溪西五里,之汤塘山尾,高约五丈,广二丈,未详何代所筑。"光绪《兰溪县志·山川》载,南乡,山发自汤溪大岩至馒头山,分数支其入兰溪者。……一由松岭(金华兰溪汤溪三邑交界)逾古城山(前志:兰溪县东南20里,大阜中峙旁,山环左右,三脊有城址,周二、三里,缺处如门。"宋于石九日登山诗",信步踏攀感旧游,寒烟衰草思悠悠,西风好发空惊老,照节黄花独树秋,宇宙几人欢喜饮,江山一片古今愁,渊明三径今犹在,自笑不如归去休。)至赤山,色赤故名。俱三十一都二图(按:清光绪《金华县志》注"古城山亦名赤山,是混二山为一也。古城山长数里,岗顶平迤,金华兰溪分界处,东南属金华、西北属兰溪,故二邑均志。若赤山则专在兰溪境,惟山下有庄亦名,赤山则属金华境。")。清光绪《金华县志》记载:"其由白沙原来者曰古城山,亦名赤山,(金华)县西行至三十四都二图白沙原,经金、兰、汤三县之松岭,分二支至此特起大阜,两山环其左右,脊有城址,周里许。缺处如门,此营垒遗迹,俗

---

① 章果果:《金华这个古村自称"古城",背后有怎样的故事?》,《金华日报》2017年8月16日第8版。

传为古县治者误也。"①

东阳郡古邑。《傅大士文集·崇头陀·达摩传》中有载：因郡在长山之"阳"，瀫水（现衢江）之"东"而称之"东阳"。史料记载，唐开元年间（713—741）东阳郡设在今金华城内，而此前古城在何方？历来有孝顺说"城东四十里"和汤溪说"府城西南四十里"，在汤溪镇西三里之古城山有"古州城遗址"，给东阳郡治所提供猜想。唐代杜佑著《通典》："旧县原在府东，唐开元中，刺史梁猷徙今所。"清代地理学家顾祖禹编《读史方舆纪要》载："长山旧府县在府东。"光绪《金华县志》加按语："'在东者'为在孝顺地界。"这样就产生东西两说了。在汤溪的古城山脚有个东祝，据《华封祝氏宗谱》载："始祖祝钦慈，字文仁，原籍湖广，唐高宗朝进士，麟德二年（665），任东阳郡判，咸亨二年（671）仕归，乐汤塘山秀开胜，土地肥沃，又闻贤士隐者徐伯珍、徐安员之名，遂于安贞之在日界牌而居焉。"祝钦慈与徐安贞同代人，任东阳郡判约十年。他仕归在东阳郡古城就近定居延续至今，定居后约50年（开元年间），东阳郡东迁。这是一个重要的历史见证。又据下伊（东祝西二里）《伊氏宗谱》载："元至大间，村祖伊恭为龙游县尉，乐古城山水之胜，土地之沃，遂人居焉。"村位于古城山下，祖姓伊，故名下伊。这又是一个对古城山的可靠佐证。明万历《金华府志》所述："广袤五六里。"东祝之地，古物积沉深厚，在东祝的一处土名"上竹园"的地方常能捡到残砖、箭镞、古钱等物。九峰山脚一带多隋唐古墓，1962年，金华县文物部门在古城山中"鬼哭垅"的地方发掘古墓，里面有古陶瓷、铜镜、剪刀等多种古物和很多墓砖，墓砖上多有铭文"仁寿四年"字样，仁寿四年即隋文帝四年。据《后汉书》引《英雄交争记》云："初平三年分县南乡为长山县。"东汉初平三年是公元192年，这里的县指乌伤县，这是金华立县的开始。又有《三国志·吴书·三嗣主传》说：宝鼎元年"分会稽郡为东阳郡"。取名东阳，是因该地处瀫水之东、长山之阳。据此，金华立郡始于宝鼎元年，即公元266年。《舆地广记》说："金华县本汉乌伤县地，属会稽郡，初平三年分县南乡置长山县，吴为东阳郡治，晋以后因之。"可见长山县治就是东阳郡治所在地，也就是东阳郡与长山县治在同一座城。东汉时乌伤属会稽西部都尉，而太末属会稽东部都尉。《后汉书·任

---

① 蒋金治、朱佩丽：《金华古城文化考略》，中国文联出版社2015年版。

延传》记载着这么一件事：任延任会稽东部都尉时，曾派人礼聘隐居在九岩山（即九峰山）的龙丘苌。"任延为会稽东部都尉礼聘龙丘苌事，知太末在更始时（23—25）为会稽东部都尉所在。"可见乌伤与太末汉时隶属不同，汉末长山县分乌伤县南乡而立，不包括太末辖境内的汤溪。东阳郡建立后，太末与长山虽同属其管辖，但太末的辖地未有变动，汤溪仍属太末。《南齐书·徐伯珍传》云："（伯珍）宅南九里有高山，班固谓之九岩山，后汉龙丘苌隐居处也。"民国《汤溪县志》引旧志云："是知伯珍故居在龙丘山北九里，即今县治左近。"又康熙《金华府志》记载："徐伯珍，字文楚，本东阳太末人也。其地旧属龙游，今为汤溪，其宅南去九峰山数里，伯珍移居之。"民国《汤溪县志》又说："太末县旧址在九峰山下，其城闉街址历历犹存。"据此，汤溪城一带极有可能是太末旧县治所在。郦道元《水经注》认为，（长山）县就是东阳郡的治所所在地，长山县治东阳郡治就在金华双溪的北岸，也就是今金华市区古城址，亦即古东阳郡城长山县城。[①]

汤溪明代古城。汤溪地处南北要冲，屏障金（华）兰（溪），控扼龙（游）衢（州），历史上为兵家必争之地。光绪《兰溪县志·沿革》载，成化七年（1471），置汤溪县，又析县南龙岩乡等六都，地属之。光绪《兰溪县志·道里》载，（兰溪）处南门，过渡西南行一里马公滩嘴、三里横山、三里酒瓶埠、三里瓦兆头、二里张坑、五里长塘沿、二里陈武塘、一里赤井桥入汤溪界，为至龙游大路。由瓦兆头分路西南行二里路塘、二里后徐、一里王家墈、一里聚凤严、二里入汤溪界（距罗埠绗塘二里），为汤溪大路。汤溪古县城，由汤溪县第一任知县宋约所建，始建于明成化十六年（1480）。原为上覆以瓦的土筑城墙，全长三里余，高二丈，厚一丈，八百五十五堵女墙，东西南开门。后称东门为迎旭，西门为通衢，南门为履华。城东地势低下，南北西三面环以宽三丈左右，深一丈五尺护城河。据万历《金华府志》载：成化十六年（1480）新筑土城周八百五十五丈。崇祯十二年（1639）改为石砌砖封墙，女墙高四尺。清代和民国曾经几次修葺。1937年后汤溪迭遭日机轰炸，为便于疏散，增开北门。1941—1945年日军几次窜犯，城墙塌毁。中华人民共和国成立后，城池已失去防御价值，为建设需要，1952—1954年在城墙故址改建

---

[①] 海江：《金华古城邑的变迁》，《浙江档案》1990年第6期。

为环城马路。1985年前，汤溪镇上的大街有东门街、西门街、南门街、城隍庙街、黄道街5条街，另外有南一巷、南二巷、文昌巷等6条里弄，所有的街、巷、里、弄路面，皆用鹅卵石铺就，直至1985年才改为水泥路面。镇上住房建筑多为砖木结构，白墙青瓦，属典型的民间建筑。如今，老旧的民居已不多见，留有"东门、西门、南门、北门"的地名说法，东门大致在今天的汤溪第一人民医院和汽车站的位置，北门在今天的汤溪中学旧校区处。直到今天汤溪百姓还使用着这些名称，比如"我今天要到东门去""东门山""西门头"等。可见以前的风俗习惯对汤溪人的影响之大。据称，一直有护城河和城门，很高大威武的石狮子。以前，人们到汤溪，说是"进城去"，汤溪人也被称为"城里人"。《读史方舆纪要·卷九十三 浙江五》载："汤溪县府西六十里。西至衢州府龙游县五十里，南至处州府遂昌县一百二十里，北至兰溪县五十里。本金华、兰溪、龙游、遂昌四县地。前朝成化六年，郡守李嗣以其地在金、衢、处三府之交，阻山界水，居民犷悍，请置为县。从之，筑土城，周四里有奇。"明成化七年（1471）析金华、兰溪、龙游、遂昌四县之边地置汤溪县，在汤溪城内设东隅、南隅、西隅、北隅，城外设4乡，辖16都86图。据《金华县志》记载：汤溪县城于成化十六年（1480）基本形成。汤溪县建于明成化年间，县城东西长600米、宽550米左右。东西走向的有东门大街和西门大街南一巷、南二巷。南北走向的有南门大街文昌巷、黄道街、城隍殿街。设有四个城门，西门在今影剧院旁的十字路口处，南门在汤溪老汽车站处，东门就在老街渠道处。北门是从不打开的，民间老人说汤溪北城门不可打开，否则兰溪就要失火。

（二）姑蔑古驿道

浙江的姑蔑古道就像人体的血脉一样，从金华出发，经浦江到诸暨，再到杭州；经义乌到诸暨，再通往杭州；还有经永康到东阳，到嵊州，再通往杭州的三条古道就是大动脉。县际之间古道则以金华城区、义乌、东阳、永康、武义、兰溪、浦江、汤溪等为节点构成主动脉，而各个县市之间，特别是相邻乡村之间又有众多古道相连，就像毛细血管一样，层层构成了一个完善的古道交通网。根据清乾隆二十年（1755）的《浙江郡邑道里图》，可以清楚地看出当时的古道交通网。千百年来，士兵在这里集结，商人在这里休憩，诗人在这里流连，僧人在这里行吟。穿越层层叠叠旧时光，触摸千百年前历史厚度。

1. 春秋开辟姑蔑古道

兰溪姑蔑古道。今兰溪市赤溪街道，古为"赤溪市"，一个在明代万历《金华府志》中驻足了的地方，她的身影定格在嘈杂的街市，定格在匆匆行走在古驿道的人流中。"赤溪市"的桥头街，自东向西，长二百余米，布局在赤溪的东南岸。在这条街上，分布着茶店、酒店、肉店、杂货店。在这里，从兰溪的西门码头，走过中洲浮桥，经外董、柿树岭，过闻村，就到了这个通向濲西，通向姑蔑国方向的驿道。

金义姑蔑古道。金义古道中线是越国国都会稽至其属国姑蔑国驿道的一部分。金义古道有三条，一条是经含香、孝顺的中线，一条是经曹宅的北线，一条是经澧浦的南线。三条线中，中线最古老。这从春秋时期交通图中可以看出。金义古道中线是越国国都会稽至其属国姑蔑国驿道的一部分。这条驿道，唐宋时期曾在金义古道中线上设置了孝顺驿。

徽开姑蔑古道。徽州府城至浙江省开化县，全长25公里。徽开古道始于明末清初，由徽州府城至浙江省开化县。出歙县城西门，经岩寺到屯溪、临溪，越马金岭，直趋浙江开化县城。歙县至屯溪段路宽3—4.5尺，现绝大部分为兴建芜屯公路所利用。距今已有300—400年历史了，古道为3—4.5尺的石阶石板路，保存较为完整，沿途还有不少古驿站的遗址，如五里亭、十里亭、二善门、古洞门。

仙缙姑蔑古道。浙江省台州市仙居县、缙云县，全长40公里。浙江仙缙古道起于仙居县横溪镇，止于缙云县壶镇，全程约30公里，旧时为台（台州）婺（金华）官道的必经之路。古道两侧大山夹峙，山势险峻。山坡上多枫树，深秋后一路山色极美，为古代仙居八景之一。

仙霞姑蔑古道。浙江省衢州市江山市，江山段全长75公里。仙霞古道位于浙江省与福建省之间，是浙闽交通咽喉之一。在钱塘江水系和闽江水系之间，有一个重要的关节点，那就是仙霞岭。它是钱塘江和闽江的分水岭。跨越仙霞岭而沟通浙闽两个富庶的经济区的旱路，就是仙霞古道。它对浙闽两省的经济有着不小的促进作用。

浦江姑蔑古道。从金华城区到浦江，最有名的就是太阳岭古道。据《浦江县志》载，该古道"建县就有"，浦江是东汉兴平二年（195）建县，也就是说，古道至今已有1800多年历史。据明嘉靖《浦江县志略》载："南五十里回太阳岭，高险与太阳齐，浦江金华之界路也。"太阳岭古为桐庐、建德、浦江等县南辕所经，又为金华及温处二府陆路抵省之便道。据记载，自宋绍定时期至晚清，太阳岭古道一直设有公馆铺、邮亭、石关。历代以来，浦江科举童生赴金华府考取生员（俗称"考秀才"），浦江知县到金华府商谈公事，以及来往公文私信传递等，都必经此道。浦江古道众多，州郡之间可通建德、诸暨、桐庐，又与金东、兰溪、义乌相连。据不完全统计，诸如马岭古道、五路岭古道、桃岭古道、金坑岭古道等大大小小近30条，马岭古道是其中有代表性的一条。

衢州吴越古道。衢州通向外界的第一条干道建于先秦时期，越国都城会稽（今浙江绍兴）在浙江境内有三条主干道与外界相通。一条由会稽向北至吴国都城姑苏（今江苏苏州），与吴国相通。一条向东至鄞（今宁波镇海）、甬东（今舟山定海）。还有一条经诸暨向西至姑蔑、写干（即江西余干），与楚国相通。往西的干道就经过衢州境内，是衢州境内最早的道路。据《史记正义》记载，春秋时，洪（今江西南昌）饶（今江西鄱阳）等地为楚国东境，与越国相邻。据唐代杜佑《通典》记载，余干即汉代的余汗县，是越王勾践强盛时越国的西部边界，而姑蔑是越国属地。这条古道贯穿于浙江中部盆地，横穿衢州境域，是越国的后方路线。当时，越国北与吴国为敌，西与楚国相交，楚越之间，就由此路相通。据记载，周敬王二年（即吴王僚九年，前518），楚国水师准备顺江而下攻打吴国。越国派遣大夫胥犴在豫章（今江西南昌）江畔慰劳楚平王。越公子仓促归国，楚平王乘船率水师跟从。这一时期正是楚越两国交往的蜜月期。楚国水师出长江攻打吴国，越使由此路经姑蔑下长江劳军。鲁哀公十三年（前482），越王勾践伐吴，姑蔑军队参战。姑蔑军亦走此路南下，助越伐吴。楚威王六年（前334），楚国灭越，也离不开这条古道。

2. 秦军开设太末古道

南山太末古道。在姑蔑溪（金华南山莘畈溪）旁边有一条通衢古道，有人曾在当地的一个池塘旁发现了一块石碑，上面刻着"通衢古道"四个字，当时正被人们拿来用作洗衣石。这条通衢古道从九峰山一直延伸出去，可以通往龙游、兰溪和金华，在当时是一个交通要道。在汤莘公路建成之前，山里村民要到汤溪，全靠步行，路线与现在的公路并不重合，从莘畈乡政府所在地祝村沿古楼下、大岭脚、里金坞村出山，就是一条"千年古道"。20世纪80年代，在通衢古道附近的杨林畈，曾经挖出很多残碎的砖瓦，还有好多千年古墓，说明这里曾经有很大的村庄，或者说有很多人居住，一度非常繁荣。东阳郡东迁之后，留有金衢古道有古驿站名曰"白沙驿"。五代名僧贯休有"夜宿白沙驿"诗一首，至今尚有白沙驿村。金衢古道，南经厚大、塔石进遂昌，通处州。至今尚有古道，在南坑一带尚有一处天然关隘，巨石上有"永安关"三字不知刻于何代（《汤溪县志》有载）。北经兰溪进严州。后来郡县均迁址，这里则被金华、兰溪、龙游、遂昌四县分而治之。东祝有处塘名"界牌塘"古为四县交界处。

余干通闽古道。秦始皇二十六年（前221），命属屠睢率师50万平百越。秦军开辟了一条由江西循余干水（今信江）越过武夷山入闽境浦城，折向龙泉、丽水至温州的道路。秦末，东瓯王率军从鄱阳令吴芮助汉灭秦及秦亡后又助刘邦灭项羽，都走此路。当时东瓯（今温州）除海道外，只有这条古道与其他地区相通。宋时对此道路进行修缮，龙泉青瓷除走水路外，也有由官吏商贩经此道贩运至温州港口集散。

歙县通衢古道。歙岭顶位于千岛湖原郭村乡西北，海拔1265米，从郭村—沈畈—叶祀村开始，有一条由青石板铺成的千年古道穿越而过，连绵30多里，全部用打凿过的青石板铺设成，与安徽省歙县的长陔乡相邻（古称一脚可踩两省、淳遂歙三县），西南延伸至啸天龙。此古道从山麓到山顶要穿越好几种气候带，植被从常绿灌木林到针叶林、落叶林、混合林一直到高山草甸等景观。传说这歙岭顶就是古战场，至今，淳歙交界的昱岭关至歙岭一线山巅，依然完整地保留着当年那绵延数十里的古城墙，古城墙旁还有古石兵营、石堡垒遗址。

金衢盆地古道。唐代的古道以长安为中心，浙江境内有两条。一条是自杭州经越州（今绍兴）至明州（今宁波）。宋靖康（1126—1127）时，此道经奉化、宁海、临海、黄岩、大荆、乐清至温州（南宋为瑞安府），长约750里，此为海滨古道，自唐至清均为驿道。另一条是自睦州（今建德）经兰溪、婺州（今金华）、永康、缙云、处州（今丽水）、青田至温州，长约680里，是浙江中部至南部的要道，自唐至清也是驿道。清代称驿道为官马大路和官马支路。浙江境内有5条官马支路，其中从宁波至温州、从兰溪至温州均与原径相同。初时温州官路由衢州、龙游、越侵云岭至遂昌松阳下瓯江经丽水至温州。清顺治八年（1651）闽浙总督驻衢州，将温州官路改走遂昌，不久又改原道。清道光二十四年（1844），瑞安邑人洪守一捐资并发起修筑瑞安东门至帆游堤塘40余里、桥梁50余座。

# 第四章

# 浙学——姑蔑溪畔流动的生命符号

## 第一节 姑蔑之学

史前时期，杭嘉湖、宁绍平原被海水或河水淹没，金衢盆地是浙江唯一的人类生活圈。考古发现时间序列上是完整的，出土文物也是丰富的，这里是浙中地区和钱塘江上游的集中居住区，是浙江新石器时代文明的发祥地，是连续"不断史"的地区。金衢盆地出土的文物，印证了姑蔑先民曾在这里繁衍生息。

### 一 姑蔑方言语系

春秋时期各国的兼并与斗争，促进各国、各地区社会经济与文化的发展，也加速了不同族属间的接触与融合。经过这一时期的大变动，几百个小国逐渐并为七个大国和它们周围的十几个小国。当晋、楚两国争霸中原时，长江下游崛起了吴、越两个国家。晋为了对付楚国，就联合吴国。吴、楚之间多次发生战争。前506年，吴国大举伐楚，节节胜利，一直打到楚都。从此，楚的国力大大削弱。在晋国联吴制楚时，楚国则联越制吴，吴、越之间战争不断。吴王阖闾在战争中战死，其子夫差立志报仇，大败越王勾践，并率大军北上，会诸侯于黄池，与晋争做盟主。越王勾践卧薪尝胆，积蓄力量，趁吴王夫差北上争霸之机，发兵攻入吴都。夫差急忙回归，向越求和。不久，越灭吴，勾践也北上会诸侯于徐州，一时成了霸主。

（一）姑蔑古越音域

1. 吴侬软语浙江口音

方言是语言逐渐分化的结果，而语言分化是从移民开始的，人口迁徙在促进文化发展的同时，也使语言发生很大变化。汉语包括七大方言，即官话、吴语、赣语、客家话、湘语、闽语、粤语。姑蔑话是一种吴语方言，吴语是姑蔑地居民交流的主要语言。吴语大致分布于江苏长江以南的常州、无锡、苏州，包括镇江的丹阳，南京的高淳，长江以北的南通、海门、启东、如东、靖江，上海全境，浙江除淳安、建德、苍南、平阳之外的地区，以及江西玉山在内的上饶东部，福建的浦城北部。衢州开化县、常山县、江山市属于吴语上丽片，衢州柯城区、衢江区和龙游县的方言以及金华（包括汤溪）、兰溪、浦江的方言属吴语金衢片。建德属于徽语严州片，徽语即徽州方言，也称徽州话，徽州话是古代吴越语系的一个分支，是《中国语言地图集》中新划分出的一种汉语方言。吴语使用人数约占汉族总人口的8%，仅次于官话使用人数，属于汉语第二大方言。秦汉以前，江南土著使用古越语，与古汉语相差很远，不能对话。秦汉以后，北方汉人先后几次大规模南迁，带来不同时期、不同地区的北方古汉语，分散到南方各地，逐渐形成互相歧异的六大方言，吴语在六大方言中是最早形成的。

曹志耘教授对浙江方言印象最深刻的，是在调查严州地区（今淳安、建德一带）的方言时，发现该地区方言的声调系统异常复杂。原来的遂安县（今并入淳安县），在调查的18个地点方言中，竟有13套不同的调类系统。浙江西部原严州府的淳安、遂安、建德、寿昌四县，今为杭州市的淳安县（遂安并入淳安）、建德市（寿昌并入建德）的汉语方言主要属徽语严州片。东汉建安十三年（208），东吴孙权在今浙西、皖南山区（相当于新安江流域）置新都郡，从此汉人大规模进入今徽语地区。有意思的是，淳安人说我是"我农多"，遂安人则说是"尬多""尬农"，建德人是"党多"，寿昌人是"咱多""咱农"。虽同属徽语，严州片方言内部的差异却非常大。淳安话和遂安话比较接近，建德话和寿昌话比较接近，而淳安、遂安两地的方言跟建德、寿昌方言之间的差别挺大，相互间通话很困难。①

浦城是福建西北边境县，正好位于闽浙赣三省接壤的一块三角地区。三角的北部楔入浙江与江西的吴语区域，东侧为江山、遂昌、龙泉，西侧为广丰、上饶，都是说吴语的；南部受本省闽北方言包围，松溪、建阳、

---

① 曹志耘：《谈谈方言与地域文化的研究》，《语言教学与研究》1997年第3期。

崇安都说闽北方言。因此，浦城县境内方言虽然复杂，大致也可分南北两大类：县城南浦镇以及北部12个乡镇说的是吴语的浦城方言，南部的石陂、水北、濠村、山下、临江5个乡镇说的是闽北话的石陂水北方言。浦城方言又可分南浦（南浦镇、水南、万安、富岭、莲塘、永兴、古楼、仙阳等乡镇及管厝旧作"处"乡镇南部）和大北小北（管厝以北称小北，忠信以北称大北，包括忠信、官路、盘亭、九牧等乡镇）两种口音。忠信镇约1000人说的方言与浙江省遂昌县、龙泉市边界连片，俗称"福建腔"，属于闽西客家方言，与连城县口音相近。

周秦时期，今江、浙、闽、粤一带为百越族所居。刘向《说苑·善说》记载了一首春秋时的《越人歌》，故事中人鄂君子晳说："吾不知越歌，子试为我楚说之。"可见越歌听不懂，得借助楚语翻译，刘向用汉字记音，并以汉文作了翻译。古代吴越是异国而同族，诚如《吴越春秋》所谓"同音同律，上合星宿，下共一理"，两国的语言应该是相通的。这从先秦两汉的历史地名中可以得证，如於越、於陵、於菟、句容、句余、句注山、姑苏、姑蔑、夫椒、乌程、乌伤、余杭、余暨、余姚、无锡等，它们一是冠首字类同，个别字写法虽不同，但求之古音，则相合或相近；二是都属齐头式，古越语的特征十分明显。史籍上关于泰伯奔吴的记载，暗示着北方移民的一次南徙。北方移民原有的方言是否能在当地流行，与百越族相处数百年后能否在日常说话中保持下来，都大可怀疑，因为他们连人名都古越语化了，如句吴、句践、句亶、余善、余祭、余昧、夫差、夫概、无余、无壬、无颛、无疆等，与吴越地名的语言特征相同。然而吴王、越王们所铸的礼器、兵器上都镌刻汉字，季札更谙熟中原礼乐，因此可以认为，吴越的贵族阶层学习并使用北方汉语。[①]

汉人在南迁历史上大约有5次较大的动作，最早大规模迁徙是五胡乱华的时候，即东汉末年至魏晋南北朝；第二次是安史之乱后南迁；第三次是宋靖康之难后宋室南迁；其后是元末明初的时候，由于常年战乱，人口凋敝，朱元璋下令移民，政府主导的大规模移民开始了；还有就是清朝中叶闹长毛，即太平天国运动对金华的人口影响很大，金衢盆地是古战场，死伤人口惊人，此间有无移民入金不得而知。民国《汤溪县志》记载，明末就有闽人进入汤溪山区，遂昌县有"闽人种麻靛者发难于金华（汤

---

[①] 董楚平：《吴越文化新探》，浙江人民出版社1988年版。

溪)"的记载……自康熙至乾隆年间,福建长汀、上杭、宁化等县贫困农民掀起了移民浙南、浙西山区的大潮,深入浙江山区结棚而居春去冬回,以种植靛青、苎麻、玉米为业,后定居当地遂形成村落,繁衍至今,大部分的汤溪村落很多都是那时候迁徙来的,旧汤溪县包括罗埠、汤溪、琅琊、塔石、莘畈、临江(部分)、游埠(兰溪)。此外金衢盆地的瀫水河谷平原,在明清时代是江浙的物资交流重点地区,上可到衢州,上可沿新安至徽州,下可沿严滩至杭州,也可抵婺州小码头等地。此时的龙游商帮,横行天下成为中国十大商帮,有很大一块贸易是从山中收购木材、竹子、茶油等山货沿水路发往各地的。①

一般认为,原始吴语源于古楚语。上古时期,南方汉语只有楚语,楚语正式进入吴越地区,当由楚灭越开始。《汉书·地理志》称"本吴粤(越)与楚接比,数相并兼,故民俗略同"。经楚人几十年的统治,形成当地发展汉语的条件,楚语在吴语尤其南部吴语的形成中应起过重要作用。姑蔑地的方言(如汤溪话)与吴语有许多共同之处,似非偶然。秦汉置郡后,当时越族力量还很强,部分越人进入山区成为"山越",而浙南、福建一直还是越人的天下。春秋时期南进的移民大约是从今宁绍、杭嘉湖平原出发的,他们越走越远,方言也就与古越语越来越歧异,以致后来浙南移民的方言与出发地的方言竟不能通话。原始吴语的形成,以古越语为底层语言,汉语上接受了楚语的影响,故历来有吴人"音楚"之说,《乐府诗集·郊庙歌辞》就说:"梁陈尽吴楚之音,周齐杂胡戎之伎。"姑蔑语,久已成为文化的标识,以"吴侬软语"称之。"吴侬"就是指吴人,因为吴人自称"我侬",称人则"渠侬""个侬""他侬"。姑蔑语和其他方言一样,有一个逐渐演变的过程,因为它本是吴语的一支,并且被视为吴语的代表。姑蔑地的方言,融合了吴语的轻清而柔缓、越语的流利明晰、楚语的粗犷。因为姑蔑方言的特殊性,北方人听懂不易,学之更难。

姑蔑区域地处江南腹地,具有得天独厚的区位优势,处于吴、越文化之间,千百年来滋润出无数文化名人,耕读立身,文化传世,将江南文化愈演愈丰富,愈炼愈精致,文化氛围日愈浓郁,文化基础也愈为厚重坚

---

① 汪文壁修,罗元龄等纂:《汤溪县志》卷八,上海图书馆藏明万历三十二年(1604)刻本。

实。深厚广博的文化底蕴,姑蔑人追求的是一种儒雅、雍容、悠闲、精致、细腻、含蓄的审美情趣,具有圆通透彻的灵根悟性和精湛融通的多种艺术才华,进一步催生了文化的繁荣。一方面,中国文化,尤其是其精英文化,已通过汉字这个媒介扩展到中国以外的东亚国家——朝鲜、日本、越南,对它们产生了深刻影响;另一方面,在中国内部特别是在不识字的农民中间,可能隐藏着非汉语的底层遗存,而这个底层已为优势语言所淹没、所同化。①

方言是语言的变体,同属一种语言的方言有共同的历史来源、共同的词汇和语法结构,其现代的形式在语音上必定有互相对应的关系。除了使用地区很小、使用人口很少的语言以外,任何语言都有方言的地域差异。在有方言差异的社会里,人们开口总是用某一种方言。相对于"方言"而言,"语言"是一个抽象的概念。人们在口头上使用的是"方言",而不是"语言"。大多数语言内部有方言差异,并且方言现象非常复杂。秦汉以前,广大的江南地带,主要还是古越族的居住地,他们所使用的古越语跟古汉语的前身相差很远,不能通话。口语方言,有的只有声音没有音标,有的既有声音又有音标,音调和音标都有自己的特色与特点。方言与同时期的官话是有所区别的,而且就算区域内音调与口音也有所差异性。但是本质上无差别,可以交流和听懂意思。某些词语、句子、单词和意思有些许的差异性,但有些共性大于差异性,有些差异性大于共性。

姑蔑之地悠久历史的地理空间,存在于金衢盆地丘陵"封闭、安定"的环境中,融合了北方的精神和南方的精神,数千年演化成一个较为独立的历史人文地域,而形成了一种特别的民风。汤溪(历史上的姑蔑墟太末里)的风俗人文同金华市区及其东边(历史上的乌伤之地)相比有着明显的差异,尤其是方言。比如,金华话,八婺子民都听得懂,汤溪人也不例外。而方言汤溪话对于金华市民来说,就不一定全听得懂了。汤溪话是古越音域之遗风,很少带韵,这点是与北方话最大的差异。近年来,反映民间疾苦和情感世界的汤溪方言民歌《老老嬷》《花手巾》等以其雄浑而不失清丽、刚劲而不失委婉的曲调在网络上广传,音律时而激情高扬,时而曲调低沉,其宏伟大气的旋律,成为古越国的口音复活的神秘音符,反映了姑蔑地汤溪悠久的历史和深厚的文化内涵。"贡(哪)些时景,你侬

---

① 周振鹤、游汝杰:《方言与中国文化》,上海人民出版社1986年版。

个囡，阁（他）侬个后生，这么些年过去，总也晓勿着你侬哈中（做什么），心里还有点咣（怕），心里还有点咣（怕）。山上的藤梨熟吧（了），树上的毛栗空吧（了），溪滩里的水流去了多少，哈么（为啥）还有鱼，哈么（为啥）还有青呱（青蛙）？"方言民歌《老老嬷》就在这样一个美丽的意境中，通过山、水、毛栗、藤梨、鱼、青蛙等农村司空见惯的动物和植物，展现了一位老婆婆娓娓道来的一段情感心路。汤溪人的质朴悍勇、开拓进取、刚毅坚韧、崇文重义、勤敬务实、灵动睿智就尽在这段歌谣里了。汤溪话，抑扬顿挫，有的来自喉咙深处，有的来自鼻腔深处，有的更是感觉来自五脏六腑，不仅铿锵有力，简直就是斩钉截铁。[1]

姑蔑之地的语言自成一派，是一种吴越语方言，长期以来一直是吴越语的代表方言之一，在历史上具有很高的地位，以软糯著称，引得学者关注。北京语言大学副校长曹志耘教授（祖籍金华汤溪）、复旦大学中文系教授郑土有（祖籍金华汤溪）、中国海洋大学教授傅根清（祖籍金华塔石），他们潜心研究姑蔑地的汤溪语音。曹志耘教授从事汉语方言的调查研究30多年，足迹遍及祖国大地，著有多本专著，使汤溪话成为学术界讨论的话题。其中出版有研究金华方言的《金华汤溪方言的词法特点》、《现代汉语方言大词典》分卷之一《金华方言词典》等，曹教授认为汤溪话是一种很古老的地理语言，有很多的发音还是很原始的，有着古越国口音，很有研究价值。[2]

2. 姑蔑音系浙江密码

金华话属于吴语金衢片，共9个县市，从通话情况看，金华、兰溪接近，武义、永康接近，东阳、磐安与义乌接近，浦江更较特殊，金华的汤溪话之吴语更为古老，保留了上古口音，较其他地区特殊。其源流可追溯至春秋战国时期的越国的官方语言，是古百越语与古汉语相互融合产生的。

作为姑蔑之地的汤溪，由吴语方言衍变，例如在吴语区称作"姑妈"或"姑姑"的，当地人却把姑妈叫作"娘娘"（取第一声），即为古越语。相传在两千五百多年前的吴国，吴王阖闾有个小女儿名叫胜玉，年方十四五岁，还未出嫁。胜玉公主从小娇生惯养，个性就像她的名字一样，比玉

---

[1] 张广天：《妹方》，四川文艺出版社2016年版。
[2] 曹志耘：《汤溪方言民俗图典》，语文出版社2014年版。

还"玉"——洁净、自尊、脆硬、易碎。有一天吴王吃蒸鱼，吃到一半，觉得很好吃，就舍不得再吃而赐给了胜玉。胜玉一看只有半条剩鱼，非常恼怒，因为"剩鱼"音同"胜玉"，胜玉认为父王这是拿剩鱼来暗喻她是多余的人，不喜欢她了。"父王这是在羞辱我啊！既然如此干嘛生我来的。"一气之下，胜玉竟然抽出短剑，自杀而死。阖闾非常悲伤，"凿池积土"，把女儿厚葬，还以胜玉公主生前最喜爱的宝剑——与"湛卢""鱼肠"齐名的"磐郢"陪葬。并叫三位妃子居住于此，世代陪伴，并赐予吴姓。《吴县志》有云：昔（春秋时）有吴妃姐妹三人，各居一峰，殊有灵异。阖闾的儿子夫差，也常叫自己儿子们来祭祀这位小姑妈，并命山人立祠祀之，祠庙内留有"姑皇圣墓"的匾额。由于当时吴王宫内称未出嫁的公主为"娘娘"，所以夫差的儿子吴姑蔑等祭祀自己的娘娘——姑妈，也就随着将吴祀祠称作了"娘娘庙"。而后人，为了抬高自己父亲的地位，也常尊称父亲的姐姐或妹妹为"娘娘"，逐渐成了习惯。

俗话讲"百里不同天，百里不同音"。金华的金西之地，历史上曾隶属姑蔑国、太末（龙游）、兰溪、金华管辖，语言有"东腔西调"之综合，完整地保留下来的内部居民的口语方言，属浙江中西部吴语中金衢片（传统分区法中为婺州片），以原汤溪县区域汤溪镇的方言为代表。原汤溪县由婺州、处州、衢州三府组合而成，而婺州、处州、衢州三府的方言差异甚大，三府四县方言在汤溪经过五百多年的碰撞式变化，形成了相对独立、独具特色的汤溪话。在传统分区法中，金衢片的大部分地区属于婺州片，其余地区属于处衢片。金衢片内部差异较大，有些县之间不能通话，要用带官腔的金华话来交际。

目前在全国使用姑蔑地"汤溪方言"的大约20万人，而且发音也有所不同。汤溪话的鲜明特点，以"吴侬软语"称之。"吴侬"即是吴人，因为吴人称"嗯侬（你）""阿侬（我）""苟侬（他）"，音乐感极强。汤溪语中还有，花头精——耍小聪明，也叫小把戏；圆来来——胖墩墩的可爱，也叫圆滚滚；黑漆漆——伸手不见五指，也叫乌洞洞；澜瞑瞑——形容很冷，也叫冷冰冰；薄兮兮——形容厚度薄小；赶临临——形容很着急、急急忙忙地……听起来都很有语感。汤溪话对厕所的别称是"东司"，东司是唐代中国的厕所雅称，日本到现在都有东司的称呼，据查全国叫作"东司"的地方不外浙江金华、广东潮州和江西萍乡，这些都是古汉语遗留的证据，也说明古汉族的脉络和古语点状遗存的符号，可见汤溪话里有很多有趣的事情值得探究。吴侬俚语之代表汤溪话的甜糯柔美，成为浙江文化的标识。

从地理环境上来讲，秦汉以前江南土著使用古越语，姑蔑由于地处偏远，外来语种对地方方言的侵蚀较少，语言交流的相对独立性和封闭性等原因，反而保存下了很多古朴的原音。姑蔑地汤溪话完全是上古的越国音域，吴越古语也都是讲越语，保持了真浊音和清音声母的分别，听起来就像吟唱。汤溪的风俗人文和金华市区及其东边（历史上的乌伤之地）相比有着明显的差异，汤溪话与附近东面的金华和白龙桥、南面的丽水和遂昌、西面的衢州和龙游、北面的金华和兰溪相差甚远，仅能听语音辨别某地腔调，但通话无碍，金华、兰溪一带说话与杭州口音有脉络关系，都受南宋官话的影响。浊朴的汤溪话完全是上古的越国口音，有些歌谣听起来就像非洲原始森林氏族部落的吟唱，汤溪话的原字记载在《汤溪县志》和《康熙字典》里最多。①

从语言风俗来讲，汤溪人说话的语调（声调），是古朴而浑重，是委婉中又略带一点迤逦式的强调，以及略带刚劲的抑扬顿挫"柔中带刚"，是庄严豁达、从容不迫的涵养、温柔、敦厚。方言是文化的载体，汤溪话是古越音域之遗风，很少带韵，这点是与北方话最大的差异。汤溪话虽然有不少变异，但基本语素、语言、语义，虽流传千年，仍是一脉相承，脉络分明。汤溪话是多复音语系，不像一字一音的孤立语，而是多音拼合的胶着语。汤溪话最大的特点是古阳声韵、入声韵字全读如阴声韵，即所有韵摄均彻底丢失了鼻音韵尾（连鼻化音也没有）和塞音韵尾（在连读中也没有）。汤溪话中古浊入字归阳上调，古清入字长调化，即失去入声"短促"的特征（无喉塞音韵尾），读作像舒声韵一样的长调，但未与其他舒声调合并。在汤溪话中，除了表示小称的儿化音和少量文读音、象声词的韵母带鼻音韵尾［ŋ］（以及辅音自成音节的韵母）以外，一般韵母都没有辅音韵尾，全由元音构成。这种现象在所有汉语方言中都是罕见的。

从使用区域来讲，大致相当于原汤溪县境，包括今金华市的汤溪镇、莘畈乡、岭上乡、塔石乡、蒋堂镇、罗埠镇、洋埠镇、琅琊镇、沙畈乡、白龙桥镇的古方（原古方乡），长山乡石道畈（原石道畈乡）。汤溪古县

---

① 戴建东：《姑蔑古语与汤溪方言》，《今日婺城》2010年7月21日第2版。

前为古太末里，古太末里前身为姑蔑古国，其方言以点滴生活、农耕之事的精辟描述，据多方面及权威言语专家资料考证是曾经一个部落国家的国语，至今让国内外多少语言学者教授感叹。汤溪人的口语，完全没有用书面汉字记录下来的可能，只能"翻译"出一个大概的意思。例如：

| | | |
|---|---|---|
| 阿侬：我 | 嗯侬：你 | 苟侬：他 |
| 阿哄：我们 | 咋事个：有什么事吗 | 也神：现成 |
| 叩嬉、叩搞：出去玩 | 味：高兴 | 困：睡 |
| 五更：早上 | 望：看 | 弗：不 |
| 嘛吧：没有 | 吓侬：非常 | 晓得咪：知道没 |
| 东司：厕所 | 加西：解小便 | 加污：拉大便 |
| 肚饥：肚子饿 | 口燥：口渴 | 敲天雷鼓：打雷 |
| 弗达嘎：没关系 | 哦叽：安闲 | 一介：一会儿 |
| 灵清：清楚 | 天罗：丝瓜 | 落苏：茄子 |
| 虾：花弓 | 玉米：包罗 | 傻鬼：神经病 |
| 老货：男性老人 | 老孃：女性老人 | 老马：老婆 |
| 小侬：小孩 | 小囡：小女孩 | 小鬼：小男孩 |
| 伯嚭：吹牛 | 的侬：烦人 | 傻鬼：傻瓜 |
| 著：穿（例如：著鞋） | 嗲畈：田野 | 孵日头：晒太阳 |
| 婿银裹：女人 | 好脉好脉：友好 | 口埠：嘴巴 |
| 死不着：恶人 | 麽俏：漂亮 | 难萌：丑 |

姑蔑地的汤溪"哈么"是一种文化符号。汤溪方言保存了古朴、上古的音域，"哈么（哈呣）"是汤溪话的标志，是汤溪人的形象代言词。汤溪人世代男女老幼，人人、时时、处处都会冒出一句："哈么！"而且这"哈么"方言来头还不小。汤溪与达摩渊源深厚众所周知，据祖籍汤溪的浙江文史馆馆员郑竹三先生研究：在西藏有着这么一个传说，当年达摩祖师流传下了两个字，此二字是达摩献给人类的礼物。达摩祖师圆寂前说的最后两个字就是音"哈么"，此二字的发音正是与汤溪方言"哈么"二字同音！更巧的是，据相关媒体报道，在云南香格里拉有一处达摩洞，在很早以前就是香客络绎不绝的佛教圣地了。而在其附近的雪山地带，发现了一处聚居的村子，村中的居民相传是达摩的传人，据悉，他们的方言中也有"哈么（哈呣）"二字，当地人说，此二字是当年达摩祖师流传下来的。"哈么""哈呣"，达摩禅师留给人间的一句最简洁的佛偈，是无

限生命的法宝，是开启智慧的"般若"，是时空流转的"法轮"。乃真、善、美、慧大道也。所谓"哈"，即古语里的"何"。"么"，即语气词。汤溪人说话，"哈么"的语境、语气不同，所表达的意思也不同。一是表示语气加重时的追问反问，一般是指对方说话语气轻了或者意思表达不完整，没听清或者没理解，而追问"哈么"。二是表示询问某人、某物或某事的本身或性质。如：你从那里得到了哈么消息？三是表示惊讶或激动。如：哈么，不吃粥啦！四是表示没辙、求解，如"到九峰岩的路哈么走哇？"……总之，任何语境语气都有"哈么"。汤溪"哈么"，以其雄浑而不失清丽、刚劲而不失委婉的音域流传至今。"哈么"，既体现了优秀传统文化思想理念，包孕了姑蔑文化核心内容，又显现出姑蔑地域个性特点。

姑蔑地的汤溪话"宽慢"是一种文化自信。汤溪，在衢之东、金之西、处之北，地处姑蔑古国中心的金衢腹地，处于吴、越、楚文化之间，深深植根于姑蔑文化发展和社会活动之中。汤溪方言"宽慢（夸嬷）"是古越语音，"宽慢"的意思有二：一是谓蓬松散乱。见《元典章·吏部六·儒吏》："验得本尸肉色微黄，两手舒展，头发宽慢，某处有伤一处，长阔各若干，口鼻耳内或有血处，验是马踏身死。"二是宽松，不严紧。见《西游记》第九十一回："行者道：'这一向也不曾用着你们，你们见老孙宽慢，都一个个弄懈怠了，见也不来见我一见。'"方言"宽慢"承载着姑蔑地域的文化自信，"宽慢"之于于越文化环境的浸染、"宽慢"之于姑蔑文化地域的融入、"宽慢"之于婺徽文化社会的渗透，而凝聚成一种人格精神，深刻影响姑蔑人的意识和行为。而在汤溪的语境中，"宽慢"的作用和意思有三：一是人际交往中的礼貌用语。如与亲朋好友分手告别时，都会客气地说一声"宽慢"，这里的"宽慢"，应该类似"慢走"（再见）的意思。二是作提醒用语，如看到小孩走路太急、太快，大人或家长就会提醒他（她）"宽慢走，慢慢呢走！"是提醒对方小心和放慢速度的意思。三是安慰和理解的意思，如看到对方情绪紧张、说话结巴，就会安慰说"宽慢讲"，这里的"宽慢"，还有倾听和尊重的意思。"宽慢"两个字，隐含着为人为事的辩证法和自然和谐的本真。"宽慢"不是鼓励拖拖拉拉，而是追求又好又快、协调持续发展。宽慢是一种宽容，恢宏大度，胸无芥蒂，肚大能容，海纳百川；宽慢是一种开朗，心大心宽，开阔胸襟；宽慢是一种自信，智勇力量，消除烦恼，摆脱困境，充满光明；宽慢是一种修养，博大胸怀，尊重别人，谦虚洒脱，兼容并蓄。以宽慢豁达的心态来面对人世万物，为人做事淡泊名利，在逆境中有耐心，不急于求成，不论遇到什么挫折，都不气馁。保持积极的心态，宽心了自然也就顺意了。

姑蔑地的汤溪话"背命"是一种文化自觉。汤溪话"背命"是姑蔑国语音，是"拼搏"的意思，就是拼着命要把事情做好，源自俗话"背薄一寸，命长十年"。姑蔑古国南迁定都九峰，一路战争，形成了姑蔑人英勇善战、顽强拼搏的秉性。如今，某人工作很努力，夜以继日、废寝忘食，则旁人会说"苟么发狠，背命呢"。"背命"是汤溪人的勇气，汤溪之地人类活动发轫甚早，聚落出现的历史悠久，民风习惯保留了较多的文化特征。源远流长的姑蔑文化、底蕴深厚的耕读文化、瑰丽神奇的三教文化、刚毅正直的血性文化、自强不息的商埠文化，展现出地域文化的独特魅力，姑蔑人追求的是一种儒雅、雍容、悠闲、精致、细腻、含蓄的文化内涵，主张崇尚自然、顺乎自然、勤劳简朴、亲友睦族、尚学重教、刚正勇为、吃苦耐劳之风尚，述说着"背命"文化的新状态。汤溪"背命"，就是有拼搏人生的理念，阐明有信念、有梦想、有拼搏、有奉献的人生，"背命"者是精神最为富足的人，也是最懂得幸福、最享受幸福的人。一是为信仰和理想而"背命"，吃苦在前、享受在后，勤奋工作、廉洁奉公，为理想而奋不顾身去拼搏、去献出自己的全部精力乃至生命；二是为崇高使命而"背命"，为人类进步事业而"背命"，为人类做出新的更大贡献；三是为顽强艰苦"背命"，不畏艰难险阻，不屈不挠，英勇拼搏，体现的是直面问题、与困难作坚决斗争，攻坚克难、战胜困难的精神状态，反映的是坚定的信念、必胜的信心、无畏的英雄气概、不屈不挠的斗争精神、宁死不屈的革命精神和坚韧不拔的钉钉子精神。

姑蔑地的汤溪话"伯嚭"是一种文化鞭策。汤溪地界在春秋时叫姑蔑国，是越国的附属小国。曾经是越国地界的金华话、汤溪话、义乌话、兰溪话中称那些说大话的人叫"伯嚭"，甚至杭州话、绍兴话也有。伯嚭者，吴王夫差的江山，一半是他丢的，历史上记载，他好大喜功，贪财好色，被越国大夫文种收买，里通外国，搭救勾践，陷害伍子胥，导致吴国最终灭亡。站在越国的立场，伯嚭自然是功臣，但越人爱憎分明，又从心里瞧他不起，倘汤溪话中的伯嚭真的跟历史上的伯嚭有关联，则自然是个贬义词了。汤溪话中"伯嚭"这个词，是指爱吹牛的人，大话、空话、谎话连篇，不着调，不值得信任。"伯嚣"作形容词，这个人很会伯嚣，十句有九句半是假的，另外半句还得考证考证。"伯嚣"作名词，专指那些爱吹牛的人。"伯嚣"作动词的，专指特能说、会说。汤溪话的伯嚣，还与"十七"这个词连用，叫"伯嚣十七"，有贬义之意，说这个人不牢靠。

汤溪"佬"是一种文化智慧。在汤溪方言里很讲究的，"佬"用于人的称谓时，多少存有对某人不满或不恭，如讨饭佬、剃头佬、裁缝佬，在汤溪境域有如此称谓是常事。"佬"也含有夸耀或褒奖之意，如"好佬"的称谓，意指会办事、能办事的人。"大佬"是说某人请客埋单者，意指这人有钱；在单位任职务的，意指当官的；主人家的尊客或贵宾，意指被尊重的人。汤溪人，说人家"佬"却又忌讳被人家说"汤溪佬"，"佬"字褒贬不一。

(二) 姑蔑艺文杂录

1. 典籍中姑蔑十景诗[①]

衢州十景

瀔水环漪：瀔溪本自九天来，流到城西视野开。城郭端庄凭放目，水亭绰约早投怀。梦萦碧浪千帆鼓，情系群峰万马追。波影留连无去意，碧春楼下久徘徊。

峥嵘涌翠：平地飞来突兀峰，层岩迭巘树阴浓。兵家要塞凭其险，知府高衙据此雄。远岫投来皆妩媚，硝烟散去复葱茏。弦歌一曲峥嵘颂，回梦悠悠世纪钟。

琴鹤闻钟：祠庙巍巍靓古城，赵公塑像骨铮铮。抚琴已感关山月，伴鹤长留青史名。宦海浪惊当励志，瀔江水沏可濯缨。黎民久盼清明世，悦道遣风须笃行。

中洲渔笛：夕照流金笛韵悠，涛声树影绕中洲。不知绿岛渔村变，道是蓬莱水上浮。星落古城霓彩闪，神驰画舫信安游。明珠熠熠桥庵里，绝代风华靓九流。

南湖春芳：遗珠本是护城河，潋滟湖光漾碧波。阁是广寒铺月影，亭披夜暮响笙歌。知时春雨风梳柳，任性骄阳血染荷。可记吊桥沉寂处，当年旗鼓卷干戈？

---

① 黄晓刚：《金华古十景诗选》，文化艺术出版社2008年版。

斗潭秋馥：调泄洪峰念此潭，古城数度得安然。德坪今变景观道，湖面已盈清洌泉。云浴盆中霾雾净，鱼观镜底鹭鸥翩。荡舟西望德坪坝，曲径通幽观我园。

西城夕照：远眺群山树色深，残阳落处水浮金。潋波远逝纹如织，浪曲频传韵似琴。如幻炊烟融夜露，煽情南曲绕桅林。欲知城阙当年事，须觅郡王碑碣吟。

阁映文昌：自古三衢文运昌，帝君冥佑众星翔。读书明理称君子，保国安民多栋梁。欲慰先贤圆美梦，正挥椽笔续华章。喜看殿阁重光处，风鼓征帆又起航。

塔院倩影：矗立千年烟雨中，殷勤守望此心同。不分朝暮护黎庶，历数春秋送远鸿。塔恋古城情切切，人离故土泪濛濛。幸逢盛世得重建，聚力齐心竟此功。

唐韵遗风：碧潭仙子卧沙湾，长发流波结翠鬟。根植中流长砥砺，涡旋漫道久回环。三江至此狂飙息，九域来风天地宽。碑鉴废兴亭阅世，孟公足迹帝王滩。


龙游八景（宋·郑得彝）

潋水晴风：鲛鲭蓝色染初匀，风皱粼粼渺水云。安得此溪还姓冉，名高千载柳州文。

双港明月：泛泛逝水夹沧洲，金耀浮光碎碧流。夜半渔歌声再起，一天明月两溪秋。

渔村夕照：小艇穿鱼醉夕阳，柔条犹可折残杨。数家网罟孤村外，渔唱一声烟水长。

别浦归帆：望断烟波眼欲空，霞光明衬暮天红。水高数尺舟归急，幅幅蒲帆饱受风。

半山残雪：寒峰苍削露痕晴，残雪遥疑宿冻云。茶话尚馀清绝趣，半瓯真味许僧分。

翠岩春雨：雨急林花第几峰，层层岩翠沐嵌空。回头万象皆生意，绿遍天涯造化功。

断岸浮梁：轻舠簇簇水溶溶，影落空江万丈虹。溱洧更无人病涉，浮梁千载纪成功。

村市晓烟：微茫村市隐江湄，三两人家欲早炊。翠箔楼台烟半湿，不知红日上花枝。

遂昌定溪十景（元·郑元祐）
岩泉洒瀑：乾坤作大匠，铸两石堂。终无斧凿痕，尚有玲珑窗。泉泻一瀑布，寒飞六月雪。水晶插天柱，东风响惊泷。
龙泓祷旱：龙鳞数九九，鱼鳞数六六。有鱼化为龙，行雨应列宿。村农鸣鼓祈，旱魃骇雷逐。水神和阴阳，锡我荒年谷。
大楼禅庵：劫外有一夫，种果结茅庐。白云护深阴，青萝挂高榆。测测石泉冷，暖暖烟谷虚。忆昔拄杖人，襟胸多踌躇。
新庄仙石：崔嵬砆两石，巉岩不可即。藤绕紫云气，鸟印苍苔迹。涓涓春水流，濛濛花雨掷。深山多赤松，樵牧如相识。
上溪观渔：扶筇出上游，桃瓣逐水流。丝竿老矶石，蓑笠伴羊裘。得鱼筌柳枝，博酒醉溪头。不羡披逆鳞，应无波涛忧。
小洋歌樵：老稚渡深源，松间拾坠柯。相顾惟相笑，并行还并歌。谷口遏云落，肩头担月簑。忘劳且密约，风雨莫蹉跎。
郊首劝耕：鹁鸠啼春雨，荷犁向东郊。少壮勤垄亩，场圃免荒抛。桑田足衣食，贡赋入包茅。闭户黄昏后，催科吏不敲。
山头归牧：苜蓿向春肥，三五山头牧。落梅过前川，束蒭挂茧犊。烟逐晚风飞，香觉菽炊熟。归去饱黄昏，蓑衣和月宿。
石鹰穿云：星精雕苍犬，雄昂何巍巍。嶙峋出青嶂，碌磝披锦帏。狡兔惊窟走，鸟雀拍空飞。林壑敛暝色，孤碘含夕晖。
双峰联障：屹立太微星，卓卓摩苍冥。芙蓉连枝出，莲花并蒂呈。叠嶂对岷峨，崇岗倚井陉。造化设奇险，东首作藩屏。

金华汤溪八景（明·宋约）
九峰仙迹：九峰之山何崒崔，云堆时露芙蓉色。碧桃子熟知几春，洞里仙人竟何适。丹成九转事已休，琪花瑶草良悠悠。黄鹤已去不复返，一声铁鞭空山秋。
千松梵音：梵王宫阙何穹崇，行旅遥闻半夜钟。飞泉涧底泻寒玉，怪松云外蟠青龙。古碑剥落卧秋草，落叶纷纷僧不扫。记得谈空借榻时，数声敲破烟林晓。
花台春日：花台在县东复东，春来淑气何融融。台边不知花几许，长留胜概繁华中。女郎游冶遍阡陌,布谷无声蝶翻拍。日暖泥苏正可耕,鄙杀簪花醉归客。

芝山夜雨:紫芝烨烨山之曲,毓彩凝光照幽谷。清高自与还自持,肯趁蒿莒狗流俗?逸老当年采疗饥,满山风雨今已非。欹枕禅房不成寐,坐烧银烛檐花飞。

白石晚霞:南山白石何凿凿,纤埃不涴生绡若。金乌刷尾衔青山,霞光万缕见寥廓。化工骋列云锦机,有时分逐孤鹜飞。更倩封姨逐烟雾,坐看天地都光辉。

青峰晴霭:青峰叠叠环汤溪,岚光树色如屏帷。或朝或暮互朝拱,非烟非雾相因依。有时长风倏祛扫,螺青黛绿自然好。公廷几度清昼间,挂笏吟观畅怀抱。

越溪渔唱:越溪之水清且漪,阿翁坐钓严陵矶。得鱼换酒醉眠熟,觉来一曲沧浪辞。我适闻之为汝喜,问之不答唯指水。意谓为官清且平,自然小民乐田里。

葛陇农谈:葛陇旁田总肥沃,宜麦宜麻又宜粟。农人相见话依依,功力到时自然熟。更逢官府周民情,四时科差只宁馨。我依你依用知感,大家小户歌升平。

金华兰溪八景(明·兰溪状元唐龙)

兰荫春馥:丹嶂阴茫长谷雪,翠岚光滴大江流。兰花十里照春水,山鸟无声香自幽。

桃坞寻芳:绯桃潇洒压春花,碧坞参差近我家。雷雨忽垂瀛海实,风霜不落武陵花。

平沙落雁:澄江一片浸圆沙,瑟瑟芦蒲开白花。万里月明雁初渡,天风吹落影横斜。

巨浸卧虹:松舟百叶浮江上,铁缆千寻贯水中。月下独横题柱笔,一来一往踏长江。

瀫水漾月:潭心浅碧行兰色,水面深青漾瀫纹。空阔直通千嶂月,澄鲜净洗一川云。

山意栖霞:人间亦有阆风岑,谷窈峦回山意深。一片丹霞栖不定,长随飞鹤出疏林。

中洲渔火:捕鱼换酒笑呀呀,入市无鱼酒不赊。明日江头期一醉,先同老妇卜灯花。

南岭樵歌：赤脚踏开千里雪，青松挑得一肩云。高歌低唱山中乐，惟我山人拍手闻。

安徽休宁八景

白岳飞云、寿山初旭、松萝雪霁、凤湖烟柳、练江秋月、落石寒波、夹源春雨、龙井飞瀑。

建德"新安"十景

千岛浮翠、紫金锁澜、白沙奇雾、灵栖洞天、慈岩悬楼、严陵问古、双塔凌云、胥江野渡、七里扬帆、葫芦飞瀑。

龙丘十二景

鸡鸣秋晓、岑山霁雪、翠岩春雨、豸屏松磴、双桥明月、九峰仙灶、石壁渔舟、乌石飞泉、西湖柳浪、东山红树、凤渚归帆、瀫水晴风。

福建浦城古诗

《送人宰浦城》：东南犹阻寇，梨岭更谁登。作宰应无俸，归船必有僧。滩平眠獭石，烧断饮猿藤。岁尽校殊最，方当见异能。（唐）林宽

《和浦城买舟》：倦客逢荑节，生涯寄叶舟。穷途危不雇，飞棹去难留。旧菊重阳日，寒芦两岸秋。多情惟破帽，犹恐老人头。（宋）赵希逢

《建宁浦城李频行祠》：建安梨岳老梨木，刻作唐朝建州牧。香炉忽动吹寒灰，浦城环翠阴风来。岭头顽石尽能走，涧下奔泉皆倒回。猿猱啼兮鬼啸野，六玄虬兮四骊马。想须吟绕碧草亭，举手高翻白云写。峰为文通名梦笔，杨公书堂曾散帙。丽月鲜霞付与谁，烟墅有人还筑室。田父何所祈，赠尔青鼗黑桑椹。里儒何所求，赠尔黄粮布囊枕。万岁兮千秋，既往兮复留。抽兰心，拆椒口。簸南箕，挹北斗。不假竹枝歌，何须折杨柳。只用秦原妙绝词，传入神弦荐春酒。（宋）周弼

《庆元改元浦城桑田大稔余按视次告父老》：农桑初轸素餐忧，幸尔天然大有秋。壮穗凝鎌黄穰穟，柔丝滑杼白绸缪。黎明妇女放鸡犬，薄暮儿童归马牛。饱暖自聊无背本，轻肥相尚莫如流。（宋）曾丰

《元日过浦城西阳岭》：逝者东流水，情知无却回。迟留曾到处，嗟

古不同来。谁道新年好风物，忍将泪眼向春开。（宋）蔡襄

《皇祐四年春重到浦城县南峰寺因怀旧游》：重到南峰寺，寻思九日游。黄花何处去，白雪有谁留。薄宦三千里，流光四十秋。归来见诸子，林下好相求。（宋）陈襄

《浦城劝粜》：阳和二月春，草木皆生意。那知田野间，斯人极憔悴。殷勤问由来，父老各长喟。富室不怜贫，千仓尽封闭。只图价日高，弗念民已弊。去年值饥荒，自分无噍类。幸哉活至今，且复遇丰岁。庶几一饷乐，养育谢天地。岂期新春来，米谷更翔贵。况又绝市无，纵有湿且碎。何由充饥肠，何由饱孥累。恨不死荒年，免复见忧畏。我闻父老言，痛切贯心肺。行行至平洲，景象顿殊异。白粲玉不如，一升才十四。问谁长者家，作此利益事。父老合掌言，子文姓陈氏。起家本儒生，畴昔乐赈施。忆昨艰食时，巨室争谋利。米斗三日余，独收七十二。三都数千口，受彼更生惠。开库质敝衣，假此赒贫匮。取本不取息，所活岂胜计。我曹非此翁，久作沟中瘠。吁嗟薄俗中，乃有此高义。吾邦贤使君，爱民均幼稚。一闻平粜家，褒赏无不至。或与旌门闾，或与锡金币。独有颍川翁，宠光未之被。故作行路谣，庶彻铃斋邃。且俾殖利徒，闻风默知愧。并生穿壤间，与我皆同气。富者盍怜贫，有如兄恤弟。恻隐仁之端，人人均有是。顽然铁石心，何异患风痹。不仁而多财，聚易散亦易。似有种德家，福禄可长世。不闻眉山苏，盛美光传记。卖田救年荒，生子为国器。不见南浦毛，一惟利是嗜。积谷幸年荒，生子遭黥隶。天道极昭明，勿作幽远视。谁欤为斯谣，西山真隐吏。（宋）真德秀

《代浦城权县赵节推鹿鸣宴诗》：潜藩岁贡素多才，捷报欢声沸似雷。南浦士流新姓字，西山夫子旧胚胎。登荣仙籍香浮桂，得意春魁信在梅。此去天衢齐纵靶，代庖只饯幸重来。（宋）陈著

《至浦城界闻武林失火而还》：几年要入武林游，今日中涂却罢休。剩得纪行诗数首，前途有便是良谋。（宋）陈藻

《赠浦城陈贡士适》：闻与先师是切邻，束书无定橐装贫。不辞远道长为客，未有荒山可掩亲。石椁悬知非尔力，麦舟今岂乏斯人。吾闻葬礼随丰俭，布被珠襦到底均。（宋）刘克庄

《小孤山阻风因成小诗适舟中有浦城人写寄真西》：群山势如奔，欲渡长江去。孤峰拔地起，毅然能遏住。屹立大江干，仍能障狂澜。人不知此山，有功天地间。（宋）戴复古

《买舟浦城》：畏路逢危路，寻舟得小舟。始云为得计，终乃复添忧。舱狭难伸足，篷低怎举头。十围无处著踢促向中流。（宋）华岳

《夜宿浦城鱼梁徐删定子出示林谦之挽其父二诗》：两章宛转复清哀，读到鱼梁首重回。便使短笺无姓字，也应知自艾轩来。（宋）吕祖谦

《送徐正时归浦城》：徐子志义士，触热如探汤。远从南浦来，访我存与亡。语兼琼瑶温，气回兰蕙芳。炎云正烁石，怀抱为清凉。顾予岩壑姿，小筑台山傍。儿辈杂编氓，荆扉绕松篁。感公久留兹，语离势中肠。行行括苍道，念此山路长。公怀武夷春，复多知见香。青云勉震耀，宜近天汉光。草堂不道远，时寄烟苍茫。（宋）曹勋

2. 史载姑蔑遗事存疑

姑蔑地鱼鳞册。鱼鳞图册是旧时为征派赋役和保护封建土地所有权而编制的土地登记簿册。图册中将田地山塘挨次排列、逐段连缀地绘制在一起，详细登记每块土地的编号、土地拥有者的姓名、土地亩数、四至以及土地等级。还把每块土地形状绘制成图，每册前面又有土地的综图，因其形似鱼鳞而被称为"鱼鳞图册"，又称"鱼鳞册""流水册""鳞册""鱼鳞图""鱼鳞"等（见图4-1）。姑蔑方域的金华、丽水、衢州、温州等地，民间多有鱼鳞图册遗存且数量颇丰。其攒造时间最早始自明代万历年间，最晚至民国土地陈报时期，时间跨度长达350余年。其中包括明代兰溪县鱼鳞流水文册（1册）、清代雍正至乾隆初期开化县丈量图号联单（40册）、清代西安县鱼鳞图册（2册）、康熙三年东阳县量山地落山草册（2册）、雍正九年丽水县丈量田地清册（1册）、乾隆十六年东阳县八都四保鳞册（1册）、清嘉庆十年瑞安县五十一都一图八甲周善射存家鳞册（1册）、道光六年云和县三都香菰蓁曹氏弓口册（1册）、民国时期松阳县鱼鳞图册（1册）、民国时期义乌县西河村土地陈报编号草簿（10册）等等。兰溪县鱼鳞图册主要保存在兰溪市财政局档案室，还有若干散藏在金华市博物馆、兰溪市博物馆、兰溪市档案馆，为清同治年间编造、民国时补造，现有746册，缺74册（完整的兰溪鱼鳞图册为820册），载有兰溪县35都159图田土、山林、地形等情况，标明了土地的字号、类型、等级、四至、面积、坐落处，以及业主、所住地，地籍信息十分明确。兰溪县鱼鳞图册保留了明代、清代、民国这三个时代的鱼鳞图册实物；汤溪县鱼鳞图册除了清代攒造、民国补造的鱼鳞图册外，还存有1953—1957年《汤溪县农业税土地产量分户清册》，这批资料虽非鱼鳞图册，业主亦

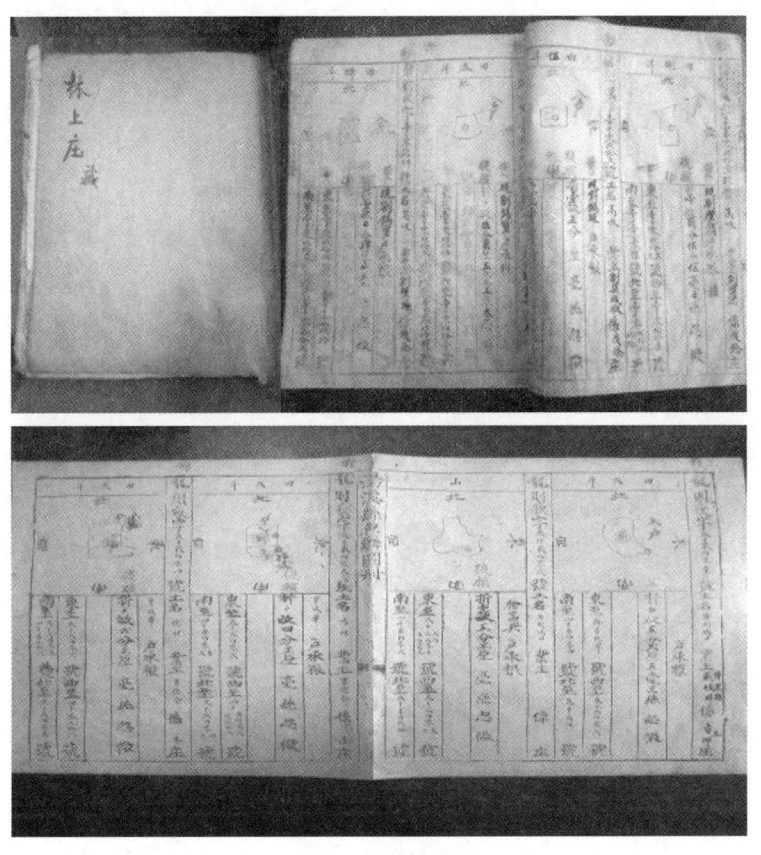

第四章 浙学——姑蔑溪畔流动的生命符号 151

图 4-1 鱼鳞图册

有所更替，但仍是依照清末汤溪县鱼鳞图册的土地编号。这些既有系统又有相对应时间序列的资料，是研究土地、人口及相关制度变迁的第一手资料。① 据专家考证，婺州是鱼鳞图册的首创地，始于南宋，盛于明清，一直延续到民国、中华人民共和国成立初年，仍然有具册之举，沿袭时间长达 700 余年。金华市档案馆所藏"汤溪县鱼鳞图册"共 416 册，每册页数不等，总计 70546 页，大部分编造时间始自清同治四年（1865），迄至光绪十一年（1885），小部分为民国补造，时间跨度长达 20 年之久。该图册以"庄"为基本的建置单位，详细记载了汤溪县汤塘庄、蒋村庄、祝下庄、西山庄、京东庄等 73 庄的田土情况。这批资料数量众多，种类丰

---

① 蔡文洁：《100 多年前的"鱼鳞册"隐藏着怎样的乾坤》，《金华日报》2017 年 11 月 9 日第 8 版。

富,存量繁夥,信息量大,系统性强,颇具学术价值,全面地反映了汤溪在清末至民国时期的农村经济实态,诸如地权分配、赋役制度、人地关系、区域社会变迁、地方习俗、民间基层组织等情况。美籍华人著名学者赵冈曾评价说:"我认为明清时代的鱼鳞图册是人类历史上(在计算机时代来临以前)政府地籍管理最周详细致的档案记录,中国以外任何国家都找不到类似的档案资料。"通过对汤溪县鱼鳞图册数据的全面统计,可以研究出晚清民间会社的种类、规模、分布等具体情况。汤溪县鱼鳞图册共419卷,是目前已知的国内第三大鱼鳞图册。其几乎是同时期较完整的一个县的地籍资料,系统性十分罕见,可作为中国鱼鳞图册研究的典型样本,对探究地权分配、赋役制度、人地关系、区域社会变迁、地方习俗以及考察民间基层组织等问题都有重要的意义。鱼鳞图册是明清赋役制度的重要一环,是政府进行赋役征收的核心依据之一,是各种赋役征收册的基础,是官府为征收赋税而攒造的土地图簿册,因其所绘图形排列状若鱼鳞而得名。鱼鳞图册作为古代地籍管理和征收赋税而编制的土地登记簿册,事关国家财政收入,代表了中国古代地籍管理的最高水平,是古代最珍贵的档案之一。其依千字文编号,绘制土地形状,标明四至,详载字号、业主、丈尺、亩分、地目、土名等情况。尤其是亩数精确到了小数点后五位,信息极其精细。鱼鳞册为研究浙江姑蔑文化、还原区域耕地自然形态提供了原始档案,可以利用浙江姑蔑文化复原某个时段特定地域耕地的自然形态;为研究传统地权分配提供了最有力的直接证据,汤溪县所登记的地块皆有业主姓名,为进一步考察清末社会结构提供可靠的数据依据;为探究摊丁入亩、顺庄法等赋役制度问题提供了直接证据;为探究人地关系、了解地方习俗提供了可靠的史料;为考察清末土地与民间基层组织关系提供了最有效的数据资料。[①]

金衢盆地的石窟之谜。浙江龙游石窟之谜,游客还在探秘,尚有陵墓说(包括皇宫说、储藏说等)、采石说(包括采集其他矿产资源)、屯兵说等。2017年4月28日姑蔑领地原汤溪县管辖的"永昌石窟"(今属兰溪)也在媒体曝光。石窟3000多平方米,其中500多平方米被水淹没,不知深浅;15根鱼尾形的"柱子"顶着巨大的石穹;石穹上面是密密麻麻的凿痕,痕迹非常有规律,先是略微倾斜的竖痕长约25厘米,再是两

---

[①] 刘守华:《解码"鱼鳞图册"》,《中国档案》2019年第1期。

三条 5 厘米宽的横线凿痕。① 著名的龙游石窟，现在开发出来最大的石窟只有 2000 平方米。而永昌石窟却有 3000 多平方米，如此庞大的石窟群谜团重重。大批专家和学者纷纷对石窟形成的年代及用途提出各种不同的推想和论证：采石场、墓穴群、藏兵站、储冰库、巨石文化、"道家福地"以及"采矿人安身之处"等等，众说纷纭。② 龙游石窟的发现，可以确定的就是石窟凿成于春秋时代，正是姑蔑国存在时期。如今人们发现，在衢江北岸，类似的石窟星罗棋布，龙游石窟附近 2.88 平方公里的地下至少有 50 个洞窟。在古代并不发达的科技水平下，完成如此浩大的地下工程实在让人们触目兴叹。而窟中的重重谜团，更使得观者"入窟尽是探奇者，出窟全变猜谜人"。③

沈约与括塘堰。金华八咏楼位于金华城区东南，坐落于古子城，系南朝著名史学家、文学家沈约任东阳郡太守期间于隆昌元年（494）所造，原名玄畅楼（元畅楼）。沈约（441—513），字休文，吴兴武康（今浙江湖州德清）人，据南史记载隆昌元年，除吏部郎，出为东阳太守。494 年到任东阳郡（金华）出任地方行政长官，建武三年（496）离任，在金华长达两年之久。据民国《汤溪县志》所载：大湖在县北 12 里吕村庄（今罗埠镇上章村与吕家村之间），一名鹅湖，计 180 亩，与小湖相接，南齐徐伯珍兄弟钓隐于此，时号"双湖四隐"（四皓）。双湖风光秀丽，景色宜人，真乃钟灵毓秀人杰地灵。沈约对徐伯珍早已有所耳闻，虽未谋面但神交已久，早想登门求教。到金华上任不久，沈约便四处打探徐伯珍的消息。有一天终于有了他的消息，沈约迫不及待地整装出发，穿上便衣，没有带任何随从，跨马西行。就这样两位大师相遇了，他们之间说了什么，碰撞出怎样的火花，我们无从得知。他们双双沿着大湖小湖漫步，一边欣赏一边探讨着诗文、人生、天下大事。走到湖的尽头发现沿湖的庄稼长势很好而双湖以外土地干涸寸草不生，于是沈约暗下决心：作为一方父母官，一定要造福百姓。我要开沟挖渠，把双湖的水引来灌溉周边的农田，让老百姓旱涝保收。当地百姓为纪念沈约，所以把他开凿的水渠命名为沈

---

① 时补法：《浙江兰溪发现庞大石窟群　与龙游石窟相距不远》，2017 年 4 月 20 日，新华网，http://www.xinhuanet.com//local/2017-04/20/c_1120841759_4.htm。

② 陈瑞苗：《越国储物屯兵之处——试解龙游石窟之谜一说》，《浙江日报》1999 年钱塘周末版。

③ 张树：《千古之谜——龙游石窟》，《百科知识》2006 年第 5 期。

溪。据民国《汤溪县志》关于沈溪水利方面的记载：自此分支北流通大小湖者曰沈溪，沈溪水分注各湖。荡下游无泄水处。其东流者经之字桥至括塘堰（原名沈溪堰，又称括塘溪，当地俗称后王壩），括塘堰县北十里四都，原名沈溪堰，万历间邑令文龙因水注维艰，改迁今所，乡民赖焉。括塘堰当地人俗称后王壩，另据黄路派王氏宗谱记载：括塘堰，按：本堰四都一鄙，坐落竹溪后王，上接派塘堰之水，下通竹溪埠之源，堰口阔计二丈，堰流一十余里，注田三千余石，东至马村桥、南至陈家桥，桥边又有清泉一口，独救王姓之田，西承大湖边北流泽口塘，自洪武初年土堰没，而无人远之，洪水泛有冲坏之虞。至嘉靖元年堰长王童关，督率堰夫等累石修筑、堆砌浚流，由是田禾赖以灌济民，人藉以阜安，如斯之利何其薄或。由此可见，石堰最初形成是在嘉靖元年，即1522年，由黄路派王氏先祖率众所修，乾隆道光年间都有维修。所以说括塘堰的前身就是沈溪堰，没有沈约开凿沈溪就没有现在的括塘堰。沈约不仅是一位史学家、文学家，还是一位心系百姓的父母官。而今水路淤塞，括塘堰已经渐渐退出历史舞台，灌溉功能也逐渐丧失，但作为先人留下的文化历史遗迹还有很深的文化教育意义，承前启后，传承先辈的精神。①

汤溪建县传说。今兰溪市永昌街道朱排村的搭塘桥（该桥在今永昌街道朱董村小塘下对面的永游线上）、朱项、李塘、钱村、后胡等村与童山村的炳塘、双项村的杨柳塘塍等自然村都曾划归汤溪县管辖，一直到1949年才重回兰溪。而太平祝为什么没有划归汤溪管辖？这里面有一段故事。汤溪建县，始于明朝。传说分别从金华、兰溪、龙游、遂昌等县划出一部分地区拼成一个汤溪县。这地带很大部分是黄土丘陵，土地贫瘠，生产落后，出产不多，百姓贫穷，在这里当县官的大多无什么油水可捞，所以知道者都不甚喜欢到这里来任什么官职。但是，既然是一个县，就必须有人来这里任职。皇帝想来想去总算是想到了一个人选——皇叔。为什么要皇叔去担当此任？因为皇叔平时常与皇帝顶牛，借此机会把他调离自己的身旁，省点是非，何乐而不为。于是皇上就下了一道圣旨，任命皇叔去汤溪上任知县的官职。皇叔虽然是个草包，也看出了皇帝的恶毒用意，又气又恨，但又不可以当面抗旨。既然皇命难违，但又难以消除心中的不悦，于是就提出上任前的三个条件。皇叔对皇帝说："要我上任不难，得

---

① 陈钟灵修，冯宗城等纂：《汤溪县志》，浙江图书馆藏，清乾隆四十八年（1783）刻本。

依我三个条件。"皇帝问:"哪三个条件?"皇叔说:"第一,无论多大的官我不下跪,因为我是皇叔。"皇帝答应了。皇叔又说:"第二,上任后,三年里免征皇粮国税。"皇帝明明知道皇叔想的是白吞自己三年的钱粮,心都痛了,可还是答应了。皇叔又提出第三个条件:"我知道管辖的地方地瘠民穷。听说兰溪是富饶之地,都说'上当太平祝,下当王侠谷',我到任之后,要由我跑马圈地。"所谓"当",原指当铺,这里指的是太平祝与王侠谷都是富庶之地,如果占有这两个地方,也不愁没有油水可捞。皇帝心想这老东西早点离开自己的身边,管它是什么上当下当,何况什么太平祝、王侠谷究竟在什么地方自己也不清楚,也答应了第三个条件,全依了。皇叔满心欢喜,万分高兴。走马上任汤溪县知县,到那里抖抖威风,快活个两三天后,皇叔下令部下备好几匹好马,要到兰溪西乡骑马划地,并且由皇帝亲自骑马出送。凡是马蹄所到之处,就划归汤溪县管辖。这天早上,皇叔带领兵丁马卒,出县城,过罗埠,渡衢江,来到兰溪地界。从伍家圩登岸,快马加鞭跑了起来,一直跑到朱排的搭塘桥头。坐骑浑身是汗,再也跑不动了,皇叔也被颠得头昏脑涨,不知所措,一骨碌就从马上下来。等了老半天,亲随的兵丁才气喘吁吁地赶着了在等待的皇叔。皇叔问部下"上当太平祝到了没有?"亲随跟着马屁股猛跑了大半天,滴水未进,人跑哪有马跑得快呀,更何况还要随着马蹄撒石灰线,如果还要继续折腾,还不丢掉老命啊。就上气不接下气、异口同声地回答说:"禀告大人,太平祝早已经到了。"皇叔听说太平祝早已经管过来了,就调转马头,回马从钱村、姜村坂畈奔上王侠谷。到王侠谷以后,就从邵家、三港殿一带,沿溪巡视了一番,晓喻乡民,便过渡回衢。这一趟旅程,恰好构成开头所说的悦角三角形地带,直插兰溪腹地,所以就有"汤溪捣兰溪的心,兰溪抽汤溪的筋"的说法。直到这位蛮横瞒盱的皇叔咽气后,才得以划回兰溪县管辖。但相沿成俗的后任县官,也老抱着成规不放,和上司争要这块"金三角"。划汤溪归兰溪一直争论不休,直到1949年8月才正式划归兰溪,这件公案才告结束。

旧汤溪县的绉塘六门之谜。绉塘,位于金华市西金三角的罗埠镇,与兰溪上华徐宅山背相邻,水路发达,紧扼黄路溪通婺江注入兰江,自古以来在交通和军事上都具有十分显著的地位,属于古姑蔑国领地。如:人与人之间交流应答之时,汤溪口语常常会出现"呢(ér儿)"音,而罗埠绉塘口语是"哦",均表示应诺。"呢(ér儿)"音调就是古姑蔑国保留下来的古音。罗埠"绗塘"一带，有陈家行政村，辖陈家、童家、新店、桥头、新屋里5个自然村，加上下周行政村，共6个村，以位于绗塘（湖）之滨，故称"绗塘六门"。相传汤溪县第一任县长宋约，觉得奇怪，"汤溪城有4门，绗塘何来有6门"，并策马专程奔赴绗塘一带考察，才恍然大悟。陈家，黄路溪（下游称绗塘溪）贯穿境内，与下周隔溪相望，地处衢江河谷平原，土地低洼，间有部分黄土丘陵，中华人民共和国成立前常遭水灾，故有"晒死莲塘、泽口，淹死绗塘、下周"之说。1949年后，疏浚山溪、开拓分洪、筑坝防洪，消除了绗塘一带的水患。绗塘建村较早，《绗塘汪氏宗谱》有记载。童家自然村又称童鉴，南宋末，村祖汪百三由邻村下周入赘发族；新店自然村村祖汪曩，原籍会稽，南宋末在兰江（指绗塘溪）万云渡口经营盐业，不久迁于绗湖（塘）之阳、万云渡口西侧，开新店继续营业，当地人即以新店称其地；桥头自然村位于万云桥头而故名，村祖汪宇，宋末元初自兰溪里坞迁此；新屋自然村，村祖汪永三，由万云桥桥西迁来，建新屋居住，人称其地为新屋里，即为村名；下周村村祖汪永八自兰溪里坞迁此；而陈家村名来历无考。历史文化承载于漫漫岁月中，绗塘历史悠久源远流长，古属于越地，从公元前3076年至公元前220年，历经夏、商、周（西周、东周）共2856年。其中春秋时期的公元前482年以后，姑蔑国南迁出现在于越之西鄙，绗塘处于姑蔑国管辖范围。绗塘发祥于唐朝，宋元设驿，明清民国时期商业活跃。①

大末方人。西汉，客居遥远西南边陲的贲古（现为云南个旧市），有个姓赵的家族自称"大末方人"。1989年发现的个旧黑蚂井汉墓，出土了一批精美且有别于当地风格的青铜器，墓葬年代为西汉中期，当时曾轰动了国内考古界。②编号M16和M29分别出土了刻有"赵"字铭文的青铜器和"赵喜"铜印章，表明系赵姓家族。M16墓规格最高，出土了200多件器物，内有多件精美青铜器。其中铜承璇底部刻有铭文"大末方"、铜釜口沿刻有铭文"大末方人"及铜钟圈足上刻有"赵"字。依据汉朝关于"下明器"（陪葬品）的规定，M16主人显然达到了诸侯王至将军的待遇，当时媒体报道称他是一位骁勇善战的首领。值得关注的是"赵喜"私印的印文类似于越王青铜剑上的鸟篆，加之自称"大末方人"判断，

---

① 林胜华：《瀫滨古邑·罗埠》，中国戏剧出版社2018年版。
② 杨勇：《论云南个旧黑蚂井墓地及其相关问题》，《考古》2015年第10期。

黑蚂井汉墓"赵"姓家族是不折不扣的姑蔑族人。

## 二 姑蔑耕读家园

浙江金衢盆地,有得天独厚的地理优势,境内气候适宜,土地肥沃,物产丰富,自古商贾云集,人烟阜盛,民风淳朴,尚学重教,耕读传家,有勤耕、好学、刚正、勇为之风尚,肯吃苦、崇读书、做事稳、尚节约、爱面子、诚待客、讲孝道之秉性。传统耕读文化中的孝悌为本、崇尚道德、克勤克俭、人与天调、自强不息、协和万邦等内涵,是当今时代仍有现实价值的文化之"常道",是万年农业文明社会在特定历史时期形成的乡村文化,所谓"忠厚传家远,读书济世长",成为各个阶层普遍认可的社会共识,至今仍在发挥积极的社会影响和潜移默化的教育作用。

(一) 姑蔑古舍书院

姑蔑之地,历来为文化礼仪之邦,历史上讲学群起,书院迭兴。书院是古代民间教育机构,源于唐,盛于宋,衰亡于清末,历时千载,对学术文化的发展及人才的培养,曾起过巨大的推进作用。书院最早见于唐代,唐玄宗开元六年(718)设丽正书院。书院,是宋元明清时期私人或官府所立高于蒙学,但又不列入国家学制的教育机构。范仲淹、王安石、苏轼曾在浙江任官,对书院创办高度重视。

唐代,全国有书院17所,浙江有3所,即金华九峰书院、绍兴丽正书院、寿昌青山书院。九峰山的九峰仙洞和北山的讲堂洞都是金华较早的书院,九峰书院较之早几十年。此后,在金华这片热土上,办学蔚然成风,到了宋代形成了金华学派。他们的学术观点,曾放射过绚丽的光彩,对思想界、学术界曾产生了深刻影响,在我国学术文化史上有着重要的地位。金华因婺学的兴起,讲学成风,学者云集,学术活跃,人才辈出,被誉为"小邹鲁"。从1500多年前的徐伯珍、刘孝标开办书院,到金华学派的形成,发展到今天的教育强市,这不是孤立的,而是具有一定的历史渊源。九峰书院和讲堂洞不愧为金华教育的摇篮。

两宋,全国有书院442所,浙江有82所,数量居江西之后位列全国第二。授徒讲学中形成的学派颇负盛名,朱熹的理学、陆渊的心学、吕祖谦的婺学为全国三足鼎立。丽泽书院,是金华最早的书院——创建于南宋,与岳麓书院、白鹿洞书院、象山书院并称为南宋四大书院。1164年,南宋被迫与金签订"隆兴和议",自此之后,大体形成了南北对峙的格局。在南方随着生机的逐渐恢复,经济文化上也取得了长足的发展。金华地区,古称婺州,南宋定都临安后,婺州地近京畿,随着政治经济重心的南移,这里名儒接踵,人文荟萃,成为闻名一时的学术重镇。著名学者吕祖谦、陈亮、唐仲友以及朱熹嫡传弟子何基、王柏、金履祥、许谦都是这一地区的重要代表人物。

元代,全国有书院 406 所,浙江有 58 所,仍居江西之后位列全国第二。台州的上蔡书院、处州的美化书院颇有名气,而金华的书院发展缓慢,且日趋官学化,当时的书院主要有丽泽书院、崇正书院、说斋精舍等。开化包山书院、杭州西湖书院、东阳八华书院、婺州正学书院为浙江四大书院。

明代,全国有书院 1962 所,浙江有 170 所,居江西、广东、福建之后位列全国第四。

清代,全国有书院 4365 所,浙江有 336 所,居广东、江西、四川、福建之后位列全国第五。清室入关后,金华书院在数量上有所发展,自清代顺治朝至光绪朝,金华主要有桐荫(蓉峰)、滋兰、丽正、长山、鹿田等书院。

姑蔑地的书院起源较早,可上溯至东晋末年姑蔑人徐璠之在祛蒙山建精舍(书院)讲学,后南齐时期太末人徐伯珍承师遗风在九峰山设堂授徒千余人,唐代徐安贞弃官隐居在九峰山创建安正书堂著书立说。《龙游县志》载:"九峰书院在县东,九峰山下,徐安贞读书处,今废。"宋代衢州的赵抃在《九峰岩》一诗中写道:龙丘石室人难继,安正书堂世莫登。但见烟萝最高处,九峰排列一层层。接着又历经了雅好吟诗的贯休在九峰禅寺为住持,继之更有被誉为四大书院之一的丽泽书院创办者吕祖谦常来九峰讲学,禅寺里就有"邹鲁遗风"的匾额为证。明成化八年(1472)汤溪县建县学,青阳人胡超考中进士,为汤溪建县第一名进士。随后就不断有乡贤如胡森、胡炜之流,尽力传承与传播,使金华之学蔚然成风,使得尊教崇学之风延续至今。光绪三十三年(1907),汤溪设劝学所。1941 年 7 月,汤溪县立简易师范学校创办;1944 年 2 月,县立初级中学成立;1947 年 8 月,县立简易师范学校并入县立初级中学;1948 年,私立维二中学成立,校址设在一乐堂胡氏宗祠。姑蔑人重视子女品德和文化教育,要想改变境遇,唯一办法就是晴耕雨读,金榜题名,走仕途之路。只有通过读书实现"朝为田舍郎,暮登天子堂"的梦想,跻身官宦行列，才能实现其修身、齐家、治国、平天下的理想。所以，家境再困难，即使是讨饭也要供子弟读书。学子们发奋读书，攀登科学高峰，秉承"尊师重教"的优良传统，浙江姑蔑地走出了一批又一批的文武英才。文风日盛，人才辈出，仕宦乡贤不断涌现，他们当中有博士、硕士、教授、工程师、企业家、优秀教师……文明乡风，世代弘扬。学堂，是金华方言对学校的叫法，是古代传播文化、传承文明的地方。历史上讲学群起，书院迭兴，宋元时期金华学派与金华文派就名播四海。

金华九峰书院：原址在九峰山下，即唐侍郎徐安贞读书处，亦名安正书堂，后废。明成化八年（1472），首任知县宋约建汤溪县学于县署西（今汤溪中学址）。明嘉靖、万历、崇祯和清康熙、乾隆、同治年间曾先后多次修建。清雍正元年（1723），知县宋绍业改建为汤溪义学。清乾隆四十八年（1783）知县陈钟炅改城西北的义学为九峰书院，咸丰末年毁于太平天国战火（见图4-2）。

图 4-2 九峰书院试题

兰溪仁山书院：光绪《兰溪县志·仁山书院》条载，仁山书院，宋金履祥筑，北山何基为题仁山书堂匾。创始于宋末元初，是浙江省一处重要的民间书院建筑，为省级文物保护单位。该建筑坐北朝南，总体布局为前院、三进、两厢房，呈方形，占地960平方米，建筑平面呈"T"形，建筑面积约600平方米。前院东西两侧各设一门。一进，面阔三间，进深为七檩，明间梁架五架梁前后单步，为直梁，角柱为讹角青石方柱。天井两侧为过廊。二进，面阔、梁架、梁形及角柱均与一进样同，后额枋上一木匾，上书"仁山书院"，落款为"中翰林慈溪王斯来书"。二进后檐明间与三进前檐明间设过廊。三进，面阔五间，进深为五檩，明间梁架三架梁前后单步，两侧各设三间厢房，自成小院落。

衢州蒙山精舍：南朝齐（479—502），徐瑶之、颜延之于太末县创建蒙山精舍，课授生徒。著名学者徐伯珍（徐瑶之之侄）继承叔父之志，迁蒙山精舍于九岩山，从学者众。这是姑蔑地有史料对授学的最早记载。

衢州克斋讲舍：又名衢麓书院，址在今讲舍街。朱熹等曾讲学于此，明嘉靖年间，李遂为太守，政务之余也曾在此讲学，后五县之民，集资为李遂塑立铜像于讲学之所。

衢州清献书院：位于城北书院村，南宋咸淳（1265—1274）郡守陈蒙于赵忭故居创建书院。

衢州鹿鸣书院：原西安县学，位于市区县学街，县治北面。清乾隆五十三年（1788）衢州知府谢最淳于县学东创建鹿鸣书院。先后多次修葺，光绪二十四年（1898）改为求益书院。1902年并府学（正谊书院）为衢郡中学堂。

衢州景濂书院：明嘉靖三十年（1551），理学家周积回家乡江山县所创建的书院。

衢州正谊书院：原衢州府学，位于府山西南麓。康熙四十七年（1708），知府杨廷望改普润庵（尼姑庵）为府学，初名爱莲书院。乾隆十年（1745），知府胡文缚重修，易名为正谊书院。光绪二十八年（1902）改为衢郡中学堂。

衢州柯山书院（梅岩精舍）：梅岩，位于烂柯山麓，北宋大观年间（1107—1110）毛友、郑可简、郑待问等在此筑室，称梅岩精舍，南宋淳祐六年（1246）改为柯山书院。理学大师徐霖、历史学家马端临等先后担任山长（即校长），是宋元时期全国著名书院。

衢州包山书院：位于开化县马金包山之麓，始建于南宋乾道年间（1165—1173）。淳熙三年（1176），著名学者吕祖谦、朱熹等人曾在此举行"三衢之会"，影响深远。

淳安瀛山书院：瀛山书院遗址位于郭村乡上郭村东北1公里，是始建于北宋年间的读书、讲学的古书院遗址。宋淳熙年间著名理学家朱熹访詹仪之，往来论学于此。今存半亩方塘，得源亭和大观亭（均系后人重修），以及诗碑（清代）等文物。属县级重点文物保护单位。熙宁年间，始建于郭村乡上郭村马里凹右侧山包上，初名"双桂堂"。淳熙二年（1175）詹安曾孙詹癸居殿试第一（状元），遂以"益瀛"之意，易双桂堂为瀛山书院。建大观、得源、登瀛三亭，凿方塘、辟花园、架登瀛桥，颇具规模，为当时文人学士云集之所。至明代隆庆三年（1569），书院倒塌，知县周恪重建24楹，并于院后建祠，以祀晦庵（朱熹）、虚舟（詹仪之）二先生，又于六塘旧址建亭。民国十年（1920）捐资修建。1962年淳安县人民委员会拨款维修一次。尔后墙欹瓦毁，渐就倾圮。今存半亩方塘和大观、得源二亭（注：二亭系民国十二年，即公元1922年重建），尚可辨识旧貌。朱熹于瀛山书院讲学期间所赋《观书有感》："半亩方塘一鉴开，天光云影共徘徊。问渠那得清如许？为有源头活水来。"清新活泼，富有哲理，至今脍炙人口（注：今存清代诗碑为《方塘诗》，《千家诗》及《宋诗词选》载为《观书有感》）。朱熹等人所探讨的"理气关系""格物致和""知行合一"等，提出了相当深刻的辩证法观点，对我国理论思维的发展有过积极的影响，在人类认知史上有着重要的意义。为此，淳安县人民政府于1982年3月16日正式行文，将瀛山书院列为县级重点文物保护单位。其附近的方塘村，旧有朱熹百琴楼，已圮，朱熹所书"三瑞崖"匾额犹存。

姑蔑之地的书院，还有汤溪孔庙、兰溪孔子先圣庙、汤溪考寓、洋埠青阳私塾、紫阳书院、船山书院、"兰谷书院"义学、朱大典读书处、后王亦轩书院等，同全国许多书院一样，它们在组织管理形式和教育制度、教学方法等方面与官学相比均有自己显著的特色。如书院的组织机构精干，师生关系密切，山长既是总管又是主讲，师生融洽如同父子；同时书院盛行讲会制度，教学活动和学术研究紧密结合，学术气氛活跃。此外，教学方式也较新颖，师生自由辩答，学生学习积极性高，自学能力强，成才者众。因此，姑蔑之地的书院在当地的教育史上应占有重要的地位，不仅促进了教育事业的发展，而且对学术文化的繁荣也起重要的作用。

(二) 姑蔑浙江学派

朱子理学的形成大致可分为孕育、成熟和发展三个阶段，经历了杨时、罗从彦、李侗、朱熹四代，历史上称作理学南传四弟子。朱子理学是一个庞大而复杂的哲学体系，大到宇宙天体万事万物，小到身边小事细枝末节，几乎无所不包，包括理气论、动静观、格物致知论、心性理欲论、美学思想等。金衢盆地上早在杨时、罗从彦（后裔居住在罗埠镇联群村寺后罗自然村）、李侗之时，已萌动了新理学思想，并初步形成了金华学派。金华学派肇始于北宋范浚（其后裔至今生活在姑蔑地兰溪、汤溪），成形于南宋乾道、淳熙期间。作为金华学派基地组成部分的姑蔑汤溪，乡贤徐伯珍、徐安贞、贯休等，形成了各自的政治和哲学思想。

秦汉时期姑蔑境内的教育活动的记载已见诸古代文献典籍，据清康熙《金华府志·人物》载：龙丘苌，西汉会稽郡人，新莽时期隐居九峰山。更始二年（24），出任会稽郡仪曹祭酒。可见两千年前的汉代即有邑人办私学研究学问并卓有成就。南朝梁天监八年（509），刘峻（462—521），字孝标，选择金华山为栖地的归隐之路，筑室于东阳紫岩山（兰溪）收徒讲学。《南史·列传第六十六》记载：徐伯珍，祖、父并郡掾史。山水暴出，漂溺宅舍，村邻皆奔走，伯珍累床而坐，诵书不辍。叔父璠之与颜延之友善，在蒙山立精舍讲授，伯珍往从学。积十年，究寻经史，游学者多依之。太守琅琊王昙生、吴郡张淹并加礼辟，伯珍应召便退，如此者凡十二焉。征士沉俨造膝谈论，申以素交。吴郡顾欢摘出尚书滞义，伯珍酬答，甚有条理，儒者宗之。好释氏、老、庄，兼明道术。岁尝旱，伯珍筮之，如期而雨。举动有礼，过曲木之下，趋而避之。早丧妻，晚不复重娶，自比曾参。徐伯珍设馆九峰山，建武四年卒，年八十四。受业生凡千余人。唐朝进士、太中大夫、检校工部尚书、中书侍郎（中书令缺，同宰相职）。徐安贞是徐伯珍后裔，幼读书于龙丘山岩穴中，开元初投国子监，继任淮州武陟尉，后经其师褚无量表奏，敕入乾元殿任校书官。开元十一年（723），改丽正书院修书学士，并参与修南朝齐史《七志》，整理皇家典籍。公善诗赋，有诗文多卷，久佚。明童佩辑其遗文，编为《徐侍郎集》，《全唐诗》收其诗作11篇。后人于九峰寺建"三贤堂"，合祀龙丘苌、徐伯珍、徐安贞。唐末五代前蜀画僧、诗僧贯休，曾为九峰禅师住持，能诗，诗名高节，宇内咸知。尝有句云："一瓶一钵垂垂老，万水千山得得来"，时称"得得和尚"。有《禅月集》存世。亦擅绘画，尤其所画罗汉，更是状貌古野，绝俗超群，笔法劲健，人物粗眉大眼，丰颊高鼻，形象夸张，所谓"梵相"。在中国绘画史上，有着很高的声誉。存世

《十六罗汉图》，为其代表作。金华学派，是中国南宋重要的儒家学派之一，在当时思想界有较大影响，为浙东学派先声之一。与永嘉学派同为浙东学派两大重要分支。

姑蔑地的汤溪方言区，读书风尚的兴起源于唐朝，科举制促进了教育事业的发展，有才学的读书人有机会进入各级政府任职，人们用功读书的风气流行。宋代经济繁荣，文化昌盛，对知识分子持宽容态度，读书人很受重视。有"不杀读书人，不杀言事官"之训。凡是封建王朝定都之地，那里人才就特别多。《宋文鉴》说："每次科场所差试官，率皆两制三馆之人，其所好尚，即成风俗，在京举人，追趋时好，易知体面，渊源渐染，文采自工。"京城又是科举考试的最高层次所在地，知识分子在这里竞争角逐，各展才学。科场及第，大多是京城国子监开封府解送之人。以至当时"四方学士，皆弃背乡里，违去二亲，老于京师，不复更归"。南宋时期，造纸自古称盛，出版事业兴旺，藏书家趋多，书院林立。正因为有这些传播文化的手段，所以为学者们博览群书、广搜资料创造了方便条件。宋代是一个文化发达、盛行读书的时代，社会精英与庶族平民包括君臣仕宦、学界大师与农工子弟，笃志进取，嗜书如命，勤学苦读，蔚然成风。重学崇文之策、浓郁的读书之风以及读书人的高雅境界，为社会培养了良好的读书风尚。许多学者在书院中躬行讲学，创辟蹊径，乡习濡染，寝成风气，前后相继，蔚为文教之邦。

追本溯源，汤溪的九峰书院滥觞于唐代徐安贞在九峰山创建的"安正书堂"，最早可以追溯到南齐时期太末人徐伯珍叔父徐璠之。后来，徐伯珍在九峰山开设的首席私人讲学所。所以，宋代衢州的赵抃在《九峰岩》一诗中写道：龙丘石室人难继，安正书堂世莫登。但见烟萝最高处，九峰排列一层层。诗中的"安正书堂"即后来的九峰书院。培养了大量金华籍的弟子，从此金华人才辈出，并被称为"小邹鲁"。据史料所载，徐伯珍少孤，常在箬叶上写字，他师从叔父徐璠之学习10年，有盛名，不愿为官，便移居九峰山。徐伯珍九峰授徒讲学，规模之大，可算得上汤溪乃至金华最早的私人讲学所。①

到了唐代，徐安贞弃官隐居九峰山，他就在九峰山的石室中著书立说，如果按照学者季羡林和邓洪波主编的《中国书院史》观点，具有聚

---

① 赵风富：《九峰书院变迁史》，《金华日报》2016年6月20日第8版。

徒讲学性质的书院始于唐代,那么徐安贞建在九峰山下的"安正书堂",应是姑蔑地最早的书院了。接着又历经了雅好吟诗的贯休在九峰禅寺为住持,继之更有被誉为四大书院之一的丽泽书院创始人吕祖谦,则常来此讲学,禅寺里就有"邹鲁遗风"的匾额为证,且后来禅寺曾易名为"九峰书院",随后就不断有乡贤如胡森、胡炜之流,尽力传承与传播,使九峰之学蔚然成风。查阅《汤溪县志》后始知,此后在清雍正元年(1723),汤溪知县宋绍业,建为汤溪县义学。乾隆四十八年(1783),知县陈钟炅改为九峰书院,到了咸丰末年则毁于太平天国战火。尔后,在光绪九年(1883),知县朱荣璪又在县学东文昌阁故址重建九峰书院。《龙游县志》载:"九峰书院在县东,九峰山下,徐安贞读书处,今废。"光绪三十二年(1906)即改为汤溪县官立高等小学堂,并由此而衍生,使得姑蔑地尊教崇学之风延续至今。①

自南宋以来,历元至明,悠悠数百年间,金华(婺州)曾经是"浙学"的中心,号称"婺学"(或称"金华学派"),先后涌现出吕祖谦、陈亮、唐仲友、范浚、何基、王柏、金履祥、许谦、吴师道、方凤、柳贯、黄溍、闻人梦吉、陈樵、吴思齐、吴莱、苏伯衡、胡翰、宋濂、戴良、郑涛、章懋、许元、吴沉、胡应麟等"文章巨儒",史称为"文物之薮,理学之邦"的"小邹鲁"。在金华地区的姑蔑人,长期涵咏、沾溉于宋、元理学的诗书礼乐中,铸就其独具风格、个性鲜明的人文精神。浙东学派的道德观和价值观,特别是作为儒家思想核心的"仁爱"理念,如涓涓细流渗透进金华人的日常生活和言行举止之中,渐成为一种共通的行为准则,同时也涵养了一个城市的品性。

婺学不宗于一家,渊源各有所侧重。在南宋,"东莱(吕祖谦)兄弟以性命之学起,同甫(陈亮)以事功之学起,而说斋(唐仲友)则为经制之学。考当时之为经制无若永嘉诸子,其与东莱、同甫互相讨论,臭味契合,东莱尤能并包一切,而说斋不与诸子接,孤行其教"。到了宋、元之交,朱熹的"闽学"由"北山四先生"承传下来,与原先的"婺学"逐渐融合,成为新"朱学"。因而,不同的理学思想、学术流派终聚于浙江之地,对浙江人潜移默化的影响和塑造也是多元的,姑蔑人的行事风格和精神面貌既有共通的地方,又各具个性,精彩纷呈。浦江江南第一家、

---

① 丁燮、薛达、戴鸿熙:《汤溪县志》,金震东石印局1931年排印本。

东阳卢宅、兰溪诸葛八卦村、武义俞源、磐安榉溪孔氏家庙,还有金华市区的金氏家族、何氏家族、胡氏家族……在金华,源于崇尚邹鲁遗风的家族文化个性鲜明。它们繁衍生息的历史,对善美浙江的形成有着举足轻重的作用。早在南朝齐梁年间,徐伯珍就设馆九峰山讲学,刘峻在金华北山紫岩山收徒讲学,他们是金华家族文化的鼻祖。到宋代,理学兴起,讲学之风日盛,吕祖谦、唐仲友、何基、王柏等皆以课徒著述为主,有的一生不入仕途,是金华家族文化的代表。受金华学派的深刻影响,浙江家族文化的伦理特点就是忠孝悌友睦邻,说到底还是孔孟之道。

## 第二节 姑蔑之儒

浙江姑蔑,地貌多姿、江河萦绕、山川灵秀,雄奇秀丽的自然环境,不仅其本身的自然景观极富价值,而更重要的是就在这块雄奇秀丽的土地上,活动过、寄寓过数不胜数的文化名人,从文人学者到书家画师,从能工巧匠到杏林名家,其生动活泼的文化创造与传播,绵延不绝的文化承续与传递,从来没有湮灭或消沉过。涌现出诸如东方隐士龙丘苌、道教名家葛洪、田园诗宗陶渊明、南齐大儒徐伯珍、禅宗祖师菩提达摩、唐朝名匠徐安贞、五代画家贯休、创县名令宋约、明代直臣胡森、漫画大师丰子恺等名家大儒,以他们聪明的智慧、勤劳的双手创造了悠久的历史和光辉灿烂的文化。

### 一 姑蔑才子

姑蔑之贤,是本乡本土精英,看得见、记得住、印象深,是特别具有人情味、亲和力、亲缘性的文化人物和精神偶像,最易得到乡人的爱戴,同时也最能激发起青少年一代见贤思齐、励志成才的心理。浙江是一个拥有万年文明史,又充满生机和活力的地区,物产丰富,民风淳厚,名人辈出,有着丰富的民俗民间文化和人文景观,一代代名人在这片古老的土地上谱写了一曲又一曲辉煌的篇章。

(一) 金丽衢乡贤[①]

龙丘苌(前76—24),西汉末年、东汉初年的太末人,与严子陵、钟

---

[①] 金华县志编纂委员会:《金华县志》,浙江大学出版社1992年版。

离意等名士为友,名传四方,长期在浙江金华汤溪九峰山隐居,自己白天下地干活,晚上挑灯夜读,过着耕读自足的生活。以西周时期太史令苌弘为榜样,因称龙丘苌,耕稼为生,志向高洁,好学博问,以德行和学问知名于世。在史籍《元和姓纂》《通志·氏族略》《姓氏急就篇·下》中记载:"龙丘氏,吴郡,汉时博士,龙丘苌。"在典籍《广韵》中也记载:"汉有吴人龙丘苌,隐居不屈。"王莽篡汉之后,属下四辅(太师、太傅、国师、国将)、三公(司马、司徒、司空)等屡次征召龙丘苌委任官职,龙丘苌辞谢不受。在史籍《后汉书·循吏·任延传》中记载:"吴有龙丘苌者,隐居太末,志不降辱,王莽时,四辅三公,连辟不到,掾吏白请召之,延曰:'龙丘先生躬德履义,有原宪、伯夷之节,都尉埽洒其门,犹惧辱焉,召之不可。'遣功曹奉谒,修书记,致医药,吏使相望于道,积一岁,苌乃乘辇诣府门,愿得先死备录。延辞让再三,遂署议曹祭酒。苌寻病卒。"这位博士的实际姓名已经无考,因憎恶王莽篡政,弃拒为官,隐居于龙丘,因称龙丘苌,在史籍《通志》中亦称作"高士"。龙丘苌身处的正是两汉交替、王莽篡汉的战乱年代。王莽篡汉后,为笼络人心,曾广招天下才士,连刘秀曾经的同学和朋友侯霸也到王莽手下做了官。王莽慕龙丘苌之名,曾多次征召他当官。不过,都被龙丘苌所拒。《后汉书》载,龙丘山得名与龙丘苌相关,后人为了纪念他,将太末县易龙丘县,九峰山改为龙丘山。太末人奉龙丘苌为"乡贤之祖",刻像祭供于其隐居的石室内。

葛洪(284—364),字稚川,自号抱朴子,东晋道教学者、著名炼丹家、医药学家。汉族,晋丹阳郡(今江苏句容)人。三国方士葛玄之侄孙,世称小仙翁。他曾受封为关内侯,后隐居罗浮山炼丹。著有《肘后方》等。《汤溪县志》记载,葛洪(东晋)曾经在九峰山炼丹,"莫道葛洪仙去远,至今丹灶尚依然",炼丹炉建僧房时被埋在房屋下面。关于葛洪有许多记载和传说,从时间上来推断,葛洪来金华修炼后,发现黄大仙的事迹,起笔写了《神仙传卷二·皇初平》。

徐伯珍(414—497),字文楚,南齐太末人,徐璠之的侄子,曾居龙丘苌隐居处。少孤,博通经史,家境贫寒,常以竹叶当纸学书,被传为佳话。后从叔父勤学十年,精通经史,兼明释氏老庄之学,有盛名。但不愿为官,长居汤溪九峰山讲学,在南朝宋元嘉年间(424—453),徐伯珍迁居九岩山(即九峰山)筑室讲学,授徒千余人。《汤溪县志》载:徐伯珍故宅在县西五里,地名界牌。徐伯珍是个儒学教育的直接实践者,开办了"安正书堂",著作有《周易问答》《周易难王辅嗣义》各一卷。①

菩提达摩(？—528或536),被尊为"西天"(印度)禅宗廿八祖和东土(中国)禅宗的初祖。南朝梁天监中,达摩来到了义乌、金华、汤溪等地,先后建造了义乌的香山寺、金东曹宅的石佛寺、孝顺的龙盘寺、洋埠的证果寺、汤溪的九峰寺等禅寺,并有圆寂在此之说。《善慧大士录》(《新纂大日本续藏经》第六十九卷)中有《嵩头陀法师传》,其内容大致如下:嵩头陀名达摩,不知其为何国之人,樵夫最初发现他,是在双林之北四十里的香山之中。被樵夫发现之前他在香山之中似乎已经隐居很久了,但究竟有多久,没人知道。后来与梁常侍楼偃相遇,在楼偃等人的帮助之下,建了一座香山寺,颇多神异。之后,于南朝梁普通元年(520)离香山南游,至余山(当是乌伤一带的山名),欲渡江(当是指东阳江),而江水泛滥,船家不肯摆渡,于是达摩便把伞布于水上,手把铁鱼磬,截流而渡(后世有达摩"一苇渡江"的传说,应当就是由此发展演变而来的)。渡江之后,南至稽停塘下,见傅翕于沂水中(不是山东的沂水)捕鱼,遂发其"神妙之迹"(点破其宿因),并指示其修道之所——松山双林,然后至莱山(当在乌伤与金华之间),建莱山寺,又西至金华建龙盘寺,法师又西行至龙丘界,望见南山岩势孤秀,曰:此亦可以置寺矣。因居止其中,建立兰若,后号此为龙丘岩寺。寺成后,法师更西行,入万善山口,见山盘势纡,又欲置立精舍号曰离六尘寺……法师又西行至孟度山。此山先有白鹿,及常闻钟磬之响,更于此地置立精舍,号三藏寺"始"法师,发迹置香山寺,及此凡七所,得山川之形胜,黑白供养,逮今犹然,三藏事毕,法师却还龙丘岩寺,及入灭。《善慧大士录》中暗示嵩头陀灭于天嘉五年(564)。

刘勰(465—520),字彦和,文学家,曾任太末令。南朝齐、梁时代文学理论批评家,其著作《文心雕龙》是文艺理论史上最杰出的名著之一。出身于家道中衰的庶族地主家庭,少年时就"笃志好学"(《梁书·刘勰传》),《文心雕龙》问世后,由于刘勰身名未显,这部心血的结晶却得不到文坛的重视、名流的首肯。当时沈约名高位显,在政界和文化界都具有重要的地位,刘勰想首先取得他的承认,却没有机会接近他。一

---

① 刘芳:《徐伯珍与双湖》,《金华日报》2010年3月30日第8期。

次，刘勰把书背着，像一个卖书的小贩似的，在大路边等着沈约。当沈约坐车经过时，便拦住了他。沈约好奇地把《文心雕龙》拿来阅读，立即被吸引，认为此书"深得文理"（《南史·刘勰传》），大加称赏。后来又常常把《文心雕龙》放在几案上随时阅读。经过沈约的称扬，刘勰的名气才大起来，《文心雕龙》终于在士林中传播开来。同时，38岁的刘勰"起家奉朝请"踏上了仕途。出仕伊始，刘勰先被梁武帝之弟、中军将军临川王萧宏引为记室，开始了他的秘书生涯。接着，又调任车骑将军夏侯详的仓曹参军。天监九年（510），在秘书岗位上工作了七八年的刘勰出任太末县令，三年届满，吏部考评，"政有清绩"。①

徐瑶之（南北朝）。太末人，终生讲学。徐瑶之与颜延之是好朋友。大文家颜延之（曾在浔阳为官）与陶渊明是挚友，曾写过《陶征士诔并序》，与沈约的《宋书·陶渊明传》是关于陶渊明情况的最早记载。

徐安贞（671—743），原名楚璧，字子珍。唐代太末县洪塘（今罗埠镇黄堂徐村）人，吏部尚书。徐安贞与权相李林甫不合，弃官隐此，曾就读安正书院。以文学知名，善骈俪文，尤工五言诗，亦工书。唐神龙二年（706）进士，任武陟尉。开元时，历任中书舍人、集贤殿学士、中书侍郎、吏部尚书，封东海子。玄宗爱其文才，令调起居舍人，起草诏书，并赐名安贞，曾为皇家整理秘籍。《全唐诗》收录徐安贞诗作11篇。明代龙游一代儒商童佩辑其遗文，编为《徐侍郎集》。现龙丘山的九峰寺建有"三贤堂"，合祀共祭的"三贤"即"龙丘苌、徐伯珍、徐安贞"。唐朝天宝年间（742—756），奸臣李林甫掌权，许多好人受到陷害。徐安贞是汤溪东祝人，当时是朝廷中一位很有名气的诗人。为了躲避李林甫的陷害，他远远逃出京都长安，隐居在湖南衡山岳麓寺中，装作一个哑口的和尚。几年以后，岳麓寺里修屋造房子，修建好以后，柱上、梁上、匾额上却光秃秃的。大家推举会写大字的人来题写，选来选去，都不中意。正在这个时候，徐安贞"噔噔噔"走到主事方丈的面前。这个"哑口"和尚突然开口讲话了："让我来试试！"大家十分奇怪，也不相信他会写字。直到他用手在地上写了几个一笔一划都十分用力的正楷大字以后，大家才竖起了大拇指。于是，徐安贞题写了寺里所有的梁柱及大大小小的匾额。后来，北海太守李邕路过岳麓寺，看到寺中的题字，字好句也好，连连夸

---

① 陆侃如、牟世金：《刘勰和文心雕龙》，上海古籍出版社2011年版。

奖，一定要见见写字的人。一看原来是老相识徐安贞，就请他同车回到京都，这时奸臣李林甫早已下了台，李邕向皇帝上奏了一本，朝里便重新起用了徐安贞。

张志和（约744—约773），唐代诗人。字子同，初名龟龄，浙江省金华市兰溪人。16岁游太学，以明经耀第，献策肃宗，深蒙赏重，任翰林待诏授左金吾卫录事参军，并赐名"志和"。后因事贬为南浦尉，未到任，还本籍，亲丧不复仕。扁舟垂纶，祭三江，泛五湖，自称"烟波钓徒"，著《玄真子》十二卷三万言，因以为号。兄鹤龄，恐志和遁世不归，为之在越州（今绍兴）城东筑茅屋一所。志和居之，尝有吏人派志和为淘河夫，即亲自执畚劳作，毫无怨色。观察使陈少游闻而谒之，坐必终日，题其所居为馆真坊。又因草堂橼挂，皮节犹存。全无斧斤之痕，门巷更为漱隘，门隔流水，十年无桥，乃出资稍扩其居，并造桥，时称回轩巷、大夫桥。肃宗赏赐奴婢各一，志和使结为夫妇，取名"渔童""樵青"。人间其故，答道："渔童使捧钓收纶，芦中鼓枻，樵青使苏兰薪桂，竹里煎茶。"陆羽、裴休问有何人往来？答称："太虚作室而共居，夜月为灯以同照。与四海诸公未尝离别，何有往来？"颜真卿为湖州刺史，张志和乘敝舟往访，颜欲为他造新船，张道："搅惠渔舟，愿以为浮家泛宅，诉讼江湖之上，往来茗冒之间，即野夫之幸矣！"其诙谐辩捷，类皆如此。张志和博学多才，歌、词、诗、画俱佳。酒酣耳热，或击鼓吹笛，或吟诗作画顷刻即成。尝于颜真卿席间与众客唱和渔夫词，张志和首唱："西塞山前白鹭飞，桃花流水鳜鱼肥。青箬笠，绿蓑衣，斜风细雨不须归。"颜真卿、陆羽、徐士衡、李成矩等共和25首。志和复剪素写景，须臾五本。随句赋像、人物、舟船、鸟兽、烟波风月，皆依文章，曲尽其妙。真卿与诸客传玩，叹服不已。唐朱景玄撰《唐朝名画录》，定逸品三人，张志和居其一。明董其昌《画旨》云："昔人以逸品置神品至上，历代唯张志和可无愧色。"张志和既为山川隐逸，著作玄妙，故后世传为神仙中人。如《续仙传》云，玄真子"守真养气，卧雪不寒，入水不濡"。唐李德裕评张志和："隐而有名，显而无事，不穷不达，严光之比。"可谓恰如其分。张志和和龙丘苌一样，生活在战乱年代。张志和完整经历了755—763年的安史之乱。战争的巨大创伤和政治上的变幻莫测，可能都是张志和隐居的原因。

滕珦（753—840），金华琅琊杨塘下人。唐德宗建中元年（780）进士。为唐代汾阳王郭子仪外甥、金华滕氏第五世孙、金华白沙溪口—燕山坑口滕氏始祖、兰溪"西安寺"创始人。天生明敏，学问渊博，凡百家末艺，无不参究，以理学闻。文义妙发，学者推之。唐建中元年（780），令狐峘榜进士及第，任歙州绩溪县令、凤翔少尹，历官四门博士。宪宗元和中，任太常博士、礼部侍郎、侍御史、太子右庶子、正议大夫等。居官皆以政绩闻，历茂王傅，教谕有法。为人超逸，不入羁绊，身虽廊庙，心则山林，常鼓琴瑟，以舒心情。善鼓琴、赋诗、擅音律。奉德宗诏赐座鼓琴，以《空山夜月曲》抚弦发操后又作《君臣庆会谱》，深受德宗欢心。唐太和二年（828），滕珦时七十五岁，请半俸乞休致仕（离休），文宗帝赐户部尚书、上柱国、银青光禄大夫、左仆射，赐金紫绯，四品官给券告还乡，诏赐新第"白沙溪口"。珦公与同僚临别时，朝贵倾钱，好友白居易、刘禹锡、朱庆馀、顾非熊诸名流赠诗送行。当地州司于宅西五里，置归乡观风亭，迎公归，居乡日，婺州（金华）刺史朔望率郡僚就第谒见。春秋二时，设乐张宴，子孙皆列于筵，以娱公欢。仍以宪章阀阅，镌石立柱，旌其门焉，其为乡里所荣。珦公余则披阅古今书史，著《梅窗集》十八卷、《周易通义》三十卷等。珦公居新第后，遂将旧居（兰溪出生地祖辈老宅）改为佛寺教院，以报国恩，朝赐寺名曰"西安"。其田地、山场亩数等财产尽入寺中，自制碑文详书记其事。唐开成五年（840）卒，享年八十八岁，葬西安寺后南住山，唐翰林学士封敖作墓志。娶妻杨氏，敕封宏农郡君。育有三子。

贯休（832—913），五代名僧，五代前蜀画家、诗人。本姓姜，字德隐，婺州兰溪（今浙江兰溪市）人。天复间入蜀（今四川），蜀主王建称之为"禅月大师"，以诗名，部分作品能反映当时社会现实。工画，学阎立本，笔力圆劲。所作水墨罗汉及释迦弟子诸像，都是浓眉大眼，丰颊高鼻，称为"梵相"。存世《十六罗汉图》，相传是他的作品。善草书，时人比之怀素。有《禅月集》。曾为浙江金华九峰禅寺住持，写过《寒望九峰作》："九朵碧芙蕖，王维图未图。层层皆有瀑，一一合吾居。雨歇如争出，霜严不例枯。世犹多事在，为尔久踟蹰。"

宋濂（1310—1381），字景濂，号潜溪，别号玄真子、玄真道士、玄真遁叟。汉族，浙江浦江人，元末明初文学家，曾被明太祖朱元璋誉为"开国文臣之首"。

柳贯（1270—1342），字道传，元代文学家。婺州浦江（今属金华兰溪市）人。曾任江山教谕。至正二年（1342）起为翰林待制兼国史院编修官，在官七月而卒。柳贯跟方凤、吴恩齐、谢翱等学作古文、诗歌，与方回、仇远、戴表元、龚开交游。

苏伯衡（1329—1392），字平仲，金华人。苏轼九世孙、苏友龙三子。元末贡于乡，曾入明太祖礼贤馆。后任国子学录，升学正。被荐召见，授翰林编修，辞不受。洪武十年（1377），学士宋濂致仕，曾荐以自代，亦以疾辞。后为处州教授，得罪，死狱中。苏伯衡好读书，学问渊博，尤以古文名世。宋濂称其"文词蔚赡有法"。著有《苏平仲文集》十六卷，《萧寿传》《翰林应奉唐君肃墓志铭》《重修江口陡门记》《梦芝轩赞序》《清趣亭诗》《太素原》《心学图说后序》《李文忠勋德碑》《宋忠简公画像赞》《松阳县学射圃记》《题吴太守忠烈俪美祠诗》《中丞刘先生斋阁前山茶一枝并蒂因效柏梁体》《萧寿传》《卧云图卷》《核田记》《西枝草堂记》等，都很著名。

刘辰（1341—1418），字伯静，金华人。明初大臣。国初，以署典签使方国珍。国珍饰二姬以进，叱却之。李文忠驻师严州，辟置幕下。元帅葛俊守广信，盛冬发民浚城濠。文忠止之。不听。文忠怒，欲临以兵。辰请往谕之。俊悔谢，事遂已。以亲老辞归。建文中，用荐擢监察御史，出知镇江府，勤于职事。濒江田八十余顷，久沦于水，赋如故，以辰言得除。京口闸废，转漕者道新河出江，舟数败。辰修故闸，公私皆便。漕河易涸，仰练湖益水，三斗门久废。辰修筑之，运舟既通，湖下田益稔。永乐初，李景隆言辰知国初事，召至，预修《太祖实录》。迁江西布政司参政，奏蠲九郡荒田粮。岁饥，劝富民贷饥者，蠲其徭役以为之息。官为立券，期年而偿。辰居官廉勤尚气，与都司、按察使不相得，数争，坐免官。永乐十四年起行部左侍郎，复留南京者三年。帝念其老，赐敕及钞币，令致仕。卒于途，年七十八。

宋约（1409—1478）。字文博，明朝时胙城县宋庄（今河南延津魏邱乡）人，明宣德（1426—1435）年间贡士，曾任唐邑令，廉明有声。明成化六年，始建浙江省汤溪县，宋约任第一任知县。据史书记载，明成化年间朝政腐败，灾害频发。当时的汤溪既属商贾云集之地，又因其地形复杂，古木森森，也是藏龙卧虎之地，强盗出没其间，杀人越货时有发生，百姓生活十分困苦。明成化年间，为了加强社会治安管理，由当时龙游、遂昌、兰溪、金华四县各划一些土地的乡、村、户，设立汤溪县。宋约在汤溪为官政绩显著，汤溪变得秩序井然并逐渐繁荣起来。《汤溪县志》载："甫下车以县治未创，乃卜地官山而经营之，蕴馆蔬食，戴星视事，综理严密，劳绩茂著，万善决狱，薄赋爱民，汤人德之，崇礼名宦。"宋约"学优才敏，操履端洁，复善柔能"，作为首任汤溪县令，他"慎选县址，重教爱才，奏章免税，革除劣习，智剿盗匪，巧治奸人，治虫保稻"……宋约在任8年"劳绩茂著"，汤溪人列其德政，如两袖清风等多达18项50余条。宋约去世后，被当地百姓奉为城隍，修建庙宇，供后人敬仰。汤溪城隍庙因建筑宏伟、雕刻精细、壁画华丽、保存完整，被誉为"江南第一庙"，为浙江省重点文物保护单位。庙内雕刻大量勤政廉政楹联诗词，有着丰富的廉政文化内涵。每逢农历四月十六（即宋约生辰），前来祭拜宋约的百姓络绎不绝。

徐霞客（1587—1641），名弘祖，字振之，号霞客，汉族，明朝南直隶江阴（今江苏江阴市）人。著名的地理学家、旅行家，中国地理名著《徐霞客游记》的作者，被称为"千古奇人"。其一生志在四方，不避风雨虎狼，与长风云雾为伴，以野果充饥，以清泉解渴。足迹遍历北京、河北、山东、河南、江苏、浙江、福建、山西、江西、湖南、广西、云南、贵州等16省市，所到之处，探幽寻秘，并记有游记，记录观察到的各种现象、人文、地理、动植物等状况。《徐霞客游记》中对各地名胜古迹、风土人情，都有记载。

张祖年。据《道驿集·张祖年传》载："张祖年，1668—1736，字申伯（一字彭龄），金华罗埠新沃里村人，好为文，著有《筼峙楼集》五卷，又好讲学，著有《道驿集》四卷，《四库总目》传于世。其先蜀中绵竹人，自宋南轩先生守睦州（今杭州淳安）讲学于婺（今金华），子承奉郎昭然公讳焯生明义者，流寓兰溪，卜筑于桃花坞，四传而徙之清溪（今金华市罗埠镇新沃里），祖年其二十世孙也。"张祖年祖父叫张时纬，字敬简。父亲叫张可元（？—1707），字曾如，号沂公，曾任杭州、温州府教授，瑞安、寿昌县教谕，著有《西湖偶吟》《寿昌县志》等。祖年幼随父学，及长，题书室名曰"道驿"，寓意立志传学。曾任丽泽书院山长。著有《筼峙楼集》五卷、《道驿集》四卷和《汤溪县志》十卷。《四库全书总目提要》介绍祖年曰："祖年自称张栻二十世孙。故力辩张浚杀曲端事，说《论语》、《孟子》皆主栻说。而于明英宗免圣贤后裔差役一事，尤颂美不置云。"

余绍宋（1882—1949），字越园，早年曾用樾园、粤采、觉庵、觉道人、映碧主人等别名，49岁后更号寒柯，浙江龙游人，生于浙江衢州。日本东京法政林学毕业。宣统二年（1910）回国，以法律科举人授外务部主事。民国元年（1912）任浙江公立法政专门学校教务主任兼教习。翌年赴北京，先后任众议院秘书，司法部参事、次长、代理总长，高等文官惩戒委员会委员，修订法律馆顾部，北京美术学校校长，北京师范大学、北京法政大学教授，司法储材馆教务长等职。余绍宋在《寒柯堂诗》中的《游龙丘山感赋》中写道："先生之友严陵叟，祠堂犹在桐江滨。可怜龙丘意寂寞，相所奂以谢芳邻。"余绍宋此诗作于1938年，表达了龙丘苌的好友严子陵的祠堂犹能设在家乡，而龙丘山却无先生祠祀的悲痛——"明成化时割隶汤溪，吾县立名遂失依据"。

还有徐诞、畴无余、讴阳、徐陵、杨炯、滕宗谅、杨与立、赵抃、苏迟、邵囦、徐平、郑灼、祝其岱、慎知礼、滕茂实、章深、毛滂、徐徽言、余端礼、毛自知、杨通、方凤、赵友钦、倪普、倪仁吉、李渔、蒋兴俦、吴蔚之、陈弘、祝其岱、刘章、汪应辰、余端礼、马天骏、赵友钦、罗大椿、张椿芳、章五拔、胡大海、胡德济、杨荣、胡廉一、徐以新、华岗、毛子水、毛松友、胡荣、童现、朱胜、杨荣、胡忠、伊祝、杨安、陶成、胡超、章懋、胡东、胡森、杨继洲、伊蕙、邹时丰、汪快、汪华、祝昌睿、徐河、黄维垓、朱廷刚、陈文明、胡公廉、胡永瑞、蔡毓荣、胡邦盛、胡炜、朱河、贡璜、邵赋清、席裹、章毓才、魏祖清、章懋谦、章镗、章文成、戴守仁、蒲震、秦延默、李作柱、李芝煌、丰三贤、戴开、方永清、戴鸿熙等诸多名人。

（二）徽赣闽名贤

江西饶州。1959年6月，毛泽东主席在江西和方志纯有过一番关于江西历史文化名人的谈话。他说："江西是个出人才的地方。唐宋八大家江西就占了三家。你们赣东北的铅山这个地方流传这种说法：'隔河两宰相，百里三状元。'"玉山县名人：唐朝建县至清末共有进士95人，北宋有文学家、翰林学士杨亿，南宋有钦点状元、大学士汪应辰。现代有著名医学家、胸外科奠基人、原中国医学科学院院长黄家驷，著名国画艺术家、美术教育家柳子谷，航空航天医学专家张祖德，化学博士、浙江大学原副校长周庆祥，数学家、杭州计量学院原院长谢庭藩。中华人民共和国成立以来共培养出新中国首批18位博士之一的理论物理学家黄朝商等玉山籍博士 200 余人、硕士 600 余人。

福建浦城。宋庆历中即创办县学，崇宁五年（1106）学生达千余人。景祐五年（1038），浦城人章得象登上相位，成为宋代福建省第一个任宰相的人。明东阁大学士谢迁称："浦城，建宁大邑，庙学规视他邑加宏敞。"清乾隆间创办南浦书院，其后在富岭、临江、石陂、西乡（今永兴）创建书院。清梁章钜称："综全闽数十州县，书院之盛必以南浦，次鳌峰。"在清乾隆、道光之间，浦城籍人捷南宫入词垣者踵接趾错，鱼贯蝉联，科名之盛为郡冠。五代至清浦城人登进士 172 人（其中状元 4 人，探花 3 人），再中博学鸿词科 4 人。

朱熹（1130—1200），字元晦，一字仲晦，号晦庵、晦翁、考亭先生、云谷老人、沧洲病叟、逆翁。汉族，祖籍南宋江南东路徽州府婺源县（今江西省婺源），出生于南剑州尤溪。19 岁进士及第，曾任荆湖南路安抚使，仕至宝文阁待制。为政期间，申敕令、惩奸吏，治绩显赫。南宋著名的理学家、思想家、哲学家、教育家、诗人，闽学派的代表人物，世称朱子，是孔子、孟子以来最杰出的弘扬儒学的大师。朱熹继承周敦颐、二程，兼采释、道各家思想，形成了一个庞大的哲学体系。这一体系的核心范畴是"理"，或称"道""太极"。朱熹所谓的理，有几方面互相联系的含义：（1）理是先于自然现象和社会现象的形而上者。他认为理比气更根本，逻辑上理先于气；同时，气有变化的能动性，理不能离开气。他认为万物各有其理，而万物之理终归一，这就是"太极"。（2）理是事物的规律。（3）理是伦理道德的基本准则。朱熹又称理为太极，是天地万物之理的总体，这便是人人有一太极，物物有一太极。每一个人和物都以抽象的理为其存在的根据，每一个人和物都具有完整的理，即"理一"。气是朱熹哲学体系中仅次于理的第二个范畴。它是形而下者，是有情、有状、有迹的；它具有凝聚、造作等特性。它是铸成万物的质料。天下万物都是理和质料相统一的产物。朱熹认为理和气的关系有主有次。理生气并寓于气中，理为主、为先，是第一性的，气为客、为后，属第二性。

汤显祖（1550—1616），字义仍，号海若、若士、清远道人，汉族，江西临川人，中国明代戏曲家、文学家。汤氏祖籍临川县云山乡，后迁居汤家山（今抚州市）。出身书香门第，早有才名，他不仅于古文诗词颇精，而且能通天文地理、医药卜筮。34 岁中进士，在南京先后任太常寺博士、詹事府主簿和礼部祠祭司主事。明万历十九年（1591），他目睹当时官僚腐败愤而上《论辅臣科臣疏》，触怒了皇帝而被贬为徐闻典史，后调任浙江遂昌县知县，一任五年，政绩斐然，却因压制豪强、触怒权贵而招致上司的非议和地方势力的反对，终于万历二十六年（1598）愤而弃官归里。居家期间，一方面希望有"起报知遇"之日，另一方面却又指望"朝廷有威风之臣，郡邑无饿虎之吏，吟咏升平，每年添一卷诗足矣"。后逐渐打消仕进之念，潜心于戏剧及诗词创作。在汤显祖多方面的成就中，以戏曲创作为最，其戏剧作品《还魂记》《紫钗记》《南柯记》《邯郸记》合称"临川四梦"，《牡丹亭》是他的代表作。这些剧作不但为中国人民所喜爱，而且已传播到英、日、德、俄等很多国家，被视为世界戏剧艺术的珍品。汤氏的专著《宜黄县戏神清源师庙记》也是中国戏曲史上论述戏剧表演的一篇重要文献，对导演学起了拓荒开路的作用。汤显祖还是一位杰出的诗人，其诗作有《玉茗堂全集》四卷、《红泉逸草》一卷、《问棘邮草》二卷。

还有李频、朱买臣、马大同、周文育、商辂、江公望、戴震、黄宾虹、王月洞、黄一阳、徐志雄、朱九纶、毛桓、吴世涵、江志贤、王昌杰、毛蒙正等名人。

## 二 姑蔑望族

（一）姑蔑地金华周边的名门

1. 处衢文化片

4200 年前就有遂昌人活动的遗迹，遂昌夏、商、西周时属越，春秋属姑蔑，战国越亡属楚；秦统一中国后，分郡县两级，属会稽郡太末县；西汉分三级制，属扬州刺史部会稽郡太末县。东汉献帝建安二十三年（218）孙权分太末县南部地始置遂昌县；《宋书·州郡志》载："孙权赤乌二年（239）分太末时更名曰平昌。"清光绪《遂昌县志》卷一载："平昌县以去十五里两山前后平叠如昌字，故名。"晋武帝太康元年（280）更名复称遂昌。东汉末年，其时地广，约含今遂昌县和龙泉、庆元县大部，金华县（原汤溪县）部分地区。南朝属东扬州东阳郡或扬州东阳郡，变动频繁。隋开皇九年（589）至大业元年（605）撤县，属东扬州括州和东扬州永嘉郡。光绪《浙江通志》卷四载："唐武德时复置寻省入松阳。"《旧唐书》载："唐武德八年（625）撤县入松阳。"遂昌自隋开皇九年至唐武德的 30 多年，据《大明一统志》《读史方舆纪要》，皆谓属处州。唐景云二年（711）遂昌县复置，属江南道括州；开元二十一年（733）至贞元三年（787）先后属江南东道括州、江南东道缙云郡、浙江东道括州、浙江西道处州、浙江东道处州。五代吴越国地，属处州。宋时属两浙路处州或浙东路处州。元时先后属江淮行省处州路，浙江行中书省处州府。明时属浙江承宣布政使司处州府。清光绪《遂昌县志》卷一载，明成化八年（1472）析八、九两都与金华、兰溪、龙游县部分地置汤溪县。清时先后属处州府。遂昌县入选 2018 年全国绿色发展百强县市、荣获第二批国家生态文明建设示范市县、入选第一批革命文物保护利用片区分县名单、入选"2019 中国最美县域榜单"、荣获 2019 年"中国天然氧吧"创建地区称号。

龙游县，地处浙江省西部金衢盆地，北靠建德，东临金华市区、兰溪，南接遂昌，西连衢江区，是浙江东、中部地区连接江西、安徽和福建三省的重要交通枢纽，是传统农业县。秦王政二十五年（前 222），秦灭楚，于姑蔑之地设太末县，隶会稽郡，为龙游建县之始。龙游县境内山脉、丘陵、平原、河流兼具。南仙霞岭余脉，北千里岗余脉，中部金衢盆地。衢江自西往东横贯中部，流程 28 公里。地形南北高，中部低，呈马鞍形。最高点是县西南茅山坑，海拔 1442 米。最低点是湖镇镇下童村，海拔 33 米。龙游县有多种地方戏剧流行，名伶辈出，是婺剧重要发源地。民间舞蹈盛行龙舞、狮舞、采茶灯、马灯等。民风淳朴，以艰苦创业著称。农民勤于耕作，治无隙地。行商不辞艰辛，"挟资以出守为恒业，即秦晋滇蜀万里视若比舍"。

2. 新安文化片

隋朝设立新安郡，明代为徽州府，明清之际经济文化发达，因而产生徽学。姑蔑地的安徽休宁县，浙江建德、淳安县都属徽州（过去徽州府有时在歙县，有时也在淳安），在文化上同源同流。因此以"新安文化"来概括，可打破行政界限，更能反映该地区的历史现象和文化特征。休宁县隶属于安徽省黄山市，位于安徽省最南端，与浙、赣两省交界，属古徽州"一府六县"之一，建县于东汉建安十三年（208）。自宋嘉定十年（1217）至清光绪六年（1880），休宁出了 19 名文武状元，是中国第一状元县。境内有被称为黄山白岳的中国四大道教名山之一——齐云山。还出产曾获 1915 年巴拿马万国博览会金奖的万安罗盘。休宁县是"乡村旅游福地""中国有机茶之乡"。

淳安县历史悠久，在新石器时代就有人类活动。春秋，属吴、越，战国属楚。秦时，为歙县辖地。淳安县是著名国家级风景区千岛湖所在地，也是浙江省政府批准的革命老根据地县。2019年3月，被列为第一批革命文物保护利用片区分县名单。建德市地处浙西丘陵山地和金衢盆地毗连处，地表以分割破碎的低山丘陵为特色，大部分地区地质构造属钱塘江凹槽带，山岭属天目山、千里岗和龙门山系。建德市位于浙江西部，自古有"锦峰秀岭，山水之乡"美称，古有"严陵八景"，今有"新安十景"，是"杭州西湖—富春江、新安江、千岛湖—安徽黄山"名山名水旅游线上的精华景区。建德市是国务院首批公布的44个国家级重点风景名胜区之一，境内奇山秀水，人文荟萃，自然景观和名胜古迹交相辉映，尤以千岛浮翠、紫金锁澜、白沙奇雾、灵栖洞天、慈岩悬楼、严陵问古、双塔凌云、胥江野渡、七里扬帆、葫芦飞瀑"新安十景"闻名遐迩。现已形成以新安江城为中心的东、南、西三条旅游线。东线以富春江小三峡景区为主，能让人领略到"人行明镜中，鸟度屏风里"的妙趣；南线以灵栖洞、大慈岩为主，其中有"东海龙宫""中国最大天然立佛"等世之罕见的景观；西线有新安江水电站、千岛湖等名胜佳境，其中新安江被誉为"中国的多瑙河"，以"风凉、雾奇、水清"三绝而闻名，堪称清凉世界，是理想的避暑胜地。

3. 闽赣文化片

姑蔑地上饶，古称饶州、信州，江西省下辖市（地级），长江中游城市群重要成员。上饶东连浙江、南挺福建、北接安徽，处于长三角经济区、海西经济区、鄱阳湖生态经济区三区交汇处，有"上乘富饶、生态之都""八方通衢""豫章第一门户"之称。先后被评为"中国最具幸福感城市""中国最佳浙商投资城市""中国最佳粤商投资城市""中国最佳闽商投资城市""江西省区域发展的四个重点城市之一""中国优秀旅游城市"，以及2018年度《中国国家旅游》最佳生态旅游目的地。据考古发现，早在新石器时代早期，上饶万年县仙人洞就有人类的生产活动；余干县华林岗小石山的洞窟里，曾刻有尧舜时期记录治水的古篆文。"冰为溪水玉为山"——玉山是个古老、美丽、文明的地方，位于江西省东北部，是江西省的东大门。介于东经117°52′—118°25′，北纬28°30′—28°59′。东界浙江省开化、常山、江山三县市，南接广丰，西南邻上饶，北毗德兴。东西宽75公里，南北长62公里，总面积

1731.2平方公里，辖21个乡、镇，总人口53.8万人。闽浙赣三省交界处，素有"两江锁钥，八省通衢"之称。唐（周）证圣元年（695），分衢州的须江（今江山市）、常山和饶州的弋阳三县市之地设玉山县，以境内有怀玉山而得名，隶江南道衢州，有1300多年的历史。明洪武四年（1371），因漕运不便，从江浙行省改隶江西行省。民国三年（1914），省下分道，玉山隶豫章道。1945年5月玉山解放初，属赣东北行政区，后属上饶地市（专）区至今。1952年，浙江省江山县官溪乡的内村、外村、后山、中店4个行政村和南坞乡的大桑园、周家墩、黄坳3个行政村划归玉山县管辖。

福建浦城县地处闽浙赣3省7县（市）接合部，分别与浙江省的江山市、龙泉市、遂昌县和江西省的广丰县接壤，与福建省的建阳市、武夷山市、松溪县毗邻，是福建的北大门，是福建省仅有的两个地处三省接合部的县之一。全县辖10镇、9乡、288个村，总人口40.22万人。浦城呈现"八山半水分半田"的地貌结构，疆域面积3383平方公里，为福建省第三大县，其中山地面积427.4万亩，耕地面积55.47万亩，河流水域面积15万亩，森林覆盖率达73.1%，林木蓄积量1115万立方米，毛竹58万亩。城区东隅仙楼山（越王山），闽越王余善曾筑烽火台于山巅，设行宫于山麓，清代设南浦书院，有炼丹井、卓观亭等景，今辟为仙楼公园，建革命烈士纪念碑。东郊有石排下新石器时代和商周时期文化遗址。西北郊梦笔山传为南朝文学家江淹"梦笔生花"处。水北街黄碧有宋瓷大口窑址。城关龙潭门有元代为纪念真德秀而改建的西山真夫子祠。仙阳有西汉汉阳城遗址。西山（西山源）有真德秀所建西山精舍及睦亭（衍义亭）遗址。渔梁山曾列入"天下十大名山"。浮盖山高寒仙雅、奇秀清幽，明代地理学家徐霞客盛赞仙坛、龙洞、大池之胜。小武当山有仰狮峰、玉带泉诸景。古楼坑口为1932年浦西区苏维埃政府驻地，今尚存红军标语墙。还有南浦溪大桥、西门公园、九石渡、匡山、浮盖山、浦城均系丹霞地貌风景区。

（二）姑蔑地金华域境的大族[①]

清乾隆《汤溪县志》称："割四县边隅之地为邑。"这里有"一胡二戴三刘四范五丰六祝"之称，而今瀫水南岸的洋埠与罗埠交界的青阳地，

---

[①] 金华县志编纂委员会：《金华县志》，浙江大学出版社1992年版。

则有"一胡二洪三郑"之说。乾隆《汤溪县志》记载:"渔田、胡家、双港三庄总名青阳,又名溪里,胡洪郑三姓居之,胡居中、洪居西北、郑居东,地广十里许,四面环溪,渡船共七处。"[1]

1. 寓居南山丘陵的山背侬

汤溪,距离金华城区西部25公里,东靠白龙桥,南连琅琊、山坑,西界龙游,北依罗埠。汤溪地势南高北低,属丘陵地带,是姑蔑国、太末县、龙丘县、汤溪县的政治、经济、文化中心。东祝,据《华封祝氏宗谱》载:"氏族祝钦慈,字文仁,原籍湖广,唐高宗朝进士,麟德二年(665)任东阳郡判,咸亨二年(671)仕归,至汤塘,见山秀形胜,土地肥沃,又闻贤士隐者徐伯珍、徐安贞之名,遂于安贞之右曰界牌而居焉。"东祝村是唐高宗朝进士祝钦慈仕归迁居地,塘下李村是宋户部侍郎李铄迁居地,下伊村是商汤名相伊尹后裔卜居地,瀛洲村是婺州教授金皓择居地,下洲村是文学家范仲淹后裔卜居地,胡碓村是明代太常寺少卿胡森隐居地,鸽坞塔村是浙中民族文化特色村寨。

中戴,戴氏系春秋时宋戴公之后,始祖可守公(也尊称九承事公)曾任宋动司府的九品承事郎,辞官后迁徙龙邱(今龙游的前身)一个叫九步塔的地方居住。堰头村是宋弋阳令吴浚致仕还乡地,节义村是北宋天禧间邵彦荣夫妇钦封地。

厚大,据《鲁阳范氏宗谱》记载:"厚则见里居之美,求子孙积累之厚也;大则望氏姓之繁昌。"该地南高北低,南部为山区,西北部为丘陵山背,东北部为河谷平原,厚大溪从南向北纵穿。厚大范氏的祖先范大奎,清代封为大夫,建有大夫第,乡人俗称"十间楼",前后各五间,中两旁有厢房,前有庭园,大门四间,内进墙门上石匾刻"文正家风"四字,四周有琴、棋、书、剑细致图案。陶寺是西晋诗人陶渊明后裔卜居地,宅口是中山靖王后裔居住地,上镜是宋监察御史刘清、明监察御史刘辰迁居地。

黄堂,据《丰氏宗谱》载,村祖丰谕,南宋绍兴年间(1131—1162)由缙云迁入黄堂。《黄堂丰氏文献谱》记载,始迁祖谕公,以"居城多险,甘用遁荒之计","不知几经审择,几费经营,而始有此安然长久之住宅"。由谕公而繁衍至"户则五百数,丁有四千余"的盛况,"人丁之

---

[1] 丁燮、薛达、戴鸿熙:《汤溪县志》,上海书店影印1931年铅印本。

盛，名于全邑"。黄堂是宋名臣丰清敏公后裔丰子恺祖居地。

蒋堂，东靠古方，东南与琅琊相邻，南靠大岩，西连汤溪，西北与泽口毗邻，东北与兰溪市接壤。辖区范围，清末至中华人民共和国成立前均称开化乡。蒋堂开化，在明清时叫"开化市"，优越的地理位置使它成为兵家的必争之地。相传明朝开国皇帝朱元璋的虎将常遇春攻克衢州、江西九江的陈友谅时，曾在开化村留下《过开化市》的诗篇：策蹇龙游道，西风妒战袍。红飞秋树血，缘长旱池毛。比屋豪华饮，平原杀气高。越山青入眼，回首发频搔。开化是北宋哲学家周敦颐后裔聚居地，石子路、琅琊杨塘下是唐太子右庶子滕珦迁居地。

泽口，东南与蒋堂为邻，西南与汤溪接壤，西靠莲湖，北毗湖田，东北与兰溪高桥为界。素有"淹死绗塘、下周，晒死莲塘、泽口"之谚。中华人民共和国成立后，水利条件日益改善，农田灌溉问题已基本解决。泽口珠山（今下汪村）是宋绍兴年间婺州教谕汪快卜居地。

临江，位于浙中金衢盆地之东，婺城新城区之西，金沙街与临江东路之旁，东隔婺江、白沙溪与乾西乡石柱头村相望。西以西山与蒋堂、缸窑农场为邻，北以郭塘溪与兰溪的新周、高桥为界，南毗古方。是白沙三十六古堰最后三堰所在地，古有"临江八景"。此地曾隶属古婺旧汤溪县管辖，清乾隆《汤溪县志·都鄙》记载，"寄金下庄县之东边，叶店、益塘、李家、临江、横路、郑家山头、东俞、竹园、横路塘、石宕金、皂洞口、缸窑、西坂、王高坂、上郭、山下师"。古方，东靠让长、东溪，南接长山、琅琊，西毗蒋堂，北界临江，地势自东向南渐高，系丘陵地区，有白沙溪贯穿全境。

长山，东靠秋滨与石门农垦场，南同石道畈相接，西邻琅琊，北与让长、古方毗邻，石道畈有宋元时期的古窑址，面积5000平方米，地表采集以碗为主，另有少量盘、钵等，胎质较细，呈灰色。今婺城区白龙桥镇的白龙桥和古方（原古方乡）、长山乡的石道畈（石道畈乡）曾隶汤溪县管辖。

2. 徜徉河谷平原的溪里娃

罗埠，发祥于唐朝，宋置镇，元设驿，明清为市，中华民国设区，历为区、镇、乡人民政府驻地。北接兰溪，南连汤溪，西邻洋埠接龙游，东倚蒋堂连金华。埠者，靠近江河边通水路的码头也。《汤溪县志》载：罗埠境内有罗江，傍厚大溪通衢江，地理位置处在厚大溪与衢江的交汇处，一江（衢江）二溪（横路溪、厚大溪）穿境而过。据《康熙金华府志》载，早在康熙年间，罗埠就成为金华府内有名的集市了，那时称"新兴市"。后来，因其位于罗江之东的通航码头，罗江上的埠头，而名之为"罗埠"。民国《汤溪县志》有"南北山货毛竹物资均于此（罗埠）交易"的记载，商贾云集，店铺林立，纺织、中药、食品、酿造、榨油、竹木、金属加工等手工业发达。分罗埠、湖田、莲湖3个管理处，罗埠镇上章双湖是南齐徐伯珍隐钓处，花园是宋宝庆年间进士陈嘉宾祖籍地，毛沿是宋崇宁年间进士龚日新祖籍地，后张是宋丞相魏国公张浚后裔聚族地，徐家是南宋江沿总兵徐悟后裔卜居地，青阳郑是南宋殿前副都指挥使范文虎帐下大将郑翮祖居地，杨家是宋理学名家船山先生隐居地，后王是南宋丞相王淮后人聚居村，下章是宋太傅章仔钧后裔卜居地，白马潭是宋通奉大夫邵困祖籍地，孙家是明朝富春儒士孙华后裔卜居地，新沃里是著名学者金华丽泽书院山长张祖年后裔卜居地。

洋埠，西北靠衢江，隔江与兰溪县游埠镇相望，西接龙游县湖镇，南邻汤溪东祝，东南与莲湖毗邻，东北与罗埠接壤。该地中华民国时期分属洋埠镇、证果乡、润琳乡及罗江乡的一部分。1946年合并为瀫南乡，驻地洋埠，以位于瀫水（衢江）之南故名。1949年5月，建政称洋埠乡。1950年，洋埠乡又分为洋埠、下潘、湖前3个小乡。1956年三乡合并，仍称洋埠乡。1958年为罗埠人民公社洋埠和湖前管理区；下半年因汤溪县撤销，改属金华县。1960年1月，龙游县撤销，原属龙游县的4个大队计8个自然村，划归洋埠管理区。1961年，洋埠、湖前两管理区合并改称洋埠人民公社，属罗埠区。1983年复称洋埠乡。1984年12月，茆头叶等4个行政村、8个自然村划归原龙游县管辖。衢（州）兰（溪）公路横贯，衢江水运有汽船、帆船，交通方便。洋埠北控衢江水域，南扼衢兰孔道，形势险要。位于衢江冲积平原，境内莘畈、厚大两溪汇于下潘，土地肥沃，被誉为金衢盆地之"火腿心"。《汤溪县志》记载：青阳胡氏是汤溪县巨族，汤溪县明清年间12位进士，有7位是青阳胡氏人，青阳胡氏在家训"读书为起家之本，勤俭为治家之本，和顺为齐家之本"的熏陶下，崇文重教的耕读家风代代相传，历代祖先英杰辈出。洋埠下潘是宋理宗朝进士潘昉徒居地，五都钱是武肃王钱镠后裔卜居地，青阳洪是宋处士洪仲卜居地，大坟头是明朝开国文臣宋濂所推崇的胡铭七后裔卜居地，东田是汤溪第一进士胡超致仕还乡地，一乐堂祥里是明代隐士胡彦本隐居地，马宅基是明太祖朱元璋拴马所，湖前是清乾隆十五年副榜胡炜卜居地。

与洋埠一江（衢江）之隔的游埠，成为埠头至迟当在东晋兰溪建县之前，明万历年间已经为"镇"，以后建制多变。游埠古镇地处金衢盆地北部，海拔31.79米，游埠溪横贯境内。西北部为黄土丘陵，地势较高，丘陵之间有小垅畈；东南为衢江北岸冲积平原，地势平坦，水资源丰富，土地肥沃。游埠古镇是浙江省四大古镇之一，传统文化盛名，文物古迹颇多。龙灯、花灯舞狮等村村都有，宗祠、庙宇、牌坊、鼓楼等多数保存完好。横贯镇内的游埠溪上有清代所建的"太平桥""永安桥""永济桥""永福桥""潦溪桥"，总称"五马归槽"，堪称一绝。游埠的商业繁荣，贸易兴旺，自古以来就是金、兰、龙三市县毗邻地区的农副产品和手工业产品的集散地，素有"瀫西重镇"之誉。有较大规模的小商品市场、畜禽交易市场、蔬菜市场、粮油市场。今兰溪市西南角的游埠、孟湖、赤溪等乡镇的部分地区（原下王、钱村乡）曾隶汤溪县管辖。境内名胜古迹，五代时名僧贯休（本姓姜，兰溪人，工诗、书、画）住持石碧寺（寺在洋埠上首1公里处衢江北岸的黄土山上）时，常泛游衢江，有题咏。

兰溪游埠伍家圩村是吴国伍员伍子胥之后裔。明末，汤溪县中洲村（现兰溪市伍家圩行政村中洲自然村）有一隐士叫伍梅轩，其名饮誉大江南北，连皇帝都表为"当代高士"。礼部尚书林欲楫前来祭奠，专为其撰《赠大隐长者伍梅轩传》。中洲、伍家圩伍氏为同宗同族，是吴国伍员伍子胥之后裔。尊显一公为中洲始祖。显一公伍能［宋政和三年（1113）生，淳熙二年（1175）卒。生于洪都南昌］，字显纯。于绍兴甲戌年（1154）任巡宰，镇守龙游湖镇，择居于官潭头。孙伍维羧从官潭头迁兰溪三十四都泽潭殿后。第十世荣二公伍仲逊，迁居于中洲。明中期以前，游埠附近的几个村当时均在衢江南岸，与游埠隔江而望，衢江之水由洲北往东而去，经金家插口，转向南与兰江汇合。上通衢江，下达兰江，杨埠溪为其故道。当时，凡仕宦商贾有事于苏杭者必取道于此，货物上下、肩挑舟运成为繁忙的码头。因其地有杨姓居住，所以称杨埠。溪因杨埠，也唤为杨埠溪。到了明末，衢江大变道，那几个村变成了衢江北岸了，与游埠连为一体，衢江之水由洲南而去，杨埠溪上流壅塞，舟楫不通，伍家圩、中洲由于泥沙冲积，成了平原。伍氏也从现村南衢江地段逐渐迁移至衢江古道的冲积平原，形成了新的村落。当年，中洲村风景秀丽，仅十景诗赋就有100多首（篇），16人为其题咏。所谓地灵人杰，在这样一个灵秀之地，出现了很多才俊。伍梅轩就是其中杰出的代表。伍梅轩，名大车，字子轮，号梅轩。生于明隆庆庚午年（1570），卒于崇祯戊寅年（1638）。他从小就与众不同，聪慧异常，博览群书，"潜心坟典，六艺之林靡不精研"，又"精察堪舆"。但读书从不为考举求官，在家隐居"力耕"。其性刚直，"才气英爽，毅然以豪杰自命"。平时，乡间公益，热心参与。"凡亲知宗党，事无巨细，咸身任之。且视人犹己，诸如排难解纷，周贫济困，抑强扶弱，恤寡怜孤之类。"他在浩渺的衢江边，绕堤垒砌，建造"木石居"。并辟园数亩，种植竹木和奇花异草。在此放松身心，临流骋目，吟诗作词，读书挥毫，自得其乐。一时，文人雅士毕集于此，豪饮其间，远近闻名，中洲"木石居"成了当地的一大名区。因梅轩至情至性，大名远扬，远地的商贾大侠、荐绅先生、高官富户都闻风前来拜见聚会，四方贤俊都前来与他结交。后来，他的名声越来越大，从县到府，直到皇帝的耳中。皇帝感叹说："诚当代之高士也！"万历三十五年丁未（1607）中进士的林欲楫也曾几次泊舟登岸，专门上木石居中拜访伍梅轩，还专门为其撰写了传记。①

莲湖，东与泽口相接，南与东祝相邻，西与洋埠接壤，北与湖田罗埠毗连。是浙赣铁路与兰汤公路的交叉点，是罗埠连接汤溪的交通枢纽。莲湖在清代属于黄堂区，部分属洋埠区。民国时分属界塘、泽头、罗江和瀼南乡，属汤溪县。地处平原，东南两部分有少量黄土丘陵。黄路溪自蒋堂缓缓流入境内，经龙口、罗大路流入湖田；厚大溪自西部入境，经洋桥头、征岩头、下潘入罗埠境内。经考古发掘，境内有新石器时期文化遗址，这里一直有人类生存。黄塘徐是唐神龙三年（707）进士徐安贞后裔聚族地，莲湖叶、黄塘叶是石林左丞相叶梦得之裔卜居地，三石里是宋理宗朝进士潘昉隐居地，征岩头是元代画家朱德润后裔卜居地，山下龚是宋崇宁间进士龚日新后裔卜居地，寺后是罗从彦后裔聚居地。

3. 聚居南山深山的山里佬

琅琊，东邻石道畈、长山，西接大岩，南至山脚，北靠古方。琅琊是丘陵地区，又与山区接壤。自北向南地势逐渐升高进入南山高山群，最高海拔200多米，最高气温可达40℃，最低气温零下8℃左右，无霜期210

---

① 兰溪市地方志编纂委员会：《兰溪市志》，浙江人民出版社2013年版。

天。溪流有白沙溪，经琅琊由古方、白龙桥汇入金华江。中华人民共和国成立后，1949 年属汤溪县。1958 年归属金华县，称曙光人民公社。1961 年 9 月 14 日建琅琊区。1982 年 2 月 19 日改称沙畈区。1984 年 1 月 25 日复称琅琊区，包括琅琊、石道畈、大岩、山脚、周儒、银溪等村。石道畈，因驻地有石道垄延伸田畈故名。东北与白龙桥长山乡接壤，东南与雅畈外畈相接，南靠山脚，西邻山坑岭上，西北与大岩、琅琊交界；大岩，以大岩山取名，东邻琅琊、石道畈，南靠山脚，西接汤溪厚大，北至蒋堂；山脚，东邻石道畈、外畈，南靠箬阳、周儒，西北接石道畈；周儒，原称高儒，1984 年改名为周儒，东靠雅畈箬阳，南接银溪，西邻山坑塔石，北面和山脚相连；银溪，原称溪口，因与龙游溪口同名，于 1984 年 5 月改称银溪，以境内有大村银坑，加驻地溪口各取一字得名银溪，东邻雅畈箬阳，南接武义县登云、遂昌县云峰，西靠山坑、塔源，北至周儒。银溪位于深山区，又是三县交界之地。地势由北向南逐渐升高，南部边缘小龙葱尖海拔达 1324 米，为金华市海拔最高点。著名的白沙溪起源于这里，《白沙溪图志》载有"三十六堰灌溉三县六都"之说，森林资源丰富，蕴含丰富的钼、铜、银等矿。杨塘下是唐德宗建中元年（780）进士、户部尚书滕珦故里。

沙畈，东靠箬阳，南与武义交界，西邻山坑乡，北是琅琊镇，乡政府所在地周村村，离金华市区 50 余公里，是婺城区行政区域面积最广的一个山区乡。亭久是辅国大将军卢文台隐居地。白沙老爷卢文台古墓就在亭久村，墓碑上刻着《敕封昭利侯卢公之墓》的碑文。墓左右有"创开圳道，驰名东汉""隐退辅苍，施泽吴邦"对联。该墓在清道光四年甲申（1824）曾经捐修，清道光二十四年甲辰（1844）刊碑铭云："汉故将军卢公之墓，琅岩徐清臣建。"现墓为清光绪二十二年丙申（1896）仲冬吉日所立。卢文台死后就葬在亭久村，也叫昭利侯卢公墓，原名"隐圣丘"，与卢文台隐姓埋名有关。当地乡民尊重他的意愿，故把真情隐去。当地流传的《隐真祠记》，都可查到以上缘由。其墓葬已经公布为市级文物保护点。常有当地百姓去坟前祭拜。祖塽殿坐落于亭久村边，是白沙溪流域（当时为上游段）村民为卢文台创建三十六堰治水有功，知恩图报而建的庙宇，原名隐真祠。史载："卢文台，字高明，幽州范阳（今河北省定兴县）人，汉成帝末，为步兵尉，后授骠骑将军。"王莽篡汉，卢谢病，免归顺。建武三年（27）率部将 36 人从宜阳退隐到辅苍停久（今婺城沙畈乡亭久村），垦田卢畈，首筑白沙溪堰，引水灌田，其后数百年，经百姓共力，筑起36堰，沿岸120多村受益。乡民怀其惠，立庙以祭，敬称"白沙老爷"。

塔石，坐落在仙霞岭山脉的连绵群山中，东与沙畈乡交界、南与丽水的遂昌县交界、西与衢州市的龙游县交界、北与岭上乡交界，是一个"八山半水分半田"的纯山区乡，史有"小兰溪"之称，是金、丽、衢三市交界地。上阳是项羽后裔聚居地。塔源，东连周儒乡，西连莘畈乡，南邻山坑，北邻岭上。此地属于山区，最高海拔1080米，厚大溪从西南纵穿中北部。山坑，东邻塔源、银溪，南接遂昌县苏村，西靠龙游县社阳，北至莘畈。驻地原有三条坑，故名"三坑"，后演变为"山坑"，沿用至今。岭上，东与高儒、山脚、石道畈交山界，南至塔源，西与莘畈交山界，北与厚大乡接壤。

长山，聚落建村相对较早，已有约两千年的历史。清乾隆《汤溪县志·都鄙》记载："寄金上庄县之东边，长山、石门、万坦、后金、东仓、西仓、石道畈、石狮头、湖石坪、下溪、窄坑、奄脚、吕塘下、窑头、上蒋滕、龙蟠、新塔下、王五元、朱机头、沈天田、栅原、通远门、东陈、下滩、安地、施村、后杜、乌居头。"光绪《金华县志》记载："西汉末年，王莽改制，东汉初年将军卢植，字文台，平赤眉退隐婺南白沙溪，首开三十六堰引水灌田，其中第二堰水东流直注长山，时长山先祖开发农田，利用水源繁衍生息。"北宋时期建村的，有后宋村。南宋时期建村的，有横路、石门村。元朝时期建村的，有张思桥。明朝时期建村的，有蟠龙、朱泗、乌石屏、窑头、下溪、黄坛、上溪、邵村、长山村。清朝时期建村的，有横溪弄、胡村、杨林、宋家、横塘、畈田、卢家、东陈村。

安地，古名"仙源"。《金华县志》载，村落唐朝初期初建，名曰"樟村"。明末清初，变更村名为"仙源"，清朝雍正二年（1724），金华县令赵泰生曾在村口四脚亭匾上题"仙源深处"四字。安地坐落在金华城市南的南山脚下梅溪江畔，东与雅畈镇接壤，东南与武义县交界，西南与箬阳乡相接，北与苏孟乡毗邻。仙源湖，背靠南山山脉，婺江支流梅溪穿区而过，拥有千年古街、百年商埠、安地十景、梅溪风情等独特的山水人文资源。据《仙源申氏宗谱》载："婺州仙源始祖谓寒，字守年，号惠善（910—995），娶叶氏，卒后合葬上干塘坞口。生五子讥、识、诚、议、诚，仙源申氏第一世。"宋、元之际金华学派著名学者"北山四先生"之一金履详有赞曰："天福有德，克巩克昌。子子孙孙，勿替引长。"仙源申氏第二世申礼，出生于公元931年，为寒公长子。元末明初著名政治家、文学家、史学家、思想家，与高启、刘基并称为"明初诗文三大家"，又与章溢、刘基、叶琛并称为"浙东四先生"，被明太祖朱元璋誉为"开国文臣之首"，学者称为宋龙门的宋濂有赞曰："孝友日笃，忠敬自持。语言不苟，动息以时。生气俨若，仰之敬之。"还有诸如王柏、苏伯衡等名家为之《仙源申氏宗谱》泼墨留字，足以说明婺州申氏家族之望。南宋"东南三贤"吕祖谦、朱熹、张栻曾多次尝游安地上干村，醉酒吐诗留下许多古文献，朱熹留有书文"南山之南，长仙之源，子兴佰恭，常游其间"等。南山因多出理学名士，崇尚朱子理学，故元明清时期称此地为"循理乡"。《循理安地寺口邵氏》（此为白沙邵氏、上邵、下邵及金城景德坊邵氏同祖同宗）记载，邵氏为官者诸多，如邵景文、邵杲、邵良葵、邵庚、邵晏、邵昂、邵康、邵良仁、邵宪、邵赐、邵子正、邵暹、邵自明、邵继元、邵持遇、邵元善、邵熙元、邵式、邵谞、邵自信、邵自防、邵有开、邵自衡、邵纂宪、邵复、邵常祖、邵述等。蒋里村有革命烈士蒋宝贤。

莘畈，东邻岭上，南接山坑，西毗龙游县社阳，北接中戴。因驻地在莘畈，故名。1970年因建莘畈水库驻地迁至姓李村，乡名沿用至今。地处山区，地势南高北低，最高海拔1092米。莘畈溪（姑蔑溪）自南而北纵穿乡境中部，注入莘畈水库，再经中戴、东祝、洋埠等汇入衢江。留有延兴寺、天竹寺等寺庙遗址两处，还有"太末古道"和"林氏宗祠"等遗存。

# 第五章

# 风物——金衢盆地姑蔑的古越遗韵

## 第一节 姑蔑之遗

### 一 姑蔑文产

(一) 历史文化名古村落

历史文化传统村落，拥有物质形态和非物质形态的文化遗产，具有较高的历史、文化、科学、艺术、社会、经济价值，是乡村传统文明的载体和源头、现代文明的根基和依托。传统村落承载着中华传统文化的精华，是农耕文明不可再生的文化遗产，凝聚着中华民族精神，是维系华夏子孙文化认同的纽带，保留着民族文化的多样性，是繁荣发展民族文化的根基。但随着工业化、城镇化的快速发展，传统村落衰落、消失的现象日益加剧，加强传统村落保护发展刻不容缓。

1. 国家级村镇

中国历史文化名村，通常和"中国历史文化名镇"一起公布。评选条件和评定标准依据住建部和国家文物局2003年10月8日发布的《全国历史文化名镇（名村）评选和评价办法》。建筑遗产、文物古迹和传统文化比较集中，能较完整地反映某一历史时期的传统风貌、地方特色和民族风情，具有较高的历史、文化、艺术和科学价值，现存的成片历史传统建筑群、纪念物、遗址乃至周边环境等，基本风貌保持完好。

"中国历史文化名村"（第一批）名单：浙江省武义县俞源乡俞源村、浙江省武义县武阳镇郭洞村。

"中国历史文化名村"（第三批）名单：浙江省永康市前仓镇厚吴村。

"中国历史文化名村"（第四批）名单：浙江省龙游县石佛乡三门源村。

"中国历史文化名村"（第五批）名单：浙江省建德市大慈岩镇新叶村、浙江省金华市金东区傅村镇山头下村、浙江省金华市婺城区汤溪镇寺平村、安徽省休宁县商山乡黄村。

"中国历史文化名村"（第六批）名单：浙江省浦江县白马镇嵩溪村、浙江省江山市大陈乡大陈村、浙江省磐安县盘峰乡榉溪村、浙江省淳安县浪川乡芹川村、浙江省开化县马金镇霞山村、浙江省遂昌县焦滩乡独山村。

"中国历史文化名村"（第七批）名单：浙江省建德市大慈岩镇上吴方村、浙江省建德市大慈岩镇李村村、浙江省义乌市佛堂镇倍磊村、浙江省磐安县尖山镇管头村、浙江省磐安县双溪乡梓誉村、浙江省江山市凤林镇南坞村、浙江省江山市石门镇清漾村、浙江省龙游县溪口镇灵山村、浙江省龙游县塔石镇泽随村。

"中国历史文化名镇"（第三批）名单：浙江省义乌市佛堂镇、浙江省江山市廿八都镇。

"中国历史文化名镇"（第四批）名单：安徽省休宁县万安镇。

"中国历史文化名镇"（第五批）名单：浙江省永康市芝英镇、浙江省松阳县西屏镇、江西省铅山县石塘镇。

国家住房和城乡建设部、文化和旅游部、文物局、财政部、自然资源部、农业农村部联合下发通知（建村〔2018〕47号），公布了2018年第二批列入中央财政支持范围中国传统村落名单，有金华市磐安县尖山镇里奤村和金华市义乌市赤岸镇尚阳村2村入围。

2012年第一批列入中国传统村落名录的村落名单于2012年12月20日由国家住房和城乡建设部联合文化部、文物局、财政部、国土资源部、农业部、国家旅游局7部门下发文件公布，杭州市建德市大慈岩镇新叶村、衢州市龙游县石佛乡三门源村、衢州市江山市大陈乡大陈村、丽水市遂昌县焦滩乡独山村、黄山市休宁县万安镇万安老街、黄山市休宁县商山镇黄村、金华市金东区傅村镇山头下村、金华市磐安县尖山镇管头村、金华市磐安县双溪乡梓誉村、金华市浦江县白马镇嵩溪村、金华市浦江县虞宅乡新光村、金华市浦江县郑宅镇郑宅镇区、金华市婺城区汤溪镇寺平村、金华市武义县大溪口乡山下鲍村、金华市武义县熟溪街道郭洞村、金华市武义县俞源乡俞源村、金华市永康市前仓镇后吴村等名列榜单。

2013年第二批列入中国传统村落名录的村落名单于2013年8月28日由国家住房和城乡建设部联合文化部、文物局、财政部、国土资源部、农业部、国家旅游局7部门下发文件公布，衢州市开化县马金镇霞山村、衢州市龙游县塔石镇泽随村、衢州市江山市凤林镇南坞村、衢州市江山市石门镇清漾村、丽水市松阳县古市镇山下阳村、丽水市松阳县象溪镇靖居村、丽水市松阳县大东坝镇六村村、丽水市松阳县大东坝镇横樟村、丽水市松阳县望松街道吴弄村、丽水市松阳县三都乡杨家堂村、丽水市松阳县三都乡周山头村、丽水市松阳县赤寿乡界首村、黄山市休宁县溪口镇花桥村木梨硔、黄山市休宁县陈霞乡里庄村、南平市浦城县水北街镇观前村、金华市武义县柳城镇华塘村、金华市磐安县盘峰乡榉溪村、金华市磐安县胡宅乡横路村、金华市兰溪市兰江街道姚村、金华市兰溪市女埠街道垷坦村、金华市兰溪市女埠街道渡渎村、金华市兰溪市女埠街道虹霓山村、金华市兰溪市诸葛镇诸葛村、金华市兰溪市诸葛镇长乐村等名列榜单。

2015年第三批列入中国传统村落名录的村落名单于2015年10月28日由国家住房和城乡建设部联合文化部、文物局、财政部、国土资源部、农业部、国家旅游局7部门下发文件公布，杭州市淳安县浪川乡芹川村、杭州市建德市大慈岩镇李村村、杭州市建德市大慈岩镇上吴方村、丽水市松阳县西屏街道桐溪村、丽水市松阳县水南街道桥头村、丽水市松阳县玉岩镇白麻山村、丽水市松阳县玉岩镇大岭脚村、丽水市松阳县玉岩镇交塘村、丽水市松阳县象溪镇南州村、丽水市松阳县象溪镇雅溪口村、丽水市松阳县大东坝镇后宅村、丽水市松阳县大东坝镇燕田村、丽水市松阳县大东坝镇洋坑埠头村、丽水市松阳县新兴镇官岭村、丽水市松阳县新兴镇平卿村、丽水市松阳县新兴镇山甫村、丽水市松阳县新兴镇朱山村、丽水市松阳县新兴镇庄后村、丽水市松阳县叶村乡岱头村、丽水市松阳县叶村乡横坑村、丽水市松阳县叶村乡南岱村、丽水市松阳县斋坛乡吊坛村、丽水市松阳县斋坛乡上垄村、丽水市松阳县三都乡呈回村、丽水市松阳县三都乡黄岭根村、丽水市松阳县三都乡毛源村、丽水市松阳县三都乡上庄村、丽水市松阳县三都乡松庄村、丽水市松阳县三都乡尹源村、丽水市松阳县三都乡酉田村、丽水市松阳县三都乡紫草村、丽水市松阳县竹源乡横岗村、丽水市松阳县竹源乡后畲村、丽水市松阳县竹源乡黄上村、丽水市松阳县四都乡陈家铺村、丽水市松阳县四都乡平田村、丽水市松阳县四都乡塘后村、丽水市松阳县四都乡西坑村、丽水市松阳县赤寿乡黄山头村、丽水市松阳县樟溪乡黄田村、丽水市松阳县樟溪乡球坑村、丽水市松阳县枫坪乡梨树下村、丽水市松阳县枫坪乡沿坑岭头村、丽水市松阳县板桥畲族乡张山村、丽水市松阳县安民乡安岱后村、黄山市休宁县海阳镇万全村、黄山市休宁县海阳镇溪头村、黄山市休宁县溪口镇祖源村、黄山市休宁县流口镇流口村、黄山市休宁县汪村镇岭脚村、黄山市休宁县汪村镇石屋坑村、黄山市休宁县白际乡项山村、黄山市休宁县鹤城乡右龙村、金华市兰溪市永昌街道社峰村、金华市兰溪市黄店镇芝堰村、金华市东阳市巍山镇大爽村、金华市东阳市虎鹿镇蔡宅村等名列榜单。

2016年第四批列入中国传统村落名录的村落名单于2016年12月9日由国家住房和城乡建设部联合文化部、文物局、财政部、国土资源部、农业部、国家旅游局7部门下发文件（建村〔2016〕278号）公布，杭州市建德市更楼街道于合村、杭州市建德市杨村桥镇徐坑村百箩畈自然村、杭州市建德市大洋镇建南村章家自然村、杭州市建德市三都镇乌祥村、杭州市建德市大慈岩镇里叶村、杭州市建德市大慈岩镇双泉村、杭州市建德市大慈岩镇三元村麻车岗自然村、杭州市建德市大慈岩镇檀村村樟宅坞自然村、杭州市建德市大慈岩镇大慈岩村大坞自然村、杭州市建德市大同镇劳村村、杭州市建德市大同镇上马村石郭源自然村、衢州市柯城区航埠镇北二村、衢州市衢江区湖南镇破石村、衢州市衢江区黄坛口乡茶坪村、衢州市衢江区举村乡翁源村、衢州市衢江区举村乡洋坑村、衢州市江山市峡口镇三卿口村、衢州市江山市峡口镇柴村村、衢州市江山市峡口镇广渡村、衢州市江山市峡口镇枫石村、衢州市江山市廿八都镇浔里村、衢州市江山市张村乡秀峰村、衢州市江山市张村乡先峰村、衢州市江山市塘源口乡洪福村、衢州市龙游县湖镇镇星火村、衢州市龙游县沐尘畲族乡双戴村、衢州市开化县齐溪镇龙门村、衢州市开化县长虹乡高田坑村、衢州市开化县林山乡姜坞村、丽水市遂昌县云峰街道长濂村、丽水市遂昌县北界镇淤弓村下坪自然村、丽水市遂昌县应村乡竹溪村斋堂下自然村、丽水市遂昌县湖山乡福罗淤村、丽水市遂昌县湖山乡姚岭村、丽水市遂昌县蔡源乡大柯村、丽水市松阳县玉岩镇玉岩村、丽水市松阳县玉岩镇何山头村、丽水市松阳县大东坝镇蔡宅村、丽水市松阳县大东坝镇内大阴百鸟朝凰自然村、丽水市松阳县大东坝镇小后畲、丽水市松阳县新兴镇竹圉岗头自然村、丽水市松阳县新兴镇张山头村、丽水市松阳县新兴镇东北头村、丽水市松阳县叶村乡膳垄村、丽水市松阳县叶村乡斗米岙村、丽水市松阳县斋坛乡下坌村、丽水市松阳县三都乡后湾村、丽水市松阳县三都乡下田村、丽水市松阳县三都乡上田村、丽水市松阳县竹源乡呈田村、丽水市松阳县竹源乡周岭根村、丽水市松阳县四都乡汤城村、丽水市松阳县枫坪乡钱余宝钱源旧处自然村、丽水市松阳县板桥畲族乡大毛科麒上自然村、丽水市松阳县裕溪乡木岱坑村、丽水市松阳县安民乡大泮坑村、黄山市休宁县蓝田镇枧潭村、黄山市休宁县蓝田镇五陵村、黄山市休宁县鹤城乡樟源里村、上饶市广丰区东阳乡龙溪村、金华市金东区江东镇雅湖村、金华市武义县柳城畲族镇橄榄源村、金华市武义县柳城畲族镇梁家山村、金华市武义县柳城畲族镇东西村、金华市武义县柳城畲族镇上黄村、金华市武义县履坦镇范村村、金华市武义县新宅镇上少妃村、金华市武义县桃溪镇陶村村、金华市武义县柳城畲族镇金川村、金华市浦江县仙华街道登高村、金华市浦江县黄宅镇古塘村、金华市浦江县岩头镇礼张村、金华市浦江县檀溪镇潘周家村、金华市浦江县杭坪镇杭坪村、金华市浦江县杭坪镇石宅村、金华市磐安县尖山镇里岙村、金华市磐安县冷水镇朱山村、金华市兰溪市永昌街道永昌村、金华市兰溪市水亭畲族乡西姜村、金华市义乌市赤岸镇尚阳村、金华市义乌市赤岸镇朱店村、金华市义乌市义亭镇缸窑村、金华市东阳市城东街道李宅村、金华市东阳市巍山镇白坦村、金华市东阳市虎鹿镇厦程里村、金华市东阳市虎鹿镇西坞村、金华市东阳市马宅镇雅坑村、金华市东阳市画水镇天鹅村、金华市永康市石柱镇塘里村等名列榜单。

2019年第五批列入中国传统村落名录的村落名单于2019年6月6日由国家住房和城乡建设部、文化和旅游部、文物局、财政部、自然资源部、农业农村部下发文件（建村〔2019〕61号）公布①，上饶市广丰区嵩峰乡十都村、上饶市玉山县仙岩镇官溪社区、上饶市铅山县陈坊乡陈坊村、上饶市铅山县太源畲族乡太源村水美村、杭州市淳安县威坪镇洞源村、杭州市淳安县梓桐镇练溪村、杭州市淳安县汾口镇赤川口村、杭州市淳安县中洲镇札溪村、杭州市淳安县中洲镇泂溪村、杭州市淳安县枫树岭镇上江村、杭州市淳安县左口乡龙源庄村、杭州市淳安县王阜乡龙头村、杭州市淳安县王阜乡金家岙村、杭州市建德市寿昌镇石泉村、杭州市建德

---

① 住房和城乡建设部：《住房和城乡建设部等部门关于公布第五批列入中国传统村落名录的村落名单的通知》（建村〔2019〕61号），《中国建设报》2019年6月6日第1版。

市寿昌镇乌石村、杭州市建德市大慈岩镇檀村村湖塘村、衢州市柯城区石梁镇双溪村、衢州市柯城区航埠镇墩头村、衢州市柯城区九华乡妙源村、衢州市柯城区九华乡新宅村、衢州市柯城区九华乡源口村、衢州市柯城区沟溪乡沟溪村、衢州市柯城区华墅乡园林村、衢州市衢江区湖南镇山尖岙村大丘田村、衢州市衢江区云溪乡车塘村、衢州市衢江区岭洋乡赖家村、衢州市常山县招贤镇五里村、衢州市常山县青石镇江家村、衢州市常山县球川镇球川村、衢州市常山县辉埠镇大埂村、衢州市常山县芳村镇芳村村、衢州市常山县同弓乡彤弓山村、衢州市常山县东案乡金源村、衢州市开化县马金镇霞田村、衢州市开化县何田乡陆联村、衢州市开化县音坑乡儒山村读经源村、衢州市龙游县溪口镇灵山村、衢州市龙游县石佛乡西金源村、衢州市龙游县大街乡方旦村祝家村、衢州市龙游县沐尘畲族乡社里村、衢州市江山市清湖街道清湖一村、衢州市江山市清湖街道清湖三村、衢州市江山市石门镇江郎山村、丽水市遂昌县妙高街道仙岩村汤山头村及阴坑村、丽水市遂昌县北界镇苏村村、丽水市遂昌县大柘镇车前村、丽水市遂昌县石练镇柳村村、丽水市遂昌县黄沙腰镇大洞源村、丽水市遂昌县黄沙腰镇黄沙腰村、丽水市遂昌县濂竹乡大竹小岱村、丽水市遂昌县濂竹乡横坑村、丽水市遂昌县濂竹乡千义坑村、丽水市遂昌县濂竹乡治岭头村、丽水市遂昌县高坪乡茶树坪村、丽水市遂昌县高坪乡淡竹村、丽水市遂昌县湖山乡三归村大畈村、丽水市遂昌县湖山乡奕山村、丽水市遂昌县蔡源乡蔡和村、丽水市遂昌县西畈乡举淤口村、丽水市遂昌县垵口乡徐村村、丽水市松阳县大东坝镇七村村、丽水市松阳县三都乡里庄村、丽水市松阳县三都乡上源村、丽水市松阳县裕溪乡凤弄源村、黄山市休宁县五城镇月潭村、黄山市休宁县五城镇五城村、黄山市休宁县蓝田镇前川村、黄山市休宁县蓝田镇秋洪川村、黄山市休宁县溪口镇小坑村、黄山市休宁县溪口镇源头村、黄山市休宁县流口镇茗洲村、黄山市休宁县流口镇泉坑村、黄山市休宁县汪村镇左源村、黄山市休宁县汪村镇广源村、黄山市休宁县汪村镇麻田村、黄山市休宁县汪村镇大连村、黄山市休宁县商山镇双桥村、黄山市休宁县山斗乡金源村、黄山市休宁县板桥乡杨林湾村、黄山市休宁县板桥乡梓坞村、黄山市休宁县鹤城乡高坑村、黄山市休宁县榆村乡富溪村、金华市婺城区汤溪镇上境村、金华市婺城区汤溪镇上堰头村、金华市婺城区汤溪镇下伊村、金华市婺城区汤溪镇鸽坞塔村、金华市婺城区塔石乡岱上村、金华市金东区孝顺镇中柔村、金华市金东区傅村镇畈田蒋村、金华市金东区澧浦镇琐园村、金华市金东区澧浦镇蒲塘村、金华市金东区澧浦镇郑店村、金华市金东区岭下镇岭五村、金华市金东区岭下镇后溪村、金华市金东区赤松镇仙桥村、金华市武义县柳城畲族镇乌漱村、金华市武义县柳城畲族镇新塘村、金华市武义县柳城畲族镇云溪村、金华市武义县白姆乡水阁村、金华市武义县坦洪乡上坦村、金华市武义县坦洪乡上周村、金华市武义县大溪口乡桥头村、金华市磐安县安文街道墨林村、金华市磐安县九和乡三水潭村、金华市兰溪市兰江街道上戴村、金华市兰溪市永昌街道下孟塘村、金华市兰溪市游埠镇潦溪桥村、金华市兰溪市诸葛镇厚伦方村、金华市兰溪市黄店镇三泉村、金华市兰溪市黄店镇上包村、金华市兰溪市黄店镇上唐村、金华市兰溪市黄店镇刘家村、金华市兰溪市黄店镇桐山后金村、金华市兰溪市梅江镇聚仁村、金华市义乌市廿三里街道何宅村、金华市义乌市佛堂镇倍磊村、金华市义乌市佛堂镇寺前街村、金华市义乌市赤岸镇乔亭村、金华市义乌市赤岸镇雅端村、金华市义乌市赤岸镇雅治街村、金华市义乌市赤岸镇东朱村、金华市义乌市义亭镇陇头朱村、金华市义乌市义亭镇何店村、金华市义乌市大陈镇红峰村、金华市东阳市六石街道北后周村、金华市东阳市六石街道吴良村、金华市东阳市巍山镇古渊头村、金华市东阳市虎鹿镇葛宅村、金华市东阳市湖溪镇郭宅村、金华市东阳市三单乡前田村、金华市永康市前仓镇大陈村、金华市永康市舟山镇舟二村、金华市永康市芝英镇芝英一村等名列榜单。

2. 省级古村落

质朴的古村落，令人眷恋和向往。自2013年起，浙江省启动了七批历史文化村落保护利用重点村建设工作。历史文化村落的保护利用，是浙江"建设具有诗画江南韵味的美丽城乡"的题中之义。以保护为先，雕梁画栋得到修复，文化遗产得以延续，让历史文化村落"返璞"；历史文化村落承载着厚重的历史文化积淀，是中华民族的文化记忆和文化标志，是一种不可再生的文化遗产。在如诗如画的美丽浙江，质朴的古村落像繁星点点，散落在浙江的地图上，与都市的现代化生活交融共生。姑蔑地浙江省的历史文化名城有金华、东阳、兰溪、松阳，浙江省历史文化名镇有衢州市江山市廿八都镇、金华市金东区曹宅镇、金华市义乌市赤岸镇、金华市浦江县郑宅镇、金华市义乌市佛堂镇、金华市兰溪市永昌街道、衢州市江山市清湖镇、衢州市龙游县湖镇镇、衢州市开化县霞山乡、丽水市遂昌县王村口镇、金华市兰溪市女埠街道、金华市永康市芝英镇、衢州市龙泉市小梅镇、金华市兰溪市游埠镇、金华市东阳市虎鹿镇、衢州市衢江区杜泽镇、衢州市衢江区全旺镇、常山县球川镇、常山县芳村镇、开化县马金镇，浙江省历史文化名村有丽水市遂昌县焦滩乡独山村明代一条街·山村古寨、金华市金东区傅村镇山头下村五行八卦袖珍古城·沈约后裔聚居地、金华市武义县俞源乡俞源村太极星象村、金华市武义县武阳镇郭洞村江南第一风水村、丽水市松阳县大东坝镇石仓村客家移民老宅·当田契、金华市永康市石柱镇厚吴村永康农村第一大古建筑群、金华市兰溪市女埠街道虹霓山村晚清传统民居、金华市武义县大田乡岭下汤村石梁架屋·石屋老街、金华市浦江县白马镇嵩溪村嵩溪诗社、衢州市江山市石门镇清漾村江南毛氏发源地、衢州市龙游县石佛乡三门源村晚清时期建筑精品·砖雕、丽水市松阳县赤寿乡界首村古民居、衢州市龙泉市城北乡上田村清末民初古民居、金华市婺城区汤溪镇寺平村徽派风格古民宅·中国最漂亮砖雕民居村、金华市义乌市佛堂镇倍磊村古民居、金华市义乌市佛堂镇田心村培德堂·古民居、金华市浦江县虞宅乡新光村廿五都朱宅·灵岩古庄园、金华市武义县桃溪镇陶村村元代延福寺·明清古民居、金华市武义县大溪口乡山下鲍村古村落·江南阿房宫、金华市武义县坦洪乡上坦村明清古建筑、金华市磐安县盘峰乡榉溪村榉溪孔氏家庙、金华市磐安县尖山镇管头村乌石古建筑、金华市磐安县胡宅乡横路村乌石古民居·澄溪古道、金华市磐安县双峰乡大皿村大盘山中的明清古村落、衢州市龙游县庙下乡庙下村古民居·华岗故居、衢州市龙游县塔石镇泽随村明代古建筑·古祠堂、衢州市龙游县溪口镇灵山村古龙游的七大集镇之一·驿站老街、衢州市江山市大陈乡大陈村古居古巷·十月初十麻糍节·天然溶洞龙嘴洞、衢州市江山市凤林镇南坞村内祠·外祠·八卦井·古民居·三月三庙会、衢州市龙泉市小梅镇大窑村龙泉青瓷大窑遗址、衢州市龙泉市西街街道下樟村云坞古村·古建筑、丽水市松阳县望松街道吴弄村徽派古建筑、丽水市松阳县古市镇山下阳村古村落·八卦村、丽水市松阳县象溪镇靖居村古建筑、丽水市松阳县大东坝镇横樟村包公后人·横樟岭驿道·古建筑、兰溪市诸葛村、兰溪市长乐村、兰溪市芝堰村、东阳市李宅村、永康市舟山村、浦江县古塘村、浦江县潘周家村、磐安县梓誉村、衢州市衢江区破石村、衢州市衢江区车塘村、江山市张村村、开化县龙门村、遂昌县黄沙腰村、遂昌县蕉川村、遂昌县长濂村、遂昌县苏村村、遂昌县大柯村、松阳县酉田村。

浙江省建设厅、省文化厅、省文物局、省财政厅公布第一批列入浙江省省级传统村落名录村落名单，决定将杭州市萧山区衙前镇凤凰村等636个村落列入省级传统村落名录。住房和城乡建设部公布的浙江省中国传统村落全部列入省级传统村落名录，不在此名单范围。金华有64个村登上了第一批浙江省省级传统村落名录的村落名单，而开发区内汤溪镇就有4个村。婺城区塔石乡岱山村、上阳村；金东区江东镇雅金村、澧浦镇方山村、蒲塘村、琐园村、郑店村、岭下镇后溪村、岭五村、塘雅镇下吴村，源东乡长塘徐村；金华开发区汤溪镇鸽坞塔村、上镜村、上堰头村、下伊村；金义都市新区傅村镇畈田蒋村、孝顺镇中柔村；金华山旅游经济区赤松镇仙桥村；兰溪市黄店镇刘家村、三泉村、上包村、上唐村、桐山后金村、兰江街道上戴村、梅江镇聚仁村、永昌街道下孟塘村、游埠镇潦溪桥村、诸葛镇厚伦方村；东阳市虎鹿镇葛宅村、六石街道北后周村、吴良村、三单乡前田村、巍山镇古渊头村、湖溪镇郭宅村；义乌市赤岸镇乔亭村、雅端村、雅治街村、东朱村、佛堂镇倍磊村、寺前街、田心村、云山村、廿三里街道何宅村、上溪镇黄山五村、苦竹塘村、苏溪镇同裕村、义亭镇陇头朱村、何店村、大陈镇红峰村；永康市前仓镇大陈村、芝英镇芝英一村、舟山镇舟山二村；武义县大溪口乡桥头村、水头村、柳城畲族镇云溪村、履坦镇坛头村、坦洪乡上坦村、上周村、桃溪镇东垄村、里九畈村、上陈村、子坑村；磐安县安文镇墨林村、九和乡山水潭村。

（二）非物质文化遗产

1. 国家非遗名录

保护非遗已经成为当今社会的文化热点，非遗保护由"申遗热"向"重申报，更重保护"转变。国务院《关于加强文化遗产保护的通知》制定了"国家+省+市+县"四级保护体系，贯彻"保护为主、抢救第一、合理利用、传承发展"的工作方针，切实做好非物质文化遗产的保护、管理和合理利用工作。

第一批国家级非物质文化遗产名录：民间舞蹈类浦江板凳龙，曲艺类兰溪滩簧，民间美术类东阳木雕，传统戏剧类浦江乱弹、衢州和松阳县高腔。[1]

---

[1] 中华人民共和国国务院：《第一批国家级非物质文化遗产名录》（国发〔2006〕18号文件），2006年5月20日。

第二批国家级非物质文化遗产名录：民间文学类金华黄初平（黄大仙）传说，传统戏剧类金华婺剧，传统技艺类金华酒传统酿造技艺、金华绿茶制作技艺（婺州举岩）、金华火腿腌制技艺、婺州传统民居营造技艺（兰溪诸葛村古村落营造技艺、武义县俞源村古建筑营造技艺、东阳市卢宅营造技艺、浦江郑义门营造技艺），民俗类磐安县晋祠庙会、浦江迎会、浦江县青林口高抬戏和庄浪县高抬。第一批国家级非物质文化遗产扩展项目名录：传统舞蹈类兰溪断头龙、大田板灯龙，传统体育、游艺杂技类东阳市翻九楼、永康九狮图，传统美术类浦江剪纸、东阳竹编。[1]

第三批国家级非物质文化遗产名录：传统戏剧永康醒感戏，浙江省淳安县淳安三角戏，曲艺永康鼓词。[2]

第四批国家级非物质文化遗产名录：传统技艺类浙江省金华市婺城区婺州窑陶瓷烧制技艺、传统制糖技艺（义乌红糖制作技艺）、江西省万年县稻作习俗、浙江省淳安县淳安竹马、浙江省武义县武义寿仙谷中药炮制技艺、浙江省衢州市杨继洲针灸、浙江省兰溪市诸葛后裔祭祖。[3]

2. 省级非遗名录

在非遗保护进入探索多种保护方式的今天，将非遗项目纳入名录体系，仅仅是保护工作的一个开端。物质形态可以创新，但核心精神价值不能变，我们将继续按规律保护，坚持"保护为主、抢救第一、合理利用、传承发展"的方针，为了历史文脉的薪火相传，继续前行，继续努力。

第一批浙江省非物质文化遗产代表作名录：民间戏曲类浦江乱弹，民间曲艺类金华道情和兰溪摊簧，民间舞蹈类永康十八蝴蝶、浦江板凳龙和浦江迎会，民间造型艺术类东阳木雕、浦江剪纸、东阳竹编、浦江麦秆贴，民俗类风情磐安炼火。[4]

---

[1] 中华人民共和国国务院：《关于公布第二批国家级非物质文化遗产名录和第一批国家级非物质文化遗产扩展项目名录的通知》（国发〔2008〕19号文件），2008年6月14日。

[2] 中华人民共和国国务院：《第三批国家级非物质文化遗产名录》（国发〔2011〕14号文件），2011年6月9日。

[3] 中华人民共和国国务院：《第四批国家级非物质文化遗产名录》（国发〔2014〕59号文件），2014年12月3日。

[4] 浙江省人民政府：《关于公布第一批浙江省非物质文化遗产代表作名录的通知》（浙政发〔2005〕26号文件），2005年5月18日。

第二批浙江省非物质文化遗产代表作名录：民间文学类黄大仙传说，民间音乐类金华山歌、磐安吹打，民间舞蹈类金华跳魁星、永康九狮图、武义花灯花轿、磐安东阳板龙、兰溪断头龙、浦江滚地龙，传统戏剧类永康醒感戏、金华婺剧、武义昆曲，曲艺类义乌金华道情，杂技与竞技类东阳翻九楼、磐安迎大旗、义乌罗汉班、义乌后宅高跷，民间美术类兰溪粮食砌、东阳郭宅大蜡烛，传统手工技艺类金华酒酿造技艺、婺州举岩茶传统制作技艺、义乌市木车牛力绞糖制作技艺、金华市金华火腿传统制作工艺、金华市婺州窑传统烧制技艺、永康市永康锡艺，民俗金华斗牛、永康市方岩庙会、武义县畲族三月三、武义县迎大蜡烛、磐安县赶茶场、兰溪市诸葛后裔祭祖。[①]

第三批浙江省非物质文化遗产名录：传统舞蹈类武义鲤鱼跳龙门、武义三狮、浦江擂马，传统戏剧类东阳傀儡戏，传统体育、游艺杂技类金华岳家拳（岳武穆柔术）、抢头杵（民间游戏）、磐安叠牌坊、永康打罗汉，传统美术类东阳市传统砖雕、武义泥水画，传统技艺类金华市传统婺剧戏服、义乌市婺剧盔帽制作技艺、义乌黄山八面厅建筑营造技艺、东阳市黄古林草席编织技艺和南马草席编织技艺、东阳土布制作技艺、兰溪市三伏老抽酿造技艺、义乌市丹溪红曲酒酿造技艺、金华酥饼传统手工制作技艺、浦江豆腐皮捞制技艺、永康钉秤制作技艺、永康铜艺，民俗类浦江县杭坪摆祭、武义抬阁、义乌抬阁跷、东阳市东白山"七月七"、武义县七夕节接仙女。[②]

第四批浙江省非物质文化遗产名录：民间文学类义乌的傅大士传说，传统舞蹈类东阳蔡宅高跷、永康调花钹、磐安乌龟端茶、金华西吴高腔、金华徽戏、浦江什锦班、东阳金华道情，传统体育、游艺杂技类金华金东区大成拳，传统美术类永康根雕，传统技艺类东阳酒酿造技艺、义乌枣加工技艺、义乌红曲传统制作技艺（义乌红曲、乌衣红曲）、永康打金打银工艺、永康打铁技艺、磐安高照马制作技艺，传统医药类武义寿仙谷中药文化、磐安县磐五味生产加工技艺，民俗类永康迎花烛、磐安县婺州南宗

---

[①] 浙江省人民政府：《关于公布第二批浙江省非物质文化遗产代表作名录的通知》（浙政发〔2007〕33号文件），2007年6月5日。

[②] 浙江省人民政府：《关于公布第三批浙江省非物质文化遗产名录和第一批、第二批浙江省非物质文化遗产扩展项目名录的通知》（浙政发〔2009〕35号文件），2009年6月22日。

祭孔典礼、磐安县高姥山七夕节。①

第五批浙江省非物质文化遗产代表性项目名录：民间文学类兰溪毕矮的故事，传统舞蹈类永康拱瑞手狮、浦江鱼灯、磐安长旗，传统美术类金华剪纸、木版年画、东阳竹根雕，传统技艺类兰溪孔明锁制作技艺、永康铸铁（铁锅、铁壶）、武义大漆髹饰技艺，传统医药类兰溪天一堂中药文化、义乌市朱丹溪中医文化、义乌市三溪堂中药炮制技艺，民俗类金华市汤溪城隍庙摆胜，曲艺类金华道情、金华道情（义乌）、永康鼓词、浦江什锦班。②

非遗主题小镇是指以特色非遗资源为基础，以文化旅游融合发展为方式，传承和弘扬独具特色的区域传统文化，影响和助推地方经济社会发展的文化区域。民俗文化村是指历史和传统文化保存保留丰富，建筑环境、建筑风貌、村落选址未有大的变动，具有独特民俗民风，民俗活动传承发展较好，农耕文化记忆相对完整的村落。

浙江省非物质文化遗产旅游经典景区名单：横店明清民居博览城；浙江省非物质文化遗产旅游景点名单：永康方岩风景区（方岩庙会）、龙游民居苑。

第二批浙江省非物质文化遗产旅游景区民俗文化村：建德市新叶村、淳安县富德村、金华市东阳市花园村、金华市永康市厚吴村、金华市磐安县榉溪村、常山县路里坑村、江山市浔里村、龙游县天池村、遂昌县淤溪村。

第三批浙江省非物质文化遗产旅游景区非遗主题小镇：义乌市佛堂镇红糖加工方向、浦江县郑宅镇传统风尚方向、金华市婺城区雅畈镇婺州窑青瓷方向；第三批浙江省非物质文化遗产旅游景区民俗文化村：武义县柳城畲族镇江下村、东阳市虎鹿镇蔡宅村、松阳县望松街道吴弄村、开化县马金镇霞山村。

第四批浙江省非物质文化遗产旅游景区非遗主题小镇：兰溪市游埠镇民俗风情方向、武义县柳城畲族镇畲族风情方向、龙游县小南海镇龙游发糕制作方向、松阳县西屏街道明清文化街区民俗风情方向；第四批浙江省

---

① 浙江省人民政府：《关于公布第四批浙江省非物质文化遗产名录的通知》（浙政发〔2012〕55号文件），2012年6月25日。
② 浙江省人民政府：《关于公布第五批浙江省非物质文化遗产代表性项目名录的通知》（浙政发〔2016〕16号文件），2017年1月5日。

非物质文化遗产旅游景区民俗文化村：金华市琐园古村落旅游开发有限公司琐园村、永康市舟山镇舟山二村村民委员会舟山二村、浦江县前吴乡寿溪村村民委员会寿溪村、磐安县双峰乡大皿村村民委员会大皿村、常山县同弓乡彤弓山村村民委员会彤弓山村。

## 二　姑蔑文艺

（一）姑蔑文学曲艺

1. 金衢姑蔑诗选①

浙江九峰山，南依括苍山，北临瀫水，东瞰八婺，西望三衢，方圆20多平方公里。呈丹霞地貌，山势簇拥、峰峰相连、丹崖叠翠、峻峭灵巧、高数百仞、岩洞玲珑、嶙峋特秀。九峰山一带显著的特征是文化多元，历史悠久，流传着许许多多民间故事，每一块石头都有一个精美的故事，每一条山沟都有一个动人的传说。东汉名士龙丘苌隐居于九峰山，山也因此又名龙丘山；南朝宋名儒徐伯珍于元嘉年间（424—453）迁居九峰山，筑室授徒讲学；唐中书侍郎、吏部尚书徐安贞，以文学知名，唐玄宗爱其才，赐名安贞，九峰山有其读书处，其墓在九峰山下，唐顾况有诗《经徐侍郎墓》；五代名僧贯休曾久居九峰山，有诗《寒望九峰作》《离乱后寄九峰和尚二首》等；宋丞相赵抃、明鸿胪寺少卿胡森均有咏颂九峰山的诗作。胡森手书石碑，现保存在九峰禅寺的石壁上，胡森之墓也在九峰山，保存尚好。九峰山以其灵奇秀丽之姿倾倒了几多文人墨客，写下许多动人诗篇。九峰山历来道教兴盛，有葛洪在九峰山采药炼丹的遗址，明朝胡永瑞、宋约等人有咏颂诗篇。九峰山有两个半神仙的传说，一个是葛洪，一个是鄞去奢，还有半个是徐半仙。鄞去奢相传为唐时龙丘人，幼为九峰山崇仙宫道士，31岁时到松阳游道后又回九峰山修炼成仙。洞穴异光放彩，豺狼虎豹及山中异鸟尽献朝拜之礼。

叠嶂连岗、奇峰挺立的九峰山，留下诗文非常之多，留有200余位作者400多首诗，其中不乏杨炯、宋之问、李商隐、苏轼、朱熹以及徐安贞、祝公望、余用循、余敷中、余恂、周召、陈圣洛、陈一夔、叶闻性、吴枫、余可大、余铿、詹熙等名家。《后汉书·郡国志》云，东阳记县龙

---

① 汪文壁修，罗元龄等纂：《汤溪县志》卷八，上海图书馆藏明万历三十二年（1604）刻本。

丘山有九石特秀，林表色丹自，远望尽如莲花，龙丘苌隐于此，因此为名。其峰际复有岩穴，外如窗脯，中有石林……。《南齐书·徐伯珍传》中记载，徐伯珍住处的南面九里处有一座高山，班固称此山为九岩山。就是后汉人龙邱苌隐居的地方。山上长有许多龙须、松柏，远远望去，五彩缤纷，当时的人称此山为妇人岩。

《姑蔑城》：劲越既成土，强吴亦为墟。皇风一已被，兹邑信平居。抚俗观旧迹，行春布新书。兴亡意何在，绵叹空踌躇。（唐）孟郊

《过姑蔑道中》：姑蔑古城暮，山川近不同。草黄秋过雨，树暗晚生风。流水中分郭，飞桥下应虹。未须追往事，回首送冥鸿。（宋）陈举恺

《闲居多暇追叙旧游成一百十韵》：予生驽且钝，良御谩加鞭。……姑蔑墟难辨，金华洞可穿。烂柯人已往，起石事堪笺。……虚怀本无取，那得更悁悁。（宋）释文珦

《三衢胡定愍祠诗》：把酒论诗建业城，三年金石见交情。罗池忽待中流泊，姑蔑应无剧雨倾。直道岂知人负我，英姿如在死犹生。炉香销尽丛祠晚，独对西风泪臆横。（宋）朱翌

《十月二三日嫩晴薄寒山房新构书阁去年此日北》：雾重月无色，夜来寒有情。墙根余宿莽，大末弄初晴。去岁那知有，新冬得此生。拥炉谈往事，鹎鸠报三更。（宋）舒岳祥

《上余倅生辰唐律十章》：亭亭采棒足流传，太末官勋压此年。感德衔恩知有自，定应亦致烂柯仙。（宋）唐士耻

《端明尚书汪圣锡挽词二首》：刻意追元佑，斯文未丧予。前生陈正字，今代傅中书。太末分携晚，东胶觌面初。追思二十载，痛哭泪盈裾。（宋）周必大

《送范守仲冶二首》：二年田里内，民不识追胥。官府绝无事，使君惟读书。俭于住家日，朦似下车初。太末方凋敝，公行不可徐。（宋）刘克庄

《九峰岩》：龙丘石室人难继，安正书堂世莫登。但见烟萝最高处，九峰排列一层层。（宋）赵抃

《寒望九峰作》：九朵碧芙蕖，王维图未图。层层皆有瀑，一一合吾居。雨歇如争出，霜严不例枯。世犹多事在，为尔久踌躇。（唐）贯休

《瀫江秋居作》：无事相关性自摅，庭前拾叶等闲书。青山万里竟不足，好竹数竿凉有余。近看老经加澹泊，欲归少室复何如。门前小沼清如

镜,终养琴高赤鲤鱼。(唐)贯休

《五都钱村中庭花醉堂联》——满堂花醉三千客;一剑霜寒十四州。(唐)贯休

《龙丘途中二首》:汉苑残花别,吴江盛夏来。唯看万树合,不见一枝开。水色饶湘浦,滩声怯建溪。泪流回月上,可得更猿啼。(唐)杜牧(题注:一作李商隐诗)

《龙丘东下却寄孙员外》:縠江东下几多程,每泊孤舟即有情。山色已随游子远,水纹犹认主人清。恩如海岳何时报,恨似烟花触处生。百尺风帆两行泪,不堪回首望峥嵘。(唐)罗隐

《送滕庶子致仕归婺州》:春风秋月携歌酒,八十年来玩物华。已见曾孙骑竹马,犹听侍女唱梅花。入乡不杖归时健,出郭乘轺到处夸。儿著绣衣身衣锦,东阳门户胜滕家。(唐)白居易

《龙邱山》:九峰湿翠秋光凝,亭亭出水芙蓉净。崔巍怪石距若虎,合沓奇峰驰八骏。山若古寺隔红尘,时有天风度幽磬。岂惟清赏玩心目,况有高人寄真隐。自惭奔走红尘客,何由得遂山林性。长歌聊复赋重游,不用悬岩刻名姓。(宋)陈举恺

《晚秋归自京》:红尘两脚几时休,此度真成浪漫游。倦买夜船过钓濑,渴呼腊盏试龙游。菊前疏雨重阳信,天际孤云万里愁。昨夜江头乡国梦,已随明月度西楼。(宋)艾可叔

《翠光岩》:百尺苍崖水气昏,我来避暑动吟魂。千年尽露波涛色,万古犹存斧凿痕。倒跨苍龙探月窟,醉骑老鹤蹑云根。天心水面无穷意,日日乘舟到洞门。(宋)张正道

《泊盈川步头舟中酌酒五首》:那知乱后年光促,但觉春来酒味长。炯炯新蟾照人白,恨无双竹倩孙郎。空笼影照琉璃滑,鸿洞声传钟鼓长。便买扁舟作家宅,风流千载谢三郎。飞扬跋扈今安取,放浪酣歌亦所长。曾醉西湖春色否,传声江上问诸郎。苍苍烟画千岩秀,泛泛花流一水长。会向武陵寻避世,此身已是捕鱼郎。收功不在干戈众,和议元非计策长。闻道搜贤遍南国,要令四裔识周郎。(宋)赵鼎

《舣舟龙游》:縠波亭下一维舟,小对秋风梳白头。欲赋新诗欠时体,江河万古叹风流。(宋)赵蕃

《游石壁寺怀禅月》:一棹夷犹石壁来,寺门杂树向溪开。七言粗可供诗本,十幅谁能致袜材。想见高情澹云水,未嗟陈迹掩莓苔。倦游到处

浑如昔，欲住还成破雨回。（宋）赵蕃

《题衢州石壁寺》：岸上横生脉，平林一里溪。众船寒渡集，高寺远山齐。残磬吹风断，眠禽压竹低。自嫌昏黑至，难认壁间题。（宋）徐照

《泊舟龙游》：未得桥开锁，去船难自由。渚禽飞入竹，山叶下随流。忽见秋风喜，还成早岁愁。卧闻舟子说，明日到衢州。（宋）翁卷

《简同行翁灵舒》：久晴滩碛众，舟楫后先行。终日不相见，与君如各程。水禽多雪色，野笛忽秋声。必有新成句，溪流合让清。（宋）赵师秀

《龙游道中即事》：几年舟楫便吾曹，步入龙游记所遭。激水代春城旦坐，叉松亲爨店人劳。屏除车马肩舆冗，料理泥沙甃甓高。忙里著晴天意好，坐令行客兴滔滔。（宋）曹彦约

《九峰山联（一）》：荒烟祠祭酒；古榻蜕金仙。（明）胡森《九峰》

《九峰山联（二）》：括苍转晓色；九峰含夕阳。（宋）唐仲友《金华府志》卷三十

《龙游石壁》：巉岩古径幽，疏林阁秋雨。小立藓花寒，江清鱼可数。（宋）释本粹

《再游石壁寺》：曾为石壁游，更借僧房宿。楼阁倚林腰，溪山醒尘目。敲门寻旧僧，清响应林谷。老僧不厌客，分我云半屋。禅月岂后身，尚馀诗满腹。疑我亦荀鹤，再与赋汉牧。汲井昼煮茶，洗钵夜分粥。山空人语寂，邀我入深竹。独抱无弦琴，不唱浮生曲。月树影参差，风鸣声断续。翛然出尘表，身世转幽独。明朝出山去，无言笑相瞩。江上石牛眠，秋草为谁绿。（宋末元初）于石

《翠光岩》：一棹巨川舟，相随物外游。芳尘曾未逐，春兴若为酬。酌石花阴湿，题岩藓墨浮。沙鸥应笑我，留住瀫溪头。（宋）郑得彝

《翠光岩》：百尺苍崖水气昏，我来避暑动吟魂。千年尽露波涛色，万古犹存斧凿痕。倒跨苍龙探月窟，醉骑老鹤蹑云根。天心水面无穷意，日日乘舟到洞门。（宋）张正道

《九月一日夜宿盈川市》：下滩一日抵三程，到得盈川也发更。两岸渔樵稍灯火，满江风露更波声。病身只合山间老，半世长怀客里情。西畔大星如玉李，伴人不睡向人明。（宋）杨万里

《宿潭石步》：三更无月天正黑，电光一掣随霹雳。雨穿天心落蓬脊，急风横吹斜更直。疏篷穿漏湿床席，波声打枕一纸隔。梦中惊起眠不得，

揽衣危坐三叹息。行路艰难非不历，平生不曾似今夕。天公吓客恶作剧，不相关白出不测。收风拾雨猝无策，如何乞得东方白。垂头缩脚正偪仄，忽然头上复一滴。（宋）杨万里

《三河道中二首》：龙丘风土类中原，雨势山开百里川。白鹭水田摩诘画，桃花溪洞武陵船。路入龙游不见山，纵横阡陌瀫江边。穿篱残笋如攒槊，夹道寒花似火燃。（元）王恽

《九峰书院》：昔贤书院在岩间，千载高风不可攀。莫道夜台灵去远，文星犹自照空山。（元）王瓒

《九峰瀑布》：兰谷东南崒九峰，芙蓉朵朵插晴空。飞流直下三千尺，一抹青云挂玉龙。（明）胡荣

《过龙游》：鹢首见龙游，群山翠浪流。阳坡眠白犊，阴洞锁苍虬。树密云藏屋，滩长石啮舟。呼儿具尊酒，听客说杭州。（明）张以宁

《太末江中连雨呈伟长将军》：万壑千山积雨多，海门三日下鸿波。蛟龙直欲摧孤屿，乌兔深疑避九河。看剑阴风吹白发，弹琴春雪照青蛾。将军且猎长缨饮，北房南蛮奈尔何。（明）沈明臣

《盈川旧县》：兹地舟行数，怀人思惘然。盈川经此日，流水自唐年。废邑丛春草，荒山入暮烟。昔贤不可作，开笥读遗编。（明）陆律

《辛卯除夜姑蔑舟中》：客路行无尽，终天恨转深。乾坤乌鸟泪，风雨狖猿吟。爆竹催残腊，梅花忆故林。未能委沟壑，聊慰北堂心。（明）徐熥

《汤溪景观联》：飞泉涧底泻寒玉；怪松云外蟠青龙。（明）宋约，乾隆《汤溪县志》卷九

《白沙庙联》：身名两隐山林中；将军辅汉真英雄。（唐·杨通《白沙昭利庙志》）笔架山头红日射；香炉岩顶紫烟浮。（南宋·虞鲁《白沙昭利庙志》）功驰汉室为名将；泽被吴邦赐列侯。（宋·王淮《白沙溪遗兴》）当年辅国有奇功；勇退归山作卧龙。（明·宋约《白沙昭利庙志》）栋云泻润沾庭柏；鼎火凝香拂野花。（明）戴应鳌《白沙昭利庙志》

《龙游道中》：新妇岩头挂夕晖，江村潮落钓船归。沿溪遍长龙须草，织作山中隐士衣。（清）薛时雨

《白沙春水》：白沙春水镜光清，水面无风似掌平。春暖锦鳞吹细浪，晚晴黄莺啭新声。烟堤绿树人家小，云渚斜阳钓艇横。三十六渠饶灌溉，

秋田万顷仰西成。（明）杜桓

《叶湾夜渡》：风细浪层层，波澜月放楼。倦行逢偃息，稳坐作鞍乘。江阔迟升岸，楼高已见灯。临流蟠古树，龙势欲飞腾。（清）张可元

《银岭梅花亭》：盘盘银岭几攀跻，天际仙鸡时一啼。记取此间佳胜在，梅花亭外万山低。（清）范作梅

《咏三叠岩》：群峰奔赴龙丘山，蜿蜒起伏多岩峦。就中最奇为三叠，兀然高耸如峨冠。（近代）余绍宋

《九峰塔岩山联》：日月不磨前代迹，江山曾许后人题。僧从云外敲鱼响，塔在天边借鹤栖。（明）徐振宗《游塔岩》

2. 姑蔑曲艺传唱[①]

语言是一个民族形成的标志，亦能最充分地表现一个民族的精神及其特征。姑蔑文化源远流长，底蕴深厚，音乐舞蹈、戏曲曲艺，精品荟萃，名家辈出。民歌、山歌、小调、对歌、婚俗歌、丧俗歌、祀神歌、风物歌、劳动歌、时令歌、情歌、小说歌、儿歌等民间音乐兴盛，丝竹锣鼓、吹打乐、丝弦乐、清锣鼓等民间乐器常见，婺剧、婺剧高腔、婺剧昆腔、婺剧徽戏、婺剧乱弹、摊簧、时调、越剧、木偶戏等戏曲以及摊簧坐唱、说书、道情、小锣书、清唱、坐唱班等曲艺在民间常见，其中，在姑蔑地流传的婺剧踏八仙、跳魁星、跳加官、跳财神、斗台等戏俗深受百姓喜欢。这些曲艺，作为一种艺术的特殊语言音韵形式，集中体现了民族的审美与意志，具有一种强大的民族团结的凝聚力。

社戏。社戏一般由某个大村或几个同姓村联合演出，演出时间多在农闲或者节日前后。旧时迎神赛会，多雇外地戏班演出，有元宵、春社、秋社演剧，戏剧活动演出频繁。

十响班。婺剧十响班又叫坐唱班、锣鼓班、锣鼓会、什锦班、太子班，是田埂上的曲艺，是一种百姓喜闻乐见的民间曲艺形式。以锣、鼓、板胡、萧筒、牛角胡、葫芦琴、月琴、包包锣、小马锣、镲等十多种演奏乐器得名，由鼓板、正吹、三吹、小锣和演唱组成，有"东方交响乐"的雅称，作为民间土生土长的乐队，"十响班"在姑蔑大地流行数百年。民间有着悠久的婺剧坐唱历史，村民历来爱看、爱演并爱创作婺剧，有着众多的婺剧戏迷。一个阵容整齐的坐唱班，演奏者自拉自唱，摆一张方桌

---

[①] 陈洪标：《一首民谣，串起 2000 年记忆》，《浙江日报》2010 年 7 月 23 日第 13 版。

四条凳，在任何时候、任何地方都可以进行演奏。演奏时锣鼓管弦乐器和生旦净末丑角色齐全，可以演唱整本大戏，这是把戏剧从舞台上真正移到了群众之中，把戏剧视听艺术简化成单纯的听觉艺术。自清同治初年至今，姑蔑一带产生过不同剧种的十响班数不胜数。十响班若以声腔分，有高腔、昆腔、徽戏、乱弹、摊簧、时调等多种班别。俗话说："锣鼓响，脚底痒，唱起金华戏，心里喜洋洋！"农村每有传统节日或婚嫁、建房、祝寿、丧葬等盛典场合，必然有农村十响班到场，鼓乐声声，形成大规模会演。十响班是深受喜爱的民间民族说唱艺术形式，被誉为"婺剧的活化石"。十响班没有固定的唱词，只有十多种固定的曲谱，自导自演的曲目有花头台、哪吒下山、三五七连奏、蟠桃八仙，演唱曲目有双阳公主、僧尼会、西施泪、孙夫人祭江、智取威虎山、忠孝全、三请梨花、徐策跑城、百寿图、断桥、赴考等。十响班是活跃在农村的文艺骨干队伍，金华临江东余村业余剧团演出的兄妹开荒、白毛女、王秀鸾、三世仇等剧目，曾获得浙江省会演奖。

榜新闻。人称道情、唱新闻。道情，源于唐代道教在道观内所唱的经韵，为诗赞体。宋代后吸收词牌、曲牌，演变为在民间布道时演唱的新经韵，又称道歌。用渔鼓、简板伴奏，与鼓子词相类似，是一人多角色坐唱式单档说唱艺术。唱一段加几句说表，配上简单的动作，即所谓"艺人一台戏，演文演武我自己"。道情是旧时代盲艺人艰难生存状况的产物，也是时代的产物。在交通阻塞、信息封闭的年代，走村串户的曲艺艺人充当着信息的媒介，成为农工士商、村夫民妇接受教化、享受艺术的主要来源。道情故事都源于民众的生活经历，取材于发生在百姓身边的社会新闻，不少艺人以衙门案件、社会新闻、民间重大事件编成道情演唱，如汤溪的《烧山记》、明代发生在罗埠的《金凤冠》等，情节曲折、起伏跌宕，人物个性鲜明，语言丰富多彩。

民间故事。民间故事有神话、传说、故事、寓言、笑话五类，特别是姑蔑地金华的朱元璋、九峰白羊太子、临江倪典二、汤溪丁大通、罗埠莽奶（汤溪话方言，意为鲁莽的妇人）、毕矮的故事颇具传奇色彩。

民间舞蹈。起源于人类劳动生活，朴实无华、形式多样、内容丰富、形象生动，适合各年龄段的人群，简单易学，传唱广泛。在姑蔑一带流传的有龙舞、狮舞、马灯舞、踏八仙、秧歌舞、腰鼓舞、花棍舞等，除踏八仙在舞台上表演外，其他的均可在空旷地表演。例如，金华上堰头村的古法舞狮和上李村的走马灯活动，在民间广为流传。

木偶剧。清代，金华沙畈芝肚坑村钟长根在溪口始创木偶剧。民国时期，银坑村仍有木偶剧团，演出地点多在溪口、塔石、莘畈及遂昌县交界的村落。1935年，粟裕率领红军挺进师开辟宣、遂、汤根据地，驻军在芝肚坑村，每逢节假日或红军打了胜仗，木偶剧团即为红军演出，以示庆贺。1937年10月，粟裕率部北上抗日前，专请木偶剧团演戏3天，感谢根据地群众。中华人民共和国成立后，木偶剧团增多，农闲时节经常演出。剧目有百寿图、文武八仙、碧玉簪、前后金冠、碧桃花等。1982年银坑村68岁老人陈明德再办木偶剧团，1984年金华县文化主管部门为其颁发了演出许可证。

山歌。说起姑蔑，不仅山明水秀，更拥有着深厚的历史文化积淀。千年的历史让许多古老的文化都渐渐失传，唯有那代代传唱的山歌还断断续续地萦绕在耳畔，原汁原味，有情有趣，好唱好听，让子孙后代能够继续聆听那源自姑蔑国的古老吟唱。山歌音调高亢、气势激越，歌名随词而易，即兴编词歌唱。《有因不嫁秀才家》歌词是："金朵朵花，银朵朵花，有因未约的（嫁）秀才家，秀才娘子要炖茶，炖一碗，吃一碗，指角挑盐也嫌喔（咸），大姆问冤（冤柱）小婶偷米顾娘家，我的娘家也不穷呗也不富，铜打埂沿铁明塘，金打屋柱银打梁，金旱杆晒衣裳，银旱杆晒布兰，短门大门亮堂堂，十六算时开十箱，大红大绿送姑娘，箱里金钗和白洋，一家依一世依用不落。"山歌是人们在多年的生活、劳动中慢慢形成的，历经千年的历史变迁，曲意却十分写实，有着民间独特的文化内涵，如嫁人、哭丧、禁酒等。就姑蔑地的汤溪话来说，山歌翻译成普通话看似并不朗朗上口，但用汤溪方言唱出来便截然不同，再配上个性的动作，比任何表演都形象生动。"遮袍花（映山红），满山红；山里妞，嫁老公；老公嫌她鼻头红，拍拍屁股又嫁人；嫁个做木人，她又讲，大斧头，小斧头，劈死人，拍拍屁股又嫁人……"这写的是山里囡嫁人的趣事，山里囡嫁一个不满意，又换一个，历经做木人、做篾人、打铁人，最后只能守空房，短短几句唱词却告诉了大家一个做人的道理。"正月陪陪客，二月铲铲麦，三月芥菜大，四月有麦磨，五月苦一苦，六月绿豆粥，七月有新谷，八月大橱装满谷，九月苞萝（玉米）带芦粟……"一年十二月，每个月农村中要忙活的事儿都在这首《时令歌》中尽显无遗。流传的山歌还有《长年歌》《挑水歌》《苞萝歌》《送郎歌》《大妹歌》《寡妇歌》

《摘青梅》《十房媳妇》《十杯酒》《十桂子》《夸嫂嫂》《捉鱼歌》《敬老歌》《妹劝哥》《十月怀胎歌》《少妇怨》等等。

3. 姑蔑民谚俗语①

浙江姑蔑人在口语交流中，不时会蹦出一两句精辟、古朴而丰富的俗语。语言形象生动；对事对人比喻贴切、含蓄，在形象刻画上入木三分；非常风趣，它被劳动人民所接受，经过了一代又一代人的改进、补充，妙趣横生的俗语大受欢迎。

农谚歌：一九二九不出手（手笼在衣袖中）；三九廿七，檐头挂笔（冰凌）；四九三十六，夜眠水底宿；五九四十五，八哥咬蚯蚓；六九五十四，春风有热气；七九六十三，鲤鱼跳过滩；八九七十二，柳绿桃花香；九九八十一，犁耙耕耖田里旋。

粮食歌：正月酒肉香，二月十户人家九断粮。三月白菜汤，四月大麦糊糊当口粮。五月借来煮粥汤，六月新谷要还账。七月乌豇绿豆汤，八月切菜菜板响。九月萝卜饭当年粮，十月番薯当大粮。十一月荞麦汤，十二月财主人家杀猪羊，穷苦人家开始断口粮。

蔬菜歌：正月芥菜大大张，二月春菜来接荒；三月苦麻细细撂，四月竹笋正兴旺；五月黄瓜霉豆熟，六月葫芦南瓜随地长；七月茄子生得密，八月茭白集市上；九月辣椒红火火，十月上街卖生姜；十一月萝卜白菜堆成山，十二月钓鱼挖藕下池塘。

十箩歌：一箩穷，二箩富，三箩开当铺，四箩磨豆腐，五箩卖缸钵，六箩讨饭骨，七箩骑白马，八箩管天下，九箩磨刀枪，十箩杀爹娘。（注：箩指指纹，有箩、箕之分）

吃官饭，打官鼓，官鼓打破有人补。

床头有担谷，不愁没人哭；床头有担豆，眼泪不愁没人流。

少年夫妻，如胶似漆；中年夫妻，拳打脚踢；老年夫妻，商量买吃。

头代富，围条汤布（汗巾）半夜磨豆腐；二代富，穿鞋着袜纺绸裤；三代富，勿晓是爷爷奶奶啥来路。

（二）姑蔑文化研究

1. 姑蔑书画颂扬

名山还需名人捧，浙江九峰山和九峰仙洞有如此之多的雅士或览胜，

---

① 金华县志编纂委员会：《金华县志·文化》，浙江大学出版社1992年版。

或讲学，慷慨之余留下了许多绝世妙笔。元画坛魁首黄公望画下了《九峰雪霁图》，现珍藏于北京历史博物馆。近代余绍宋也有《龙丘山图》传世，今收藏于浙江省博物馆。

元代画家黄公望（1269—1354），字子久，号一峰、大痴道人，常熟（今属江苏）人。擅长画山水，多描写江南自然景物，以水墨、浅绛风格为主，与吴镇、王蒙、倪瓒并称为"元四家"。中年当过中台察院椽吏，后皈依全真教，在江浙一带卖卜。所作水墨画笔力老到，简淡深厚。又于水墨之上略施淡赭，世称"浅绛山水"。晚年以草籀笔意入画，气韵雄秀苍茫。擅书能诗，存世作品有《富春山居图》《九峰雪霁图》《丹崖玉树图》《天池石壁图》等。《九峰雪霁图》作于元至正九年（1349），画上自题："至正九年春正月，为彦功作雪山，次春雪大作，凡两三次直至毕工方止，亦奇事也。大痴道人，时年八十有一，书此以记岁月云。"该图系画赠江浙儒学提举班惟志，时值正月春雪，有感雪霁寒意，画意肃穆静谧。图中的中、近景以干笔勾廓叠石，坡边微染赭黄，远处九峰留白，以淡墨衬染出雪山，是黄公望简繁合一的精品作。此图画雪中高岭、层崖、雪山层层叠叠，错落有致、洁净、清幽，宛如神仙居住之所。画面采用了荆浩、关仝和李成遗意，并参从己法而成，用笔简练，皴染单纯，淡墨烘染的群山与浓重的底色相辉映，映衬在洁白如玉的雪地上分外突出。意境十分深远，恰当地表现出隆冬季节雪山寒林的萧索气氛，极具艺术感染力（见图5-1）。

**图 5-1　黄公望及其《九峰雪霁图》**

主纂《龙游县志》的余绍宋，平生旨趣尽在金石书画、画学论著、方志编纂，为近代著名史学家、鉴赏家、书画家和法学家。《龙丘山图》层峦叠嶂，气势雄伟，为其山水画之代表作（见图5-2）。龙丘山（九峰山）其实是龙游的母山，失去九峰山使龙游成了一名身世可疑的"孤儿"。余绍宋是晚清民国名人，曾在梁启超麾下任北洋政府的司法次长（副部长）。不过他最大的成就似乎不在为官上，于本业法律上建树也不多。他真正厉害的一是书画，二是方志。不光个人的书画创作颇丰，名播海内，而且曾主编《东南日报》的《金石书画》副刊，这是晚清民国以来极其重要的书画刊物，影响巨大。方志学上，他主持编写的《龙游县志》至今仍为史界翘楚，抗战中又曾主持重修《浙江通志》。

图 5-2　余绍宋及其《龙丘山图》

中国著名书法家、美术评论家、作家、诗人郑竹山，浙江省文史馆馆员，著名文艺评论家、书画家，中国王羲之书画院浙江分院院长，出生于姑蔑地金华的汤溪，作品见图 5-3。

专为本书创作的作品如图 5-4 所示，作者邹其寿，号松风堂、师竹轩主人、南山樵夫，馆员职称，中国书法家协会会员，浙江省书法家协会会员，金华市书法家协会主席团成员，金华市婺城区书法家协会主席，浙中书法院副院长，金华书画院特聘画师，《中国书画报》浙中艺术中心秘书长。

专为本书创作的作品如图 5-5 所示，作者王红明，1968 年生，横渡乡人，号不悟斋主。中国书法家协会会员，浙江省书法家协会会员，金华市书法家协会理事。

专为本书创作的作品如图 5-6 所示，作者吴文胜，1970 年 6 月生，中国农工民主党党员，中国书法家协会会员，浙江省书协篆刻创作委员会委员，浙江省青年书法家协会副秘书长，金华市青年书法家协会主席。

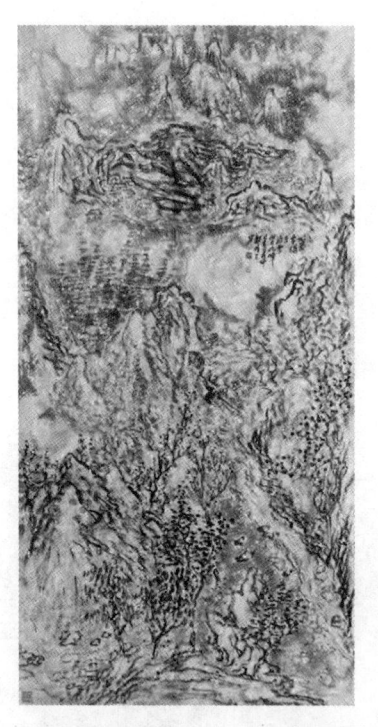

图 5-3 郑竹山《"姑蔑今犹在，飞雪望九峰"图》

2. 姑蔑文学作品

姑蔑文化本质上是越文化，由于音译古越语的缘故，古籍上所记的"姑妹""姑昧""姑眛""先蔑""先眛"……说的都是姑蔑国。

余绍宋先生在《龙游县志》卷二《地理考·沿革》中罗列了一些记载姑蔑国的史料：《汲冢周书》"於越纳，姑妹珍"。孔晁注谓："姑妹国，后属越。"（龙游）姑蔑之名始见于《左传·哀公十三年》。杜预注谓："姑蔑，今东阳太末县。"杜预是魏晋时期著名政治家、军事家和学者，太末县时属东阳郡行政区域。《国语》"西至于姑蔑"，《吴越春秋》作"至于姑眛"。《元和郡县志》按：两旧志云"姑蔑国，子爵，越附庸也"，也就是说姑蔑君主被周王朝封为子爵。

20 世纪 80 年代后，金衢当地学者陆续开始关注和研究姑蔑，至今未有中断。其中，龙游县博物馆学者朱土生从事野外考古，对"姑蔑"颇有见地，发表了较有影响力的《被遗忘的遥远王国·姑蔑国》等文章。从事"姑蔑文化"研究的学者还有詹子庆、张广志、李学勤、李瑞兰、蔡运章、程有为、徐难于、赖谋新、钱宗范、孟世凯、彭邦本、郑泉生、徐永生、王达钦、郑杰祥、刘韵叶、魏嵩山、魏建震、沈长云、杨善群、

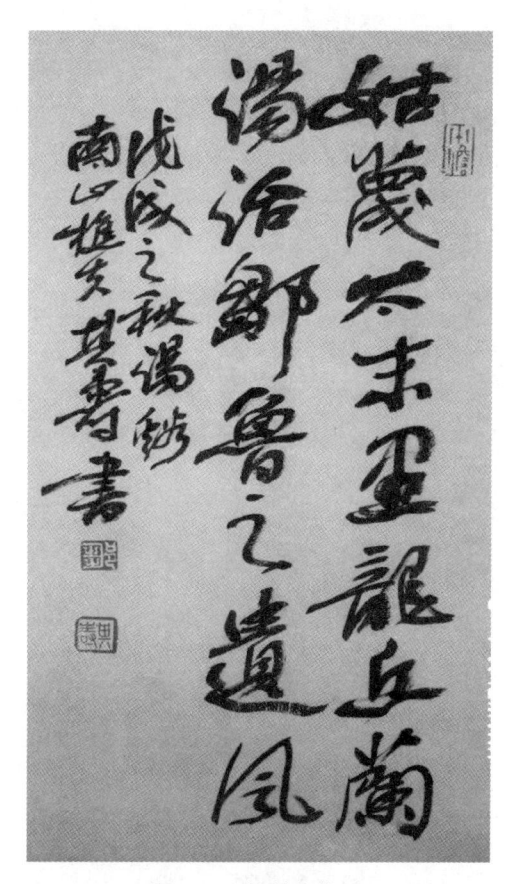

## 第五章　风物——金衢盆地姑蔑的古越遗韵

图 5-4　邹其寿作品

黄朴民、劳乃强、孙敬明、苏兆庆、李明杰、陈新、陈瑞苗、刘彬徽、李岩、徐儒宗、杜勇、郑洪春、袁长江、徐大立、陆民、曹定云、徐勇、徐云峰等等。现辑录部分学者对姑蔑文化研究的成果如下：

徐云峰：《商周后裔今何在　姑蔑之地有续篇》，《浙江师范大学学报》1995 年第 2 期。

徐云峰：《龙游石窟为姑蔑遗存》，《寻根》1999 年第 6 期。

钟翀：《释"姑妹"》，《浙江学刊》2001 年 4 月 27 日。

詹子庆：《姑蔑史证》，《古籍整理研究学刊》2002 年第 6 期。

陆明：《姑蔑历史文化论文集》，人民日报出版社 2002 年版。

郑洪春、袁长江：《试探姑蔑族与东夷族皋陶之少子徐偃王的关系》，《姑蔑历史文化论文集》，2002 年。

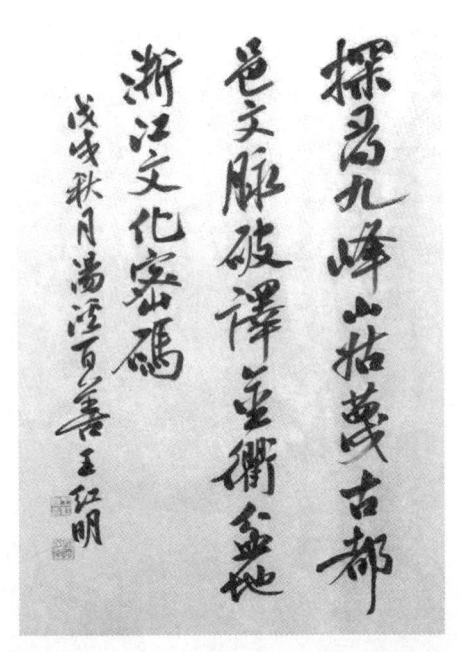

图 5-5　王红明作品

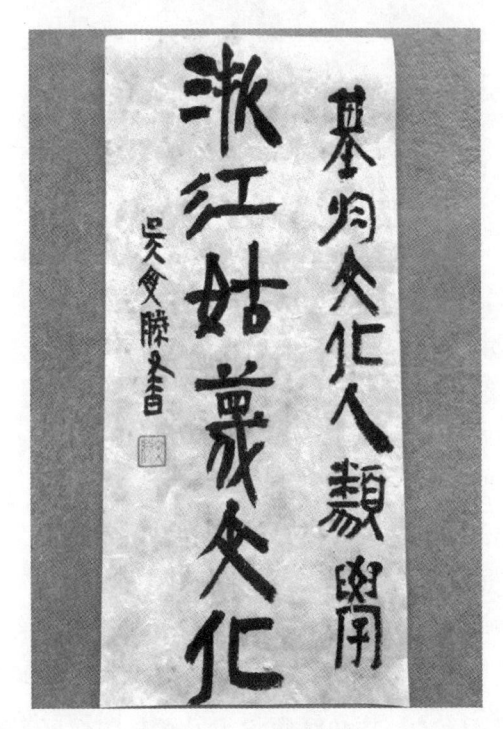

图 5-6　吴文胜作品

杨善群：《姑蔑、徐人南迁考》，《姑蔑历史文化论文集》，2002年。

徐永生：《姑蔑文化源远流长》，《姑蔑历史文化论文集》，2002年。

劳乃强：《南北姑蔑关系考》，《姑蔑历史文化论文集》，2002年。

钟翀：《姑末考——兼论江南河谷平原地带中历史人文地域之形成》，《杭州师范学院学报》（社会科学版）2005年第1期。

彭邦本：《姑蔑国源流考述——上古族群迁徙、重组、融合的个案之一》，《云南民族大学学报》（哲学社会科学版）2005年第1期。

李岩：《姑蔑与越文化散论》，《丽水学院学报》2005年第4期。

钱宗范：《试论姑蔑文化与楚、吴、越文化的关系》，《广西师范大学学报》（哲学社会科学版）2005年第3期。

赵如芳：《九峰山脚曾有春秋古国？》，《金华晚报》2007年第14期。

木铎、泰德：《从姑蔑到太末》，《衢州日报》2008年3月3日。

孟世凯：《姑蔑与龙游》，《文史知识》2010年第12期。

曹晓恒：《九峰山下神秘古国姑蔑的猜想》，《金华日报》2012年3月30日。

戴建东：《塔岩峰：遗落在姑蔑古国上的泪珠》，《浙中新报》2013年6月14日第17版。

巫少飞：《姑蔑——两个字背后的衢州历史烟云》，《衢州日报》2015年6月8日。

林胜华：《婺文化视野下的汤溪姑蔑源流》，中国文联出版社2015年版。

林胜华：《探寻金西姑蔑国古都邑》，《文化金华》2016年第6期。

林胜华：《姑蔑历史视野中的金华文化坐标》，《社会科学》2017年第2期。

林胜华：《九峰姑蔑文化遗存旅游开发浅议》，《仙舟采风》2017年第5期。

林胜华：《古村落下伊：寻踪商汤名相伊尹后裔卜居地》，《金华广播电视报》2017年5月4日第23版。

郑泉生：《姑蔑史考》，中国文史出版社2016年版。

林胜华：《古婺芳踪：学者揭秘数千年前曾经存在于金华汤溪区域的强盛古国》，《金华晚报》2018年7月20日第10—11版。

林胜华：《姑蔑文化考》，浙江古籍出版社2018年版。

## 第二节　姑蔑之韵

走进姑蔑故地，山、林、竹、水、鸟鸣……给人一种天然生态之美。这里人文荟萃，创造了璀璨的历史文明和地方文化，留下了很多宝贵的文化遗址。更有名山、洞窟、寺院、庙宇、湖泊、森林、温泉、河流、古建筑、名人故居、历史文化纪念地、博物馆等丰富的旅游资源以及高品质的文物，在国内也算一枝独秀。古建筑亭院、花厅、牌坊、古墓、庙寺、禅院、经幢、古街等数不胜数，最具特色的应当为"婺派风格"的祠堂建筑，以精美的砖雕、狭小的天井、舒展的屏风墙为特色，每座古建筑的门面上都镶嵌着砖雕，或飞禽走兽，或花鸟虫鱼，还有著名戏剧中的片段插图，如"鲤鱼跳龙门""九狮抢球"等砖雕图案，构图生动，雕工精细，充分彰显了姑蔑文化的历史风貌。这些古建民居，或高大宏伟，或雕刻精妙，对于研究建筑史、宗族文化、古村落变迁、社会民俗、地貌演变等，都很有价值。

### 一　姑蔑建筑

（一）婺派民居[①]

欣赏一座古建，犹如穿越一段历史的长廊；会晤一座古建，犹如聆听一位长者的心声。它承载着繁衍文化、宗族文化、礼仪文化、民俗文化、宗教文化、建筑文化、美学文化等，是古生态文化的"活化石"。建筑学博士、教授洪铁成出版有《中国婺派建筑》，他提出：作为地理单元，婺派建筑是可以与徽派建筑相媲美的传统建筑，它们是一对姐妹花。出现婺派建筑的金华，古称婺州，是一个宜居、宜游、宜学、宜工、宜商之地。大量精美的婺派建筑遗存在农村，除了金华地区，在绍兴地区的嵊州、诸暨，衢州地区的龙游、江山，丽水地区的松阳、遂昌，台州地区的黄岩、仙居等地也多有遗存。徽派建筑和婺派建筑比较：在建筑外形上，婺州是马头墙，徽州是屏风墙。金华地区古民居（包括祠堂），其山墙一般做成五个台阶跌落的、高出屋顶的墙体，似马头昂起似飞如跃壮志凌云，所以俗称"五花马头墙"，有防火功能和造型功能。在院落规模上，婺派是大

---

① 洪铁城：《"婺派建筑"的由来及存在特征》，《中华民居》2010年第5期。

院落，徽派是小天井。金华地区明清时期留下的民居，多为三合院或四合院建筑，其中内院面积多在 120 平方米左右，方方正正，很宽敞、很亮堂、很气派，俗称"门堂""明堂"，风水学中又称"天气"，是整个住宅采光、通风、取暖、纳凉的地方。院落还是消防作业区——失火时在此处置放"水龙"，可供数十人参加救援，很科学、很合理，可以向三个方向喷水救火。在基本单元上，婺派是大户型，徽派是小户型。在厅堂做法上，婺派是大敞口厅，徽派是小敞口厅；在内外装饰上，婺派是典雅大方，徽派是富庶小康。

  洪铁成还提出，作为一个独立的文化艺术体系，婺派建筑主要体现在民居（见图 5-7）当中。其存在特征主要是符合礼制与规范，具体表现在中轴对称、空间敞亮、功能齐全、装饰寓教于乐等方面。婺派建筑是儒家传人的生存空间与环境，婺派建筑最优秀、最杰出的代表作是明清住宅，其中轴线左右对称布局，多出于皇亲国戚名门望族、儒家传人之手，这是儒家传人为自己营造的生存空间，是儒家传人为自己创造的居住文化。儒家传人的共性是尊师重教、遵纪守法、循规蹈矩，他们把思想、品质、操守、精神物化为空间造出房屋，显现着独特的文化印记——中轴发展，代代相传；左右对称，阴阳和谐；大空间、大院落、胸怀大志；室内外木雕、石雕、墨画，寓教于乐……归纳起来，就是让人看到事事处处讲礼义、讲法制、讲中庸、讲和谐的举止言行；让人看到木质结构构件白坯不施油彩，院落不莳花植树，显示着朴素与自然的性格特征。这是读书有知识的儒家传人，对自己居所宅院文化品质的定位，即所谓"布衣白屋"者。

  婺派建筑的形成，与地方经济、社会、文化发达程度及思想观念有关。南宋时期，金华是大都市，因宋室南渡，有很多皇亲国戚、名门望族被朝廷赐居到金华。金华距京城临安（杭州）不远，四季分明，气候宜人，山川优美，物产丰富。金华为宋朝理学中心，是吕祖谦、陈亮、唐仲友等大理学家、教育家的故乡，当时的丽泽书院是讲学、聚会、培养生徒的大本营。《中国通史》有载，金华是全国四大造船基地之一，亦是全国四大雕版印书中心之一。作为宋朝大都市，从地理上进行分析，金华处于浙江心腹之地，被誉为"浙江之心"。因为水陆交通条件优越，东阳江、武义江与婺江交汇于金华城市中心区，可以直通兰江、衢江、富春江、钱塘江，直抵首都汴京。

婺派建筑的形成，也与人口迁徙有关。金华在古代有着非常了不起的快速交通系统，本地文化和移民文化相融合。姑蔑地是外地人喜欢卜居的好地方，除了因朝廷指令迁居金华，地方志上记载，还有因为战乱时逃到金华卜居的，或是到金华经营商业而定居下来的，甚或因为遁世隐居到金华的，以及因为在金华任官秩满而住下的……金华人的祖先大多是外地人，多是读书人、儒家传人，见识广、手眼高，所以创造了极具儒家气质、儒家精神的文化。地处姑蔑文化板块，浙江北部是吴越文化区，浙江南部是瓯越文化区，金华地处浙江中部，正好是吴越文化区与瓯越文化区的交接区。金华之西是徽文化区与赣文化区，金华之东是海洋文化区，金华地处浙江中部，故这又是徽文化区、赣文化区与海洋文化区的交接区。金华人敢于别开生面，既不陷于纯粹的吴越、瓯越、徽、赣、海洋文化，又能或多或少接纳、融会相邻文化区的长处，从而形成了别具特色的婺文化区。

图 5-7　婺派建筑

在浙江姑蔑地的古村落古建中，形成了一些独具风格、精美绝伦的装饰艺术，工艺精湛、建筑精美，具有较高的历史、艺术价值。姑蔑地的古建中，熔环境艺术、空间艺术、色彩艺术、美学艺术、装饰艺术以及书法、绘画、文学、历史、哲学于一炉，体现着乡土的、家庭的、邻里的真情实感，处处是画，处处令人流连忘返。观其貌、究其根、寻其神，可领悟到社会的、历史的、文化艺术的丰富内涵，促使人们对历史文化的珍惜和对创造了这一切的先人们的敬仰。特别是建筑中的木雕（见图 5-8）、石雕、砖雕艺术，造型生动，图案逼真，大量珍禽瑞兽图案和渔樵耕读情景，表现了人们对美好生活的向往，具有浓郁的地方特色。还有彩绘等都自成特色，富有极高的艺术价值。这些图案，题材广泛，寓意丰富，既是精美的艺术品，也让人感悟儒家文化，领略耕读文明，体验淳厚的民情风俗。这些题材不仅具有传播历史知识的作用，更重要的是具有一定的教育作用，注重表现社会教化意义的伦理道德观念。二十四孝、麒麟送子、太师少师、喜鹊登梅等这些吉利祥瑞题材，体现出人们的价值观念、审美观念。

图 5-8　姑蔑地古建木雕艺术

浙江姑蔑的明清民居建筑中存在大量的精美砖雕，最集中、最丰富、最精湛的当属金华汤溪寺平、中戴一带（见图 5-9）。寺平距今已有 640 年历史，村中不少院子门楼清逸秀丽，每砖每瓦都能体现源远流长的传统文化，古宅余韵令人流连忘返。寺平建筑最鲜明的特点就是分布在门楼、窗框、屋脊等处的砖雕，几何图案、楼台亭阁、飞禽走兽、花鸟虫鱼、戏曲故事、八宝博古等艺术题材和各体书法福禄寿喜、南极星辉等砖雕楹联皆浮现在深宅大院的门墙之上。在寺平古建中，从鲤鱼跳龙门、福在眼前、丹凤朝阳等内容中可以看到人们对于前程的希望；从松鹤延寿等内容中看到了人们对健康的追求；从荷花鸳鸯类的内容中可以看到人们对和睦家庭生活的向往；从渔樵耕读和楼台亭阁江河湖泊等内容中可以看到人们对于山水田园风光与和谐的社会秩序的渴望。姑蔑地的建筑门楼砖雕工艺精湛，内容丰富，尤以戏曲题材最为瞩目，嵌有23块婺剧戏曲砖雕的古门楼更是弥足珍贵。每出戏曲人物背景、道具安排简洁明了，典型人物性格突出，人物比例虽略显夸张，类似于木偶戏中人物，形态刻画传神，极富戏剧韵味，是古代地方戏曲保存完好的"化石"。"芝兰入座"共雕刻有9幅戏曲砖雕，"荆花永茂"和"环堵生春"各雕刻了7幅戏曲砖雕。砖雕每块长56厘米、宽26厘米，分别横排于门楼的阑额望柱间。这些曲目大多是三国戏、列国戏，都是明清时期广泛流传于浙中、浙西和浙南以及赣东地区的经典婺剧，并延续留存至今。因此，它既是研究砖雕工艺的瑰宝，也是研究中国戏曲史的珍贵资料。气势最为恢宏的主楼——"芝兰入座"，门楼为水磨青砖和砖雕组成的二柱三楼牌坊式仿木结构。上下六层布局，檐下设斗拱和垂莲柱及挂落，柱间阑额则设栏杆望柱。图案雕刻繁缛，内容除了人物故事外，更多装饰有四季花卉、山水横屏、渔樵耕读、蝠（福）鹿（禄）桃（寿）鹊（喜）、琴棋书画、博古图，以及民间百姓喜闻乐见的神话故事——人物八仙和暗八仙（仅表现八仙法器）。另外还有雕刻精细的装饰图案，如变形菊花、云纹、万字纹、回纹、仰莲、缠枝卷草等纹饰。还有二十四孝砖雕"涌泉跃鲤、孝感动天、芦衣顺母、卧冰求鲤、闻雷泣墓、啮指痛心、拾葚异器、亲尝汤药、弃官寻母、尝粪忧心、恣蚊饱血、哭竹生笋、扇枕温衾、涤亲溺器、扼虎救父、刻木事亲、埋儿奉母、乳姑不怠、百里负米、鹿乳奉亲、行佣供母、卖身葬父、戏彩娱亲、怀橘遗亲"等。

  姑蔑地留下的传统民居相对集中成片，形成严谨院巷格局，巷道连接主街，利于居民出入与住户经商，同时利于防卫与消防，又体现出商埠中心寸土寸金的商贸市场地价，成片民居依山而建，建筑群体起伏有致，风格协调而富有变化，呈现出典型的婺派民居群落特征。传统住房有三种形式：一是"前厅后堂楼"，前为客厅，雍容高大，后为有楼居室，明净雅致，旁边侧室作厨房杂用。四壁栋梁牛腿雕花者称"花厅"，大者数进相连，属世家富户所居。二是"对合"，方形，中有天井，前后各三间称

图 5-9　姑蔑地民居建筑门楼砖雕

"三间对合",也有前后各五间的叫"五间对合"。用料讲究的中四柱分别用柏、梓、桐(或冬青)、椿四种木材,谐"百子同春",以图吉利。三是"半合",即对合的一半,有"三间一天井二过厢","五间一天井二过厢"。无天井的叫"排丘"(排列式),如"三间排丘"。有平屋、楼屋之分,富户多以条石青砖砌墙,上砌有"马头墙",方形屋四周墙高平与屋脊齐,称为"封火墙"。旧时穷人多住四壁泥墙的茅草铺。古民居大都以木结构一至两层为主,当地富裕家族住房多采用"三间二过厢一天井"的典型平面单元形式,排列有序,这种平面形式也是一个防火分区。民居大多采用"四水归堂"式的建筑结构,院落占地面积较小,以适应人口密度较高、要求少占土地的特点。住宅的大门多开在中轴线上,迎面正房为大厅,后面院内常建二层楼房。由四合房围成的小院子通称"天井",仅作采光和排水用。因为屋顶内侧坡的雨水从四面流入天井,所以这种住宅布局俗称"四水归堂"。四水归堂十分漂亮,让人心情舒畅。建筑立面上的灰瓦白墙和高出屋面的封火山墙,形成了独特的民居建筑风格。天井是室内的重要采光来源,同时天井下的院落空间也是居民的生活空间和绿化空间。民居中还有大量的半开敞式院落,是住宅与外界的隔离带,同时也是优美的绿化带。

曾出现在人们视野中的金华古建有:汤溪镇中戴花厅、上堰头花厅(见图 5-10)、寺平百顺堂、立本堂、崇厚堂、崇德堂、其顺堂、五间花轩、上镜刘氏宗祠、戴氏宗祠百顺堂、六吉堂、胡碓世名堂、黄堂村前宅全德堂、东祝谦洁堂、派溪李花厅、祝村光裕堂、畈毓庆堂、莘畈乡祝村宣德堂、下郑善庆堂、厚大村戏坛祖庙、塔石乡上阳存义堂、后王宗祠、罗埠下街林氏花厅、后张王氏宗祠、后张承德堂、花园村陈氏宗祠、胡家庄村裕德堂、杨公桥清白堂、下章章氏宗祠、下周汪氏祠堂、大何家何氏祠堂、莲湖杨清白堂、下杨清白堂、黄路继述堂、莲湖严树滋堂、征岩头胜德堂、祝家店边祝氏祠堂、山下陈旧厅、山下龚作忠堂、塘头郑孝友堂、龙口方氏祠堂、青联世芬堂、寺后桥里宗祠、上潘箬帽金敦睦堂、琅琊镇上盛积厚堂、上盛敦伦堂、琅琊徐望泉公祠、琅琊徐村全院、琅琊杨塘下村滕氏宗祠、白龙桥叶店叶氏宗祠、开化周氏宗祠祭亭、蒋堂镇莲湖村娘娘厅、蒋堂镇下尹村尹氏宗祠、长山乡卢家村卢氏宗祠、白龙桥镇古方一村朱氏宗祠、沙畈周村虞氏宗祠和府堂厅、沙畈乡高儒村李氏宗祠和高儒大厅等。

图 5-10　汤溪上堰头村花厅砖雕门楼

婺派古建筑的文化之美，在一处处的建筑细节中，或大气，或精致，或繁复，或简约。最具典型的是汤邑一带的古建筑，一砖一瓦精心雕琢，高昂的马头墙，浑厚朴实的石雕，活灵活现的砖雕、木雕，素雅沉稳的滴水青瓦……全面体现出婺派建筑的风骨。作为传统的建筑流派，婺派建筑一直保持着其融古雅、简洁、富丽于一体的独特艺术风格。它以自然、古雅、隐蔽的古韵古风，独树一帜。古建筑坐落于山水间，是当之无愧的自然之宅。其显著特点是讲究自然情趣和山水灵气，其"天人合一"的设计理念，实质上体现了古代人们朴素的自然观和生态观，也体现了对自然的顺从和尊重，讲求人与自然的天然和谐。从这些古建筑中，可以洞察其中蕴含着古村家风的某种千丝万缕的深意，并以其深厚的文化源流传承着祖先的厚意深情和寄托着家族沧桑与辉煌历史。

（二）姑蔑文保

姑蔑地，文风鼎盛，经济发达，山川秀丽奇绝，文物古迹与奇山秀水交相辉映，各处古迹遗址如颗颗明珠，点缀于大地。

1. 国家级文物保护单位[①]

太平天国侍王府（1861）　金华市城东街道八咏楼社区将军路鼓楼里

天宁寺大殿（元）　金华市城中街道四牌楼社区飘萍路488号

法隆寺经幢（唐）　金华市江南街道金钱寺村

铁店窑遗址（宋—元）　婺城区琅琊镇泉口村铁店自然村

诸葛村、长乐村民居（明清）　兰溪市诸葛镇诸葛村、长乐村

芝堰村建筑群（明清）　兰溪市黄店镇芝堰村

东阳卢宅（明清）　东阳市吴宁街道卢宅

东阳土墩墓群（周）　东阳市六石街道派园、下马柴、祥湖，巍山镇古渊头，江北街道石宅

古月桥（南宋嘉定）　义乌市赤岸雅治街村

黄山八面厅（清嘉庆）　义乌市上溪黄山五村

延福寺（元）　武义县桃溪镇

俞源村古建筑群（明清）　武义县俞源乡俞源村

郑义门古建筑群（清）　浦江县郑宅镇义门东路6号

上山遗址（新石器时代）　浦江县黄宅镇渠南、渠北、三友村之间

玉山古茶场（清代）　磐安县玉山镇马塘村

孔氏家庙（清末）　磐安县盘峰乡榉溪村

吕祖谦及家族墓（清代）　武义县明招山

龙德寺塔［始建于北宋大中祥符九年（1016）］　浦江县浦阳街道城东龙峰山巅

---

[①] 徐月蓉：《金华市全国重点文物保护单位名录》，《金华日报》2012年5月18日第8版。

七家厅（明代民居建筑）　婺城区雅畈镇雅畈二村

西姜祠堂（明万历年间）　兰溪市水亭畲族自治乡西姜村西北

寺平村乡土建筑（元末明初）　婺城区汤溪镇九峰山景区

世德堂［前进及砖雕牌坊式门楼建于明嘉靖元年（1522），中进始建于南宋淳熙八年（1181），后进重建于清末民初］　兰溪市黄店镇三泉村西北部

上族祠（始建无考，从现存建筑形制分析，应为明末清初时期建筑）　兰溪市永昌街道下孟塘村东南

积庆堂［建于明崇祯十七年（1644），清康熙、乾隆年间重修］　兰溪市永昌街道社峰村下宅

余庆堂（建于明洪武年间）　兰溪市女埠街道渡渎村渡二行政村

马上桥花厅［始建于清嘉庆二十五年（1820），落成于道光十年（1830）］　东阳市湖溪镇镇西村马上桥

2. 省级文物保护单位

2017 年浙江省人民政府公布了第七批省级文物保护单位名录，金华共有 52 处古建筑入选。① 加上前六批公布的 100 处，金华累计拥有浙江省省级文物保护单位 152 处。

八咏楼（南朝）　金华市区

鹿田书院（清）　金华山

雅畈七家厅（明）　金华市婺城区

金华府城隍庙（清）　金华市区

东村桥（北宋）　金华市婺城区

滕氏宗祠（明）　金华市婺城区

严氏宗祠（清）　金华市金东区

艾青故居（现代）　金华市金东区

施复亮、施光南故居（现代）　金华市金东区

郭氏节孝坊（清）　兰溪市

李渔坝（清）　兰溪市

世德堂（明—清）　兰溪市

---

① 浙江省人民政府：《关于公布第七批省级文物保护单位的通知（浙政发〔2017〕2号）》，《浙江省人民政府公报》2017 年第 7 期。

通洲桥（清）　兰溪市
仁山书院（清）　兰溪市
爱敬堂、孙氏堂楼（明）　兰溪市
西姜祠堂（明—清）　兰溪市
渡渎余庆堂及章氏家庙（明清）　兰溪市
生塘胡氏宗祠（明—清）　兰溪市
上族祠及嘉庆堂（明—清）　兰溪市
朱丹溪墓（元）　义乌市
双林铁塔（五代）　义乌市
冯雪峰故居（现代）　义乌市
螃蟹形山古墓群（明）　义乌市
吴晗故居（现代）　义乌市
葛府窑址（五代—南宋）　东阳市
歌山窑址（唐—南宋）　东阳市
务本堂（清）　东阳市
福舆堂（清）　东阳市
紫薇山民居（明）　东阳市
马上桥花厅（清）　东阳市
李宅村古建筑群（明—清）　东阳市
刘英烈士墓（现代）　永康市
五峰书院（清）　永康市
西津桥（清）　永康市
徐震二公祠（清）　永康市
花街大夫第（含正心堂）（清）　永康市
古山胡氏旧宅（清）　永康市
占鳌公祠（含仁寿堂、慈孝堂和燕贻堂）（清）　永康市
陈大宗祠（清）　永康市
蔡氏宗祠（明—清）　磐安县
昌文塔（明）　磐安县
熟溪桥（清）　武义县
上甘塔红军标语（现代）　武义县
发宝象龙塔（清）　武义县

吕祖谦墓（宋）　　武义县
忠孝堂（明）　　武义县
岭下汤石祠（明）　　武义县
龙德寺塔（北宋）　　浦江县
张氏宗祠（清）　　浦江县
茶塘山背遗址（新石器时代）　　浦江县
湖西遗址（新石器时代）　　永康市江南街道
毕家明墓（明）　　兰溪市兰江街道
兰溪城墙及码头（宋—清）　　兰溪市云山街道
嵩溪建筑群（清—民国）　　浦江县白马镇
古方洞山塔（明）　　金华市婺城区白龙桥镇
覃恩堂（明）　　兰溪市永昌街道
女埠双塔（明）　　兰溪市女埠街道
竹塘进士木牌坊（明）　　兰溪市女埠街道
黄村坞钟瑞堂及小厅（明）　　兰溪市水亭乡
南楼吴氏宗祠（明）　　兰溪市兰江街道
北后周肇庆堂（明）　　东阳市六石街道
萃和堂（明）　　义乌市后宅街道
厚仁后宅厅（明）　　永康市石柱镇
象珠二村前仓（明）　　永康市象珠镇
毓英塔（明）　　武义县白洋街道
上境古建筑群（明—清）　　金华市婺城区汤溪镇
章郭巷9号民居（明—清）　　兰溪市云山街道
潘周家古建筑群（明—清）　　浦江县檀溪镇
明月楼（清）　　金华市婺城区
叶店叶氏宗祠（清）　　金华市婺城区白龙桥镇
下章章氏宗祠（清）　　金华市婺城区罗埠镇
萧家小龙桥（清）　　金华市婺城区汤溪镇
向阳惟善堂（清）　　金华市金义都市新区傅村镇
兰溪东岳庙（清）　　兰溪市云山街道
兰溪药皇庙（清）　　兰溪市云山街道
兰溪商埠行业会所（清）　　兰溪市云山街道

周懋森古栈房及爱莲堂（清）　兰溪市云山街道
焦石邵氏家庙及孝子坊（清）　兰溪市女埠街道
赫灵寺（清）　兰溪市上华街道
陶宅陶氏宗祠（清）　兰溪市梅江镇
黄店刘氏四祠（清）　兰溪市黄店镇
游埠古桥群（清）　兰溪市游埠镇
于街耕读居（清）　兰溪市横溪镇
施宅新厅（清）　兰溪市横溪镇
厦程里慎德堂（清）　东阳市虎鹿镇
下石塘德润堂（清）　东阳市六石街道
延陵祠（清）　义乌市稠江街道
凰升塘古建筑群（清）　义乌市大陈镇
陶店古建筑群（清）　义乌市廿三里街道
承吉堂（清）　义乌市后宅街道
仪性堂（清）　义乌市佛堂镇
新光古建筑群（清）　浦江县虞宅乡
广安桥（清）　浦江县大畈乡
宅口承志桥（清）　磐安县新渥镇
兰溪商埠地方会所（清—民国）　兰溪市云山街道
寿常公祠（清—民国）　永康市象珠镇
樟林花厅（民国）　兰溪市永昌街道
蔡希陶故居（民国）　东阳市虎鹿镇
洪塘里蒋氏宗祠（民国）　兰溪市柏社乡
日军侵华掠矿遗址（民国—中华人民共和国）　武义县茭道镇
兰江冶炼厂（中华人民共和国）　兰溪市兰江街道
嵩溪石灰窑群遗址（宋—中华人民共和国）　浦江县白马镇
金华通济桥（元）　金华市区
台湾义勇队旧址（民国）　金华市区酒坊巷
宏济桥码头（始建于明永乐年间于道光十三年重修）　金华市区
永康考寓（清）　金华市区
寺平村乡土建筑（元）　金华市汤溪镇
石楠堂徐氏宗祠（明）　金华市婺城区雅畈镇

方梅生故居（清）　金华市婺城区罗店镇
北山摩崖题记（唐—中华人民共和国）　金华市婺城区罗店镇
邵飘萍旧居（清—民国）　金华市区
汉灶窑址（唐）　金华市婺城区雅畈镇
白沙堰（三国）　金华市婺城区琅琊镇
琐园村乡土建筑（明—清）　金华市金东区澧浦镇
蒲塘王氏宗祠（清）　金华市金东区澧浦镇
傅村傅氏宗祠（清）　金华市金东区傅村镇
省立实验农业学校旧址（民国）　金华市金东区塘雅镇
大安寺塔（宋）　义乌市稠城镇
朱店朱宅（清）　义乌市赤岸镇
雅端容安堂（清）　义乌市赤岸镇
塘下方大宗祠（清）　义乌市后宅街道
陈望道故居（清—民国）　义乌市城西街道
佛堂吴宅（民国）　义乌市佛堂镇
庙山遗址（新石器时期）　永康经济开发区苏溪村
太婆山遗址（新石器时期）　永康市胡库镇寺下胡村
厚吴村乡土建筑（宋—清）　永康市前仓镇
烈妇祠（清）　永康市
抗战时期浙江省政府及相关机构旧址（民国）　永康市方岩镇、芝英镇、前仓镇
朱明粮仓（现代）　永康市东城街道
石湖坑村成氏民居壁画（中华人民共和国）　永康市唐先镇
厦程里位育堂（清）　东阳市虎鹿镇
上安恬懋德堂（清）　东阳市南马镇
史家庄花厅（清）　东阳市巍山镇
严济慈故居（清）　东阳市横店镇
朱家绍德堂（明—清）　兰溪市黄店镇
上唐承庆堂（明）　兰溪市黄店镇
香山寺塔（明）　兰溪市香溪镇
后龚永锡堂（清）　兰溪市赤溪街道
郎家葆滋堂（清）　兰溪市游埠镇

山背吴氏宗祠（清）　兰溪市赤溪街道
祝宅祝氏宗祠（民国）　兰溪市梅江镇
土库（明—清）　浦江县白马镇
东陈陈氏宗祠（清—民国）　浦江县浦南街道
陈肇英故居（民国）　浦江县黄宅镇
王村花厅（明）　武义县白洋街道
履坦徐氏民居（清）　武义县履坦镇
石板巷陈家厅（清）　武义县武阳镇
双峰清德堂（清）　磐安县双峰乡
道德桥（民国）　磐安县安文镇
黄余田杨氏宗祠（明—清）　磐安县仁川镇

## 二　姑蔑形胜

（一）　山川风光辑录

1. 闽赣徽之胜景

九石渡景区：位于水北街镇，景区内丹山怪岩、碧溪清流，构成引人入胜的自然风光，那历经沧桑的寺庵、古瓷窑遗址唤起人们对悠悠岁月的思绪。历代均有名人到此游览，并留下诗文，给予景区丰富的文化内涵。其景区，一为金斗山景区，上有金斗观、仙人洞等11个景点。金斗山因奉祀玄武帝君，故也称小武当山。二为一段长约6公里，可与武夷九曲媲美的溪流——九石溪水路景区，从金斗山下的观前村开始到茅洲村，乘坐旅游船游水路可观赏卧牛饮水、九石渡、老鼠岩等17个景点以及两岸丹霞地貌奇峰怪石。你将聆听到船工娓娓道来的各种美丽传说。当你泛舟在幽静的溪水上，可欣赏到两岸的碧水丹崖，乔松翠竹，更能感受到一派浓郁的田园风光。远望岸上随风飘荡的农家作物，及偶尔见到农夫在地里悠闲劳动的场景，你将会深刻感受到何为人间世外桃源。在景区附近还有古埠观前、南宋爱国大诗人谢翱的故居［观前村至今还保留着一块明万历元年（1573）的《皋羽谢先生祠记》石碑］、东路岩庵水帘洞、明代的云峰寺、唐代的轮藏寺、江南道教地小武当山诸胜，有列为省级文物保护单位的水北大口窑窑址，更有建村两千多年的福建省级历史文化名村——观前村以及堪称江南一绝的沿河吊脚楼。历史上南宋文学家江淹（"梦笔生花"和"江郎才尽"这两个成语就源于江淹），宋代的朱熹、明代的徐霞客都在此驻足并留下了赞美这里山水的诗文。江淹贬谪浦城当县令时，饱览了观前村附近九石山的秀丽风光，以"碧水丹山"赞美这段山水，写下了《赤虹赋》，其中写道："东南峤，爰有九石之山，乃红壁十里，青萼百仞，苔滑临水，石险带溪……"观前村对面的金斗山被记载在《徐霞客游记》中。徐霞客在1628年乘舟游览了观前，他在《游金斗山小记》中写道："石磴修整，乔松艳草，幽袭人裾……四山环拱，重流带之，风烟欲暝，步步惜别也。"

匡山风景区：匡山，位于浦城县富岭镇境内，距城3—5公里，东界浙江龙泉，距龙浦公路7公里左右，因山形"四周奋起，而中短下，形似匡庐"而得名匡山，主峰又名匡山斗，海拔1349.9米。海拔在1000米以上的山峰有101座，山峦起伏，地势险峻，山高谷深，巍峨挺拔，雄伟险峻。山中植被层次丰富，种类繁多，终年郁郁葱葱。匡山的重要自然景点是香坛观日。香坛为匡山最高处一岩石，形似坛，名香坛。自古游人在此烧香祈愿，或居高远眺，俯览众山及闽浙两省边境景物，晨起观日出与海上观日出，异曲同工。匡山另一重要景点是匡山山脉西南端的岩顶山，海拔800余米，山顶空旷，面积约1000平方米，形似纱帽，亦名纱帽山。山道峭如云梯，有石级千余，还有古井、寨门、一渡关、二渡关、养马槽、跑马道等遗迹，匡山自然景色清幽秀丽，人文景观亦具特色。元至正十二年（1352），浙江龙泉人章溢与刘基、宋濂为同乡挚友，章溢隐居匡山时，他们都到此造访，并分别写了《苦斋记》《匡山看松庵记》。章溢和刘基、宋濂、叶琛在朱元璋统一中国建立明王朝的过程中发挥了重要作用，史称"浙南四先生"，属明朝的开国元勋之列。此后，亦有不少文人墨客到此寻幽探古，避世修身，留下不少诗篇。章溢当年所建的庵、亭、斋因历经沧桑，现多已毁。目前，只留下看松璀，亦在清代改为天师庙，供奉江西龙虎山张、李、叶三位天师，至今香火不断。随着旅游业的开发，匡山将其与山脚下的高坊水库组合成山水风光旅游区，向世人重新展示本地秀丽的自然景观和深厚的历史文化内涵。

浮盖山：又名盖仙山，位于浦城县盘亭乡柳墩村东面，面积10平方公里，主峰海拔1146米。它犹如一条尾摆西北、首向东南的巨龙，雄踞在闽浙赣三省边境。明朝旅行家徐霞客五次入闽，曾两次遍游山中诸景，并在山中大云寺写下了《游浮盖山记》，盛赞浮盖山"石痕竹影，娟然可爱。峰峦环列，此真独胜"。浮盖山上，有一座据传始建于唐代而至今香火旺盛的梵宇——大云禅寺。这座古刹是佛教宁济宗的寺院,据说当年日本空海法师渡海入闽、北上中原曾经过这里。这座古刹虽历经千百年沧桑,基本上还保持原有规模,除礼佛进香外,历来是文人墨客、官宦游人玩赏浮盖山风光的停靠站。当年徐霞客来游,便在寺中下榻三日。在浮盖山麓靠近闽浙两省交界处,还有一座历史上著名的关隘——枫岭关。此关地控闽浙赣三省,在公路开通之前,千百年来一直是三省人民相互往来的唯一通道。如今它的原有作用虽已不再发挥,整个关隘仅关门尚存,但游人到此,驻足关前,脚下是两米多宽的石板古道,眺望两省的村落田园、重重山峦,今古兴亡、逝者如斯的怀古之情不禁油然而生。

新安文化景观:程氏明代住宅。在安徽屯溪市柏树街。五开间二层楼房。深 16.1 米,宽 13.6 米。两侧带厢房,中为院落。平面呈不明显"凹"字形。五架梁面上均施有图案彩画,色彩大有明代风格,为徽州明代住宅中所罕见。楼上前檐垂莲柱装置飞来椅靠背,柱的断面四方抹角,柱侧上端插拱二挑,托住檐檩。屋顶形式为硬山,封火山墙高低错落,显得宅深院静。整个住宅为明晚期建筑,并存有明天启元年(1621)该宅卖房契约,可为之佐证。

新安文化景观:戴东原墓。在安徽屯溪市南 7 公里的几山头。戴东原即戴震(1724—1777),安徽休宁隆阜人,著名哲学家、经学家、考据学家,皖派学术代表人物,清乾隆间进士,任《四库全书》编纂官。一生著述很多,后人编有《戴氏遗书》。卒于北京,运葬于此。今墓完好,墓前有碑。

新安文化景观:古城岩。在安徽休宁县城东 3 公里,又名万安山、万岁山、万寿山。山麓两巨石夹立如门,循门而上,有岩如鹅,顶巅有汪王故宫。《徽州府志》载:隋末四方乱起,民不聊生,有汪华者组织地方武装,于山上筑城起义,建号吴。他带兵十万,凭险固守,抗拒官兵,不纳税,不服役,宣、歙、杭、婺诸州民共爱戴,后人在此建忠烈庙纪念,又称汪王故宫,山也因此名古城岩。宋宣和间改称万安山。传明太祖曾驻于此,故又称万寿山、万岁山。后山上建万寿塔、还古书院、中台阁、文昌阁、高公桥,依山为树,以名胜称。岩临万安古镇,盛产罗盘,明清时声誉全国,远销东南亚、日本。

新安文化景观:齐云山。在安徽休宁县城西 15 公里,海拔 1000 多米,周百余里。《齐云山志》称:"一石插天,直入云汉,谓之齐云。"有三十六奇峰，七十二怪崖，洞、涧、池、泉遍布其中，以白岳岭、齐云岩、独耸岩、廊岩、石桥岩、紫霄岩等著称。前有黄山，后有颜公山，西有祁山，下有黟水，万山迎趋，千壑奔集，汇成胜境。唐元和四年（809）在此创建石门寺，宋宝庆二年（1226）立佑圣真武祠，明嘉靖皇帝敕建宫殿，钦赐山额，此后寺观林立，成为释道两教繁盛之地。山境洞开，游人日盛。历代雕刻佛像、道家绘画、各种碑记数量以千百计。清乾隆帝巡游江南，誉之为"天下无双胜境，江南第一名山"。年代久远，寺观迭遭破坏，而奇峰幽谷，景色无殊。今仍存有明唐寅撰文的石碑。

三清山：坐落于江西省上饶东北部。素有"江南第一仙峰""黄山姐妹山""华东明珠"等殊誉。1997年8月美国国家公园基金会主席保罗等访华团慕名来三清山考察后惊叹道："三清山是世界上第一流的罕见的精神世界——天国。"他认为三清山是世界上为数极少的精品之一，是全人类的瑰宝。代表团成员无不为之陶醉，一致称赞三清山的自然资源是世界级的（即世界自然遗产）。三清山以自然山岳风光为主，以道教人文景观为特色，已开发的奇峰有48座，怪石52处，景物景观400余处，有植物1088种。1988年8月经国务院批准为国家重点风景名胜区。景区总面积220平方公里，最高峰玉京峰海拔1816.9米。山南为自然风光，司春女神、巨蟒出山、老道拜月、观音赏曲、神龙戏松堪称绝美。山西以"唐僧西征"为主题的自然风光令人叹为观止，遍布山野。风姿各异的龙潭、玉帘、石涧、三叠泉、冰玉洞等瀑布，具有画龙点睛之功。奇峰虬松和娃娃鱼、熊、獐、鹿、猴、山羊、野猪、火红石鸡使三清山更具有原始风味。历代名臣名家王安石、朱熹、苏东坡等都在这里留下足迹。

2. 姑蔑浙江风景

衢州是国家级历史文化名城，省级风景名胜区2处（江郎山风景名胜区、烂柯山—乌溪江风景名胜区），国家级文物保护单位2处（南宗孔氏家庙、湖镇舍利塔），国家级自然保护区1处（开化古田山保护区），国家级森林公园2处（钱江源森林公园、衢江区紫微山森林公园），国家级地质公园2处（常山三衢石林、"金钉子"），省级旅游度假区1处（龙游石窟），省级水利旅游区5处（仙霞湖、九龙湖、碧波湖、仙游湖、月亮湖），另外还有围棋仙地烂柯山、唐末黄巢起义军开辟的入闽古道仙霞道（关）、中国丹霞第一峰——江郎山、千古之谜龙游石窟地下人工建筑群等。

第五章　风物——金衢盆地姑蔑的古越遗韵

金华九峰山，方圆20余平方公里，南依括苍，北临瀫水，东瞰八婺，西望三衢。九峰山又称龙邱山、龙丘山、芙蓉山、九岩山、妇岩山，叠嶂连冈，奇峰挺秀，有大马峰、小马峰、马钟峰、饭甑峰、芙蓉峰、寿桃峰、箬帽峰、牛头峰、达摩峰，故名九峰。《后汉书·地理志》载：九峰山岩洞嶙峋，丹崖叠翠，怪石狰狞。距金华市区28公里，系仙霞岭山脉，括苍山余脉，面积10.38平方公里，属丹霞地貌，峰石林立，山水相依。九峰山是浙江第一名山（唐以后雁荡为先），为历代名士隐居的世外桃源，《后汉书·郡国志注引"东阳记"》云："九峰山岩前有桃树，其实甚甘，非山中自有，莫知谁植。"菩提达摩慕九峰山之名曾首于梁太监年间（502—519）来游并建九峰禅寺，唐末邑人诗僧贯休也住持过该寺，并留下《寒望九峰》："九朵碧芙蕖，王维图未图"句。康熙《金华府志》云："括山前遮后拥，罗立县（汤溪县）南，支脉分转而东，断而复续，又自方山度九峰蜿蜒而蟠于西。"2010年8月2日，经联合国教科文组织世界遗产委员会表决批准，"中国丹霞"被正式列入《世界遗产名录》，九峰山位列其中，共同成为中国第40项世界遗产、第8项世界自然遗产。九峰山为南山的支脉，是九峰山风景区的胜景之一。层峦叠嶂，险峻挺拔，气势雄伟，林木蔽天，翠竹苍茫，自然风光绚丽多姿。丹霞地貌，山势簇拥，峰峰相连，丹崖叠翠，凹凸跌宕。另有九峰禅寺、九峰仙洞、达摩峰、九峰石刻、赤壁花瀑、芙蓉谷、九峰春色等景观。九峰山山奇、石怪、水秀、洞幽、地野，寺庙、古建筑、遗址、古墓、石刻、神话传说丰富，现有自然、人文景物景观80多处，相互辉映，融为一体。《汤溪县志》云："自来贤士大夫，春秋佳日，偶事游观之乐，必于九峰。"

浦江仙华山，又名仙姑山，位于浦江县城北9公里处，总面积18平方公里。主峰少女峰，海拔728米，相传因轩辕少女元修在此修真得道升天而得名。以奇秀的山巅峰林为胜，在海拔600米以上的仙华山巅，石峰耸峭壁立，拔地而起。"如彼旗，如宝莲花，如铁马临关。"明刘伯温有诗云："仙华杰出最怪异，望之如云浮太空。"故仙华山又有"第一仙峰"之称。分四个景区：北为石峰林立、怪石纷呈的"仙华峰林"景区；南有明赵崇袍植梅数里的"梅坞香雪"景区；东为千岁宝掌和尚修行之地"宝掌幽谷"景区；西有山环水抱的"仙湖碧水"景区。共有24奇峰、14怪石异洞等120处景点。

兰溪诸葛八卦村：位于兰溪城西18公里处，古称"高隆"，村中有

3000 余人是诸葛亮嫡传后裔，为全国最大的诸葛亮后裔集中聚居地。诸葛村整体结构是诸葛亮第 27 代后裔诸葛大狮按九宫八卦设计布局的，村内弄堂似通非通，似连非连，曲折玄妙。整体布局以村中钟池为中心，全村房屋呈放射性排列，向外延伸八条弄堂，将全村分为八块形成内八卦，更为神奇的是村外八座小山环抱整个村落，构成外八卦。诸葛村保存完好，有建于明代的大公堂、丞相祠堂等景点。诸葛村中的民居，均为建于明清的古建筑，雕梁画栋，古朴典雅；八卦阵式的排列变幻莫测，奥妙无穷，为国家级重点文物保护单位。丞相祠堂是诸葛氏族的总祠，始建于明万历年间，坐西朝东，占地 1400 平方米，规格高，形制特别，气势雄伟。这里每年都举行盛大的祭祀活动。大公堂始建于元代，为江南唯一武侯公纪念堂。其格局为坐南朝北，面临钟池。大公堂大门牌楼式，层层斗拱出跳，正门当中额枋上方悬挂着"圣旨"和"敕旌尚义之门"横匾，大门两边粉墙上则楷书"忠""武"两个大字，显示出诸葛氏族的显赫和威严。钟池位于诸葛八卦村中心，一半水塘一半陆地，构成鱼形太极图，也形成了八卦阵的阵眼。周围有规则构筑的八条弄堂向四周辐射，使村中所有民居自然地归入坎、艮、震、巽、离、坤、兑、乾八个部位，村落的八阵图式随之成形。

遂昌南尖岩景区：为国家 4A 级旅游景区。位于遂昌西南部，距县城 50 公里。主峰海拔 1626 米，公路直达景区中心石笋头村，海拔 1140 米。景区是联合国教科文组织授予的"国际摄影创作基地"，也是遂昌县主要旅游资源集聚区之一。主要景观有：由天柱峰、神坛峰、千丈岩、小石林、神龟探海等多处奇峰异石构成的地貌景观；由霞归瑶池、九级瀑布、龙门飞瀑等构成的水体景观；由以竹海、针阔混交林、古松为主的动植物 160 多科、1100 多种构成的生物景观，形成了奇独的云海、日落、长虹、雪景、雾凇、冰挂等天象景观。遂昌的石笋头村民居土木建筑独特，民风淳朴，乡土气息浓郁，当年粟裕将军率领红军还曾在这里开展过游击战争，是遂昌县的红色根据地之一，文化积淀深厚。

神龙谷：为国家 4A 级旅游景区。由遂昌怀古、游园惊梦、森林浴吧、汤公寻梦、藏龙卧虎、将军破壁、神龙出山等景区组成，是浙南旅游的一颗璀璨明珠，在悠长的峡谷中飞瀑流泉、溪水潺潺，其中落差 300 多米的神龙飞瀑有"华东第一飞瀑"之誉。神龙飞瀑两侧山势险峻，一级与二级之间森林茂密，有珍贵树种乌桕和猴头杜鹃等几十种国家保护树种，野生动物有猕猴、黑鹿、野鹿等以及各种蛇类和两栖动物石蛙等。据史料记载，汤显祖调任遂昌任知县期间，在此创作了享誉世界的剧作《牡丹亭》。循着历史的轨迹，你可以看到：汤公寻梦区青山绿谷，瀑布轻扬，一边踏着悠扬的昆曲，一边寻找当年汤公寻梦的蛛丝马迹。在幽幽峡谷一方清澈的溪水边，浓缩了经典的爱情绝唱。

十八里翠水利风景区：为国家 4A 级旅游景区、国家水利风景区。位于遂昌县东南部、瓯江支流松阴溪上游，依托逶迤曲折、碧波荡漾的十四都源溯游而建。景区面积达 70 余平方公里，包含了成屏一、二级水库以及神龙谷漂流和神龙飞瀑等优质风景资源，以十八里翠生态长廊为中轴线，通过水工程、水景观、水文化、水资源与各类生态旅游资源的串联开发，目前已形成了集观光、休闲、娱乐、度假、自驾游为一体的水利风景旅游区。这里是一个真正以水域和水利工程为依托的景区，以飞瀑、流泉、漂流、水库等水利景观元素为核心，利用生态河道将沿河的各类生态旅游资源进行串联，通过对水利风景资源的开发，保护水利工程安全，让水资源有效配置，丰富了旅游产品，发挥水工程水景观的社会经济效益，进而提升了遂昌城市品位和旅游品质，极大地丰富和提升了"五行遂昌、一诺千金"旅游的知名度和美誉度。这也为遂昌实现"长三角休闲旅游名城"的目标奠定了基础。

国家矿山公园遂昌金矿：国家 4A 级旅游景区、首批 28 家国家级矿山公园之一，距县城 16 公里，位于遂昌县东北部，总面积 33.6 平方公里。距龙丽高速遂昌东出口 10 公里，区位优越，交通便利。矿区金银开采历史悠久，早在唐代，已经有采冶活动。宋代设有永丰银场。明代永乐、宣德年间，成为全国最大的矿银产地。其探矿、采矿、冶炼技术长期居世界领先水平。公园拥有诸多采矿遗址，其中黄岩坑唐代、明代古矿洞规模最大，保存最完整，是我国古代"烧爆法"采矿、"灰吹法"冶炼工艺的代表性矿山。黄金博物馆、唐代金窟、明代金窟、时光隧道、金都桃园、黄金冶炼观光区、金池淘金体验区、银坑山生态休闲游览区等组成的金矿矿山公园，被誉为绿洲中的黄金世界，是金艺科普游、"金龙"穿山游、金窟探险游的理想去处。

(二) 故址遗存选录

1. 古寺古塔

金华九峰禅寺。建于南朝天监年间，已有 1500 余年。楼房依山傍洞，不施椽瓦而风雨莫及，巍然耸立。自古名山多僧居，九峰山有大雄宝殿、胡公殿、钟鼓楼、观音阁、天王庙等建筑和佛像百多尊。方圆几百里的游人香客慕名而来，传说农历八月初一到九峰游览，能见天门洞开。九峰禅寺系菩提达摩所创，亦是他的圆寂之地。九峰禅寺的原址在九峰山下（有遗址为证），而今天的九峰禅寺却在九峰山上的安正书堂之处。在九峰的山谷之间有三个上下相连的碧绿清澈的水潭，称九峰龙潭，也叫"龙潭烟雨"，是民间传说的真龙所在。传说很久以前，金华一带年年风调雨顺，粮食多得吃不完。老百姓就把多余的粮食拿来喂猪，结果猪肉也多得吃不完，老百姓就把猪腿腌晒起来，那就是著名的金华火腿。有一天，太上老君路过金华，向玉帝奏了一本，说金华人暴殄天物，糟蹋粮食，该罚三年旱灾，以示惩戒。玉帝准奏，传令蛰居在双龙洞的黄龙和青龙返回天庭受命。黄龙和青龙不忍金华人遭罪，偷偷地下了几场雨，触犯了天条，玉帝大怒，派天兵天将来擒拿双龙归案。黄龙见势不妙，让青龙赶忙逃往东海龙宫，自己留下来对付玉帝派来的天兵天将。结果黄龙牺牲在九峰山，被砍断的三截身子化作了现在的三个龙潭。金华人为了纪念黄龙，每年正月都要扎起纸龙，为黄龙接起全身，这就是金华龙灯的由来。一方面，九峰环抱的九峰禅寺有大量自然景观遗存，比如九峰山东南侧有石磨，北侧有大柜，西侧有石夜壶，均为天作之成；另一方面，九峰禅寺走出了很多禅者大家，人文底蕴丰厚。

金华汤溪城隍庙。汤溪城隍庙建成于明成化八年（1472），由汤溪县第一任知县宋约所建，建制宏伟，建筑艺术精湛。现保留的城隍庙为清同治五年（1866）所建，占地面积约2.26万平方米，建筑占地面积3300平方米。头门是砖雕门楼，中门门顶雕有"金汤巩固"匾额，东西两门门顶雕有"宝婺屏藩""仙舟保障"石额。一进庙门，两侧左右立有"日巡""夜巡"神像，为巡视人间确保安全。城隍庙马腿、斗拱、花牙子以及大部分梁、枋均刻以精细纹饰，用五彩退晕等手法刷饰，原主要墙壁和天花板、梁枋上都有彩绘，每一幅图画中都有一场戏，整个建筑显得富丽堂皇。在每根梁的两端各雕刻着四纹图案，饰以缠枝花卉，中间以卷轴形式各雕瓶案花卉和壶杯果品清供饰物，在梁架结点上砌上明造的架料，以鸥鱼状纹的叉手为主体，饰以花卉图案，并将斗拱雕刻成花篮之状加以衬托使之更加丰富多彩。前间月梁上，两端刻有龙须纹，而后刻有牡丹，中间刻有一组丹凤朝阳图，以象征幸福和光明。正殿廊庑上的一对獬豸，脚踏吉祥物，咧嘴侧视作腾挪跳跃之势，造型古朴生动，充分显示了獬豸的忠勇、为民主持公道的豪气。

金华琅琊石岩寺。位于琅琊镇东南1.5公里，隐藏在琅峰山脉之中，东连层峦叠嶂的南山，西接风景秀丽的琅峰山。石岩寺以石岩窟洞为佛殿，故称"石岩寺"，始建于唐代乾符三年（871），距今已有1140多年。"大雄宝殿"是座石窟佛殿，洞中藏室，洞名叫"灵蛛洞"，古时也称"藏王洞"，据说是明朝开国皇帝朱元璋当年躲避元兵的藏身之所，后又为惠帝建文修身之所在。寺中有一石碑，上面是朱元璋七世孙封石岩寺的题词，"古无垢寺远方，游客四时不绝"，录自《汤溪县志》卷十三。乾隆《汤溪县志》载："石岩山，县东三十里，有石岩寺，山高百余丈，形似狮穴如狮口。"建于三国时期。寺庙建在一座外形似卧狮的山的山洞中。洞前菁深林茂，松篁交翠，曲径通幽，浮岚袅袅，鸟乐鱼欢。每逢春暖花开，更有红灿灿的映山红开满山。据《白沙古庙志》记载：石岩寺源远流长，是朱元璋、建文帝避难之所。民间至今还流传着"神狮翻身救驾""灵蛛结网庇留""映山红花遮袍""碧莲齐开愈疥"等神奇传说。有《西江月》为证：仙岩神狮酣睡，洞天灵蛛静修，圣迹仙踪数千秋，沧桑变迁依旧。神狮翻身救驾，灵蛛结网庇留，江山一统写风流，古刹留芳永久。

兰溪石壁寺。《龙游县志》称："石壁寺在县南三十里，唐时僧贯休建。"还把"石壁渔舟"列为"龙丘十二景"之一。南宋诗人于石曾写有《题石壁寺》诗："石壁名山多胜游，背环古木面清流。一池空对旃檀塔，双港中分芳草洲。豹隐安知兴废事，眠牛不碍往来舟。海棠菡萏今何在，风月人间几度秋。"贯休有《瀫江秋居作》传世："无事相关性自携，庭前拾叶等闲书。青山万里竟不足，好竹数竿自有余。近看老经加淡泊，欲归少室复何如？面前小沼清如镜，终养琴高赤鲤鱼。"诗前还有小序，说寺有芳草洲、眠牛石、双港水、旃檀塔、豹隐岩、菡萏池、海棠源、风月亭八景。石壁寺始建于唐咸通八年（867），因建在龙游、金华、兰溪三县交界、三江之汇的石壁上而得名。贯休是石壁寺的创始人，家住太平乡登高里村，一字德隐，一字德远，他的祖上与齐太公姜子牙有着密切的血脉关系。据历史记载，周天子封姜尚于临淄，为齐国。齐国通过煮盐垦田而富甲一方，成为周代的第一大封国。姜氏家族达到鼎盛时期，九合诸侯一匡天下。传至齐桓公时，通商工之业，便鱼盐之利，齐国成为春秋五霸之首。齐桓公晚年昏庸，远贤能近小人致齐室内乱，五子争位导致国力衰退。到了齐简公即位时，田常杀掉齐简公，独揽齐国大权。到了齐康公姜贷即位时，被田常的曾孙田和逼于海上一岛屿"食一邑，以奉其先祀"。田和自立为君，姜氏遂失齐国。姜贷两个弟弟姜城、姜雍为避田氏祸乱隐迹各地。其中有一支血脉南逃于滩郡（安徽），后有一支迁居到山东单县，按字排辈分列为21代。《游埠镇志》记载，姜氏家族中，（一字德隐）就是德字辈来到下王仰天地，隐居姜安头村。贯休是姜氏家族中的第25代后裔。

金华洞山塔。位于金华市婺城区白龙桥镇古方村东北白沙溪畔的洞山上，因山得名。洞山塔建于明万历二十三年（1595），为楼阁式空心砖塔。平面六角形，共7层，高40余米，塔身逐层内收。每层青砖檐头，外壁绘有佛像、壁画，每面均有券门。塔之底层有拱门，拱门通至塔身，在塔心可直视塔之内顶。内壁两侧自下而上有两排小坑，供攀登之用。塔顶原有六根铁索连着，塔顶六只角，每只角上悬一梵铃。塔底层券门上嵌石匾一块，上刻"耸壑昂霄"四字。塔内有梯可登。该塔造型比例均匀，端庄秀丽。古塔下有座关王庙。

龙游八塔。龙游县境有"十殿九塔"之说，殿已不存，塔尚存8座，分别为舍利塔、横山塔、湖岩塔、鸡鸣塔、龙洲塔、浮杯塔、刹下塔和沐尘塔，皆砖塔。其中6座沿灵山江、衢江分布。1座宋塔，其余皆建于明嘉靖至万历年间。

舍利塔，在县城东11公里湖镇下街，始建无考，北宋嘉祐三年（1058）重建。六面七层，楼阁式实心砖塔。高26.4米，基座砖砌，每面宽2.30米，须弥座高1.60米。每层每面有倚柱，佛龛呈壶门状，内置玉佛，底下四层玉佛已盗失。倚柱间用阑额相连，上有砖砌扶壁栱两朵，为四铺作出单杪。腰檐为菱角牙子叠涩组成，檐头挂风铃，顶部塔刹完整。造型精致，为省内宋塔中少见。1981年被列为省级重点文物保护单位。现为国家级重点文物保护单位。

横山塔，在县城北16公里横山乡横山村，明嘉靖十二年（1534）建。八面七层，楼阁式空心砖塔。高30余米，塔内直径3.5米，壁体厚1.16米。塔基及须弥座以红砂岩砌成，高0.59米，束腰部分刻卷草纹饰。各层收分较和缓，腰檐富于变化，檐下用墨绘转角斗拱，平身科亦绘一斗三升斗拱。塔身底层东南西北各有壶门，以上各层皆有四壶门，设平座，方向错开。塔刹上部相轮已毁，塔砖脱落严重。塔砖刻"大明嘉靖甲午张氏横山塔砖"等字样。1982年被列为县级文物保护单位（1989年被列为省级文物保护单位）。

湖岩塔，在县城东9公里七都乡曹垄村，明嘉靖三十七年（1558）建。六面七层，楼阁式空心砖塔，高30米。塔基须弥座用条石叠砌。塔身收分缓和，每层隔面有拱券门。砖砌倚柱，施阑额。每层用五层菱角牙子叠涩出檐，塔刹石制。第二层正面砖砌匾额上有"湖岩状观"四字。1984年10月被列为县级文物保护单位。

鸡鸣塔，在县城东南郊鸡鸣山上，明嘉靖年间建。六面七层，楼阁式空心砖塔。高21.4米，基座条石砌成。各层腰檐均以四道菱角子叠涩组成。塔身收分明显，顶上二层尤甚。各层檐下均砖制一斗三升斗拱，各层转角处皆砖砌倚柱，倚柱间额枋相连。底层东北、东南、西南面拱券门，二层以上层面有壶门。塔刹无存，东北向各层塔檐损坏严重，塔身裂口多道。1982年被列为县级文物保护单位。

龙洲塔，又名文峰塔，在县城东北新桥头。明隆庆年间始建，清乾隆五十三年（1788）七月重建，故第三层砖砌匾额"龙洲耸秀"四个大字，边款有"乾隆五十三秋月吉旦"等字。六面七层，楼阁式空心砖塔，高26.13米。塔基由二层条石砌成，高0.48米，塔身倚柱砖砌，柱头上施一斗三升式转角斗拱，底层及第二层平身科施二攒，二层以上一攒。底层南面有一拱券门，以上各层隔面有壶门。塔内原有木结构，现无存。塔檐除底层外，各层东北角及西北角均坍塌，塔刹已毁。1982年4月被列为县级文物保护单位。

浮杯塔，在县城东4公里七都乡朱家村，明万历年间建。六面七层，楼阁式空心砖塔，高40余米。基座用条石砌筑，底层西面有一拱券门，以上每层隔面做有拱券门，用五层菱角牙子叠涩出檐。塔顶置铜质露盘，四面用铁索固定，塔身第三层石匾上有"浮石宝塔"四字。1984年10月被列为县级文物保护单位。

刹下塔，在县城北志棠乡塔下叶村，明万历年间建。六面七层，楼阁式空心砖塔。高30.3米，石制须弥座高1.1米，束腰部分0.36米。底层有七道菱角牙子叠涩出檐，三层以上减为六道，檐角上翘，造型富有向上感。檐下用墨绘转角斗拱和平身斜斗拱，底层正北、东南、西南三面开拱券门，塔顶覆钵形，塔刹大部已毁。1982年被列为县级文物保护单位。

沐尘塔，在县城南 23 公里沐尘乡沐尘村雷峰山，建筑年代无考，据形制推测当属明朝。六面七层，空心砖塔。塔身第七层以上被雷击毁残，高约 13 米，塔壁厚 1.15 米。塔基须弥座用粗麻石板平砌成，图形如同六棱柱，通体用 25 厘米×13 厘米青砖实砌，自上而下收分较大。第二层起每面每层有拱券形假门。每一券门两侧榤柱。第一层东南向有 10.42 米宽、1.45 米高拱券门可供人进出。1986 年 7 月被列为县级文物保护单位。

在等级制度森严的封建社会，立贞节牌坊、仁义慈善牌坊、功德牌坊者，要求极为严格，须经当地官府核实后逐级呈报，最后由皇帝审查恩准，或由皇帝直接封赠，方能建造。乾隆《汤溪县志》记载的汤溪境内"坊表"有：丰乐坊、通泰坊、顺德坊、文化坊、文明坊、默相坊、世科坊、钟英坊、开封首荐坊（胡超）、司寇邦伯坊、文选清卿坊、文魁坊、经元坊、大夫坊、郎官坊、敕史坊、进士坊（胡斐）、小三元坊、联璧坊、冬官坊、节孝坊（程氏）、进士坊（胡公廉）、节孝坊（胡郑氏）、旌节坊（潘茂兆妻程氏）、琅琊镇徐村节孝坊、长山乡长山三村旌节牌坊和节孝坊（何氏）等。

下章节孝牌坊。位于罗埠镇下章村东南角，为清代建筑，高约 5 米，宽约 4 米，上方写着"矢志完贞"四个字。2004 年 3 月 20 日由金华市文体局列为金华市文物保护点。

湖前村进士坊。又叫"恩荣"坊，位于洋埠镇湖前村。牌坊是封建社会为表彰功勋、科第、德政以及忠孝节义所立的建筑物，老百姓俗称它为牌楼。它昭示着家族先人的高尚美德和丰功伟绩，成为中华文化的一个象征。该牌坊四柱三楼，青石质，坐北朝南，通面阔 6.5 米，次间宽 1.45 米，通高约 7.2 米，四柱前后勤脚。明间正面，石匾书有"恩荣"二字，故村民皆称为"恩荣"坊。明间背面石匾书有"进士坊"三字，格外引人注目，落款为嘉靖壬辰科（1532）汤溪知县郑澄为其立碑，上额枋仍雕"仙鹤翔云"，直梁同雕"双狮戏珠"，飒间雕刻云彩。此牌坊系为该村明朝进士胡公廉所立。2004 年被列入金华市文物保护点，2006 年被列入金华市文物保护单位。

2. 古桥古渡

桥，是由山川水网的地理地貌特性和区位格局所决定的。姑蔑地河流众多，沟壑纵横的地貌上就必然架设许许多多的桥梁。而商贾云集，车马往来，又必然要求主要交通干线（官道）上所建的桥梁得坚固、宽阔，当然还得务求精美。主要有石拱桥（单孔、多孔）、石条（板）桥、廊桥等类，建筑年代则以明、清时期修建的居多。古代建桥属于一方的大工程，有官资、民资或合资集劳等形式。

姑蔑地，乾隆《汤溪县志》记载的汤溪境内古桥有：芝溪桥、新昌桥、白龙桥、表忠桥、永济桥、绊塘桥、小龙桥、马村桥、嘉会桥、六渡桥、白杜桥、唐家桥、箬帽桥、赤凳桥、白马桥、刘家桥、黄路桥、童埠桥、官桥、湖口桥、莲湖桥、双龙桥、朱坑桥、叶官桥、龙会桥、下潘桥、下徐桥、蒋村桥、港口桥。现存有白龙桥、越溪桥、万云桥、白马桥、顺民桥、之字桥、马村桥、听月桥等。其中，白龙桥，万历十二年（1584）始建，长40丈，宽5尺，高1丈5尺。白龙桥是白沙溪（也称白龙溪）最下游的一座石拱桥，是古代浙中西二州（婺州、衢州）三县（金华、汤溪、兰溪）的重要交通要道，桥西南两公里处设有官府铺司——山徊铺，古时有官兵常驻于此，现桥于1984年在原址重建。桥西原名汤东村，由盐店、楼头、玉山潭3个自然村组成，原系汤溪县属地。桥东则叫叶店村，属原金华县管辖。据《竹园王氏宗谱》载，明万历十二年（1584）曾建石桥，后圮，乃架木为桥。又《重建白龙桥记》载，清嘉庆五年（1800）山洪暴涨，桥被冲毁；十三年（1808）王凌九首捐六百五十金修桥；十六年（1811）修复。桥在白龙溪上，溪流蜿蜒曲折似游龙，细浪映日似龙鳞，故称白龙溪，桥称白龙桥。

渡，古代渡口，在历史上地理位置十分重要，曾是交通之津要，亦为驿道之孔道，散发着迷人的历史古韵。唐戴叔伦《京口怀古》诗："大江横万里，古渡渺千秋。"清袁于令《西楼记·空泊》："曲塘西断桥烟冷，垂杨下古渡月明。"姑蔑地定阳，是衢州上游的古县治。著名的招贤古渡就位于招贤村的沿江一面，屋舍斑驳，古树依依，是古定阳县（治所就位于招贤）十景之一。古渡自南宋以来就有，原为官渡，是衢州至江西、徽州的必经之地，更是商船贸易的一个集中地。古渡由东、中、西三段码头组成，东段码头位于招贤老街至码头处，有38级石阶；中段码头位于老街至码头原船舶停靠处，有32级石阶；西段码头位于上游处，有34级石阶。码头全长350米，东段石阶与中段石阶相距300余米，西段石阶距中段石阶40余米。要分为三段的原因，不外乎或是太过繁盛，不得不沿江铺开三段；或是江水随着季节涨落，不同季节用不同的水位码头的原因。古渡往来船筏，以常山、开化马金、衢州三地为主，数量以千计。宋杨万里留有《过招贤渡》："归船旧掠招贤渡，恶滩横将船阁住。风吹日炙衣满沙，妪牵儿啼投店家。一生憎杀招贤柳，一生爱杀招贤酒。柳曾为我碍归舟，酒曾为我消诗愁。"姑蔑地衢江金华段上，有王稍渡、青阳渡、羊港渡、下杨渡、邵家渡、罗江渡、柴埠渡、双港渡、元潭渡、伍家渡、叶湾渡等古渡口。《汤溪县志》载：罗江上的渡口有罗江渡（县东北十五里，章勤造并助地四石为修理费）、王稍渡、下杨渡、伍家渡（在县北二十里，有二渡船，春水涨时则以一船至杨埠渡入此即旧青草渡也）。该志又载："明洪武四年（1371）前，罗埠下章的下埠头（罗埠溪故道边）村，濒白马溪南岸，古通舟楫，为商肆埠头。其上首另有埠头，称上埠头（湮没）……"罗埠后张渡口，位于罗埠镇衢江之滨，是罗埠后张渡衢江到兰溪伍家圩必经之地，以地处后张村旁，故名后张渡，水运线长达150米，有汽船、木船作交通工具。罗埠董家汊渡口，位于罗埠镇董家村衢江南岸，连接对岸的兰溪滕家圩村，有渡船。

姑蔑地的水利建设，著名的有白沙三十六堰、兰溪夏李村李渔坝、金华罗埠后王壩等。其中，白沙三十六堰位于白沙溪上。明时官修《寰宇通志》记："白沙溪在金华县西南出处州（今丽水市）遂昌县，流入大溪，其溪出白沙如霜雪故名。"《大清一统志》有关述记类同。白沙溪为金华江主要支流，长65公里，流域面积348平方公里，发源于遂昌、武义交界的狮子岩（海拔1260米），由沙畈溪口门陈入境，流经沙畈、琅琊、白龙桥三个乡镇，于白龙桥后杜村汇入金华江。白沙溪流域范围，东至长山石门，西至汤溪蒋堂，南起沙畈银坑，北至临江筱溪。《大清一统志》记：辅仓山在汤溪县东南六十里，接遂昌县界，相传汉时卢文台曾居于此，亦名卢畈，白沙溪水出此。卢文台于东汉建武三年（27）率部36人，隐退辅苍桃源（即今沙畈乡亭外村），开辟田畴，建筑堰坝，引白沙溪水灌田，是白沙溪三十六堰创始人。琅峰山位于白沙溪第一堰之下、第二堰之上，两堰灌田十数万亩。为纪念古代治水功臣卢文台，在琅峰山上岩洞间建白沙庙，山脚立白沙亭。1993年，浙江省原省长李丰平为琅峰山风景名胜区书写碑铭"白沙堰"；著名书法家姜东舒为白沙亭书写匾额；南宋左丞相王淮、明成化年间汤溪县首任知县宋约等名人，为歌颂白沙溪三十六堰和卢文台治水业绩，留下光辉诗篇。卢文台面对白沙溪水势湍急，晴则旱，雨则涝，连年灾荒，百姓深受其害的惨状，继夏禹治水精神，效秦蜀郡守李冰父子兴建都江堰之举，率部将与当地百姓，利用河流水势落差，先后建成首含辅苍尾跨古城的三十六（座）堰，成为浙江最早的水利工程，使原来易受洪旱灾害的白沙溪二州三县八都万顷农田成为自流灌溉、旱涝保收的粮仓。白沙三十六堰自上而下依次为：沙畈堰、大坟头堰、亭久堰、涉济堰、白沙堰、上水堰、周村堰、黄坛坑口堰、上塘堰、下塘堰、裴家堰、青草堰、崖头堰、猪头潭堰、山脚堰、陈思堰、皂里堰、上兰贝堰、磨石堰、朱村堰、溪东堰、石人山堰、第一堰、第二堰、第三堰、风炉堰、第四堰、华山堰、第五堰、洞山堰、旱龙堰、马坛堰、玉山堰、上河堰、下河堰、中济堰。白沙三十六堰从最上游的沙畈堰到白沙溪注入婺江交汇口附近的中济堰，几乎覆盖了白沙溪的全部流域，受益的农田达十多万亩，至今仍有19座堰在发挥作用。

# 第六章

# 俗尚——姑蔑方域民风的乡情乡愁

## 第一节 姑蔑之习

民俗文化来自民间，包括了民间的风俗习惯、衣食住行、柴米油盐、酱醋茶酒、伦理道德、定聘嫁娶、赘招迎娶、哭丧殡葬、方术堪舆、命相巫医、草药汤方、民歌谣唱、吹拉弦管，甚至茶余饭后、村言俚语、节令礼仪、春耕夏播、秋收冬藏、泥瓦木篾、工贾渔樵，有着极其丰富的内涵。姑蔑地具有得天独厚的地理优势，加上气候适宜，土地肥沃，物产丰富，自古商贾云集，人烟阜盛，民风淳朴，尚学重教，耕读传家，有勤耕、好学、刚正、勇为之风尚，肯吃苦、尚节约、诚待客、讲孝道之秉性。社会经济繁荣，百姓安居乐业，财富大量聚积，庐室渐以雕琢相尚，衣着服饰及民情风俗渐趋奢侈，屋居、饮食、婚嫁、丧葬、待人接物、生活需求大肆改变，渐成社会陋习。

### 一　姑蔑礼数

(一) 七时八节

"节"，是指节气，有"四时""八节"之称（见表6-1）。在不同的季节和节气中，人们举行不同的仪式，进行各种活动。随着季节周而复始地变化，这种活动和仪式渐渐地分别固定在一年中的某一日上，形成了比较固定的传统节日。

时节，指季节、节令、时光、时候，语出《管子·君臣下》："故能饰大义，审时节，上以礼神明，下以义辅佐者，明君之道。"现在世界通行的历法是阳历，而姑蔑人计历更多采用"农历"，即"夏历"，对应于"阳历"又称"阴历"，是民间传统节令，是中华民族古老文明和智慧的结晶。

表 6-1　　　　　　　　四时八节二十四气

| 季 | 春 | | | 夏 | | | 秋 | | | 冬 | | |
|---|---|---|---|---|---|---|---|---|---|---|---|---|
| 月 | 正月 | 二月 | 三月 | 四月 | 五月 | 六月 | 七月 | 八月 | 九月 | 十月 | 冬月 | 腊月 |
| 节气 | 立春 | 惊蛰 | 清明 | 立夏 | 芒种 | 小暑 | 立秋 | 白露 | 寒露 | 立冬 | 大雪 | 小寒 |
| | 雨水 | 春分 | 谷雨 | 小满 | 夏至 | 大暑 | 处暑 | 秋分 | 霜降 | 小雪 | 冬至 | 大寒 |

每个节气，约间隔半个月的时间，分列在十二个月里面。俗话说："花木管时令，鸟鸣报农时。"民间有歌谣：说个子来道个子，正月过年耍狮子。二月惊蛰抱蚕子，三月清明坟飘子。四月立夏插秧子，五月端阳吃粽子。六月天热买扇子，七月立秋烧袱子。八月过节麻饼子，九月重阳捞糟子。十月天寒穿袄子，冬月数九烘笼子。腊月年关四处去躲账主子。元吴弘道《斗鹌鹑》套曲："寒来暑往，兔走鸟飞，节令相催。"逢农历节日时令，有特定习俗食品。

1. 姑蔑传统节日①

春节。是农历的岁首，也称"过年"。"百节年为首"，上古先民把五谷播种、收获周期称为"年"，殷商甲骨文中，"年"字由"人"字与禾苗的"禾"字组成，意思是丰收之后、农人载谷而归，过年象征着又一个劳作季的开始。人们很早就开始准备过年。九月、十月开始晒番薯片、米糕片供过年油炸和炒食。"冬至"一到，开始蒸酒。年近三十，家家户户要蒸糖糕、做米粿、杀猪、做豆腐、宰鸡等，欢欢喜喜迎接新年到来。有童谣："红萝卜，蜜蜜甜。看着吃着要过年。""二五磨豆腐，二六砍猪肉，二七打年糕，二八做冬米，二九贴春联，三十来过年。"春节一般指除夕和正月初一。但在民间，传统意义上的春节是指从腊月初八的腊祭或腊月二十三、二十四的祭灶，一直到正月十五，其中以除夕和正月初一为高潮。农历十二月二十三至二十五夜送灶神。节前除尘，贴春联，挂年画，形成浓厚的喜庆吉祥气氛。除夕晚餐吃丰盛年饭，叫"团圆饭"。外出的人都尽量赶回家团聚，不能赶回的，家中也为之设座放碗筷。年饭后长辈给晚辈压岁包。除夕夜家家灯火通明，午夜迎新年，然后守夜达旦，

---

① 陈宝良：《风物闲美——明代的江南及其文化生活》(下)，《艺术品》2013 年第 6 期。

称"坐长寿夜"。债主在前半夜可以上门讨债，穷苦债户被迫躲避叫"做皇帝"，但春节不准讨债。自农历年初二至十五走亲拜年，节前亲友间互赠礼物叫端（方言语，音 duan，是"送"的意思）年节，正月亲友间互赠礼物往来叫拜年。春节，顾名思义就是春天的节日。春天来临，万象更新，新一轮播种和收获季节又要开始。人们有足够的理由载歌载舞来迎接这个节日。于是，节前就在门脸上贴上红纸黄字的新年寄语。当春姑娘来到门口时，会念一遍寄托新一年美好愿望的句子，这一念，好运真的来了。同样寓意的事情还有挂大红灯笼和贴"福"字及财神像等，"福"字还必须倒贴，路人一念"福倒了"，也就是"福到了"。春节是个亲人团聚的节日。离家的孩子这时要不远千里回到父母家里。

正月初一开门讲究时辰，要放开门炮。时辰一到，万炮同响，鞭炮声此起彼伏，响彻云霄。这天，家庭主妇，不扫地、不洗衣，早上吃"毛芋菜羹"配"八宝菜"，全天饮食主清淡不开荤，意为节俭。饭后人们相互拜年以吉利话相颂。人人穿着新衣，欢乐嬉戏，晚辈向长辈拜年。正月初一要祭祖上坟，称"上新年坟"，是上坟祭拜的日子。中、晚餐吃的是夜年饭余下来的饭菜叫"年年有余"。用剩饭与菜和着煮（当地土音"萨"，与赚钱的"赚"土音同音）成稀饭，故"煮饭"谐音叫"赚（萨）饭（万）"，意即希望当年能赚上万元。人人都休息娱乐，不挑水扫地，不动锄头器具，出门逢人讲吉利。在这天，姑蔑人是不花钱买东西的，也不扫地、不洗澡，要到年初三晚上才能洗澡，大人们说那叫作"堵财"。而且，外嫁女不能在娘家过新年。

正月初二，早餐吃"萝卜汤圆"、水煮鸡子，一般小孩吃 4 只、成人吃 7 只，上午喝茶吃糕点。此日，是外嫁人回娘家之日。岳父母宴请女婿，好菜好饭满满一桌，且只有外甥可以吃鸡大腿，有俗语"娘舅狗屁，外甥皇帝"。特别是新婚女婿（岳家会用书帖来请）要去岳父母家中拜年。一般小两口儿一起去，也有女婿一人去；有的当天回来，也有住五六天的。去时要带小母鸡、米粿、糖果和香烛、鞭炮等，到时要在岳家祖先灵前烧香、点烛、放鞭炮。中午岳家请客，女婿要喝醉，不醉不热情。正月初二，刚出生的小孩要到厅上上谱。虚岁满十的人，还要在上祖坟祭扫，名曰拜生日。

正月初三一大早，姑蔑人就早早起床，打扫卫生，把几天堆积的垃圾清扫出去，民间说那叫"送穷鬼"。

自农历正月初二至正月十五，汤团天天包、天天煮，客人餐餐吃，宴席间餐餐做。亲友之间互相往来并互赠礼物谓之"拜年"。拜先人，祈祷祖先保佑平安；拜亲人，祝福健康长寿、万事胜意；拜亲友，不忘人间恩义，友情永存。拜年是传统美德的光大，是欢乐爱意的延续。正月初五，出年界，厅堂的祖宗画像要收起，纸门帘要取下烧掉，外出做工干活的就可以启程了。

元宵节。亦称"上元节、元夕节"，因是一年中第一个月圆之夜而得名，是春节后的第一个佳节。旧时以通宵挂灯供人观赏为乐。这天，姑蔑地民间习惯吃汤团，还流行吃"春饼"，以表家人团聚、生活美满。夜晚，除张灯外，还有猜灯谜、走百病及击太平鼓、踩高跷、舞龙、滚狮等风俗。

清明。俗称"冥节""阴节"，又名寒食节，亦称"踏青节、聪明节"等。家家户户备"三牲"祭物（纸锭、印粿、酒肉等）到先祖坟上扫墓、添土。这一天不动烟火，门前插杨柳枝，小孩头戴杨柳圈。印粿是用经石灰水腌制后的芝麻叶、青蒿、佛耳草等的纤维和叶绿素掺入糯米粉内，其色青绿。馅有甜有咸，称甜印粿、咸印粿。把糖拌入米粉内，用猪油葱作馅，外甜内咸，叫糖皮印粿。也有将米粉制成各种各样的动物，如猪、狗、马等，称"清明狗"。清明，人们有外出"踏青"之俗，万物至此皆清洁而明。清明过后，农事开忙，农谚语：吃了清明粿，就是"赤脚粿"。意即天暖了，就可赤脚下地干活了。

谷雨。所谓"雨生百谷"，谚语说"清明多栽树，谷雨要种田""清明早小满迟，谷雨种棉正当时""谷雨前后，种瓜点豆"，又说"谷雨前，好种棉""谷雨不种花，心头像蟹爬"等。

端午。农历五月初五为端午节，亦叫端阳。习俗有吃粽子、赛龙舟，门头插菖蒲、艾蒿。午时于阴沟角落撒石灰，天井院内燃烧麦芒屑、中药头，贴钟馗像以示驱邪消五毒。端午节午饭备有"五黄三白"（雄黄酒、黄鱼、黄鳝、黄瓜、蛋黄为五黄，大蒜、茭白、白鲞为三白）。

中秋。农历八月十五为中秋节，姑蔑地民俗多包粽子、吃月饼，并陈设月饼果品，点香祭月，家人团聚欢聚、赏月，故中秋又称"团圆节"，一般家庭都希望这个节日里人月同圆，全家幸福。

重阳。农历九月初九是传统的重阳节，古时谓九为阳数，九月九日阳数相重，故曰重阳。吃重阳糕，用米粉拌栗蒸制，也吃炒粉干、麻糍。重阳登高、饮菊酒、插茱萸等。

2. 姑蔑特色时节①

立春。立春为二十四节气之首，此日春回大地，写"迎春接福"四字贴于堂前或大门上，焚香接春。姑蔑民间有游春（立春那日游春叫探春）、贴春字画（家家在门上张贴迎春的字画）之俗。饮食习惯上食用春饼（萝卜、豆芽、荠菜等为主馅）、春盘（主要是蔬菜取生菜瓜果饼糖拼放盘中为春盘，馈送亲友或自食取迎春之意）。

三月三。每年三月三是畲族的传统节日，畲民们云集宗祠，自晨至暮，对歌盘歌，怀念始祖，并炊制乌饭。这一天，畲族男女穿节日盛装，赶赴舞场。舞场内有极富民族特色的火把舞、竹竿舞等，还有颇具地方色彩的龙灯舞、狮子舞、鱼灯舞，呈现出一派吉祥喜庆的气氛。

立夏。立夏日人们会喝冷饮消暑、烹食嫩蚕豆，还有称体重的习俗，吃烧饼、油条、麦饼不腰疼，还吃桂圆、鸡蛋以滋补眼睛和身体。农家还制立夏馃，这一天不可少的菜色是苋菜，正当时的上时菜。有"立夏日，吃补食"的风俗，如吃健脚笋、立夏蛋、五虎丹（红枣、黑枣、胡桃、桂圆、荔枝）、立夏饭等。

四月初八。农历四月初八吃乌饭，摘取南烛树叶捣碎，浸水取汁，蒸煮粳米或糯米，成乌色之饭，久服能轻身明目，黑发驻颜，益气力而延年不衰。

六月初一或五月二十五，姑蔑地部分村落的特殊节日——保稻节。民国《汤溪县志》记载：农民以牲礼祈祷于土谷之神，谓之保稻。汤溪一带有"牛耕田，马吃谷，饿稻鬼抢谷百姓哭"的俗语。这天，人们要吃麸浆馃。

六月六。古称天赐节，因其约在霉季之后，民间于此日晒经谱、晒书籍、晒衣服。民谚：六月六，晒红绿，小狗要洗浴。

立秋。俗于此日吃凉粉。凉粉系用土名"凉粉蒲"（薜荔）内的种子，盛于布袋，在凉水中搓揉出汁，使水浓稠即成，然后拌糖、醋食。有清凉感，为姑蔑地常见的暑天饮料。

七月半。农历七月十五为中元节，佛教为盂兰盆节，民间称"鬼节"。蒸制乌甑米糕，谓之炊糕，用以上坟祭祖。要提早一天过节，谓

---

① 丁燮、薛达、戴鸿熙：《汤溪县志》，上海书店影印1931年铅印本。

"七月十四人过节，七月十五鬼过节"。还有尝新米的习俗，就是在七月十五中元节那天可吃新谷，第一餐叫"尝新米饭"。

立冬。秋收冬藏，立冬之日有吃水饺的风俗。民间流行吃鸡，相传此日吃鸡最为滋补。

冬至。在姑蔑地的冬至，有吃荞麦面之俗。方言有"吃了冬至面，一天长一线（岁）"。晚饭吃荞麦面，饭后喝茶。"有钱过冬夜，无钱冻一夜。"有守夜之俗，守夜吃"冬块"，民间称"炒冬块"，就是炒番薯干、炒豆子、炒玉米、炒花生等，还有吃"麻来"的习俗，这夜全家都要洗腿洗脚，以防长冻疮。

赛会。即庙会，是一种古老的民俗及民间宗教文化活动，源于远古时期的宗庙制度——祭祀，有"赛会如年"之说，也是市集形式之一。农村集镇有市日传统，有五日一市、隔日而市，大多乃十日三市（或一、四、七，或二、五、八，或三、六、九）。每逢市日，赶集者少则几百，多则数千。早晨开市，日中散集。

（二）人生仪礼[①]

1. 姑蔑庆生贺礼

诞生礼。姑蔑之地贺生礼俗有催生、报生（女婴一般报生）、三朝、满月、百日、周岁等，还有"认亲爹亲娘""认樟树娘"之俗。旧俗女子婚后怀孕，临产前，娘家送红糖、核桃和鸡蛋给女儿家，俗称"送催生子"。出生的如系男孩，婴儿父母要"担报生酒"，往岳家报喜。婴儿满月，外祖父家要送几套衣帽鞋袜及糖果点心，称"担满月"，婴儿在这天"剃满月头"，分"剃头（糁）果"给亲邻，富家会设宴欢庆。外孙周岁，外祖父家要"端得周"，送1—10岁所穿衣服和长寿糕、长寿面（挂面）、馒头、染红的鸡蛋。生女儿则这一切全免。孩子长大，每逢10岁生辰，至亲姻戚，用鞋袜、面、蛋（蛋数按孩子岁数加10）致贺。孩子出生以后的取名，有不同情况。有的在过三朝时，有的在满月时；有的由家长取名，有的请外祖父、舅父（文人）取名，有的请算命先生排"八字"后取名；有的先由父母呼唤乳名（即奶名、小名），孩子入学时再请老师取正式名字（即学名）。所谓立"八字"，是将婴儿出生的年月日和时辰写出来，并永远保存。这就是一个人所谓的"八字命"。据说通过看其"八

---

[①] 兰溪市地方志编纂委员会：《兰溪市志·风俗》，浙江人民出版社2013年版。

字命",便可以预知其一生的所谓"荣"与"辱"。旧俗取名,一般根据孩子时辰八字中五行(金、木、水、火、土)全缺情况,若缺其一,就用作偏旁取名补救(如缺"木",取名"根生";缺"火",取名"焕生")。孩子上学,外婆家要为外孙买书包,书包内放状元糕(表示高中状元,或用雪片糕代替)、葱藕菱梨(表示聪明伶俐)、长生果等食品,有的还赠送新衣裳。

生日礼。姑蔑人每年做一次小生日,十年做一次大生日。旧时逢十成整寿,年过36岁方可称年寿。年龄到50岁开始庆寿,十年一庆,男庆九、女庆十。平民庆寿,只由出嫁女儿送寿礼,先祭拜天地与先祖,后受晚辈祝贺,礼毕吃寿面,俗称长寿面,示意长寿百岁。富有之家先发帖,设寿堂、行寿礼、摆寿宴等,或演寿戏、请名士题字修匾,以示荣耀。也有以修桥、铺路、捐赠学校作为贺寿之举。生日和祝寿,为知情人自行送礼,上门祝贺,先贺后请;除内亲、至交有发请帖外,不贺不请。祝寿时,出嫁的女儿要送来大公鸡,还要送寿衣、寿帽、寿饼、寿鞋、寿袜,从头到脚一整套,父亲做寿,同时也要给母亲送上一整套,此外还要送来寿轴、喜炮、寿烛、公鸡以及寿桃、寿面、寿饼、寿酒、寿肉等。其他人来祝寿,一般亲友送寿幛、寿联,或者再加上送礼金。70岁以上高龄、子孙多、家境较好的老人祝寿,要举行拜寿仪式。人死后有庆阴寿之俗,亦十年一庆,至百岁止。或在家或上坟祭祀祝拜,也有去寺院诵经礼忏,以示后人孝念,现此俗渐泯。

成年礼。成年礼仪分男、女两种,男子的成年礼仪叫作"冠礼",女子的成年礼仪叫作"笄礼"。《礼记·曲礼》说"男子二十冠而字",先民以男子20岁、女子16岁为成人的年龄门槛。《周礼》及古代习惯,都是15岁左右行笄礼,最迟20岁。举行冠礼和笄礼的时间,宜在行礼者18岁生日前后,最迟在20岁之前而不宜过晚。从此将由家庭中毫无责任的孺子转变为正式跨入社会的成年人,只有能履践孝、悌、忠、顺的德行,才能成为合格的社会角色。

贺礼。学生考上大学、青年参军、老人退休回乡、新店开业、中彩得奖等,如今也要摆酒庆贺,或分糖、分烟、分点心庆贺,这风俗源于唐代的烧尾宴。所谓"烧尾宴",《封氏闻见录》云,士人初登第或升了官级,同僚、朋友及亲友前来祝贺,主人要准备丰盛的酒馔和乐舞款待来宾,名为烧尾,并把这类筵宴称为"烧尾宴"。社会政治、经济、文化发展的繁荣，人们的生活安定了，生活水平提高了，"烧尾宴"汇集了前代烹饪艺术的精华，同时给后世以很大的影响，起了继往开来的作用，一代一代、一砖一瓦的积累，而成为今天的时尚。

2. 姑蔑婚俗尚礼

婚姻是家族和血统的延续，婚礼是合两姓之好、融入宗族的神圣行为。结婚是宗族的大事，是给天看、给地看、给祖宗看的。不只是新郎和新娘的事，更是全家、全族、全村的事。婚礼得守着先人的规矩，姑蔑地男婚女嫁习俗大同小异，繁简不一，贫富有别。中华人民共和国成立前，主要经过定亲、起节、搬奁、迎娶、婚礼、洞房、三朝、双回门、满月等，过程颇为繁杂。中华人民共和国成立后，废除封建买卖婚姻，提倡自由恋爱，婚姻自主，婚事新办，尚有参加集体婚礼或旅游结婚的。

实行一夫一妻制，旧俗择偶一般以门户相当、年龄相近为条件。各姓宗族都有同姓不婚规定。纳妾只少数达官富绅行之。典妻：因为妻子不生育，或只生女不生男，有典他人之妻育子续嗣的，典妻仅凭中人立约规定受典期限和报酬数额。纳妾典妻均在中华人民共和国成立后废止。再醮（改嫁）：封建时代，以夫死守节不嫁、从一而终为美德；民国以后多有再婚的，也有夫妇离异后再嫁，以上俗称"二婚亲"，幼子女随嫁带往夫家抚养。续弦：丈夫因妻死亡而再娶，俗称"讨填房"。招夫养子：妇女因夫死且遗有子女待养，招单身汉进门作丈夫，俗称"进舍"。所生子女随父姓，不能继承女方家财产。日后女方儿女长大，有子者带子回家，无子者能容即终老其家，否则常有于晚年被迫离开流落无靠的。入赘：年老父母有女无子，乏人赡养和继承产业，又难舍爱女外嫁，因此招婿入门，俗称"招囡婿"。往昔赘婿受人轻视。中华人民共和国成立后，新婚姻法对男方到女家落户的，同样受到保护，树立了新风尚。童养媳：贫苦家庭领未成年姑娘来家抚养，俟儿子成年后配为夫妇，俗称"养媳妇"。童养媳多遭虐待，成年后被强迫结合，甚至酿成悲剧。中华人民共和国成立后，政府已明令禁蓄童养媳。耗来婚：已订婚男女，一方父母死亡，趁热丧行嫁娶手续，红白喜事一起办。中华人民共和国成立后仍有如此办的。插花婚：一为姊死妹承，丈夫在妻子死亡后续娶妻妹。一为兄死弟承，已婚男子死亡，其弟与寡嫂结合。换亲：甲乙双方均有待婚儿女，互相交换女儿作媳。中表亲：婚眷辈分相等，即表兄弟姊妹结为夫妻的，这种亲上加亲婚姻关系，过去极为普遍，中华人民共和国成立后，倡导禁止近亲结婚，但未绝迹。靠老：中年或老年寡妇家境贫穷或受制于儿媳，晚年侍奉无望，遇有鳏男，愿与伴老同居，以过晚年生活。抢亲：系封建时代买卖婚姻的表现，买卖双方事先暗中约定，由买方伺机突袭，用被巾蒙住被卖妇女头口，抢拥入轿，疾抬而归。这种预谋的强迫买卖婚姻，有丈夫卖妻子的，也有公婆卖寡媳的，中华人民共和国成立后已绝迹。

　　旧式婚姻缔结，俗尚明媒正娶。媒人说亲大都受男方家长委托向女方家长试探同意后，经过相亲，男方再备简单礼品定亲，也称"押书"。正式订婚，俗称"下礼"（纳币），男方用庚帖（上写出生年月日时辰的大红喜帖）与花红（化妆用品）、酒礼（酒及点心）、聘金（钱钞），送往女方；亦有女方向男方断定须送多少礼品聘金的，俗称"断聘"。女方亦将所许女儿庚帖、男人衣帽鞋袜一套及花生、鸡蛋作回礼。迎娶前二日，男方送鱼、肉、鸡、糕点、粽子、馒头、红粿等给女方，作为新娘出阁告别亲邻设宴之用，俗称"扭轿迓羹"。迎亲时，备花轿，请乐队，接新娘至家，向天地神祇焚香礼拜，俗称"拜天地"。摆酒宴款待亲朋，贺客闹新房讨"七字果"（用桂圆、荔枝、莲子、南枣、香榧、核桃、花生配制而成），俗称"讨落花生""看新媳妇"。喜宴一般三天，第三日，新夫妇祭拜祖宗；序拜公婆及上辈长者，会见伯叔妯娌姑行，俗称"拜三日"。新娘下厨执炊事，表示从此开始家务劳动。次年正月初八、新女婿到岳家"回门"（亦称"拜门"）。亦有婚后第四天即行"回门礼"的。新娘出阁，必备嫁妆，除蚊帐、合欢被（荷花被）外，有骨牌凳、抽屉桌、小柜、钱柜、箱柜、箱子、大橱、春凳、梳妆台等家具，量力而备。20世纪80年代流行的嫁妆，系女方向男方索"三大件"（先为手表、缝纫机、自行车，后进而为电视机、洗衣机、电冰箱）。"五四"运动后，城镇少数上等人家有文明结婚的，订婚后，择日邀亲朋举行婚礼，赞礼人司仪，请证婚人、主婚人、介绍人、新郎新娘和来宾入席致辞，新郎新娘交换饰物，各人在结婚证书上签字，即告礼成。以上所说婚礼，类皆旧时中等以上人家所为。贫穷者多从简。中华人民共和国成立后，崇尚婚姻自主，婚仪更趋简化，旧时备花轿、请乐队、拜天地、闹新房等均废。结婚当事人向当地政府作结婚登记，领取结婚证，略备茶点，分送喜糖，即作完成婚礼。亦有若干对夫妇，在同一场所、时间，举行简单婚礼，称"集体婚礼"。亦有青年男女在办理完结婚登记手续后，同往外地作短期旅行，称"旅行结婚"。自20世纪70年代后期起，旧俗局部复萌，嫁妆、酒宴日趋奢靡，非花巨资莫办。

嫁女中的"三朝"。姑蔑地汤溪一带民间谁家有女孩子出嫁，那么必须讲究"三朝"习俗。旧时，民间但凡有女子出嫁，嫁出娘家的第三天，该女子必须返回娘家来。常见的是新婚夫妇要一起返回岳父岳母家来，有的则是新娘子自己回来，至于回来多少天那要看实际情况而定。如果是夫妇俩一同回来，那么稍住三两天也许便会返回夫家了；但假如是新娘子独自回来，那么一般必须等其丈夫来接，否则新娘子是不会轻易自己回去的。民间的这种"三朝"习俗，新娘子回娘家时要从夫家捎来一些礼品，诸如鸡鸭、猪肉、糍粑和糖酒之类。要不然不但新娘子，而且夫家也是没有面子的，弄得不好，还会为将来的婚姻变异埋下伏笔。所以，民间向来对这种"三朝"习俗，是十分重视其礼俗的，丝毫也不得马虎与随便。民间之所以有这种嫁女"三朝"习俗，原因是该女子初出家门，开始还住不惯夫家，同时也往往还留恋着娘家，因此自然要返回娘家来稍住几天，而且此后还会不间断地返回娘家来，直到怀孕生育之后才会渐渐地减少。另外，在民间还有一种说法，即父母亲生养一个子女很不容易，如果该女子一嫁出家门就不回来，那未免使父母亲太伤心，说明其对娘家亦过于无情了。所以，民间才有"嫁女须回娘家孝顺"即这种"三朝"习俗。

3. 姑蔑丧葬俗礼

姑蔑人"重死轻生，厚葬薄养"，对葬礼极为重视，致有"生时不孝顺，死后哄鬼神"之谚。老人死亡称"过老、过辈、过世"，丧葬以衣衾棺椁，修坟树碑。墓葬有"地契"之俗，即通过模拟现实生活中的土地契约文书，来表示亡灵（或寿主）领有墓地（或寿冢）居所的合法产权，并借以压胜镇鬼、护卫阴界亡灵乃至阳界生人（或寿主）。旧俗人死为土葬，中华人民共和国成立后，土葬在城乡仍相沿甚久。后建立火葬场，火葬之风渐开，殡葬旧俗逐渐得以改革。葬礼以死者家族地位定繁简，一般都要经过送终、落地、报丧、入殓、封材、开吊、做道场、点主、出殡、安葬、谢孝等礼俗。之后，还有做"七"仪式、烧百天、烧周年、烧三周年，视"老年丧"为重大礼仪。

丧歌又叫哀歌，姑蔑地民间的哭唱丧歌习俗，是民间在丧事期间妇女们常见的哀音，既是哭又是唱，十分特殊，而且它有一个比较固定的曲调。在民间，家里有人死了，活着的人都很悲痛，尤其是妇女和年轻人，免不了要哭死人。民间哭唱一般要按这种曲调去哭唱，哭唱时将死者的恩德及自己对死者的怀念等套入曲调，于是便形成了丧歌或哀音。丧歌的曲调其实比较简单，但套入哭者所编唱的哭词之后，却让人听起来十分的悲切且催人泪下，而且还让人产生一种同情感，具有深刻的教育意义。民间在丧事期间，人们哭唱丧歌亦有一定的规律，一般是按照魔公的念经程序来哭唱，常见的是在吃饭前哭唱、睡觉前哭唱、天亮前哭唱和出丧时哭唱等。

姑蔑地殡葬的礼俗有：

第一，初始及报丧、哭悼，有"转床收敛""含口钱""遮面纸""身盖寿被""买水洗澡""焚送稻草""头垫七瓦""脚下点灯""女要梳头""昼夜点灯"之俗。

第二，棺材盛尸，传统的请来道士摆香案念咒祭尸，选择吉时入殓，入殓的时候，要由长子抬头，女婿拉脚，放入棺内，盖上所有寿被和放入死者生前喜爱的衣物等。盖棺的时候儿子要跪地顶棺，叫作"天压下来，儿子尽孝"。接着所有同辈小辈和亲友，都一一焚香敬酒跪拜烧纸钱，女儿、媳妇要扶灵柩哭诉，报丧者姓名，呼丧灵保佑，再由道士压咒安柩。现在一般到殡仪馆进入火化的流程如化妆、道别仪式等项目，火化后装入骨灰盒，由家人带其回家。原来一路鞭炮伴随，但因为现在城市禁止燃放烟花爆竹这个也简化了，一般就撒点纸钱等祭物。

第三，停丧守灵，"孝堂招魂"：立亡灵牌位，竖招魂丧幡、建孝堂、做"三七"，有的请和尚念经颂德，邀道士数咒惊鬼。儿孙后辈，披麻戴孝，点香烧纸银，敬酒摆三牲，直到三七（出殡）。这个过程中一般开始掘土立墓。

第四，掘土为墓，这个阶段主要分工合作，帮工掘土筑墓、道士扎灵房，有的邀请哭娘，有的邀请乐队或者购买一些丧葬用品以及准备丧宴答谢等。丧宴不得喝酒，但喜丧除外。

第五，出殡安葬，远亲赶到现场，家属换上白色孝衣，腰束稻草绳，跪在供桌前烧化冥币和元宝。道士作法超度，骨灰盒用红布覆盖，进入仪式。孝子是穿着草鞋送葬，送葬队伍出发前，每人一根香，道士引导众人依次绕骨灰盒逆时针转三圈，称作"圆材"。待众人走完，道士"敲水碗"。

第六，埋棺立碑，道士做法事"暖圹""买地券""祭品"等入穴，家属则撒入数枚一元的硬币。骨灰盒盖寿被或红布后家属撒泥土，撒土时各说一句祝福的话。道士继续法事呼唤招魂，请灵魂归位。封闭墓室，再砌牢墓碑，然后整理花篮。

第七，烧送灵房，墓碑砌好后，亲人需返回墓地，绕坟墓一圈，这叫"团坟"。接着烧送灵房。这个时候大家脱掉孝衣要在火上绕三圈，有的也将孝衣直接置入火中。灰烬一般打扫干净置于坟上。晚上举行丧宴答谢。

## 二　姑蔑礼俗

姑蔑地历史悠久、人杰地灵、重文兴教、人文荟萃、商业繁荣、百业并举，鳞次栉比的商铺、长期繁华的街市、陆衢水巷的通达、粉墙黛瓦的幽深、柔糯软侬的吴语和姑蔑人家旖旎的风光，构成了特有的姑蔑古俗和深厚的文化底蕴。作为江南文化典型代表的浙江姑蔑文化，追求的是精致细腻、优美清丽的南方美色，透过表象可以体味到内中蕴含的大气磅礴，体现出精致秀美与气势恢宏有机融合的美学特色。

（一）生活习俗[①]

1. 姑蔑行头打扮

春夏之交与秋冬之交是换季之时，"乱穿衣"很普遍，只要你受得了热、耐得牢冻，穿着随意。老话讲："春捂秋冻、不生杂病"，是一条保健防病的谚语，其意思是劝人们春天不要急于脱掉棉衣，秋天也不要刚见冷就穿得太多，适当地捂一点儿或冻一点儿，对于身体的健康是有益处的。姑蔑人一般把服装称作"行头"。行头原来是梨园的行话，指的是上台唱戏穿的戏服。姑蔑人把出门看成登台演出一般，凡是时髦时新的衣裳就将成为行头了。就算是家境很寒酸，但行头还是合潮流有讲究。唐张志和《渔歌子》词："青箬笠，绿蓑衣，斜风细雨不须归。"就是姑蔑人的装扮行头，一般头戴"小凉帽"、肩披"白汤布"，这套行头曾是姑蔑男子最帅的打扮。"小凉帽"为一种竹编的草帽，大小似脸盆，比普通大草帽更加美观，做工也更精细。白汤布，旧时的姑蔑人日常穿斜襟短衣，腰缠长白布，叫"白汤布"，二尺宽五尺长的白棉布，四面用线缝好，厚实且吸水，以前是成年男子必备的服饰。一块汤布围在腰间即当得腰带又当

---

[①] 金华县志编纂委员会：《金华县志》，浙江大学出版社1992年版。

得毛巾，可揩汗、洗澡、御寒、遮烈日、避风雨，也可用以携带物品。姑蔑一带用的是白汤布（金华东乡农民多用蓝汤布），用土布制成，以手摇纺车及木制手工织机为基础，时兴兰溪产的土布，其中"标清土布"异常坚牢结实，俗称"铜钱布"，以其厚度于铜钱相当，劳作者穿着于野外山间能挡荆棘，往往祖孙相传，可穿几代人，至今民间尚有。

图 6-1　姑蔑人保留着"上古"遗风——围汤布、戴斗笠
（摄于金华市汤溪寺平村）

为什么称"汤布"，《辞海》解释："除残去虐曰汤"，故说它是抹汗去污的布是名副其实的，何况又是民间的俗称。旧时，姑蔑农家男子出门或到田畈干活必带汤布。现时，还有许多人沿用（见图6-1）。"汤布"是用白色土布制成。不知哪朝哪代何年何月在汤溪民间兴起的白汤布，人们只知道是古代传下来的，使用者除在山野劳作时作为披肩、围腰、围裙使用外，揩汗当汗巾，洗脸当毛巾，御寒当围巾，当衣当裤又当帽，当席当袋当枪棍，剥甘蔗叶、割稻等劳作时当头巾。还有寒冬以扎腰保暖，盛夏披之于肩遮日透凉风和揩汗，洗澡用以揩身擦背遮羞，田间休息用以作垫作席，平时还可用来包东西，冬天挑重担时汤布索腰部能增强腰杆子的

第六章　俗尚——姑蔑方域民风的乡情乡愁　　255

挺劲，热天挑担"白汤布"披肩可减轻肩头的皮肉之痛，挂下的两头可作汗巾揩汗水。休息时还可将它荡风作扇子，或作掸尘驱赶虫子，见有清水时又可用汤布洗面揩身……实用性很强，作用可谓多矣，功劳可谓大矣。20世纪70年代，买布要用布票，且人均定量有限，多数人只有在过年或婚庆、寿诞时才能穿上新衣服。平时，许多节俭的农民在田间劳作时只穿打满补丁的旧衣服或干脆光膀赤膊，拥有一条"白汤布"是许多农村青壮年劳力的心愿。姑娘们爱在"白汤布"上刺绣显眼的花纹图案送给情哥哥，如绣百结、并蒂莲、玉如意、双飞燕、双舞蝶等。寄寓着姑娘对小伙子真挚的情感，演绎了真挚的爱情故事。1953年2月，中国人民解放军金华军分区召开首届体育运动大会，[①] 缙云县壶镇镇东山村由十多位民兵组成的武术队代表参加了比赛。冰天雪地，全体武术队员腰索"白汤布"，露臂赤膊、精神抖擞、威风凛凛。经奋力拼搏，用练就的"汤布功"武术，将汤布水中浸湿，捏牢一头顺手甩出，那汤布就如同出海蛟

图 6-2　1953 年在金华（当时缙云隶属金华地区）召开的首届体育运动大会上，
缙云县腰扎白汤布的民兵民族形式体育运动代表队
获得民族形式体育表演冠军（吕益华摄）

---

[①] 胡盛玮：《缙云"白汤布"》，中国缙云新闻网（http：//www.jynews.com.cn），2010 年 3 月 3 日。

龙，飞舞翻腾，让人看得眼花缭乱，趁其不备缠住对手之脚一拉，竟把人放倒在地，往往是四五人不敌他一人，最终战胜了各路武林高手，大获全胜，载誉而归（见图6-2）。在20世纪80年代之前，"白汤布"是贫苦农民的象征，如今已淡出了人们的视线。

2. 姑蔑居家崇尚

民间崇拜。旧时，姑蔑民间信仰佛教的人甚多，普遍积善积德，崇奉"不修今生修来生"的人生哲学，故而乐善好施，扶贫济困之风久盛。民间信仰的文化内容广泛，涵盖了天文、地理、历史、节气、农事、医药、日常起居等多个方面，可谓包罗万象，附着和传承着民间对生产生活知识的发现和创造，是人们学会为人处世、提高生存能力的一个重要知识源头，是普及科学知识的一种有效方式。魏晋南北朝时期，佛教传入兰溪境域，遍及姑蔑。东晋义熙二年（406），太傅胡凤舍宅建和安寺（址在今游埠镇），是为姑蔑境内有记载的佛寺。佛教盛行，流传广泛。唐五代贯休，宋元间可立、良俊、潜叟、至刚、允清，明代普仁，清代超凡皆有声望。信佛者以老年妇女居多，也有老年男人，每逢朔望之日或神诞之日，参拜礼佛。境内寺庙，所敬之神，更异常繁多。如关公、禹王、徐王、胡公大帝、观音菩萨等，皆到处立有大小庙宇。或一庙之中，供祀许多神像，如关公、观音、土地等，皆可聚于一堂，共享祭奉。每年庙会，如阴历二月二、二月十九（观音菩萨诞节）、三月三、四月八、五月十三、六月初八、七月十三、八月十三（关公诞节）、十月十五诸大会，皆能盛极一时，为乡村不可多得之热闹景象。寺庙祭祀，各庙皆有不同的时节。姑蔑人有崇拜自然神、崇拜祖先神、崇拜生育神、崇拜行业神以及其他的人造物神，还有神祇习俗、祈禳习俗、春神祭祀等。

举族齐心。多以聚族而居，一姓即一宗族。姑蔑人在迁徙的过程中，形成了团结一致的精神，他们往往聚族而居，和睦相处，共同生产，抵抗外来侵袭。因此，在孩子小的时候就需要经常教育他们"勤劳不受穷，团结不受欺"，"一家唔和人会欺，公婆唔和人会恋"，"兄弟和好土变金"，"家和万事兴，吵斗散人心"。过去以多代同居为荣，有多至五代同堂的。团结一致，和睦相处，共同生产。家庭内部男子占统治地位，家长为辈分最高的年长者。一个或数个同姓村落建有宗祠，一般为三进，作为悬祖像、供牌位、收租息、岁时祭祀和续修宗谱的场所。祠堂是宗族的圣殿，维系着难舍的乡情与庄严的家规。宗祠事务由辈分最大的族长或绅衿、理事主持。族皆有谱，记载本族源流、行状、铭旌及世系、排行（名讳、生卒年、简历）。一般20年续修一次，修谱经费由全族负担或各房分摊，第一次上谱的男孩缴"新丁费"。谱修成后，在宗祠内举行隆重的"祭谱"仪式，演圆谱戏庆祝。当地俗语说得好，"颜宗流风薰被，民多尊长孝亲，忠心为国"，"崇礼仪，尚孝义"，"勤劳俭朴，鲤直好武"。讲究长幼有序、攀亲结友、针剪崇拜、起屋上桁、拜认消灾、讨百家米等礼俗。

和睦乡里。在日常生活方面，姑蔑人素以礼相见，礼貌待人。所谓"站有站态""坐有坐相""走有走姿"，说话时注意自己的身份，掌握"分寸"，慎重客观，谦逊有礼。长辈经常以"舌头打个滚，叫人不亏本"和"礼多人不怪，无礼路难走"等俗语，教导晚辈务要通情识礼。姑蔑民间往来彼此尚礼，相逢于途，互问近好；婚丧大事，相庆相吊；左邻右舍，相助相望。客来敬烟待茶，客去馈赠物品。姑蔑民间在尊老爱幼方面，风气美绝。双亲在日，子女们必悉心照顾。流传最广、最久的一句话是："活时不服侍，死了拜骨头，没用。"若家中双亲老迈，生活不便时，儿媳更是相侍左右，不轻易远行；若双亲染病在身，其儿女定想方设法四下求医问药，即便倾家荡产，也在所不惜；若双亲垂危，其儿女绝不轻易远行。即使远行在外，也一定在双亲咽气之前，返回家中见最后一面，直至送终。姑蔑人家喻户晓的孝子：金华市罗埠镇下街头人林小平（1964年生人），因公残疾，而贫未娶妻，只身事母以孝，母八十，病卧床榻，未尝离侧，皆亲洗涤。隆冬，则抱母足温之。由此可见姑蔑人孝敬老人传统美德之一斑。老人对小孩同样关心疼爱，勤俭过日之风盛传。

（二）持家习性

据万历版《汤溪县志》载：汤溪割四县（即遂昌、兰溪、金华、龙游）边际之地为邑，故习俗各随其方。如遂昌多强劲、兰溪多狡诈、金华多俭啬、龙游多斗讼，而汤溪兼有之。然士崇礼让、农务力田、妇人勤纺织攻刺绣且里不朝歌巷、不夜游，依然有古之遗。

1. 姑蔑重教勤耕

崇教好学。姑蔑地的文化是典型的儒家"耕读"文化，耕之勤自不必说，姑蔑农村有"种田万万年"一说，所以恋土恋乡。而"好学"则更为典型，姑蔑地成为"书院文化"的重要发祥地，成就了"小邹鲁"美誉。读书是姑蔑人典型的生活模式，"养崽要读书，作田要养猪"，"养子唔读书，当作瞎眼珠"，"不识字怨爹娘"。鼓励孩子"读书肯用功，茅寮里面出相公"，"要想食肉就养猪，要想出息就读书"。重视早期家庭教育，"人要小时教，竹要嫩时屈"，"补漏趁天晴，读书赶少年"。也重视言传身教，孩子具有模仿的天性，大人良好的道德修养、言谈举止、处世态度、待人接物的方式等，都对子女有巨大的影响和重要的教育功能。"为老唔'不'尊，教坏子孙"，"父正子唔邪，母勤人唔懒"，"好种出好苗，好人出好朝"。

宗族古风。一个姓氏一个村落已不存在，一个村落除一个姓氏之外，同村同居多则几十个姓氏，少则也有十几个姓氏的现象十分普遍。而且异姓同居一村，互相包容，和谐相处。因此，同村的各姓族长之间以兄弟相称。在同一个宗族的各家各户，又以家长为核心形成较为统一的言行规范，这为异姓同居一村相互包容和谐提供了前提。家庭的组合是以男子为核心的直系家族。家庭上下老少之间的家规颇严，下不得犯上，晚辈不能反驳上辈，家庭成员间不得争吵。吃饭一定要长辈和男人先上桌席，晚辈和媳妇方可动筷。不等下田干活者回来，不得开饭。每餐第一碗应先敬最年长的，其次则是从田里回来的，再次是小孩，最后是做饭的。经常教育孩子要孝顺，"敬禾得谷，敬老得福"，只有孝敬老人自己才有福可享。"屋檐水照旧"这句谚语用得较广，如果有人对父母不孝，那么自己年老时也会过得比较凄凉，大人往往喜欢用这句话来点评这种行为及教育自己的孩子，意为人人都会老，对老人不孝顺的人也别指望儿孙会孝顺他，因为自己没有树立榜样。教育孩子凡事不要跟人争跟人抢，能让则让，能忍则忍，"出门让三辈，处处是便利"，"话到嘴边留半句，事在火头让三分"，"百忍居家，和气生财"。姑蔑人骨子里有"海纳百川"的气质，不排外，不欺生，讲究家庭内部和人际关系的"和合"，认为"来客是龙，无客是虫"，诸如遇有与外地人交流则以"普通话"为语言，这是对外地人的尊重，怕他们听不懂"土音"而怠慢了客人。

2. 姑蔑节俭持家

勤俭过日。姑蔑之地山多地少，只有在小块土地上加倍辛勤耕耘，采取俭朴生活方式，以维持人口的增长。因此，从小其父母就教育孩子一定要勤俭持家，"勤劳摇钱树，节约聚宝盆"，"早起三朝当一工，勤拾野粪五谷丰"。人只要勤快，就不愁没吃的，"勤快勤快，有饭有菜"，"要想食饭，就得流汗"，"勤人长寿，懒人短命"。只有自己付出劳动挣来的钱，才能用得心安理得，"血汗钱，食得甜"，否则"不义钱，难过年"，如果不劳动则"懒懒惰惰，受冻挨饿"，"贪食贪歇，添病减岁"。不论男女，都要自食其力，"男要勤，女要勤，三餐茶饭唔求人"，"好子不得爷田地，好女不得嫁时衣"。人不但要勤快，还要会安排生活，不能糊里糊涂，"食唔穷，着唔穷，无划无算一世穷"，"精打细算，油盐不断"，这从另一方面反映了姑蔑人的精明能干。学会生活，从点滴中节约。

妇女当家。姑蔑之地，母系氏族文化源远流长，姑蔑妇女具有吃苦耐劳、勤俭朴实、坚毅顽强、自力自强、聪明进取的优秀品质与精神风貌，在她们身上闪耀着艰苦朴素、勤俭持家、坚忍不拔、聪明善良等光环，无不为她们谋取生存和催人奋进的精神所震撼、所折服。姑蔑地处瀫水河谷平原，洪水灾害多，土地稀少，谋生不易，因此男人们多数远走他乡，外出营生。于是种田、家务事、教育小孩、纺织等全部落在了女人身上，既要料理家务，照顾老小，又要出门干活，举凡上镬头烧饭、下地耕种均一肩承担，形成"男外出，女留家；男工商，女务农"互补型的家庭模式。姑蔑人是南方地区居住的一个重要群体，姑蔑人的宗族观念普遍比较浓厚，在离乡背井的情况下，也不忘尽力保存祖先的生活方式："家头教尾"——操持家务、侍奉翁姑、教育子女，面面周全俱到；"灶头镬尾"——烧饭煮菜、割草打柴、家计营生，样样得心应手；"田头地尾"——播种插秧、驶牛耕田、锄草施肥，事事不甘人后；"针头线尾"——穿针引线、刺红绣青、纺纱织布，件件动手自为。姑蔑女子，能自立，能勤俭，而吃苦耐劳诸美德无不备具，故能营各种职业以减轻男子之担负。[①]

## 第二节　姑蔑之尚

### 一　姑蔑游乐

（一）游艺娱乐

1. 姑蔑民间焕彩

姑蔑，人文荟萃，在创造物质财富的同时也创造了丰富多彩的精神财

---

① 吕洪年：《民间器物崇拜述略》，《东方博物》2005年第4期。

富，用以充实劳作之后消遣生活。

迎龙灯。又称板凳龙，迎龙灯为农村古老传统娱乐活动，规模大的村庄几乎都有，迎灯天数与日期各村不尽相同。在姑蔑人的心目中龙具有呼风唤雨、消灾除疫的功能，人们希冀得到龙的庇佑，故形成了迎龙灯的习俗。"迎龙"包含"风调雨顺国泰民安"，原有"祈年"之意。为了讨个好彩头家家户户都会接龙灯，寄予对来年美好生活的深深期盼。板凳龙由龙头、龙身、龙尾三部分组成，龙身由几十乃至上百张板凳连接而成，每个板凳上均装有彩色灯笼。迎龙灯的人个个穿草鞋、打绑腿、扎汤布，生龙活虎。迎龙灯时，前有大红灯笼和"放鞭放铳"开道，后有五彩旗幡拥随，鼓乐喧天，长号动地，时而似游龙嬉水，时而似蛟龙出海。大家扶老携幼出门一起来观灯赏龙，两旁人山人海，锣鼓、烟花、爆竹声响彻云霄……而迎接过后的村民，在家摆酒设宴，宾朋好友围坐一桌，共祝大家集聚团圆，共庆佳节，其乐融融……好一幅温馨幸福的画面。

社戏。旧时迎神赛会，多雇外地戏班演出，宗祠多设戏台，有元宵、春社、秋社演剧，戏剧活动演出数量频繁，内容丰富。社戏一般由某个大村或几个同姓村联合演出，演出时间大多在农闲或者节日前后。姑蔑人怀着一份对圣贤的尊崇，对家族的热爱，常用贴彩纸、扎灯具、叠罗汉、舞龙灯等古朴的方式来祭祀祖先。行走在姑蔑之地狭窄的青石板路上，檐角流泻下来的阳光，唤醒了那些朦胧的记忆。一座戏台搁歇在缥缈的青烟下，寂寞地向路人诉说着它曾经的辉煌。姑蔑之地的戏台，生长在民间，流传在民间，也璀璨在民间。姑蔑的戏台是为了举办庙会时酬神、祭祀，以及一些特殊的节日与风俗而设。戏台的建筑多半简朴，木质的台楼，木质的台板，亦有一些简单的彩绘，寄寓着姑蔑之地江南文化的素雅与从容。当锣鼓与二胡拉开了江南戏剧的序幕，台上轻歌曼舞，台下人海沸腾。那些艺人在出将入相的戏台上一一登场，演绎着多少人间的悲欢离合。台下的看客聚精会神，品味着戏剧中角色的喜怒哀乐。优美动听、表演真切、唯美典雅的越剧带着江南泥土的芬芳，以它独特的艺术魅力，唱遍了江南的山水楼台，唱遍了姑蔑之地的街井巷陌。追溯姑蔑之地古老的历史与姑蔑之地民风，便能在旷达的人生中获得一种厚重与淡定的感觉。

摆胜[①]。摆胜也称摆珍，是最具地方特色的祭祀酬神礼仪，是当地老

---

① 贡小兵、郑晓航：《汤溪城隍庙"摆胜"今胜昔》，《金华日报》2018年5月31日增版。

百姓以献供的形式感谢城隍庙神巡禾驱瘟，保住丰收。姑蔑地曾经有个"汤溪县"，明成化年间，金华、兰溪、龙游、遂昌四县交界之地匪患不绝，官府虽多方围剿，但因地处荒芜，收效甚微，百姓苦不堪言。为了实行圈地割据管理，朝廷将这四县交界之处单设一个县制，叫汤溪县，宋约是汤溪县首任知县。宋知县到任后，剿匪患，兴农事，助百工，汤溪一度成为当地富庶之地。宋约过世后，汤溪百姓有感于宋知县的恩德，在汤溪修建了一座城隍庙，内塑宋约金身。每逢农历四月十六宋约诞辰之日，四邻八乡的百姓自发带着时鲜瓜果、五谷杂粮、三牲飞禽、奇珍异宝，在宋约塑像前上供，以祭奠这位爱民清官的功德，同时也将汤溪一带风调雨顺、百姓安居乐业的喜讯告慰宋约知县。后来，供奉物品越来越丰盛，当地便因势利导，将每年举行的祭祀活动，按农历十二生肖排列，凡逢鼠年、龙年和猴年的四月十六举行一次。而在汤溪民间，汤溪先民在每年正月初一时，都要在祖宗画像前供奉一桶米饭、一坛芋羹、一碟豆腐、一碟煎饼、一碟芥茶，叫"摆珍"，谐音"摆胜"，就是祭祀供奉之意。从民间的"摆珍"，到官方的"摆胜"，形式相同，大有异曲同工之妙。撤去供品，叫"收珍"。凡是农家现有的五谷、飞禽、牲畜、珍宝等供品，都要摆到城隍老爷面前展现。乾隆《汤溪县志》载："每见汤地之民，谋以四月既望日为神诞辰。先罗珍异于庭，至期迎神，周巡四关。主者纠群，沿途设奠。昼则演戏欢呶，夜则峥嵘鳌彩。箫鼓之声腾于郊，逾旬不绝。"摆胜活动，排场盛大，气势恢宏。在从前，汤溪一带摆胜习俗各村常见，是为酬神祭祀，保佑一方风调雨顺，五谷丰登。

还有抢头杵、走马灯、古法舞狮、花鼓歌舞、道情、斗牛等民间焕彩。

2. 姑蔑游戏健身

世代沿袭的民间传统体育活动，曾经伴随一代又一代人成长。在民间沃壤中，随着劳动、祭祀、娱乐、竞技、健身等需求日渐演化出丰富的体育游戏，具有传统文化底蕴的民间体育游戏，蕴含着姑蔑之地人的智慧，融合了特有的民族气质和文化素养，是人们日常最喜爱的游戏健身活动，它伴随着成长快乐的时光，对促进身心发展有着不可低估的作用。姑蔑之地人的游戏，简单又丰富，蕴含着种种人生哲理和社会规则以及一些普世的价值观，那就是平等与公正。

竞技类的有打碑、戳镖、飞镖、竹蜻蜓、纸飞机、竹弓箭、连倒排、挖陷阱，体育类的有滚铁环、跳房子、打陀螺、踢毽子、球板打毽子、跳橡皮筋、跳绳、放风筝、吹鸡毛（不让鸡毛落地）等，枪械类的有发令纸木头枪、铁丝纸弹枪、弹弓（麻雀枪）、水枪、橘子枪、竹筒蓖麻枪、子弹头火药枪、火药发射枪、火柴头炸雷、纸叠枪，博戏类的有拍洋画、打珠子、挑冰棒签子、弹豆子、劈甘蔗、各种扑克牌博戏、集糖纸、集邮票，团体类的有官兵捉强盗、办家家、打雪仗、拖雪橇、纸弹枪战，技艺类的有磨桃核哨子、穿红果项链、竹蜻蜓、航模、矿石收音机、折纸、铁皮做口哨、插镖、泥地上用尖头物品插立、打拳、练拳术、摔跤、武术、举石担、游泳、老鹰抓小鸡、叠罗汉、猜拳骑马打仗、掰手腕、丢手绢、放风筝、踩高跷、抬轿子。

在姑蔑地，金华蒋堂直里村《直里郑氏宗谱》载，这里古时曾有远近闻名的"直里八景"，即敦清训欲、雅古探梅、槐址观禾、渔坡垂钓、溪间柳浪、湖曲荷风、前林晚牧、古刹晓钟。早年在"雅古探梅"近处就建有珠凤书院，传说金华历史名人朱大典曾在此任教。直里人崇文尚武，民间文化和民间武术活动一直十分活跃，在当地素有"开化（村）的谷，直里（村）的曲"之说和"民间武术村"之称。直里功夫，博大精深，源远流长，各派自传入至今，尤以赵家拳发扬传承，练习人甚多。赵家拳属地方拳种，系四川峨眉武术一支流，该拳以柔克刚，连绵不断，其内容为：七步、连环、短套、七十二式、双龙戏珠、拳术类、八步棍、发化剑、刀术、二节棍等。

（二）闲情饮乐

1. 茶里乾坤大

姑蔑之地产茶，所以爱喝茶。在街巷中随便走走，不经意间便会看见茶馆。例如，清晨早起在街上不紧不慢踱着方步的人多数是去泡茶馆的。这些"茶客"，往往在茶馆里一泡就是一上午。如若茶馆还兼着书场，泡上整整一天也极平常，可用"宽慢"来形容秉性。说到这个"宽慢"，不是任谁都能做得到的，这需要阅历、定力、底蕴、气度。茶馆是新闻发布场所，也有盲人唱道情，还有说书的。不论兵荒马乱丰年歉收，大街小巷里那些散散落落的茶馆里，从早到晚，春夏秋冬，永远坐满了茶客。茶客，大多是农民、手艺人、乡镇小市民等社会底层百姓。历朝历代，姑蔑人把生命中的一半时间都泡在茶馆里，可以闭目养神，可以只听不讲，可以对客絮语。一张桌子，或三四人，或七八人，可聚可散，自由组合，新朋旧友，无亲无疏。在这里，没有贫富之分，没有贵贱之别，只要进得来茶馆，大家都是平等的。而茶馆则永远是慷慨而热情的，只要你愿意，随你坐多长时间，只要你有肚量，随你喝多少壶，弥漫着一种平等、自由、和睦的开心气氛。用茶待客，以茶会友，以茶留客，表达姑蔑人对客人的问候和敬意，用茶待客已成为一种普遍的礼节。不论贫富贵贱，不论亲疏，凡有客人到家，寒暄问候，邀请入座，主人家必泡茶待之，一人一杯，"浅茶满酒"。即使平素有怨者到来，一般也以礼相待，称"上门不煞客"。主客品茶畅谈，沟通思想，创造和谐气氛，增进彼此友情。[①]

2. 壶中岁月长

姑蔑人在千百年的酿酒、饮酒历史中，形成了不少古雅厚朴、独特奇趣的酒俗，是地方历史文化的积淀，内涵丰富。五花八门的酒俗，与社会生活的方方面面有着千丝万缕的联系，比较常见的是时节酒、婚嫁酒、清明酒、端午酒、宴宾酒，还有游乐性的如"元宵赏灯""中秋赏月""重阳登高""赏菊品蟹"，亦有"洗尘酒""接风酒""饯行酒""送别酒"等。姑蔑之地，称酒为"福水""太平君子""天禄大夫"；对酗酒者，称"酒糊涂""酒醉徒弟""黄汤痨病"，并投以鄙视的眼光。酒，应该说饮，或喝。然而姑蔑人都叫吃。饮酒有讲究，一饮时心境要好，二温酒而喝，三饮必小咽，四勿混饮，五空腹勿饮，六勿强饮。姑蔑人丰子恺（祖籍金华市汤溪镇黄堂村）在《酒令》中回忆了幼时家中逢年过节有"行酒令"之俗，喝酒有两个特点：一是以黄酒（低度酒）为主，很少喝高度白酒。二是喜欢酒，但不酗酒。吃酒是为兴味，为享乐，不是求其速醉。丰子恺一生与酒相伴。在去世前一个多月，已经78岁的丰子恺在给儿子丰新枚的信中说："我日饮黄酒一斤，吸烟一包，可谓书酒尚堪驱使去，未须料理白头人也。"姑蔑人好客，设宴款待亲朋好友是常事。饭桌上酒过三巡，趁着酒兴，都要划拳助乐。划拳也叫猜拳，猜拳猜拳，以猜为主，就是要猜对方出几个指头，再加上自己出的指头，然后两人同时喊出总和，喊对就算赢了。比如我出五个指头，猜测对方出两个指头，我就喊一声"七"，如双方展示的指头数相加刚好是"七"，则是猜中了，那就算赢，对方就要罚酒。所以从某种意义上说，划拳就是猜对方的心思，猜心思先要对对方有个正确判断，再靠眼力观察对方出手指的变化，最后快速喊出

---

① 金华茶文化研究会：《金华茶文化丛书》，浙江人民出版社2016年版。

数字。划拳前,双方先抱着拳表示谦让,喊一句"全福寿、福寿全"之后才算正式划拳。讨彩酒令有"一锭恭喜、两家好、三中元、四季发财、五魁首、六六顺、七巧图、八仙过海、九寿图、十全大发"等,都是吉利语。①

## 二 姑蔑生活

(一) 姑蔑农耕

1. 生产耕作种养

春秋战国时,百家争鸣的文化,为姑蔑地的文化孕育奠定了基础。铁工具的使用有利于开荒拓地,发展粮食、桑麻等生产。中华人民共和国成立前,农家沿用传统的农业生产方式,春耕、夏作、秋收、冬藏,日出而作,日落而息。农业生产劳动习惯换工(请人协助后予以还工)。在冬春农闲时,许多农家老者和儿童背着粪筐,手拿小锄,沿道路、小沟及牛羊放牧的地方拾人畜粪便用于庄稼肥料,有"扫帚响,粪堆长"的俗语,每家在房前屋后堆积垃圾、杂草、烧火粪,以备耕种。农民家家户户有饲养生猪的习俗,富户还饲养耕牛。穷家小户如需用牛耕地,以人工交换牛工或出钱(物)请牛工。

开工。旧时,每逢春节过后,农民都要选择吉日开工,一般选择年后的偶数日,正月初五被认为是"破五",不事开工、建造等。开工前,多数农户携带供品、鞭炮、香表之类至土地庙敬神,或在田边地头燃放烟火,祈求上天保佑风调雨顺、五谷丰登,此习俗至中华人民共和国成立后逐渐消失。

踏麦旺。古之遗风,人们在迎龙灯时,会特意把"龙灯"拉到麦田里,旧俗说麦苗越踩越旺,长势会更加好。

播种。每年清明节前后,农村浸谷种时,部分农户将浸好的谷种装在篓器内,覆以稻草,摆在神龛前,祈求神灵保佑出好芽。

栽秧。农户对种稻插秧很重视,几乎所有农户都要提前几天做准备。插秧时人们互相帮工,不付工钱,但要以酒肉相待。种田是田作旧俗,有开秧门、关秧门、开犁、吃耕田酒、祭稻桶、祭田公田婆等。"开秧门"时,置办酒菜吃一顿,以示有吃有喝。"关秧门"时带回一束余秧,抛于

---

① 林胜华:《金华酒文化历史源流管窥》,《扬州大学烹饪学报》2002年第2期。

屋顶，俗传可除"毛辣荆"（房顶上毛虫）。

割稻。一到割稻的日子，姑蔑人个个心里美滋滋的，卷起裤脚和袖口，拿起锃亮的"沙尖"（即镰刀，姑蔑语音），舞得像一阵风。割稻要弓着身子，左手捏住稻根以上的部位，右手把"沙尖"伸往稻根处，然后用力一拉，稻秆和稻根就分离了。割稻和插秧一样，每行割的也是六株，但插秧是从左插到右，而割稻却是从右割到左，割下来的稻要有序地放在一边。在烈日下，割稻是十分辛苦的……在没有电力和机械设施的年代里，要将割下来的稻脱粒，只得用古代流传下来的稻桶、稻桶床、稻桶篷和稻桶畚斗等这些工具，如今这种原始割稻方式已由现代农业所取代。

车水。踏水车是比较原始的灌溉农具，整个水车基本用木头打造：由水车架、水槽、踏脚、木轮和连为一串的木片叶子组成。水车架起固定水槽和木轮的作用，踏脚转动木轮带动木叶循环，这样，河里的水就被车入田里。由于结构较为复杂，身躯又较为庞大，水车在所有的农具中应该算是一个大件了。农人在踏水车时，头顶草帽，身穿自家所织的短布衫裤，赤着的双脚高高低低、利利索索。有时还会唱唱山歌、说说乡俚，看似轻松犹如走路一般，却讲究的是不紧不慢、源源不断的真功夫，掺不得半点虚假，没有满脚的老茧，踏不得水车。

割麦。麦到小满日夜黄。俗说，麦熟要抢，稻熟要养。旧时，电力没有普及，机械没有普及，割麦子用镰刀，拉麦子用独轮车，打麦靠石板，扬场用木锨，晒麦子在土场上，推麦子用推耙。那个时候收麦子的工序：割麦子，从地里往晒场里拉麦子，把麦子摞起来，搭个台子放上青石板，握住一把把麦子朝着石板击打，谓之脱粒，把麦粒拿出晒，用木锨扬麦子，脱掉麦芒和麦壳，再晒麦粒（一般要晒三个日头以上）。从前，麦秸秆是农家的重要燃料，袅袅的炊烟里，燃起浓浓的乡味。麦子可用来做精饲料，是酿酒、制饴糖、造纸的主要原料。心灵手巧的婆婆妈妈们先挑出品相好点的麦秆，用来编织麦秆扇、麦秆草帽、麦秆篮子、垫子、帘子、小老虎、小绵羊等小饰品。每到春麦收获季节，精选大麦秆的麦穗下第一节麦秆管作材料，经浸泡、剖刮、漂白、染色等多道工序，制成薄如蝉翼般的麦秆条。

2. 副业技艺劳作

农村普遍流传"鸡鸭蛋，油盐罐""穷不丢猪，富不丢书"的俗语。每年春节，农民均在牛栏猪圈张贴"六畜兴旺""牛羊成群"等吉祥对联。姑蔑农家都有饲养家禽家畜的习惯,主要家禽有鸡、鸭、鹅,而以养鸡最为普遍,主要家畜有猪、牛、羊、兔等,其中以生猪饲养最为普遍。人们看一个家庭主妇的持家是否有方,是否勤俭,往往以这个农妇是否饲猪养鸡作为一个重要准则。条件较好的人家,养猪以外还养牛。一为自耕田亩,二为代人翻耕。《后汉书·挹娄传》记姑蔑古国"常为穴居,以深为贵,大家至接九梯。好养豕,食其肉,衣其皮。冬以豕膏涂身,厚数分,以御风寒"。故豕韦一名,反映该族很早就擅长于养猪制革,并以之为对夏王室的主要职贡。家畜业的发达意味着其农业已达不低之水平,而现在也有推测说"金华的养猪技术,就和姑蔑国有着很大的关系"。春秋时期,南方以耕作为主,而北方以畜牧业为主,姑蔑国南迁,把养猪技术也带了过来。猪对于古人有着重要的意义,这从"家"字的结构可以看出来,在棚子下养猪,就构成了"家",当时的人们还没有衣服,把猪油涂在身上,再把猪皮粘在身上用来御寒。

姑蔑地,比较普遍的养殖业有养牛养猪、养鸡养鸭、养鱼养虾、种桑养蚕等。在金华古方的山回铺村,曾出土西晋陶猪、陶猪圈,足以证明姑蔑地养殖业的源流。

(二) 姑蔑习作

1. 姑蔑手艺传家

文化是一个民族凝聚力和创造力的重要源泉。在经济社会不断发展的今天,对文化的理解和认知被推到了一个新的高度。一个民族的发展离不开文化,一个地区的发展同样也离不开富有地域特点的文化。"老手艺"作为一个地区传统文化的重要载体,凝结着一代代手艺人的情感,也反映出不同时代独具特色的手工技艺,是凝聚力量、陶冶情操的宝贵文化财富和精神财富。

在农村,技艺精湛的篾匠、铁匠、木匠、泥瓦匠等在乡间很受重视,民间有"家有万贯,不如薄艺在身"的谚语。手艺工匠还有石匠、泥水匠、瓦匠、油漆匠、裁缝匠、染布匠、木雕匠、制陶匠、箍桶匠、砌墙匠、翻瓦匠、泥镬匠等。妇女纺纱织布,基本上是利用农闲或业余时间。手工业者多数是上门做活,计工方式有两种:一是按天计工称"点工";二是按件承包称"包活"。雇主对匠人多以茶、烟、酒、肉招待。其中木、砌工参加造屋时,在开工、立门、竖架时都由主人家设宴席招待。上屋梁时,主人除设宴招待工匠及帮工外,还要贴红对联、放鞭炮,并给工匠封"红包"（喜钱），此习俗一直沿用。各行业能工巧匠还自然形成行会，在祖师诞辰期举行祭祀活动，由其首领负责操办，祭祀的一切活动费用全由入会者分摊。各行会一般都有常设会址，由总管经办日常事务。会首由会员选举产生，负责制定本行行规和祭祀礼仪程序，并监督入会者自觉遵守。违犯行规者，接受惩罚。此习俗至民国末年已淡化，中华人民共和国成立后消失。各行各业多以师傅带徒弟的方式培养继承人，拜师学艺成风尚。

旧时投师学艺一般需三年时间。按习俗，三年之中，师傅只管徒弟伙食，会给少量衣鞋钱和剃头钱，不给工钱，徒弟出工得的工钱也归师傅。三年期满后，许多徒弟还要跟三年才能独立谋生。这三年里，徒弟相当于半个工人，有一定收入。技师学艺满三年后，如果所学技术已过关，征得师傅同意，便可"出师"。届时，徒弟要大办"出师酒"，请行内有名气的人来参加，祭祀行业祖师神，酬谢师傅的教艺之恩。徒弟给师傅叩头，送给师傅衣帽鞋袜；师傅退还投师文约，对徒弟说些祝愿的话。按规矩，无钱谢师、未办出师酒的，不能算出师。旧时，工匠无师自通者，技术虽精，同行不认，主家不请。凡习手艺者必先拜师或由师傅看中选定，或托邻里亲朋介绍，经师傅同意后成为学徒。师傅出题试其资力，若中意，收礼品，另择吉日正式举行拜师仪式。拜师时，要叩头，并拜祖师，由学徒家备酒席设宴称"投师酒"，请中人（介绍人）和亲友、族长等人陪同，然后订立师徒合约"投师契"。写明学艺期间学艺人工伤死亡，师傅概不负责。合约内容有中途不得退出，三年内由师傅管吃、管住、管劳动、管穿戴，或随意给点零花钱，不给工钱。学艺待遇虽苛刻，但一般都能坚持，若半途逃回或被辞退，被称为"回汤豆腐干"，极不光彩。学满出师时由师傅送给一套工具，自立门户做手艺。满师要摆"满师酒"，开席前先跪拜祖师神位，后拜师傅和师傅娘，馈赠礼品，感谢师傅传艺。中华人民共和国成立后，各种艺人仍有收徒传艺的习惯，礼仪由繁到简。

2. 姑蔑工商习俗

随着现代化进程的不断加快，作为传统文化重要组成部分的民间手工业生产，正面临着"无可奈何花落去"的濒临淘汰甚至灭绝的境地。而在长期的自给自足的农业经济社会里，手工业生产的状况正是一个地域经济发展水平的标志，也透露出地域文化的特点和秘密。随着社会的发展，许多新的职业IT人才等，如雨后春笋一般不断涌现。也正是因为社会的进步，有些老行当已经渐渐淡出人们的视线，渐去渐远。如老虎灶、白铁匠、剃头挑子、弹棉花、磨菜刀……但它们确实曾兴盛一时，有很多人为此劳碌一生。

商业。商业行规习俗叫"店规"。开张，先择黄道吉日，张灯结彩，拜财神赵公元帅，请开张酒。老板一般分春节、端午和中秋三期雇用伙计（店员），有的以一年为期。农历每月逢六，店员可吃到二两半"肉"。药业、油业店员每年有一个月的休假，店员除工资外，老板年终发红包，金额多少不一。店员解雇，行李铺盖需经店主检查，以示清白。伙计从早到晚站在柜台前接待顾客。无论大铺小店在开业时都要举行仪式，一般都要张灯结彩、贴对联、鸣放鞭炮、挂匾受礼、宴请宾客，以示红红火火，财源茂盛，此习俗历久不衰。店内张贴"公平交易、童叟无欺""货真价实""目下一言为定，早晚市价不同"等条幅。多数商号雇有店员（营业员），其规矩同手工业者收徒大体相同，初期不给工钱，只管吃、穿、住，终日在店内劳动。三年期满留用，通过面议（多通过中人）支付工钱。具有才华的雇员，店主又信任其品行的，往往被委以重任，派往分店管事或当店主的总管。年终各分店及坐栈人员都齐集商号举行团拜活动。其中生意兴隆、获利多的商号，大摆酒宴以示庆贺。有的店主还要按店员的职务、能力、贡献大小封"红包"（奖金）。团年后，允许店员回家团聚，预约春节后开张时间，至期务必按时到岗。腊月三十各商号都要张灯结彩，贴门神对联，并用红纸写上"推算乾坤""黄金万两"分贴在算盘或度量衡器上，图来年吉利。新春正月初九，一般都财门紧闭，遇有会道贺说吉庆话的乞丐给赏钱。此习俗，中华人民共和国成立后均废除。生意往来的交易一般用货币等价交换，也有用农副产品物物交换的，如豆换豆腐，麦换面条，米换粉干、麻糍等。各地都有一个约定俗成的等价交换比例。

水运。旧时境内水运发达，船民多居船上，习俗忌讳诸多。撑舵者称为"船官长"。春节船上也贴对联祈求平安吉祥。船艄不能大小便。船民吃饭的筷子不能搁在碗上，讳搁滩。喝茶忌说喝"滚烫"（当地方言，"开水"之意），讳风浪。鱼要翻个面时，不能说翻过来，只能说"正过来"。乘船者不能问船官长几时能到，船员皆不答。因为"倒"船讳翻船，是不祥之语。如遇风暴或搁浅，就焚香祈神佑平安。今旧俗渐泯。

工匠。百工技术在流传，推动姑蔑文化的发展。"百工之中，木工为首。"木匠的开山鼻祖是古时鲁国人（山东曲阜），姓公输，名般，"般"与"班"古时通用，故人们称他为鲁班。他是古代一位出色的发明家，他的传奇故事家喻户晓。尤其是鲁班的"符咒"更有深不可测的神奇魔力，有名的木匠都会得到"伏地""镇宅"等真传的"六马符咒"。石、泥水、木三匠皆崇奉鲁班为祖师，三匠所用之工具人称都系鲁班直接传授，他们所用的尺为"鲁班尺"，一尺相当市尺的八寸。三匠之中，以石匠对鲁班的祭拜最勤，每月初一、十五都要祭拜。裁缝奉轩辕为祖师，量衣尺称"轩辕尺"或"三元尺"，介于市尺与鲁班尺之间。这些工匠在离家五里之内上工，晚上都要回家。石匠带撬棍、铁锤，泥水匠带砖刀、粉刮，木匠带斧头、六尺杆和墨斗，裁缝带剪刀、粉袋。诸工匠的地位，以石匠为最，因鲁班师是石匠出身，以下次序是：泥水匠、木匠、瓦匠、篾匠、裁缝等。民谚说"泥水木匠，日头三丈，裁缝篾匠，门外等天亮"。遇有喜宴，若见铁匠则让于上座。俗谚："木匠让泥水，泥水让石匠，石匠让铁匠。"由此各行就出现了本行人才能听懂的"行语"，如篾匠在某一家干活，东家没让他们喝酒，他们本行之内，就会抱怨说："滴都没的叭"，用"滴"表示酒，用"叭"表示喝，外人一概听不懂。旧俗诸匠中无师自通者，技术再精，同行不认，主家不请。工匠者，乃精雕细琢之人，一颗细腻心，两只勤劳手。工匠精神同样也可以理解为一种执着，一种坚守，一种情怀，一种责任，它需要你在做一件事时，有清寂的执着与坚守，有摒弃浮躁、宁静致远的境界与情怀，有心存敬畏、坚持不懈的态度与责任。而能够在风雨中岿然不动，或者风雨过后看到彩虹的，也永远是那些坚持自我、坚守工匠精神的人。身传百年技艺的老工匠们，对天地自然和手中物是心怀敬畏的，养成了耐得住寂寞、坐得住冷板凳、下得了苦功夫的精神，和那一份纯粹透彻的初心。

# 第七章

# 妹珍——姑蔑文化地理的民间食味

## 第一节 姑蔑之食

### 一 姑蔑食论

食物，常常能让人勾起一段回忆、一种思念、一种回味、一种感受、一份心情……一定的饮食文化代表着一定的生活质量、生活情趣和乡土风尚，在姑蔑就有着与地方习俗共存的特色饮食文化。姑蔑位于苏、徽、浙、赣地区的中心，地处水乡，食物资源非常丰富，无论民间的菜肴或街巷小吃都颇具江南风味。姑蔑的菜肴美味但不奢侈，好看且不强求做作，不拘形色，而讲养生，求新鲜、好美味。《逸周书·王会篇》描述："於越纳：姑妹珍，且瓯文蜃，共人玄贝，海阳大蟹。"这是西周初期，东南地区包括姑蔑国在内的很多国家到中原纳贡。①《浙江通志》卷六五《风俗》记："龙游志曰：俗悍以果，尚气而夸巧，瀫水以南务耕稼，以北尚行商，其读书则同"，"浙水之南务耕稼，以北尚行商"，"水南居民颇业耕种，水北多贾，航海梯山，仓廪之虚，职此故耳"。姑蔑地处瀫水之滨，在悠久的历史长河里，酿造了极其丰富的饮食文化内涵。

（一）上山文化之于姑蔑②

1. 陶瓷文化催生新的饮食方法

自从劳动创造世界、洪荒大地出现人类之后，饮食这个动物肌体与其生活环境进行基本物质交换的生活现象也就产生了。无论是白垩纪时代的

---

① 徐惠林：《南太湖地区史上曾有个"且瓯国"》，《湖州日报》2014年5月17日第3版。
② 林胜华：《从婺州窑的发掘探究金华烹饪的发端》，《浙江旅游职业学院学报》2007年第1期。

恐龙蛋化石，还是上山文化的石斧、石镞、陶罐、陶鼎……这些被岁月的泥沙封存下来的历史馈赠，让我们看见了先人顽强生活所留下的物证，上山文化是中国迄今发现的年代最早的新石器早期遗址之一，触碰到了文明源头的世界性课题。姑蔑先民在原始氏族社会生活状况的历史，万年前的传奇，在上山文化遗址中得到了充分的体现，证明浙江已经有了比较进步的原始文化，存在灿烂和古老的新石器文化，为研究浙江文化溯源提供重要依据。

距今约250万年前的旧石器时代，是以使用打制石器为标志的人类物质文化发展阶段。而新石器时代在考古学上是石器时代的最后一个阶段，已进入了母系社会，是以使用磨制石器为标志的人类物质文化发展阶段，年代大约从10000年前开始，结束时间从距今5000多年至2000多年。人类的饮食文明是以新石器时期出现的陶器作为界标的，它经历了三次演变：一是以采集和狩猎为生，食物不加调制，直接生食；二是学会了人工取火制作熟食，并逐渐掌握了采用石板和石子作为传热炊具的间接烧烤技法，学会制造最早的生活用具——陶罐，使煮食普及开来，大大改进了饮食的素质；三是鼎和釜的结合使用而发明了陶甗，促进了人类从煮食向蒸食的过渡，使当时烹调方式的数目几乎翻倍。最早出现的烧烤烹饪方法有直烧（烤）法、石燔法、炮烧法，还有煮法的石烹法、石煮法、胃煮法、竹釜煮食法等。从《周书》的记载可知，陶器在很大程度上是为谷物烹饪发明的，是因为农业经济和定居生活的发展需要，有比较稳固的生活来源，不再频繁迁徙，对于烹调、盛放和储存食物及汲水器皿的需要越来越迫切。从而促使人们在生活实践中，创造出与人类生活息息相关的陶器，它们大量出现并成为新石器时代的突出特征。陶器的出现，便利了储存食物，尤其是流汁食物，更使人类有了煮制食物的器具，是人类划时代的发明创造。

浙江的饮食烹饪以陶器的成熟和广泛使用为标志，发端于11000年以前甚至更早些的新石器时代，标志着烹饪术的诞生。上山文化遗址出土的随葬品丰富，大多是陶器，有鼎、豆、壶、簋等，还有釜、罐、盉等，鱼鳍足鼎、矮圈足豆、双鼻壶、三鼻簋的器形特征与良渚文化的典型特征别无二致。也有一部分较特殊的器物，如大嘴三足盉、鼎、双鼻壶等，系新石器时代的炊器、食具。这些器物的形态与组合关系，是与当时的食品构成、烹饪方式及饮食习俗密切相关的。追溯婺州窑文化发现，陶瓷是物质和精神文化的消费品，浙江先民发明陶器是为了饮煮的生活需要，是烹饪术挖掘开发创新的需要。陶器的发明，是人类利用火的威力改变了事物的化学性质的第一次创举，是一项划时代的发明创造；它的出现标志着在主食的烹饪方式中煮法逐渐取代烧烤法而成为最重要的烹饪方法，人类历史由此而进入新石器时代，进入烹饪的陶烹时期；陶器的广泛使用使饮食器具的功用开始分化为炊器、饮器、食器，从而使之前的火塘围餐式分餐制走向真正意义上的分餐制，人类的生存方式焕然一新；陶甑、陶釜的出现，使烹饪法几乎增加了一倍，在烹饪史上具有重大的意义；陶瓷是中华饮食文明的标志之一，是中华饮食进入火烹时期最早、最成熟的炊器和饮食盛器。陶器的出现使得新的饮食方法诞生，陶烹法主要有蒸、煮、熬、炖等种类。[1]

2. 姑蔑先民主食源于稻作文化

稻米为姑蔑先民的日常主食，据古文献考证，姑蔑，亦称姑昧、姑妹，通常被简称为蔑。专家认为，它的名称源于古代的稻作文化。《甲骨文合集》称蔑为"禚"，《广韵》中说："禚，庄子谓之禾也。"禾，即指水稻。姑蔑地产稻历史悠久，被考古学界认定的万年上山文化、九千年前的山下周遗址，就证明了钱塘江上游金衢盆地不但是浙江新石器时代文明的发祥地，也是中国乃至东亚地区最重要的稻作农业文明发祥地之一。商朝时期称稻为黎，姑蔑族之酋，也就是九黎之君的蚩尤，即蔑。

食物结构，是人们饮食习惯中的一个重要组成部分，它是形成饮食习惯的重要因素。最古老的食物是自然采集的，后来发展为猎捕兽肉类，到谷类食物在原始农业中有了发展的时候，食俗开始逐渐形成。浙江上山文化出土的夹炭陶片的表面，发现较多的稻壳印痕，胎土中夹杂大量的稻壳。对陶片取样进行植物硅酸体分析显示，这是经过人类选择的早期栽培稻。也就是说，在10000年前的稻壳中，既有野生稻，也有栽培稻。这一结论表明，其稻作历史，比河姆渡提早了3000年，上山文化是迄今发现的、保存丰富栽培稻遗存的、年代最早的新石器时代遗址，是世界稻作农业的最早起源地之一，中国饮食原料的开发可以上溯到浙江稻作农业的起源。最原始的饮食器皿——陶器在姑蔑大地的出现，作为文明标志的饮食术始在浙江土地上诞生，标志着在主食的饮食方式中煮法逐渐取代烧烤法

---

[1] 林胜华、张跃西、芮顺淦：《从上山文化探析金华饮食》，《餐饮世界》2008年第12期。

而成为最重要的饮食方法。尽管河姆渡文化、马家浜文化、良渚文化都以出土大量稻谷而著称于世，但中国最早的栽培水稻是在浙江姑蔑地一带，然后逐步向长江中游、江淮平原、黄河中下游扩展，初步形成了接近现今水稻分布的格局，稻始终在南方处于主粮地位。[1]

(二) 万年食典之于姑蔑[2]

1. 食事中蕴含文化滋味

浙江有着历史悠久的文化传承，在历史长河中孕育了底蕴深厚、特色鲜明的文化，经济发展良好，早在新石器时代，境内已有陶器生产，唐、宋渐趋发达的陶瓷、丝织、印刷、棉纺、铁器、造纸、五金、铸造等业，至明、清发展成为多种手工业工场。金、石、泥、木、竹、棕、织、酿，百工争巧；瓷、陶、纸、油、布、绸、糖、酒，万商云集。经济的繁荣推动着饮食文化的发展，体现出丰厚的历史文化底蕴，不断渗透着浙江的生命力、催生着浙江的凝聚力、激发着浙江的创造力、培植着浙江的竞争力，有利于改善和提高饮食生活上物质享受和文化享受的水平和层次，有利于社会的和谐发展。饮食文化是任何文化的母体，是浙江文化的基础。诸如金华的婺州窑文化、上山文化、磐安"婺州南孔"、浦江《中馈录》以及金华火腿等对浙江饮食文化的影响很深而研究却很肤浅。关于饮食生活与烹调技艺的文字记载，不仅数量上很少，而且大多流于文墨之客的浮泛粗陋，难以按实求骥。基于民族饮食文化遗产保护的研究、"史学"或"文学"的饮食文化研究、追求"美味"视角的食文化研究，反映出饮食文化的民族性、地域性、丰富性、复合性、封闭性与融合性、稳定性与变革性，以及它的多重社会功能。作为饮食文化的遗惠，万年前浙江就出现了人工栽培稻和陶制饮食器皿，作为文明标志的饮食术始在浙江土地上诞生，开创了远古时代的长江流域原始文化和新石器时代的浙江饮食文化，有力地诠释了浙江饮食的发端可以上溯到 10000 年以前，确立了浙江饮食文化在中国早期新石器时代研究及人类文明发祥地的地位，见证了浙江是饮食的发祥地之一。古婺窑文化、上山文化的保存史述说了浙江的饮食史。

---

[1] 蒋乐平、郑建明、芮顺淦、郑云飞：《浙江浦江县发现距今万年左右的早期新石器时代遗址》，《中国文物报》2003 年 11 月 7 日第 1 版。

[2] 林胜华：《金华烹饪文化史探析》，《神州民俗》2008 年第 5 期。

2. 饮食中咀嚼美好人生

"吃"除了满足人们探索未知的好奇心以外，还能满足人们的虚荣心。追求时尚和炫耀性的消费是传统消费观念的一部分。吃别人不曾吃过的、珍稀罕见的东西，是大可以在别人面前引以为荣的事。所以，猎奇求特便成了追求美味的普遍心理。以有"口福"作为人生最大的幸福，则不能不认为是一种人生价值的取向，但是这种价值取向，不能使人因此而变得更加高尚，反而会变得平庸或渺小。古人云："国以民为天，民以食为天。"人作为一种社会性动物，将吃看作对生命和生活的重视，使吃的内容和形式超出维持和发展生命生存的功能性占有的范围，那么，"吃"的意义就已经不再是"吃"的本身了。普通人的日常饭菜会使食者体会到无穷乐趣，善于在极普通的饮食生活中咀嚼人生的美好与意义，其最重要的原因就是人们可以"含哺而熙，鼓腹而游"，也就是说吃饱了，嘴里还含着点剩余食物无忧无虑地游逛，这才能充分享受人生的乐趣。

## 二　姑蔑食析

姑蔑，远古的一个氏族部落，是新石器中期长江中下游地区上山文化、山下周遗址等从事水稻种植先民后裔的一支。姑蔑，地处金衢盆地中间，和江西、安徽、福建均接壤，在浙中西广袤的丘陵山区中是少见的平原之地，地质构造属江南古陆南侧、华夏古陆北缘，即跨越两个一级构造单元，中部为钱塘江凹陷地带。这里历来以农业为主，温度适中、光照充足、雨量充沛、四季分明、旱涝明显、垂直差异明显，优越的地理环境给种植提供了优良的环境，肥沃的土地为其饮食文化提供了物质基础。

（一）食事之于姑蔑

1. 姑蔑食闲之美

浙江姑蔑，是文明发源地之一，曾经辉煌一时的古文明一直没有中断过而延续下来，与其独特的饮食文化有着直接的关系。饮食有四种功能：一是维持生存；二是享受生活；三是彰显地位；四是追求健康。饮食是生命存在的第一需要，被称为人的活命之本，但人类与动物不同的是，饮食不仅为填饱肚子，也是生活享受的基本内容，此种欲望随着经济的发展，改善了饮食的条件，提高了烹饪的技艺，也提高了饮食的文化品位。姑蔑人李渔（东方莎士比亚）曾说：饮食本是养生之本，在讲究美食、美味的同时，也要讲究饮食的规范，不要等渴了再饮，饥了再食，吃饭不要过饱，饮水不要太频。饮食定时定量是防御疾病的基本要求，如果贪食无厌也能成为害人之物，饭食过量，只会长胖不会长寿，节制饮食可以减少生病，这些都符合现代营养学的要求。浙江姑蔑人对食物怀有特殊的情感，不仅贯穿于日常的蒸煎煮炸和柴米油盐之间，也根植于文明的文化基因之中。姑蔑人反对追求厚味，主张饮食要清淡。①

基于生活的富足、安逸，"忙中之闲，闲中之忙"，由此确立了忙与闲的互动之势。地处江南的姑蔑之地，得益于独特优越的地理环境，加之城镇手工业的繁荣发达，以及市镇经济的崛起，经济繁盛，悠游闲适的生活态度也渐渐盛行。即使是那些小户人家，肩挑步担之流，每日赚得二三十文，也可过得一日了。到了晚上，还要吃些酒，醉醺醺说些笑话，唱越歌、听说书，冬天烘火、夏天乘凉，百般玩耍，活脱一幅升平安乐图。这种生活方式，奠基于时人对"逸态闲情"的追求，亦即在生活上追求一种闲居之趣。②

2. 姑蔑食礼之美③

"五味神尽在都门"，所谓"五方杂处"。姑蔑，又称姑妹。姑蔑饮食特色，有带尾巴（暗号）的汤圆、二头乌、野鸡（伊尹说汤以本味）等，时青铜器、铁器、陶器并用，水族多于禽畜，六畜、六兽、六禽、六谷、六清、三羹，大米小米新麦黄粱般般有，鲜咸酸辣甜样样都可口。浙江姑蔑，受之于古代十大商帮之一的龙游商帮、徽商的影响，受之于七省通衢之便的"兰溪商埠"的影响，受之于中国古代帝王宋室扈跸"南迁临安"的影响，自古以来商贸流通十分发达，是金衢盆地著名的商品贸易集散地。民风质朴，一言一行、一餐一饮，乃至一菜一点、一杯一盏，都充满了"礼"的内涵，提倡科学饮食，强调食养效果，重视饮食的时与节、量与度。

姑蔑人好客，家来人都是客；姑蔑人好食，再忙也要吃好；姑蔑人好吃，见面的问候方式就是"你吃没"，不论何时何地，都这么问候。在饮食惯制上，普遍一日三餐，两餐米饭，早餐为粥，有的晚餐也吃粥，一般以大米为主，面食、杂粮为辅。立夏至重阳，乡下普遍加餐点心，大忙季

---

① 参见李渔《闲情偶寄》，四川辞书出版社 1995 年版。
② 李会娥：《原始社会饮食之次级加工技术初探》，《安徽农业科学》2006 年第 7 期。
③ 林胜华：《婺州窑及金华饮食文化》，《金华日报》2010 年 6 月 8 日第 8 版。

节,增至五餐。农忙时除三餐之外,在下午加一餐点心,有糕团、粽子等,也有吃午餐的剩饭,谓"扒冷饭"。农家有"忙时吃干、闲时吃稀,下田吃干、在家吃稀"的习惯。在饮食特色上,月月都有饮食节。一月吃消灾馒头;二月吃炒米胖;三月吃清明馃;四月吃小竹笋煮蚕豆饭;五月吃粽子、大蒜和五黄(雄黄酒、蛋黄、黄瓜、黄鳝、黄鱼);六月吃肉;七月吃千层糕;八月吃蒸实地糕;九月吃粽子和蒸糕;十月吃糯饭;十一月吃麻糍;十二月吃切糖(冻半糖)、蒸糕以示五谷丰登、步步高,备年菜。

但凡姑蔑地的经典菜,都离不开一个"咸"字,亦即离不开一个"腌"字。姑蔑人买了鸡、鱼、肉、蛋的,说拿点咸菜炒炒吃。姑蔑人做菜只用三种油,猪油、菜油、茶油。配料是生姜、大蒜、辣椒、韭菜、葱,调料仅用盐、酱油、酒。姑蔑地的不少菜都是客人突然到你家里来,主人匆忙烧点什么菜给客人吃吃,就这样"变"出来了。姑蔑人家喜庆宴席一般用三样点心:馒头、粽、红馃;三样热食:扣肉垫笋(笋干片)、鸡子衬索面、鱼烧豆腐;中等的加用猪腰、猪肚等烹调成汤或羹,俗称"四汤四吃(羹)"。

姑蔑美食体现出"土""野"风味,而且富有深厚的文化底蕴与地方特色,农家菜多自产,芥菜和白菜为当家菜,鲜、腌相衔,旺、淡互济。喜食辣椒。过年过节之家宴或喜庆筵席,以"八大碗""老十碗"居多。旧时穷户掺食野菜,普遍采用"捞饭煮粥"法。节日食品是丰富多彩的,常常将丰富的营养成分、赏心悦目的艺术形式和深厚的文化内涵巧妙地结合起来,成为比较典型的节日饮食文化。初春吃马兰头和水芹菜,油菜花开后可捕食丰美的塘鲤鱼……不论烹饪蔬菜、江鲜,还是制作私酿陈酒,都是根据时令选择天然食材。姑蔑人不仅强调最新鲜的原生态食材,也提倡健康环保的生活理念,讲究的是"虽蔬食菜羹,瓜祭,必齐如也"的饮食养生文化。姑蔑地的时节,起于宋末元初,有着悠久的历史和灿烂的文化,具有独特、浓郁的地方性民间人文积淀。随着时代的发展,吃已不再局限于饱腹的概念,而转化为一种生活方式,从"吃"口味到"吃"文化,再到"吃"得生态、"吃"得自然。

(二) 食美之于姑蔑

饮食是人类文明的标志,一定的社会经济基础,不仅为美食提供必要的物质条件,同时也提供一定的精神基础,即味觉审美意识的觉醒。食有

第七章　妹珍——姑蔑文化地理的民间食味　277

三品：上品会吃，中品好吃，下品能吃。能吃无非肚大，好吃不过老饕，会吃则极复杂，能品其美恶，明其所以，调和众味，配备得宜，借鉴他家所长，化为己有，自成系统，乃上品之上者，算得上真正的美食家。

1. 天地人食合一境界

姑蔑地的饮食情怀，兰陵笑笑生的《金瓶梅》演绎得非常生动。这部描写浙江姑蔑地的巨著，把视线集中于市井群体，绘就一幅生动的明末"清明上河图"。《金瓶梅》是一部烹食技法大全，举凡华诞、弥月、添寿、会亲、合欢、迎上、犒下、饯行、接风、斗分资、打平和、官宴、私宴，大大小小宴饮，种种饮馔均登录建卡。《金瓶梅》中出现频率最高的就是熟鹅、烧鸭、蹄膀、排骨、鲜鱼这几样，纯粹是市井的吃、世俗的吃，书中多次写到"煎、糟、烹、炮"与"腌、腊、煎、熬"。最多的烹技写的是在大小饮宴中必不可少的"炖烂"。书中写西门庆宴安郎中"一色十六碗，多是炖烂下饭：鸡、鹅、鸭、鲜鱼、羊头、肚肺、血脏、鲊汤之类"。用料上的"肚肺血脏"，烹法上的炖烂，都反映了底层百姓的饮食习惯。百姓饮食，从现象上看是一种物质消费，然而，由此而形成的文化体系，其内涵又是极其丰富和深广的。食风食俗、饮食礼仪、审美特征、食品加工的科技内涵乃至社会功能等，这些均超越了饮食的本身，而上升为一种深层次的文化底蕴。①《金瓶梅》中，名目繁多、各具特色的菜点、果品和茶酒，以及由此而引发的宴饮方式、节日食俗、疗养功能等文化内涵的描写，正是百姓饮食文化的具体表现。作为暴发的或者已经致富的商人来说，在拥有物质财富之后，所需的便是心理上的、精神上的满足了。求新，用明代于慎行的诗来描述，"六月鲥鱼带雪寒，三千里路到长安"。求补、求养成为暴发户西门庆饮食的另一个突出特征：一是西门庆以及围绕西门庆所安排的宴饮肴馔都符合四时补养的需要；二是专门为某人某事安排，合乎"天、地、人、食合一"的法规，这是历代儒家所推崇的《周礼》宴饮的最高境界。如书中第43回西门庆家宴的一段描写可以看出，西门庆设宴不但有美酒佳肴，还有四个伴唱的，盛器都是银镶的等。由此而看，这与西门庆家"泼天的富贵"很相符。在满足人们味觉刺激的同时，视觉上、心理上也达到一种完善的审美，并最终完成养身

---

① 徐怀谦：《〈金瓶梅〉酒食文化研究·序言》，山东文化音像出版社1998年版。

补体，百姓饮食文化在求新异、求补养、求礼乐、求雅贵上得以体现。①

2. 李渔渐近自然境界

李渔是17世纪后半叶中国文坛上的一位"怪杰"，他多才多艺，无论是史学、戏曲、小说，还是园林、饮食、服饰、养生，都有自己独到的见解，把枯燥的养生理论说得有滋有味，其养生理论无论在当时还是今天都产生了深远的影响。1935年，林语堂英文版《吾国与吾民》对李渔的《闲情偶寄》给予极高的评价，认为该书是"中国人生活艺术的指南"。在中国传统雅文化中享有很高声誉，被誉为"古代生活艺术大全"，名列"中国名士八大奇著"之首。《闲情偶寄》中的"饮馔部"，是李渔讲求饮食之道的专著，主张于俭约中求饮食的精美，在平淡处得生活之乐趣。其饮食原则可以概括为24字诀，即重蔬食，崇俭约，尚真味，主清淡，忌油腻，讲洁美，慎杀生，求食益。这正表现了传统文化对饮食的美的追求。李渔在饮食问题上强调清洁俭约，最好不过素食。他说："声音之道，丝不如竹，竹不如肉，为其渐近自然。吾谓饮食之道，脍不如肉，肉不如蔬，亦以其渐近自然也。草衣木食，上古之风，人能疏远肥腻，食蔬蕨而甘之，腹中菜园，不使羊来踏破，是犹作羲皇之民，鼓唐虞之腹，与崇尚古玩同一致也。……吾辑《饮馔》一卷，后肉食而首蔬菜，一以崇俭，一以复古；至重宰割而惜生命，又其念兹在兹，而不忍或忘者矣。"《闲情偶寄》中还对一二十种素食做了描述与礼赞。这里仅以"笋"为例："论蔬食之美者，曰清，曰洁，曰芳馥，曰松脆而已矣。不知其至美所在，能居肉食之上者，只在一字之鲜。……至于笋之一物，则断宜在山林，城市所产者，任尔芳鲜，终是笋之剩义。此蔬蕢食中第一品也，肥羊嫩豕，何足比肩。但将笋肉齐烹，合盛一簋，人止食笋而遗肉，则肉为鱼而笋为熊掌可知矣。……菜中之笋与药中之甘草，同是必需之物，有此则诸味皆鲜，但不当用其渣滓，而用其汁液。庖人之善治具者，凡有焯笋之汤，悉留不去，每作一馔，必以和之，食者但知他物之鲜，而不知有所以鲜之者在也。《本草》中所载诸食物，益人者不尽可口，可口者未必益人，求能两擅其长者，莫过于此。"《闲情偶寄·饮馔部》倡导的渐近自

---

① 朱嵬嵬：《〈金瓶梅〉为啥多次出现金华酒、金华方言和金华风俗文化的描述：作者很可能是义乌县令汪道昆——东阳一位教师提出〈金瓶梅〉作者新说》，《浙中新报》2009年10月13日第5版。

然的风味之美、相得益彰的工艺之美和别出心裁的意趣之美是中华古典饮食美学理论中璀璨的明珠。[1]

## 第二节　姑蔑之珍

### 一　姑蔑食言

（一）食珍之于姑蔑

1. 姑蔑酱缸

姑蔑地，传统产业中有三只"缸"，即酱缸、酒缸、茶缸，那酱香、酒香、茶香凭借水道，飘溢在浙江百姓口中。其中，餐桌基础味道的"酱缸"文化最为典型。宋人吴自牧在《梦粱录·鲞铺》中云："盖人家每日不可阙者，柴米油盐酱醋茶。"俗语说："酱者，百味之将帅，帅百味而行"，酱为调味品，但为百味之统帅，不管吃什么都要用酱调味，可以增加菜肴的色、香、味，促进食欲，滋味万家且有益于人体健康。

沉淀在姑蔑人记忆中的传统产业，酒作（酿酒、卖酒）、酱作（酱油、酱品）、黍作（馒头、点心）最为兴盛。其中，浙江金华罗埠的酱缸，悠久历史积淀和晚清以后跨世纪张扬，凝聚了婺文化绵绵不绝的历史流脉。正所谓"古法晒制酱香西金三角，天然细酿味鲜瀫水两岸"。酱作，有酱油、醋、豆酱、豆豉以及酱胡瓜、酱萝卜、什锦菜、龙须菜、八宝菜、酱辣椒、酱甜瓜等产品。罗埠老街上有条弄堂称"赵里"，人称"酱坊"。人们日常生活中食用的酱油、醋、豆酱、各种酱菜都由这里供应。酱坊里通常一个师傅带领着一群伙计，或四五人，或几十号人，一年四季都在忙着，各季都有干不完的活，难得有清闲的时间。春天制曲，夏季晒酱，秋冬季淋醋、淋酱油。酱菜的腌制通常是酱坊的主打生意，腌制的品种跟着时令走，每个季节都有时令蔬菜，随买随腌。制曲，是酱坊每年必做的功课，酱坊制曲的时间都是在春天。酱坊的曲分两种：做醋用的是生曲；做酱油用的是老曲。做生曲是把老曲作为引子，碾碎拌入大麦面中，团成团子进行发酵。熟曲是用蒸熟的黄豆糁子拌上老曲引子做成的。生曲的团子是白的，熟曲的团子是酱红色的，师傅们把它们摆在大簸箕

---

[1] 王湛、林雅琪：《蟹仙李渔三百年前道出浙菜精髓》，吉林大学出版社2014年版。

里，放在院子里晒。如今，酱坊里仅存罗埠益生食品厂，法人是潘志远。据史料查考，1894年章寿南、章伯兄弟俩在洋埠镇下潘村开设金华府汤溪县罗埠镇隆泰益酱油铺，时为原汤溪县境内唯一的一家酱油厂。1954年洋埠镇徐恒盛酱园和隆泰生酱园合并，之后又与罗埠镇隆泰益酱园合并，名为汤溪县益生食品厂。2001年企业改制，罗埠人潘志远出资买下了这家百年老店，更名为罗埠益生食品厂。作为酱油传统酿造技艺传人、酱油传统酿造技艺非遗传承人，潘志远说，市场经济下的调味品市场竞争十分激烈，一些酿造酱油的生产厂家为了追求经济效益，采用加色素、增稠剂、掺水的方法勾兑酱油，使酱油产量上升而质量却滑坡，这种勾兑酱油自然比古法酿制的酱油成本低而一时抢占了市场。而潘志远生产的酱油，采用的是传统的制作工艺，人力成本高、耗时长，利润很低，价格比那些勾兑酱油自然高许多。据悉，潘志远1985年进厂，师从徐春源学习传统酱油酿造技艺。秉承"一滴鲜香，一年深酿"的百年古训，继承和发扬传统酱油制作工艺，坚持采用传统工艺制作土酱油，对制作原料的挑选非常严格，从原料上保证酱油品质；对蒸豆、发酵、酿制、出油、曝晒这些酿造技艺，更是严格地按照传统要求进行操作，坚持晒足180天，每次酱油制作出来后，还要按照食品质量安全生产标准对其进行检测。在各项数据都符合标准后，才能出厂销售，不敢有丝毫懈怠。民以食为天，食以安为先。随着消费观念的转变，对调味品品质要求也越来越高，人们对酱油的色、香、味要求尤其返璞归真喜欢"古法"酿制的土酱油。酱油传统酿制的核心技艺环节，经过严格的大豆整粒蒸焖、天然野生菌种制曲、长周期晒露发酵、自然浸出法取油、暴晒浓缩油体等工艺程序，生产出的酱油具有浓厚醇香和独特酯香气，口感鲜美醇正，享誉瀫水两岸。酱油用好水再选上等黄豆和优质面粉为原料，经固定时间的纯天然发酵，日晒夜露，晒至酱缸里的油面结出一层薄冰样的物体，置在碗内摇晃一下就能黏住碗壁时，驰名中外的酱油就酿制而成了。罗埠益生食品厂的酱油极品，是"三伏酱油"，富含18种氨基酸和多种微量元素，具有汁浓、香醇、味鲜、耐储、有光泽、无沉淀、营养丰富等特点，是炒、凉拌或卤制菜肴的上等调料，2017年其酿造技艺被列入金华市第七批非物质文化遗产名录。从某种意义上来说，一个酱坊生意的好坏多与酱坊师傅的技术有关。

浙江，一年四季分明，气候温湿，光照充足，雨量充沛，山清水秀，空气洁净，自然环境优美，其优越的自然地理环境十分适合酵母菌、真菌等多种酿造微生物的生长和繁殖，从而为酿造业创造了得天独厚的自然气候条件，是制作天然酱油的理想场所，形成了独特的地方特色产品。酱油酿制的原料（配料），是黄豆、麦粉、食盐和水。金华境内种植大青豆，以质地优良、颗粒肥大、营养丰富而著称，大青豆明代曾被列为贡品。据《农政全书》载："婺州平原多豆产。境内所种植者，有大小数种，青、赤、黄、白、黑、绿诸色——土称有田青、田白、关东青、大粒茶青、火炮豆、羊眂豆、大虎斑等名，皆大豆也。"采用当地传统种植的大青豆，颗粒饱满，富含蛋白质，出油率高，加之选取优质地下水，水质清洌，富含多种有益于人体健康的微量元素和偏硅酸等天然矿物质，为优质酱油酿制提供良好物质基础。

"种豆做酱"是历史上食生活的传统，历史上的劳动大众饮食生活十分贫苦，很少吃到肉食，是"准素食者群"。但他们的机体健康在太平年间所以能够得到基本保障，主要的功劳就应当属于包括酱在内的菽类食品的三餐依赖。酱油是由酱演变而来，早在三千多年前，中国周朝就有制酱的记载。经过科学考证，"醢"是人类历史上最早开始掌握发酵技术，利用各种动植物原料的发酵盐渍食物。《说文》："醢，肉酱也。"《周礼》《仪礼》《礼记》《春秋左传》《春秋公羊传》《春秋谷梁传》《诗经》等先秦元典中对"醢"有更多的描述与记载。"以豆合面而为之"，也就是说那时的人们是以豆和麦粉为原料来制曲后再加盐的工艺来制作"酱"的。"酱"是以大豆为主要原料制曲，经加盐发酵等多道工艺而酿制成的发酵食品。"酱文化"是人们在酱的制作与使用过程中，逐渐形成的风俗习惯、思想认识、行为方式等一切与之相关联的事项总和。正如南朝梁人、著名医家陶弘景（456—536）所说："酱多以豆作，纯麦者少。"酱大约可以分为黄酱、面酱、清酱（酱油）、豆豉、甜酱、蚕豆酱、辣椒酱、花生酱、芝麻酱、鱼子酱、果酱、蔬菜酱、虾酱、肉酱等十余种类别。"酱油"一词，宋时已多见于文人笔录，如北宋人苏轼曾记载了用酽醋、酱油或灯心净墨污的生活经验："金笺及扇面误字，以酽醋或酱油用新笔蘸洗，或灯心挼之即去。"南宋人林洪《山家清供》一书"杜诗'夜雨剪春韭'，世多误为剪之于畦，不知'剪'字极有理：盖于煠时，必先齐其本（如烹薤园，齐玉箸头之意），乃以左手持其末，以其本竖汤内少煎其末，弃其触也，只煠其本，带性投冷水中，取出之，甚脆。然必用竹刀截止。韭菜嫩者，用姜丝、酱油、滴醋拌食，能利小水，治淋闭。"《本草纲目》对酱油的制法作了较详细的记载："豆酱有大豆、小豆、豌豆及豆油之属。豆油法：用大豆三斗，水煮糜，以面二十四斤，拌罨成黄。每十斤入盐八斤，井水四十斤，搅晒成油收取之。"其后，明末戴羲的《养余月令·南京酱油方》、清初顾仲的《养小录》、清中叶李化楠的《醒园录》等食事书均有详细记载。

酱油，日常生活中不可或缺，是由蛋白质原料和淀粉原料发酵而成的一种调味品，或汤或菜，酱油起到增色、增香、添鲜的作用，酱油富含氨基酸、B族维生素、糖、酸、醇、酚以及棕红色素等多种物质。

2. 姑蔑味道

浙江文化底蕴深厚，积淀着姑蔑人勤劳、俭朴的精神，成为文化中不可或缺的重要组成部分。浙江饮食文化的历史可以追溯到两千五百年前的姑蔑国，时青铜器、铁器、陶器并用，水族多于禽畜，六畜、六兽、六禽、六谷、六清、三羹般般有，鲜咸酸辣甜样样都可口。到了明清时期，随着客家菜、徽菜的传入，接受了外来文化，逐渐形成了独特的传统烹制手法，以及与时令祭祀、人生礼仪等相关的饮食文化。浙江历来亦农亦商，商贾云集，或多或少要品尝美味。目前遗存的传统饮食文化，遍布于原姑蔑地全境，部分乡村居民及专营姑蔑菜的饭店依然遵从传统烧制方法。而且在广大乡村，在传统节日还保留着流传数千年的饮食仪式。[①]

姑蔑地以丘陵山区为主，水系纵横，水利资源丰富，河谷平原宽阔。不仅山水秀丽，农产、水产等自然资源也十分丰富，各种野生动植物种类也很多。食材资源广泛，木本藤本植物79科386种，草本植物77科232种，花卉类13科18种，野草野菜61种（不分科），鱼类有24科96种，鸟类有35科140种，兽类有15科33种。姑蔑境内，商汤之畜牧业南传农耕之越地，有别的地方没有的两头乌猪和红头鸭等。姑蔑之地空气湿度比较大，常年处于较阴寒的环境，所以为了更好地排汗，人们喜欢用辣来调鲜，用辣来暖身，有吃辣的习惯，口味偏重。例如：鲶鱼炒黄瓜，是正宗地道的农家味。这道菜的名字是"炒"，其实为"小炖"。黄瓜用滚刀法切成大块，乡间特有的粗犷劲随之显现，活杀的鲶鱼特别鲜美。这种鲜味随着慢慢炖煮，融入了汤中。旧俗，过年、结婚、做寿、建房上梁等都

---

① 雷广正：《试论古越人及其后裔的衣食习俗》，《贵州民族研究》1984年第4期。

要置办酒席宴请宾客。数百年来，姑蔑地总有一些"遗世而独立"的味道，吃"四条腿"的不如吃"两条腿"的；吃"两条腿"的不如吃"没有腿"。各种肉类都有其特定的口味和营养特点，都可作为美味佳肴。所谓"四条腿"的，主要是指猪、牛、羊肉。这些肉类中蛋白质含量较高，但其脂肪以饱和脂肪酸为主，过多进食不利于减肥和降低血脂。姑蔑菜以浓、辣、咸为主，多放葱、姜、蒜。姑蔑菜没有名贵的飞禽走兽，没有奇异的海味山珍，给人的印象是味道浓重鲜美、原料充满乡土味，其中较有名的有葱花肉、烂菘菜滚豆腐、农家豆腐干、农家小肉圆，还有八宝菜、豆冻、雪菜豆腐干、豆腐肉圆、炭煨油豆腐、豆腐菌菇煲、白切肉、土酱烧肉丁、八宝香肚、蒸蟹、青蒜炒肉圆、三月青炒千张、山叶豆腐、生煎豇豆饼等家常菜。①

糕点是姑蔑传统食品的一大类，具有悠久历史，是随着农业的发展而出现在人类餐桌上的。万年前，姑蔑之地就有人工栽培水稻。在《周礼·天官》《尚书·洪范》《吴越春秋》等书中，均有关于糕点及加工糕点原料的记载。《悯农》："锄禾日当午，汗滴禾下土。谁知盘中餐，粒粒皆辛苦。"三月播种，四月插秧，五月、六月、七月追肥、拔草、治虫，村民们像照料子女一样侍候庄稼，不怕苦，不怕累。西汉至南北朝期间，由于农业生产的发展，芝麻等农作物的传入，使加工糕点的原料大为丰富，制作糕点的技艺大为提高，糕点的品种也大大增加，诸如糕、饼、酥、馅点及油炸品已大量出现。唐宋时代，不但糕点的生产工艺有了很大提高，而且还出现了分工较细、规模较大的专业糕点作坊。明清时代，姑蔑之地糕点工艺日趋精细。姑蔑地处吴越区域，常常把以糯米及其屑粉制作的熟食称为小食，方为糕，圆为团，扁为饼，尖为粽。姑蔑传统糕点品种多达五六十种，现在市面上的糕点也就二十多种，很多糕点因为原料缺乏、工艺复杂等原因被淘汰。这些糕点传承了传统饮食的精髓，既体现了食材的本真，又凸显出浓郁的古婺风味。在餐桌上，糕点是不起眼的配角，但它也是一场盛宴风卷残云后不可或缺的句号。那些精致的点心，就如一个完美的休止符，给你的味蕾留下深刻印象。儿时，笔者父亲（林景春）曾告诉笔者一句农谚："夏至见稻娘。"他说，这时早稻进入了抽穗扬花期，而农家麦子正好已经收获。因此，家家户户磨新面，煮食面条、包馄饨的

---

① 袁枚：《随园食单》，明清学人笔记丛书，江苏古籍出版社2000年版。

人家自然多了起来。

(二) 食馔之于姑蔑

1. 姑蔑八大名点

姑蔑地传统的八大点心，就是四斤头（即连环糕、红回回、擦酥、双喜糕）、四样点心（包括白馒头、甜馒头、印馃即清明馃、作糕即状元糕），其他特色点心诸如鸡蛋糕、油金枣、千层糕（灰汁糕）、麸浆馃、米豆腐、汤团、肉择子、的卜、乌饭、麻糍、寸金糖等。

"四斤头"是古时候男方到女方家提亲时的必备品，提亲必须要提上这四款糕点，每种各一斤，故名。"连环糕"寓意"百年好合"，"红回回"寓意"吉庆利市"，"擦酥"寓意"化愁舒心"，"双喜糕"寓意"喜气临门"，是婚庆喜事不可缺少的糕点（见图7-1）。

**图7-1 姑蔑地"四斤头"名点**

大酵馒头。传统笼造面食，为祭礼供奉、喜庆筵宴、过节馈赠必备食品，这与《晋书》《齐书》等史书所载相同，是一种礼仪性传统面食。造型丰满，端庄美观，面团发酵极其充分，酵孔非常细腻，白细如雪，面有银光，皮薄如纸，吃口松爽滋润，富有咬劲，绝不黏牙，精美可口，极易消化。通常白馒头要加盖黍作店名号的红印，谓之红印馒头；缀以芝麻猪油白糖制成的甜馅裹之，谓之甜馒头（见图7-2）。

印馃（清明馃）。清明时节采摘清明草（鼠曲草）煮熟，剁碎，与米

图 7-2　姑蔑地四样点心（白馒头和甜馒头）

粉和在一起，包成咸的（饺子状或鸭蛋状），裹成甜的（用一个木模子压成各式花案），一笼一笼蒸出来。清明馃不仅可以寄托人们对先人的哀思，而且还有很多药用价值。小小的清明馃就是最直接的见证，并将风俗"写"在了印具之上，姑蔑百姓总爱说"一个馃印里印出来一样"（见图7-3）。

作糕（状元糕）。逢九月至十月丹桂飘香的季节，以桂花为馅的糯米糕也上市了。寓意吃了这糕的人会考上状元或者是升官发财（见图7-3）。

图 7-3　姑蔑地四样点心（印馃和作糕）

## 2. 姑蔑十大名菜

姑蔑地饮食，鱼鲜佳蔬，炖菜多、入味浓、味微辣，喜好用酱油煸炒小菜，炖煮原味、时令鲜疏，传统代表菜有"古法白切鸡、白皮辣椒炒肉、山里腌菜、豆腐圆子、牛腩千张、烂菘菜滚豆腐、葱花肉、胡瓜炖黄鳝、毛芋梗煮青豆、炒鸡子面"十大碗。[①]

古法白切鸡。白切鸡一直是姑蔑人款待宾客的上品菜肴。旧时，除了食客老饕，一般也就逢年过节招待贵客的时候才会烹制。鸡要选用十个月以上经阉割过的公鸡。传统的做法是：鸡肉与夹心肉同煮，放少量盐，不放任何调味料及香料，入大灶，用柴火煮至骨酥肉软，凉后切块。古法烧制的白切鸡，讲究鸡肥流油。上桌时，鸡肉要与土酱油一起，鸡肉要蘸酱油吃才鲜美。咬一口，肉脂渗入其中，鸡肉的香嫩缓缓渗入口中，真乃人间上品。这也是姑蔑地白切鸡与众不同的做法，古今沿袭。

白皮辣椒炒肉。白皮辣椒，主产地在金华西部的洋埠镇，洋埠镇几乎家家户户都种白皮辣椒。洋埠特有的沙质土和瀔水（现衢江水）的灌溉，使得种出来的辣椒有皮薄、色白、味辣的特点，大家都把这种辣椒称为白皮辣椒。当地种植的白皮辣椒更是远近闻名。嫩时鲜甜，成熟香辣，红时作辣酱更是上等作料。割些鲜肉，挑些嫩的、老的白皮辣椒一起，肉炒出油，下辣椒，烹酱油、酒炒熟出锅。干香的肉，鲜辣的辣椒，配酒可以吃进一大口，就着饭两碗也能下肚。小孩子们觉得辣，却是大人们口中的佳肴。

山里腌菜。腌白菜、腌芥菜、腌豇豆……姑蔑地腌菜种类繁多。其中，腌豇豆与荞头和小白黄瓜混炒最好吃。采摘白色乳黄瓜，经炭火烘去部分水分，与老荞头、辣椒及小南瓜或豇豆同腌制，用菜油或茶油炒制，烹点黄酒，姑蔑人称"饭遭殃"。酸爽可口，保证让你好吃到停不下来。过去，家家户户都有几个腌菜坛子，一年到头总是持续不断有腌菜上桌。早饭，从腌菜坛子里捞出一些腌菜切了，再用浓香菜籽油煸炒。配点稀饭和粥，也可以下饭，足足能吃一整天。先人从什么时候开始学会腌菜，已经无从可考。

豆腐圆子。常听老人说，家里有山粉（番薯粉）就有菜，来了客人

---

[①] 薛文春、刘金桂、张胜华：《姑蔑地"新十大碗"酸甜鲜辣好下饭》，浙江新闻客户端（http：//jinhua.zjol.com.cn），2016年10月22日。

也不怕。花一点儿钱买一些豆腐，再买点肉。将肉切碎拌在山粉里，搅拌均匀，用筷子或调羹一团团投入开水锅煮制。等一只只浮起来，也就熟了，汤也变稠些了。捞起来盛盘，撒上香葱，一桌人围着，又当菜又当主食，不仅鲜香软糯，还劲道十足有弹性。过去，一大家子人口众多，难得吃顿肉，心巧的妇女总能想着法子让一家人都能吃到。现在虽富足了，可过去的节俭做法却成就了现在餐桌上的风味美食。

牛腩千张。姑蔑地一带自古加工豆腐和千张就小有名气。现在，还有很多人家过年也要亲自动手做豆腐。以前，千张只有做豆腐买卖的人才会，并不是每家每户都熟悉制作工艺。因此，千张也只有富人家才能吃得起。千张在压制后水分流失，吃起来有些糙，所以配以肉炖才能柔软。但是，过去家里都不十分富裕，买肉是大事。因此，有节俭的主妇看到牛肚帮（即牛腩）只有肉的一半价钱，便用来替代猪肉炖千张。用煮牛原汤，一同烧制。牛肉酥烂，千张软滑，汤汁醇香，美味其中，营养丰富。因其味道鲜美，价钱还比猪肉经济实惠，故一下子就在民间推广开了。久而久之，演变成了今天姑蔑人餐桌上的特色菜肴美食了。

烂菘菜滚豆腐。金华汤溪镇上境村有一个姑娘叫十三妹，人称"豆腐西施"。十三妹嫁给了洋埠镇湖前村卖菜帅小伙胡春哥。婚后，十三妹卖豆腐，胡春哥卖菜。有一天，下大雨，胡春哥把晾干的菜收起，顺手往屋檐下一堆，又忙去了。过几天，十三妹一翻，发现菜根热得烫手。她就把这些菜都腌了起来，半年后，腌菜烂成菜汤了。她舍不得扔，盛了两碗倒进锅里，又掰了两块豆腐扔进去。顷刻间，一股臭中带香，鲜中带辣，又辣又鲜又香的气味弥漫开来。隔壁邻居胡刚吃了两碗，病竟好了。这事一传十，十传百，烂菘菜滚豆腐成了姑蔑地的一道特色菜。

葱花肉。相传早年姑蔑地一带官府腐败，官员不准民间百姓食肉，所有的猪、牛、羊、鸡等家畜家禽，宰杀后都要进贡官府享用，否则就是违法的。有个姓李的屠夫，为了让母亲吃一顿可口的猪肉，想到一个好办法。他把猪内脏中网油、蜘蛛网油、花油等取出带回家。加上葱、面粉之类的作料，加裹进一些割猪肉时掉下的肉碎末，包成一张张葱油饼，然后用猪油入锅炸熟，送给母亲食用。没想到，母亲吃了这个葱油饼后，十分开心，连称好吃。为躲避官府禁令，李屠夫就称之为葱花饼，慢慢地成了姑蔑地的一道名菜。

胡瓜炖黄鳝。姑蔑语系中，黄红不分，典型的当属把皇帝称作"红帝"，黄鳝自然地被称为"红鳝"。胡瓜由张骞出使西域时带回，至后赵王朝的皇帝石勒下令说话和做文都不准用"胡"字后，改称了黄瓜，不知姑蔑地是天高皇帝远没收到命令，还是违抗天命，一直叫着胡瓜，按理说如收到命令的话，该叫"红瓜"。后来市面上有了青色的黄瓜，姑蔑人青白不管，统统叫作胡瓜。土黄鳝用菜油煸透，下汤水与姑蔑地白黄瓜同煮，白黄瓜的清香与黄鳝的鲜美融于汤中，汤汁醇厚，黄瓜黄鳝软糯，老少皆宜，营养丰富。

毛芋梗煮青豆。早些年，姑蔑地有户洪姓人家，因为父母常年生病，田地卖光了，人称洪光，只好靠打短工谋生，家中穷得叮当响，常常是吃了上顿没下顿。有一年秋收之前，洪光家中又没有吃的了，看到父母躺在床上唉声叹气，洪光心如刀割，他只好到田里捡别人挖毛芋后丢弃在田里的芋梗，拿回家后，将芋梗最下端净白的一段洗净，切成小段，用盐浸泡数日后，除去芋梗的燥腥味。洪光又到田野里捡拾别人家大豆收获后掉在地里的小豆粒，回家后将小豆粒和毛芋梗放在一起，入锅煮沸后食用。没想到，这毛芋梗经盐腌制后，燥味全无，成了一道口味极佳的美食。这下四邻八舍都学着捡拾毛芋梗，回家烧好菜吃了。

炒鸡子面。姑蔑地有户人家，因为家穷丈母娘家看不起他，尽管女儿女婿多次邀请，但岳父岳母一次都不上门做客，这让女儿心里很难受。有一次，岳母思女心切，就瞒着岳父偷偷一个人来看女儿。这下把女儿乐坏了，想张罗着做点好吃的招待母亲。可是，她在家里只找到半碗淀粉和鸡蛋。她把鸡蛋敲在碗里，抓两把淀粉，加水调成糊状，然后下锅煎成一张圆圆的薄饼。可是，就这么一只鸡蛋饼，母亲也吃不饱啊。女儿就将薄饼切成细条，像煮面条一样下锅煮熟，然后加上葱、姜、蒜和辣椒，这么一搭配，这鸡蛋面的味道就出来了。比普通面条更柔更韧，而且汤汁鲜美，既可当菜又可当点心。母亲吃得满脸通红，赞不绝口。从此姑蔑地鸡蛋面也就扬名当地，成了招待客人的主要美食。

## 二 姑蔑食语

（一）食人之于姑蔑

1. 姑蔑食经

姑蔑之域文坛、才子辈出，其中不乏身兼美食家头衔的大才子，最具代表性的，当属宋金华浦江人吴氏、清金华兰溪人的剧作家李渔以及现代

## 第七章 妹珍——姑蔑文化地理的民间食味

的丰子恺，他们分别著有《吴氏中馈录》《闲情偶记》以及诸多散文，均有过包含丰富的饮食文化元素之作品。

中国历史上第一位出版食谱的姑蔑女厨师。在800多年前的南宋，江南曾出现过两位著名的女厨师。一位是杭州的宋五嫂，她在钱塘门外做鱼羹，她创作的"宋嫂鱼羹"，至今仍是杭州名菜。另一位，就是浙江浦江的吴氏，她是中国历史上第一位出版食谱的女厨师。浦江吴氏对当时姑蔑地的民间烹饪进行总结和整理，著成了《吴氏中馈录》。该书是中国历史上第一本指导家庭妇女烧菜的书，也是中国历史上第一本由女厨所写的烹饪书，是中国烹饪史上的经典著作，代表宋代浙江民间乃至全国的烹饪最高水平。明初，刘基《多能鄙事》、韩奕《易牙遗意》、高濂《遵生八笺·饮馔服食笺》以及邝璠《便民图纂》等烹调名菜谱都采用过其中的经验。这位名垂史册的女厨，为我们留下了宝贵的烹调文化遗产，其中蒸鲥鱼、煮鱼法等至今仍有实用价值。《吴氏中馈录》收于元陶宗仪《说郛》，名为《浦江吴氏中馈录》。《绿窗女史》《古今图书集成》亦载。蟹生、炙鱼、水腌鱼、肉鲊、瓜齑、算条巴子、炉焙鸡、蒸鲥鱼、夏月腌肉法、风鱼法、肉生法、鱼酱法、糟猪头（蹄、爪）法、酒腌虾法、蛏鲊、醉蟹、晒虾、煮鱼法、煮蟹青色和蛤蜊脱丁、造肉酱、黄雀鲊、治食有法、配盐瓜菽、糖蒸茄、酿瓜、蒜瓜、三煮瓜、蒜苗干、藏芥、芥辣、酱佛手、糟茄子法、糟萝卜方、糟姜方、做蒜苗方、三和菜、暴齑、胡萝卜鲊、蒜菜、淡茄干方、盘酱瓜茄法、干闭瓮菜、撒拌和菜、蒸干菜、鹌鹑茄、食香瓜茄、糟瓜茄、茭白鲊、糖醋茄、蒜冬瓜、腌盐韭法、造穀菜法、黄芽菜、倒菹菜、笋鲊、晒淡笋干、酒豆豉方、水豆豉法、红盐豆、蒜梅、炒面方、面和油法、雪花酥、洒孛你方、酥饼方、油夹儿方、酥儿印方、五香糕方、煮沙团方、粽子法、玉灌肺方、馄饨方、水滑面方、糖薄脆法、糖榧方。[①]

姑蔑地饮食审美代表李渔。出版于康熙十年（1671）的《闲情偶寄》包括词曲、演习、声容、居室、器玩、饮馔、种植、颐养八部，内容较为驳杂，戏曲理论、养生之道、园林建筑尽收其内。写闲、写情，写得放松、写得妩媚；写词曲、写戏剧，写得切实有用；写声容，写得

---

[①] 张姮、俞跃、葛跃进：《800年前的婺州菜是什么味道》，《钱江晚报》2011年5月22日第6版。

清丽、写得快乐。其文字让人耳目一新，活脱脱的小品文字风格，趣乐雅致，且当推其中论及戏曲理论的为最好。何以见得《闲情偶寄》是李渔最为满意的作品？且看他在与朋友的信中所言："弟以前拙刻，车载斗量，近以购纸无钱，每束高阁而未印。独《闲情偶寄》一书，其新人耳目，较他刻为尤甚。"《闲情偶寄》中的"饮馔部"，是李渔讲求饮食之道的专著，主张于俭约中求饮食的精美，在平淡处得生活之乐趣，这正表现了传统文化对饮食的美的追求。《闲情偶寄》文字清新隽永，叙述娓娓动人，读后齿颊留香，余味无穷。李渔善于交际，结交达官贵人，一流的生活审美情趣，雅致的娱乐文化，在不断扩大的生活视野中，敏锐地抓住生活的真实，《闲情偶寄》正是他艺术和生活最完美的汇记。李渔作为文化精英的士大夫，在饮食中以精致细作为盛事，不仅精于品尝和烹饪，也善于总结烹调的理论和技艺，《闲情偶寄·饮馔部》是最能反映饮食水平的综合性著作，在中国饮食史上承前启后，多有创意，形成美食文学，享誉一时。李渔的文艺修养和生活情趣绰有余裕，于品茶经验颇丰，并把茶事入戏曲、进小说，有多方面的表现。[①]

2. 姑蔑食咖

（1）伊尹与姑蔑饮食

相传尧出生在伊祁山，他的后代有的以伊为姓。商朝大臣伊尹（前1649—前1549），曾居伊川，他的后代以地名为姓，称伊氏。伊尹曾助商汤灭夏，在商初曾辅佐四代五王，他的儿子伊陟也是商王太戊的贤相。伊尹是中华食文化的鼻祖，位列中国古代十大名厨之首，是古今唯一一个由厨入相的人。他曾经以"鼎烹说汤"，不为良相，亦为良医。伊尹被民间尊为厨神。正是他撰写的《汤液经法》，奠定了中医方剂学的基础。早在3700多年前，厨师出身的商汤宰相伊尹，就创立了著名的"五味调和""九沸九变，火之为纪"的餐饮理论，奠定了饮食文化的理论基础。

根据姑蔑地清代乾隆《汤溪县志》和姑蔑地金华市开发区下伊村《伊氏宗谱》的有关记载和该村发现的陶片，有大鱼鳍形足鼎、红衣夹炭陶、扁侧足鼎的残片，约为4000年的新石器遗址。古城《伊氏宗谱》序记载："吾伊氏上世相传，皆谓出于阿衡伊氏之后。"伊尹为姑蔑地下伊

---

[①] 林胜华：《李渔饮食及其养生文化》，浙江工商大学出版社2013年版。

村公认的伊氏之祖。姑蔑之地饮食讲究好吃好味,一定与伊尹的饮食思想分不开。

伊尹是一个孤儿,出生以后就被扔在伊水旁边,他以水为姓,所以姓伊。有莘氏的家人在河边发现了伊尹,就把他抱回来由家里的厨师代为收养。伊尹从小跟厨师学艺,随着有莘氏嫁给了成汤,伊尹也就成了成汤的厨师。伊尹这个人极其聪明,很有谋略,很想帮着成汤干一番大事业。但一个厨子,怎样才能接近成汤呢?他就想了一个奇招。成汤有一段时间发觉饭菜的味道不对,不是咸了就是淡了,于是把厨子伊尹叫来,问他这菜是怎么回事。伊尹于是根据烹调的道理,纵谈天下大事。成汤听得大喜过望,知道此人绝非等闲之辈,经过几次长谈以后决定拜伊尹为宰相。商朝宰相之位的官名叫作阿衡,如《诗经·商颂·长发》中有诗曰:"寮维阿衡,左右商王。"因为伊尹适时地辅佐成汤建立了商朝,所以此地称他为"佐时阿衡"。《吕氏春秋·本味篇》中记载伊尹与汤的一段有关治国与烹饪的精彩对话。伊尹说:"凡味之本,水最为始。五味三材,九沸九变,火为之纪。时疾时徐,灭腥去臊除膻,必以其胜,无失其理。调合之事,必以甘、酸、苦、辛、咸。先后多少,其齐甚微,皆有自起。鼎中之变,精妙微纤,口弗能言,志不能喻。若射御之微,阴阳之化,四时之数。故久而不弊,熟而不烂,甘而不哝,酸而不酷,咸而不减,辛而不烈,淡而不薄,肥而不腻。"由此可见其烹饪理论水平之高。在这里,伊尹虽是借烹饪之事而言治国之道,但若无对烹饪理论的深入研究和对烹饪实践的深刻体会,是不可能说得那么在行、那么精辟的。伊尹认为,烹调美味,首先要认识原料的自然性质,烹饪的用火要适度,不得违背用火的道理,调味之事是很微妙的,要特别用心去掌握体会,烹饪的全过程集中于鼎中的变化,而鼎中的变化更是精妙而细微,语言难以表达,心中有数也更应去悉心领悟,经过精心烹饪而成的美味之品,应该达到"久而不弊,熟而不烂,甘而不哝,酸而不酷,咸而不减,辛而不烈,淡而不薄,肥而不腻"的至高水平。①

(2) 葛洪修炼在浙江九峰山

姑蔑地浙江金华九峰山地理位置得天独厚,四周青山绿水相拥,风景秀丽、鸟语花香、翠竹连绵。中国古代魏晋时期道教代表人物葛洪大仙远

---

① 翟淑君:《试析〈吕氏春秋〉中蕴涵的健康饮食理念》,《丝绸之路》2010年第10期。

离城市的喧嚣,独创宁静致远的意境,曾在姑蔑地九峰山炼丹修行。根据记载,道教领袖级人物葛洪四处寻找炼丹的地方,在姑蔑地九峰山的岩洞里炼丹,虽然灶炕已被岁月埋没,但岩壁、岩顶上炼丹时留下的烟熏火燎的痕迹却依然清晰可见。民国版《汤溪县志》载:"葛洪得道后游九峰炼丹于岩洞,常采药往来兰溪诸山,虎豹遇之驯服。后人名其所经处为葛公岭。"除了九峰山外,葛洪还在金华赤松山、义乌葛公山、永康石城山、兰溪等地炼丹。葛洪为东晋道教学者、著名炼丹家、医药学家,字稚川,自号抱朴子,内擅丹道,外习医术,研精道儒,学贯百家,思想渊深,著作宏富。他不仅对道教理论的发展卓有建树,而且学兼内外,于治术、医学、音乐、文学等方面亦多成就。《抱朴子》为其主要著作,他对文章及美学的论述就散布其中,虽然比较零散,但其价值还是不容忽视的。他一生的主要活动是从事炼丹和医学,既是一位儒道合一的宗教理论家,又是一位从事炼丹和医疗活动的医学家。葛洪敢于"疑古",反对"贵远贱今",强调创新,认为"古书虽多,未必尽善",并在实际的行医、炼丹活动中,坚持贯彻重视实验的思想,这对于他在医学上的贡献是十分重要的。葛洪阅读大量医书,并注重分析与研究,在行医实践中,总结治疗心得并搜集民间医疗经验,以此为基础,完成了百卷著作《玉函方》。由于卷帙浩繁,难于携带检索,便将其中有关临床常见疾病、急病及其治疗等摘要简编而成《肘后救卒方》3卷,使医者便于携带,以应临床急救检索之需,故此书堪称中医史上第一部临床急救手册。他对以前的神仙思想进行了总结,证明神仙长生的实存性,在道教历史上有极其重要的意义。[1]

(3) 朱元璋与姑蔑地饮食情缘

浙江姑蔑地的金华汤溪,其得名跟朱元璋有关,"县郭之西南山侧有塘,相传明太祖曾盥手于此,因水热偶指其塘为汤塘,其地遂以此得名。明初有汤塘市,分上市中市下市,绵亘约数里。成化八年迁邑于其地之北隅,因汤塘之名遂名邑为汤溪"。"先有汤塘,后有汤溪。"民间有传说,朱元璋被陈友谅追杀,又饥又渴,很是狼狈,见到那口塘,便俯身喝水,发现这汤塘还是一处温泉。康熙版《汤溪县志》还说"今其地仅存小井,深不越尺,余广不越丈许。访求陈迹,已尽属民业矣"。所谓的

---

[1] 赵如芳:《金箔是葛洪炼出来的?是不是在金华炼的?》,《金华晚报》2015年2月6日第21版。

"井"——县志上说"塘中掘深坎曰井,亦曰浐"。汤溪风物跟朱元璋有关的,还有"遮袍花"和"皇头鸟"。清明前后,满山都是杜鹃花(也叫映山红)。据说朱元璋曾经被追逃到九峰山,情急之下,钻入杜鹃花丛,偏在这个节骨眼儿上,一群黄色羽毛的山雀停栖在花丛上——追兵看到怡然自得的山雀,便另觅他处。朱元璋登基后,颇感激九峰山上的那些映山红和小黄鸟,就赐名映山红为"遮袍花",意为这些小花当时遮住了他的衣袍,又封那些小黄鸟为"皇头鸟",顾名思义,是说它们曾踞于皇帝头顶吧。姑蔑地汤团以前的名字不叫汤团,而是一种内包菜馅的元宵。至于后来为什么改名为汤团,与朱元璋屯兵金西有关。早在1357年,朱元璋命邓愈、胡大海克徽州、休宁后,紧接着进攻婺州,但未取。朱元璋得知攻金华不下,便亲自率部前往支援,在九峰山遇谋士刘基、宋濂,很快就攻克了婺州府。次年十二月,朱元璋带着几个亲信来到汤塘村,在农户家中用餐,该农户见来了兵,不敢怠慢,忙张罗着开锅做饭。但是,农家并没有什么好吃的,只有一点儿米粉存着准备春节时用,也只好用来招待客人。主人将米粉调匀揉成面团,然后将瘦肉、豆腐、萝卜调和成的菜馅,包进米粉团中,下锅煮熟,每人七只分碗装给客人品尝。朱元璋一生行伍生涯,饥一餐,饱一餐,还真没吃到过像这样的美食,连称好吃,便问主人,这个食物叫什么?主人也答不上来,便请朱元璋命名。朱元璋刚好为汤塘村命名,又在这里吃到带汤的米团,便说,这个就叫汤团吧。从此,姑蔑地汤团就扬名四方,成了当地招待客人的主食。[①]

(二)食味之于姑蔑

1. 姑蔑食馐[②]

(1)"馒头夹肉"之语

《汤溪县志》云:"自来贤士大夫,春秋佳日,偶事游观之乐,必于九峰。"传说北宋年间的一位清官——胡则,永康人,很喜欢吃馒头夹肉。因战事告急,胡则曾在姑蔑地九峰山的点将台上出征点将,老百姓送军出征,可将士们因为行军太急,顾不上吃饭。胡则急中生智,将甜酒酿掺入面粉揉成面团,发酵后揉成圆形馒头上笼蒸。同时,将百姓相送的猪肉切

---

① 方跃镇:《朱元璋在金华不停地逃难?遇难成祥的传说最多》,《金华晚报》2014年10月17日第12版。

② 兰溪市地方志编纂委员会:《兰溪市志》,浙江人民出版社2013年版。

成麻将大小的方块,焯水冲凉洗净后,用酱油、米酒烹烧,并放大葱、生姜、大蒜、八角、桂皮和水,用小火煮,片刻即熟,将出笼的馒头夹上红烧肉,分发给每一位将士,使得将士不至于饿着肚子上战场,士气大振,在战斗中发挥了不小的作用。以至到了南宋时期,馒头成为宫廷的贡品。①

如今,姑蔑地馒头由专业馒头作坊和黍作店制作,在金衢盆地内的城镇随处可见,而在盆地圈外却绝少闻见。馒头作为以酒发酵的著名美食,端庄美观,上圆下平,松松软软,造型丰满,面团发酵充分,酵孔非常细腻,白细如雪,面有银光,皮薄如纸,吃口松爽滋润,富有咬劲,绝不黏牙,暄软可口,极易消化,营养丰富。馒头的面上还顶着红色的"福""寿""发""吉祥"等或"朱记""熊记"等作坊名称的方形印章。馒头的膨胀弹性之强,常令初识者瞠目结舌,为之称奇叫绝,所以又称大酵馒头。如将一只大酵馒头握入掌中,手一张,馒头立刻像海绵似的恢复其原貌。馒头是一种礼仪性传统面食,是金华地区每逢佳节喜庆之日招待宾客的传统笼造面食,为祭礼供奉、喜庆筵宴、过节馈赠必备食品,这与《晋书》《齐书》等史书所载相同,全国其他地方已经没有这种制法了,被称为"馒头的活化石"。美食家袁枚曾深有体会地说过,做馒头"惟做酵最难,请其庖人来教,学之,卒不能松散"。馒头的吃法,姑蔑人习惯上是回蒸后趁热夹红烧肉,与走油扣肉、萝卜肉圆同食,荤素自便,且带荷叶清香,是席上主食,家常便点,雅俗共赏。

(2)"豆腐肉圆"之语②

众所周知,有一出金华戏叫《僧尼会》,这是一出人们百看不厌的戏。传说《僧尼会》这起事情就发生在金华罗埠镇的"雌雄山"上。早先,罗埠地方有两座山,一座叫和尚山,一座叫观音山,两山只隔着三十来丈。和尚山有个"碧桃寺",寺里住着五六个和尚;观音山上有个"仙桃庵",庵里住着五六个尼姑。和尚山上有个小和尚和观音山上一个小尼姑友好,小尼姑上山种菜,小和尚便替她挑水浇菜;小和尚到塘埠头洗衣裳裤子,小尼姑就赶去帮他洗。日子头一长,两人心里都有点意思,只是

---

① 邵雪廉:《九峰山增加了两个传说》,《金华日报》2010年8月23日第4版。
② 郑宗林:《"僧尼会"的传说》,婺城新闻网(http://jhwcw.zjol.com.cn),2012年7月30日。

不便讲出口，只好在山上、塘边沿嬉笑取乐，混混日子。两座山的山神爷看见他们两个日日都是这样子，也只好"唉"了一声，想神仙都难免思凡，何况两个凡人动心呢。索性好人做到头，把两座山来个日分夜合。从此，这两座山就叫"雌雄山"。洪武皇帝打天下时曾经路过这里，晓得这两座山会日分夜合，马上睁大眼睛，骂起山神老爷来了："你们两个孽畜，竟敢做出伤风败俗、不成体统的事情来。从今日起，两山不能合并，中间用溪隔开，不准架桥，违者要抽筋。"山神爷见真命天子发火了，连气都不敢透一声，把和尚山往东移，将观音山向西移，中间隔了120丈，还开了一条5丈宽的溪，真当连独木桥也不敢搭一根。

哪里晓得，洪武皇帝能拆开日分夜合的山，却偏偏拆不开小和尚和小尼姑的情分。他们心想："你当皇帝能有三十六正宫，七十二偏宫，和尚、尼姑就不是人啦？"越想越气，越想越恨这个洪武皇帝。临近清明那几天，他们看见村里一对对夫妻上山祭祖，脑子里也有了办法。第二天一早五更，他们分别脱去和尚、尼姑衣，扮作祭清明的人，一起逃下山来。到了溪沿，小和尚不怕刺骨冰冷的溪水，脱鞋便把小尼姑背在背脊上，深一脚浅一脚地踩着石头过溪，逃出和尚庙和观音庵，做了一对夫妻。和尚和尼姑平时都吃素，而豆腐是最好的食材。还俗后开荤了，荤素搭配滋味特好。也经常回忆逃难时在刺骨的溪水里的心境，就用豆腐和肉末加上番薯粉，团成小肉丸子入开水锅汆熟，起锅装碗撒上葱花即可。此菜口感滑嫩、汤汁醇厚、余味浓浓，在嘴里又滑又烫，这感觉如同和尚背着尼姑过河，只能踩着又滑又深的溪水蹚河，只能含着又烫又滑的丸子在嘴里打转。和尚和尼姑每吃这道菜就要会心地笑个不停，感人的爱情故事与这道美味的菜肴广传姑蔑大地。

（3）"山粉鸡蛋面"之语

早在春秋时期，姑蔑国都即建在姑蔑地九峰山下，其后，秦王政二十五年（前222）始置太末县，县治亦在九峰山下，据清乾隆《汤溪县志》载："其城，街址，历历犹存。"成化年间，因闹矿贼，明政府就划金华、兰溪、龙游、遂昌四县边陲之地置"姑蔑地县"。史书上记载，是因为官方无力剿匪，只好招安怀柔，让贼盗自治，以息事宁人。所以，姑蔑地就成了四不管的蛮荒之地。皇帝自然知道姑蔑这个地方明以前一直属于婺州和金华府辖地。

话说在某一年春暖花开的季节，乾隆皇帝弘历微服私访下江南，路过山水环绕的姑蔑地九峰山。乾隆走进绵延起伏的山峦,被九峰山优美的自然景观所迷恋,山奇、石怪、水秀、洞幽、地野、寺庙、古建筑、遗址、古墓、石刻、神话传说,游九峰山,山水之乐,醉于自然而忘我,品览九峰文化,更胜读五千年沧桑史而不倦。不知不觉就和随从走散了,他一个人走得又饿又乏,在路旁一个农家歇脚讨东西充饥。山里人家穷得没别的东西,有的是山货,就把鸡蛋与番薯粉加清水和成薄糊,锅上火入油烧热,浇淋在热锅上制成薄薄的蛋饼,再将蛋饼切成面条,烩制成一碗鸡蛋面条给他吃了。没想到,乾隆越吃越觉得好吃,并为之取名"山粉鸡蛋面"。面条软糯,干香味美,乡村风味浓厚,可当菜肴也可作点心食用,在姑蔑地农家中人人会制作。

(4)"山粉羹"之语

胡大海,明大将。初从朱元璋起兵,善用兵,渡长江后破元兵,击败张士诚军,攻取皖南、浙江等地,镇守金华。查胡大海史料得知,胡出身于回族家庭,安徽人,自幼智力过人,投附朱元璋前还做过炸油饼的饮食生意,擅长做饭做菜。

话说元末明初朱元璋揭竿而起打天下,1356年朱元璋率领起义军打到浙江中部的金华城下,由于守城元兵早有防备,把城墙加高了7尺,另外还给城门加上了万斤闸。起义军攻打了九天九夜,还是破不了城,只得在城外江边安营。

朱元璋和他的大将常遇春、胡大海等十分焦急,白天夜里商议破城之法。一天深夜,常大将军难以成眠,在帐外来回踱步,思忖着破城计策。忽然,他发现城门悄悄地开了,万斤闸慢慢地升起,只见元兵押着一批民夫偷偷到江边挑水。常遇春连忙唤醒胡大海和起义士兵,冲向城门。常大将军用肩膀顶住万斤闸,高喊道:"弟兄们,冲进城去啊!"顷刻间,起义军似千军万马,以排山倒海之势,一批接一批向城里冲去。常遇春肩顶万斤闸,时间长了,肚子饿得慌。为不影响战机,胡大海命伙房送来菜汤和包子充饥。常遇春吃着,觉得喉咙湿润了,力量倍增。直到士兵们都冲进了城里,他才放下万斤闸。后来,常遇春问胡大海:"你那天给我喂的什么好吃的,尤其是那汤,滑滑的,香鲜浓厚,使我力气大增?"胡大海笑着说:"那汤呀,就是用番薯粉调制的豆腐羹。"常遇春也笑着说:"如果没有你的鲜羹,我早就被万斤闸压趴下了。"

(5)"毛芋菜羹"之语

姑蔑地一直有春节吃"毛芋菜羹"的风俗,滋味清新爽口,易消化,可以调理消化系统功能，有清理肠胃之功效。话说明朝大将胡大海，初从朱元璋起兵，渡长江后破元兵，击败张士诚军，攻取皖南、浙江等地，镇守金华。善用兵，治军严格。常说："吾武人不知书，惟知三事而已：不杀人，不掠妇女，不焚毁庐舍。"从来不掠夺百姓一针一线，行军所至远近纷纷归附。一年的冬天，年三十了却没有太多的食物供给，为节约粮食，胡大海亲自下厨，用毛芋、萝卜、青菜煮成一大锅羹，让将士们吃饱了肚子。

胡大海同士兵一道吃着热气腾腾的菜羹，并说：吃"菜羹"有其寓意，"菜"和姑蔑地土语里的"催"字谐音，而"羹"又与"耕"字谐音。吃"菜羹"寓意新年开始就要牢记耕作，以防来年饿肚子，一年之计在于春。由此，毛芋菜羹就代代相传了。这也显现出姑蔑人吃苦耐劳的精神一直在传承。

挑选个头饱满、手感坚硬的毛芋若干，注意千万别选发胀的毛芋，洗干净煮熟去皮，切成厚度在1厘米左右的薄片；将白萝卜洗净，去皮，用专用的刨子削成丝；青菜洗净切好备用；锅里倒入菜油，旺火加热，将萝卜丝、青菜放入锅中煸炒，至七八分熟；米饭煮熟后将米粒用笊篱捞出，将米汤水留在锅内；把切片后的毛芋倒入，撒点盐，旺火煮30分钟左右；烧开后再把青菜、萝卜丝放入锅中再次烧开后即可。

（6）"烂雪菜滚豆腐"之语

姑蔑人历来以勤、节、俭、朴而著称，姑蔑人民在这片古老的土地上休养生息，祖祖辈辈延续生存，靠的就是勤、俭两字。特别是姑蔑地妇女，更是以节俭而闻名当地。当时，姑蔑地信奉的生活规则是：男主外，女主内，男人在外创业赚钱养家，女人在家守业贮藏育儿，烧菜煮饭，饲养牲畜，勤俭持家。

提起姑蔑地菜，许多人的印象是味道浓重鲜美、原料充满乡土味，浓缩着姑蔑人的勤俭精神，做法繁复，用料不贵，多出于家庭妇女的生活智慧。古时，姑蔑地虽然地处偏僻之地，但当地盛产一种白菜名叫高脚白，高秆宽叶，肉质肥厚，是蔬菜中的佳品。姑蔑人一般都是大片大片种植，新鲜蔬菜吃不完，到了冬天下雪之季，就全部腌制成咸菜，姑蔑人称之为腌雪菜，这样就可以一直吃到来年春夏交接之季。更多的农家，是一年四季腌菜不断，成了当时农家主菜。一坛子雪菜腌好后，善持家务的姑蔑地妇女，便从上一层一层向下掏，吃一层，掏一层，吃到第二年夏天，一坛子雪菜也吃光了，只剩下已霉烂的菜叶和酸菜汁。这一坛子酸菜汁，倒掉又可惜，因为都是用盐巴腌制的，放着第二年再腌，又觉得不妥当，这可怎么办呢？这时，有一个姑蔑人家里的盐用光了，当时盐是很金贵的物品，一般很难买到，就是到城镇中买，价格也不低。这个聪明的姑蔑地媳妇就想出了一个办法，将烂雪菜汁和新鲜的豆腐放在一起烧煮，以豆制品的鲜嫩掩盖烂雪菜的臭味，这样一烧，半个村子的弄堂里几乎都闻到了烂雪菜的臭味。没有盐巴，日子可没法过啊，这个姑蔑地媳妇喝了一小口烂雪菜汤汁，没想到，味道还真不赖，入口浓香，鲜美无比。这烂雪菜滚豆腐，闻着臭，吃着香。这一下，赶来看热闹的左邻右舍也纷纷拿碗舀汤，抢着喝了起来。烂雪菜滚豆腐"闻着臭，吃着香"，有着独特的制作原料。姑蔑地豆腐制作基本采用传统手艺，除了磨黄豆采用机械外，其他加工过程都用手工完成，使豆腐味道独特。金华汤溪镇厚大村种植高脚白，菜叶肉质肥厚、鲜嫩。每年的11月是白菜的采收期，当地农民家家户户都会用高脚白腌下一缸缸、一坛坛的白菜秆子，腌菜是炒肉片、炒豆腐、炒冬笋等必不可少的原料，味道鲜美，无与伦比。到了来年，腌菜就成了姑蔑地的名菜材料——烂雪菜。用烂雪菜作主料，配上鲜嫩的豆腐，或新鲜鱼头佐以辣、蒜、姜、葱等配料，下锅煮至滚烫，集浓、辣、咸、鲜于一味，下酒配饭，终成佳品。①

（7）"三月青千张"之语

三月青千张，是金华的农家菜。据传，朱元璋当年在金华九峰山避难，曾在农家吃了这道菜，十分赞赏，做了皇帝还念念不忘那个味——美呀。在乡村农夫眼里，三月青太普通了。吃它，不会有太多的想象。皇帝喜欢，那是因为当年避难，处境窘迫，自然不可同日而语。

三月青，形状有点像芭蕉叶子，大大的、长长的，一张一张摘下来，最长的叶子可超过0.5米。叶片则会感觉厚实粗糙些，以碧绿、有光泽、叶小张、株矮的品种为好。叶片大、长得高大的没有小叶、矮小的好吃。千张则要选较薄的好，用前一定要浸泡，否则会发硬，口感欠佳。三月青与千张，这两种食材好像是绝配，吃起来豆制品筋道鲜美，三月青爽口清香。将三月青洗净，切丝，加素油，用旺火翻炒。待菜叶软瘪，加入事先

---

① 陈月丹：《遍地开花姑蔑地菜》，《金华晚报》2013年12月19日第12版。

切成的千张丝（事先经热水浸泡过）继续翻炒，添加少许水及盐、糖等调味品，稍炒即起锅。三月青千张，青是青，白是白，吃上一箸，略有淡苦，倍觉清香、爽口。也想起笔者父亲常叨念的一句话：做人就要像三月青千张，青是青，白是白，清清白白做人。此菜还有很好的寓意：三月青又名官达菜，古时寓意吃了会升官发达。还有人说三月青是个"瘦"物，特别"吸"油，吃了以后可以消除肠胃油脂，如此，很多人都喜欢它了。

（8）"萝卜肉圆"之语

肉圆是姑蔑地地区的农家传统点心，更是红白喜事不可缺少的食品。由五花肉、萝卜、番薯淀粉加入姜末、盐、老抽、黄豆酱做成。先把萝卜切成小拇指甲大小入锅煮后捞出沥干，同时把三层肉也切成指甲大小，用黄豆酱、老抽、料酒、白胡椒、生姜调味，然后用擀面杖把番薯淀粉碾碎，越细越好，再把干的淀粉加入萝卜和肉中用手拌匀，这时可以准备好蒸锅和蒸屉，蒸屉上不用蒸布直接刷层油即可，把肉圆一个个揉好，放到蒸屉上，再把装有肉圆的蒸屉放上去蒸，蒸熟即可。隔夜的肉圆切小块炒着吃也别有味道。

（9）"银娘豆腐"之语

关于银娘的美丽传说，在姑蔑地一辈辈人的口中相传着。金华唯一一位进宫娘娘出生于汤溪镇寺平村的"五间花轩"楼宇里，《汤溪县志》第10—11卷第973页有详细记载：戴氏，名银娘（前志宫人），兰源（即今汤溪）寺平人，戴法华女，幼善书。宪宗时命中涓（近臣或太监）下江南选良家女，其家以银娘，入侍坤宁宫。进御者三（受皇帝临幸三次）。弘治十年四月，有宁太监来姑蔑地，银娘手书寄问母弟安否，离别思慕之情，凄然满纸。今其书具存，并有宫中小书等物。史书记载，银娘被宪宗皇帝朱见深派来的太监选到皇宫中做了妃子，封为"淑妃"。银娘被选入宫时，宪宗皇帝正专宠着万氏。万氏本是宪宗的祖母孙太后宫中的一名宫女，比朱见深年长17岁，在朱见深长大后选往东宫服侍他。朱见深18岁登基以后，一辈子对万氏都非常宠幸。据说万氏为人机警，很会迎合皇帝的心意。每次皇帝游幸的时候，她总是穿着戎装，骑着马为前驱，或佩刀侍立左右。相比六宫粉黛的柔姿弱态，身着戎装的万氏自然给朱见深一种新鲜感。银娘在宪宗皇帝如此宠幸万氏之时，还能得到他的宠幸，足见其美丽非凡。银娘被封妃以后，皇帝便赐寺平建造显赫的国舅府，还免了寺平的8年赋税。寺平至今还保存着众多奢华的厅堂楼宇，显耀着银娘封妃所荫及的寺平几代人的荣华富贵。其中，银娘出生的"五间花轩"建筑尤引人注目。这是一间民宅，人称大屋，于明朝宪宗年间建造。后经几代的修缮，大屋的格局从未变化，就连银娘当年的闺房还保存原样。门檐砖雕精细，门面顶部加一层剔空砖雕花饰，中间特置一个葫芦，葫芦两边装饰两根铁制的寿桃顶叶，好似翰林学士帽的两片帽叶。这是全国独一无二的至今仍保存完好的古代砖雕避雷针，巧夺天工，精美绝伦。关于银娘井有一个美丽的传说，相传这口井的井水有美容护肤作用，当年的银娘正是用了这井水而变得漂亮。这口井的井水清澈甘甜，古村的人们还用井水酿酒。银娘就是从这里走出寺平，走入皇宫，用她的美貌换来了寺平人几代的荣华。银娘自小喜欢吃家乡的豆腐丸子，虽做法简单，却是让人回味无穷，于是把此菜带入宫中。做法如下：将肉末、小葱放进已经压干的油豆腐里，用淀粉封口，放在鸡汤里煮沸就可以出锅了。"银娘豆腐"具有补虚养身调理、骨质疏松调理之作用。①

2. 姑蔑食尚

（1）居家与饮食

在饮食方式上，姑蔑人也有着聚食制的传统。姑蔑聚食制的起源很早，从上山文化遗址的发掘中可见，考古学家发现了柱洞等建筑遗迹，遗迹第三层下发现的一号房址具有明确的结构单元，柱洞分三列，长14米，呈西北—东南向。古代炊间和聚食的地方是统一的，炊间在住宅的中央，上有天窗出烟，下有篝火，在火上做炊，就食者围火聚食。这种聚食古俗长期流传，一直至后世，是中国重视血缘亲属关系和家族家庭观念在饮食方式上的反映。

在饮食食材上，姑蔑人主食为大米。据考古及科学论证，距今11000年的金华原始居民已经种植了水稻，说明当时人们已经能吃到大米。间或面食，以小麦、玉米为食，辅以山芋、毛豆、茄子、扁豆、丝瓜、南瓜等为小菜。腊月家家杀猪，腌制火腿，春上户户晒咸肉。春节时，咸肉烧春笋为农家之美味。咸肉、臭豆腐、毛豆腐为人们喜食的风味菜。

在饮食惯制上，普遍一日三餐，干稀兼食。农忙时三餐吃饭，下午加一餐点心，有糕团、粽子等，有的吃午餐剩饭，谓"扒冷饭"。城镇居民

---

① 杨法礼、张一诺：《小学生搜集的民间故事藏着姑蔑地怎样的历史密码》，《都市快报》2012年4月12日第8版。

早餐吃粥或泡饭、油条、大饼、豆浆、牛奶、面包、面条等。泡饭是隔夜的冷饭用开水泡或烧一烧，称泡饭粥。

在口味方面，由于姑蔑地处盆地中间，在此地理上的区位使得空气湿度比较大，所以姑蔑之地的人们用辣味来适应当地的气候和地理环境。

在饮食礼仪上，晚辈进食时入座的位置，要坐得比尊者、长者靠后一些，以示谦恭，进食时要尽量坐得靠近摆放馔品的食案，以免不慎掉落的食物弄脏了座席。宴饮开始，菜品端上来时，客人要起立；有贵客到来时，客人也要起立，以示恭敬。如果来宾地位低于主人，必须双手端起食物面向主人道谢，等主人寒暄完毕之后，客人方可入席落座，主人准备的美味佳肴，客人不可随便取用，须得"三饭"之后，主人才指点肉食让客人享用，还要告知所食肉物的名称。所谓"三饭"，指一般的客人吃三小碗饭后说饱了，须主人劝让才开始吃肉。宴饮将近结束，主人不能先吃完而撤下客人，要等客人食毕才能停止进食。宴饮完毕，客人自己整理好自己所用的餐具及剩下的食物，交给主人的仆从。待主人说不必客人亲自动手，客人才住手，复又坐下。如果用餐的是本家人，或是同事聚会，没有主宾之分，可由一人统一收拾食案。如果是较隆重的筵席，这种撤食案的事不能让妇女承担。

（2）婚礼与饮食

婚宴也称"吃喜酒"，是婚礼当天答谢宾客举办的隆重筵席。如果说婚礼把整个婚嫁活动推向了高潮的话，那么婚宴则是高潮的顶峰。

婚宴礼仪烦琐而讲究，从入席到上菜，从菜品组成到进餐礼节，乃至席桌的布置，菜品的摆放，等等，各地都有一整套规矩。如今的婚宴大多在酒店举行，农村婚宴大多在当地支起大棚，一同与乡亲入席。

当新婚彩车开到酒店门前时，伴郎要先给新郎开车门，新郎再给新娘开车门。新郎新娘到宴会厅门口后，双方父母各站成一排迎接宾客，对客人的到来表示感谢。

婚宴席位的安排有主有次，具体坐法，各地不尽相同。排桌时，最好是把同性别、年纪相同、互相熟悉的人安排在一桌。这样在酒宴上有共同语言，可增强婚宴气氛。

结婚典礼结束后，酒宴开始时，新娘不要急于换礼服，应等第一道热菜上桌后，动一筷子，以示让宾客开席。酒过三巡、菜过五味时，新郎新娘要按桌次，依次到各桌向每位客人敬酒。敬酒时要双手将酒杯为客人端起，但不要一律强求客人一饮而尽。等客人放下酒杯后，新娘新郎要微笑地说"谢谢"并再为客人将酒杯添满，方可再向下一位客人敬酒。需注意的是，新郎新娘最亲密的同龄人要安排在最后两桌，以方便新人敬酒时"出节目"，免得影响敬酒的进度，让后面的客人久等。

婚宴结束，新郎新娘要双双立于门口，和客人握手再见，并说些"谢谢光临""请慢走"之类的话。

（3）庆生与饮食

宴会是因习俗或社交礼仪需要而举行的宴饮聚会，是社交与饮食相结合的一种形式。生日宴会即以生日为主题的一种宴会形式。生日宴会分为三类：百天宴请、老人寿宴、生日聚会。

百天宴请。宴饮环境装饰着重于可爱方面，可以悬挂一些小气球、风车、小孩子的照片、卡通贴画等，营造出童真时代的气氛。餐具要准备好儿童餐具，比方说塑料勺、塑料碗、塑料杯子等。提前准备好宝宝椅和婴儿床，准备一些儿童玩具和小泥人，可以发给小朋友。背景音乐准备一些欢快的儿歌。门口搭建签到台，准备喜钱箱，可以准备一些红包以备客人用。菜品主要安排一些甜食，盘头装饰可以小泥人或是雕刻为主，准备蛋糕车、蛋糕刀、蜡烛等。

老人寿宴。宴饮环境装饰要悬挂寿字，再加一些气球点缀一下，背景音乐准备一些优雅高贵的音乐。菜品主要以一些易消化和软食类的为主，菜品要有寿桃或是寿字装饰，菜量要稍大点。门口搭建签到台，准备喜钱箱，可以准备一些红包以备客人用。

生日聚会。装饰以气球和纱类装饰为主，营造浪漫青春气氛。背景音乐准备欢快的流行歌曲。准备蛋糕车、蛋糕刀、蜡烛等。门口搭建签到台，准备喜钱箱，可以准备一些红包以备客人用。菜品准备一些甜食类的，菜量要大。

（4）岁时与饮食

姑蔑之地食尚平时以蔬食为主，偶有肉食，逢年过节则大鱼大肉。

立春。俗称"新春日"，家家在门框廊柱贴"迎春接福"红纸条，俗有"年大不如春大"谚语。在历书所载"交春"时刻，燃香焚纸，放爆竹，望空祝福，俗称"接春"。为预兆一年吉利，忌吵嘴打架，宜说吉利话。

立夏。俗传立夏日摘青梅尝新，可免"疰夏"；忌坐门槛，以免双足酸软无力，俗有称体重之风。

夏至。农谚有"夏至见稻娘"之说，早稻进入抽穗扬花期。此时农家麦熟已收，户户煮食面饼、面条，有"端午馄饨夏至面"之谚。从前通常夏至节收麦租，收租人以麦饼佐咸菜豆腐作中餐。农家吃白糖炖红枣增加营养，以迎接割早稻、种秋作繁忙农活。

冬至。时近岁尾，习俗农家普遍扫墓添土。俗谚"过个冬，去个公；过个年，去个爷"（去，死亡；爷即爹），意为已婚妇女必须在夫家过冬至和春节，否则会死公公或亲爹。每有为细故争吵反目而离家出走的妻子，因怕担干系，于过节时，不得不回夫家过节而由此得以重归于好。

除夕。除夕固然是重要的，除夕夜的食物除了一般的鸡鸭鱼肉外，大多会有两种点心。一种是馒头，外形像一个圆丘，外面一层厚厚的馒头皮，上面打个红红的印子。那几日，馒头店是没日没夜地加班，一笼笼蒸出来卖，配馒头有专门的菜，便是大块红烧肉。烧法据说是炸了又蒸，类似于扣肉，吃起来不油腻且糯，夹在馒头里，味儿正好。另一种是肉圆，但也与我们常规认识的肉圆不一样。做法如下：取地瓜粉若干，夹肉丁、萝卜丁（先要煮熟，也有夹茭白丁、冬瓜丁的）等物，加水、酱、盐等调料和起来，捏成拳头般大小，放在蒸笼里蒸，待出笼时，就会发现它们个个半透明、香味扑鼻，令人垂涎欲滴。春节请客是民间最常见和最普遍的一种请客形式，一般是从大年初二开始进行。届时，人们往往要提着年货走村串户去请亲戚朋友吃饭。这种请客，只要请到自己，除非有特殊情况，一般都要去做客。因为人家请到自己，说明人家看得起自己，把自己认作亲戚，这应该是件荣幸的事。这种春节请客，做客者可以带些年货前去，有时候也可以不带，但要准备些红包，主要是给主人家的小孩子们一点儿见面礼。这是民间的传统礼节，应该遵守。其他节日请客总的来说不如春节请客那么讲究，主要是看具体情况而定。另外，在民间，其他节日请客其礼数亦不像春节请客那样复杂，特别是不必给主人家的孩子们准备什么红包之类的见面礼了。

（5）待客与饮食[①]

旧时，姑蔑农家少吃少穿，最没有吃的人家穷到只有吃盐。商店卖的

---

[①] 陶百熔、许中华：《姑蔑地的味蕾》，婺城新闻网（http：//jhwcw.zjol.com.cn），2012年7月11日。

盐都很粗，就这盐，放点油炒一下，拿根筷子蘸一下，人称"掇盐巴"。说一个人家里很穷了，就说谁家已经"掇盐巴"了。比"掇盐巴"好一点儿的就是盐炒辣椒，再好一点儿的也就是今天一碗干菜，明天一碗咸菜，后天一碗酱，大后天一碗腌萝卜，总是这些腌制的菜在那里变换。唯有请师傅到家里干活，又或来客人了，过节了，饮食才会有个变化。这也出于姑蔑人的勤劳，男人起早摸黑地做活计，女人马不停蹄地做点好吃的。"变吃"就成了家庭妇女的一套本事。譬如一家之长，起床第一件事就是出门砍柴或者割草，或者种菜，吃上的第一餐就是等粥烧好了，舀出最稀一层汤，再往汤里打个鸡蛋调和了吃。此外，姑蔑人好客是出了名的。即便有客到农家的时候已经是十点半了，十一点就要开中饭了，都要做点心给客人吃，也就是随时都要烧点东西给客人吃吃。

　　姑蔑人很看重吃，见面的问候方式就是"你吃了没"，不论何时何地，都这么问候。姑蔑人为何这般看重吃呢？因为没有吃的日子里，吃就成了头等大事。姑蔑人当年说"你吃了没"，就跟今天的青年问"去哪儿玩"一样稀松平常。但姑蔑人要是回你"吃是吃过一点儿了"，你也不要当真，这话的意思是没吃过。要是你不请他吃，那他就要饿肚子了。略显独特的一点，姑蔑地要吃四餐，早、中、晚三餐，外加午后三四点钟的点心。说起姑蔑地，人们印象中肉美鱼鲜，动物性食料味美、耐饥、壮力、养颜、益智等，许多养生功效是姑蔑人很早就充分认识到的常识性道理。以五谷为主要食料，即基本营养源于此；各种蔬菜的主要功用仅是充实、补充而已。"五谷为养，五果为助，五畜为益，五菜为充"反映了姑蔑人早期的膳食综合观念。"养、助、益、充"四字并非单纯的并列修辞需要，事实上是包含着一定意义的性质和程度差别理解成分在内的。姑蔑地一带民间的节日请客又有春节请客和日常请客两种情况，除此之外，平时，如有什么好饭菜，亲戚朋友之间往往也有请客相聚之时。但这种请客相聚，通常都是那些趣味相投者的聚会，有的甚至是一些酒肉朋友之间的聚会。如果是这样，那么这种聚会一般就比较随和而不必讲究什么礼数问题了。在酒宴习俗上，客来必先泡茶、敬烟、煮"鸡子"（姑蔑地大部分地区称鸡蛋为鸡子）以示尊敬。敬神祭祖、设宴请客都用黄酒礼待；婚丧时至亲送成担老酒庆吊；婚事毕后，新郎担酒谢媒。

# 第八章

# 理论——姑蔑地域文化的美丽产业

## 第一节 姑蔑之文

### 一 姑蔑腹地浙江古韵

(一) 姑蔑：浙江文化地域代表

1. 远古文明发祥地

浙江物华天宝，历史悠久，留下了独有的地理痕迹和韵味，孕育了地方特色的鲜明文化。

远古时代，金衢盆地是恐龙活动频繁的地区。从地质来看，属于白垩纪晚期地层，以黄土丘陵为主，1.7亿年前有大量恐龙在此繁衍生息。

史前时期，杭嘉湖、宁绍平原被海水或河水淹没，金衢盆地是浙江唯一的人类生活圈。之后，水慢慢往东消退，先祖追寻着水消退的方向，拓宽生活圈。

远在五六万年前，此域就有"建德人"生活居住。这里气候温和，雨量充沛，丛林密布，是一个鸟语花香、马嘶鹿鸣、猿啼虎啸、野牛成群、野猪结队的原始天地。这里适宜种养，孕育了钱塘江流域的早期农业文明，是浙中地区和钱塘江上游的集中居住区，是浙江新石器时代文明的发祥地，充满了"文明发源地"气息。

考古资料表明，长江下游及东南沿海地区迄今发现的年代最早的新石器时代遗址——浦江上山文化遗址发掘出来，在姑蔑建都地的浙江金衢盆地，至今已发掘有9000年前山下周遗址、青阳山遗址（有9000年前上山文化、5800—4900年前崧泽文化、4700年前钱山漾文化和商周时期文化以及汉唐至宋元等不同时代的多样性文化叠加遗存）、3000年前贞姑山和老鹰山遗址，以及2000年前冷水井遗址、龙口遗址和山下陈古遗存等。

该地区一直生存着一群自强不息的浙江人,不断地创造着奇迹,文明之花在岁月的风雨中绽放,薪火相传,从未间断。浙江人不仅吃上了稻谷,而且是人工栽种的,这是目前发现的人类最早栽种的稻谷,是世界稻作农业文明的重要发祥地之一,是金衢盆地区域内的文化政治中心,触碰到人类史前文明的源头,承载数万年历史文化积淀,是浙江最早有人类居住之地。这里是浙江新石器时代文明的发祥地,也是钱塘江流域稻作农业文明的重要发祥地,是一个相当繁荣的人类聚居地。[1]

2. 浙江文化发源地

浙江以越文化为发展主线,但金衢盆地一带仍有其自身发生、发展和繁盛的历史,有着明显的地域风俗特色。浙江姑蔑,是一种客观存在的,并且具有鲜明的性格内涵、认同坐标、观念模式和行为模式的区域文化。

姑蔑文化或称"姑蔑地域文化",是浙江文化的脉流。随着年代的日渐久远和人口的不断迁移,景物易貌,疆域也就变得越来越模糊不清。姑蔑文化的形成和发展是众多要素综合作用的结果,是在一个相对稳定的环境中,在自然地理环境和人文社会因素等多重要素的综合作用下,在一个相当长的历史时期中逐步孕育和形成的。费孝通在 20 世纪 80 年代提出"中华民族多元一体格局"理论,强调中华民族是具有历史性的多民族共同体,各民族或汉民族中的区域文化是在不同时间、不同地点、不同条件下起源和形成的。并且,各民族和各地区文化之间,几千年来形成了你中有我、我中有你,彼此依存、不可分离的关系。[2]

浙江文化源远流长、长盛不衰,其历史脉络从未中断,为现代文明的发展提供了重要的基础资源,奠定了现代文明厚重的根基。近年来,随着"金衢盆地"考古学的一系列重大发现,"金衢盆地"的"史"可以向前推进到距今万年。而对于"姑蔑"的研究,"金衢盆地"学者都将范围"放大"。在明成化七年(1471)成立汤溪县前,今金华市开发区汤溪镇九峰山一带行政上一直属于龙游县管辖。"姑蔑"古都在九峰山,乃至"姑蔑"在龙游,那是一致的。[3]"卧薪尝胆,三千越甲可吞吴"的越王勾

---

[1] 冯源:《新石器遗址再证水稻种植源于中国》,《中国文化报》2010 年 9 月 12 日第 1 版。

[2] 孙秋云:《费孝通"中华民族多元一体格局"理论之我见》,《中南民族大学学报》(人文社会科学版)2006 年第 2 期。

[3] 赵如芳、葛辉:《金华九峰山脚下可能为春秋时姑蔑国旧址》,《都市快报》2007 年 12 月 4 日。

践故事发生在浙江,在春秋时期的浙江有一个小国与越国的命运紧紧相连,那便是"姑蔑国"。历史上的姑蔑族,不仅武功盖世,而且还是东方文化渊薮之一,曾经左右过我国历史的发展进程。商朝的创建者成汤伐桀,多得益于姑蔑族。因而,商朝的历代统治者皆尊崇蔑族,商、蔑关系源远流长。商亡后,成汤的后裔一直随着姑蔑迁徙,并受到姑蔑族的保护和尊敬。春秋战国以后,随着大国争霸、弱国图强、小国求存,以强凌弱、弱肉强食的社会形态嬗变发展,姑蔑逐渐变成了由弱变强、由强争霸的越国重要部族之一。在春秋战国时期,姑蔑被划入越国版图,成了强越的一大骄傲,在吴越战争中显示了十分强悍的实力,姑蔑人一直继承发扬着爱国保家、勇往直前的牺牲精神,为维护民族利益而默默奉献着自己的聪明才智。[①] 从地域文化的角度讲,姑蔑文明史成为浙江文化的发展史,金衢盆地是古文明、古文化遗存地。"姑蔑""太末"成为浙江历史文化的坐标,述说了浙江新石器时代的文明史,是连续"不断史"的地区,是最宜人居之地,是浙江金华学派的传播地,为浙江文化的发展提供原动力。

没有一个文明是横空出世的,在每一个璀璨的文明背后,必定有深广的根系。随着原始社会的瓦解和氏族部落的解体,原有氏族的血缘关系和地缘关系逐渐被打破,已不再成为联结族团关系的重要纽带。国家文明产生后,方国林立已不同于原始社会的氏族,并不影响各民族间的文化交融和团结进步,因而逐渐发展壮大了华夏民族。春秋时期,中华大地上"大国八百,小国三千"。此时的金衢盆地钱塘江流域和瀔水流域,早有原始先民在那里劳动、生息、繁衍。到了西周春秋时期,长江中游直到安徽、浙江、江苏,是古代的荆蛮地区,有"断发文身"的习俗,吴国和越国的先祖都曾与荆蛮同俗。春秋时期以荆蛮部族为主体的楚国吸收了中原先进文明,经济文化发展水平很高,超过了当时中原大国晋国。根据古文献和考古资料所示,古越地有着同中原文化一样发达的文明,越文化与东夷文化的关系非常密切,浙江姑蔑是越文化的重要组成部分,并在越文化形成和发展中起着重要作用。

3. 姑蔑宽慢文化形成地

"宽慢"是姑蔑人的方言口头禅之一,承载着浙江地域的"文化密

---

[①] 劳乃强:《姑蔑历史文化论文集·南北姑蔑关系考》,人民日报出版社2002年版。

码"。何谓"宽慢",客套话也。常用于宾客于主人分手之前,意思是"放宽心,且慢行""不要心急,要坦然"。"宽慢"既可单独使用,也可搭配动词"来、走、去、讲"……

"宽与慢"语出自《荀子·不苟篇》:"君子宽而不僈,廉而不刿,辨而不争,察而不激,直立而不胜,坚强而不暴。柔从而不流,恭敬谨慎而容,夫是谓至文。"意思是:凡事有度,"宽而不僈",宽和却不简慢,宽和、宽容,不取刚强勇猛的竞争态势是美德,但不能简慢、懈怠。浙江"慢生活"的代表人物李渔,是明末清初的兰溪才子。他远离尘世功名,在亲手修缮布置的兰溪伊山别苑里,醉心于一种自由丰盈的优雅生活,并将自己多年来种植花草、衣食起居、娱乐养生等方面的生活经验,用简洁生动的文字,著成了《闲情偶寄》一书。《闲情偶寄》不仅让人感受到李渔其人的率真可爱,更钦羡于他在与自然、艺术的默契相融中,所享有的恬静安逸的慢生活之美。[1]

姑蔑人的风俗习惯保留了较多的质朴、悍勇和开拓进取的浙江文化特征,境内乌桕报秋、溪流淙淙,一栋栋婺派风格的民居错落有致,恬静自然,主张宽慢静态、返璞归真、崇尚自然、顺乎自然、宽慢舒心。

宽慢是一种宽容,恢宏大度,胸无芥蒂,肚大能容,海纳百川。

宽慢是一种开朗,心大心宽,开阔胸襟。

宽慢是一种自信,智勇力量,消除烦恼,摆脱困境,充满光明。

宽慢是一种修养,博大胸怀,尊重别人,谦虚洒脱,兼容并蓄。

以宽慢豁达的心态来面对人世万物,为人做事淡泊名利,在逆境中有耐心,不急于求成,不论遇到什么挫折都不气馁,保持积极的心态,宽心了自然也就顺意了。

工业化、信息化的浪潮让"慢"成为一种奢侈,宽慢意味着慢生活,但并不表示经济的落后与生活质量的低下。"慢生活家"卡尔·霍诺曾指出,"慢生活"不是支持懒惰、放慢速度,不是拖延时间,而是让人们在生活中找到心理平衡。传统文化中,既有读书人"三更灯火五更鸡",庄稼人"黎明即起"等可视为"快生活"的基因,更有"十年磨一剑""慢工出细活"这等"慢生活"追求。[2]

---

[1] 颜如玉:《李渔优雅的慢生活》,《醒狮国学》2014年第12期。

[2] 方增吉:《"宽慢"些,再"宽慢"些》,《金华日报》2017年4月14日第9版。

(二) 姑蔑：浙江文化多元融合

1. 三教文化弘扬地

第一，儒教入世养性地。金衢盆地是浙江最早的儒学中心之一，是浙江学派的传播地。

西汉末年与严子陵为友的龙丘苌是个热衷儒学教育之人，以志向高洁、学识渊博闻名于世，隐居在九峰岩（因此叫龙丘山），屡次拒绝太师、太傅、国师、国将等高官的征召，而甘愿当一名府衙的"仪曹祭酒"（负责教育的官）。

南齐太末人徐伯珍是个儒学教育的直接实践者，他从叔父徐璠之学习十年，博通经史负有盛名。常以竹叶当纸学书，却不愿为官，长期隐居九峰岩，"筑室讲学，授徒千人"，著有《周易问答》《周易难王辅嗣义》各一卷，《南齐书》有传。

唐玄宗时的徐安贞，自幼就读于九峰岩，神龙二年（706）中进士，官至吏部尚书，弃官隐居于九峰岩，建"安正书堂"，专心做学问，后人于九峰寺建"三贤堂"，尊"龙丘苌、徐伯珍、徐安贞"为三贤。

《龙游县志》载："九峰书院在县东，九峰山下，徐安贞读书处，今废。"九峰书院一直为历代文人官宦所重视，明朝天顺四年（1460）出任龙游知县的王瓒曾写下一首《九峰书院》的诗："昔贤书院在岩间，千载高风不可攀。莫道夜台灵去远，文星犹自照空山。"乾隆四十八年（1783），曾纂修《汤溪县志》的冯宗城也写了一首《九峰书院》："轩楹重整焕新模，环碧峰峦列画图。秋宇云停青玉案，夕扉藜照绛纱厨。只看墙竹文逾茜，尽有书田砚不枯。更锡嘉名编志乘，山光耸秀正盘纡。"汤溪县人青阳地胡炜，为清乾隆十五年（1750）庚午科副榜第六名进士，有感于九峰之学，作诗两首。其一为《春日登九峰寻徐侍郎读书处》："巍巍九峰山，白云满幽谷。层岩嵌精蓝，峭壁悬飞瀑。春风习习来，翠嶂争妍郁。扶筇陟其巅，望古驰遐瞩。昔闻徐侍郎，束发隐山麓。地僻尘俗违，汲古淹诵读。山薮非不深，龙蛇终起陆。荐居天子旁，宏词灿星宿。一朝忽见几？归我旧茅屋。谷鸟传好音，岩卉嬗新绿。昔年凄息地，无由问樵牧。惆怅夕阳斜，归途多踯躅。"其二为《九峰书院望九峰山》："九峰书院对南山，山聚奇峰九点环。崖洞迟吾燃药灶，门墙先士接贤关。岱衡秀色参高下，牛斗文墟近往还。为睇名区钟瑞气，肯辜灵岫列窗间。"九峰书院正式改造后，知县陈钟灵欣然作《九峰书院记》。"余唯书院之设，自宋以来，几遍天下，其时名流辈出，教导乡里，士之游其门者，多所造就。"

从这些史料记载来看，九峰山的九峰书院是金华较早的书院之一。此后，在金华这块热土上，办学蔚然成风，到了宋代形成了金华学派。他们的学术观点，曾放射过绚丽的光彩，对思想界、学术界曾产生了深刻影响，在我国学术文化史上有着重要的地位。金华因婺学的兴起，讲学成风，学者云集，学术活跃，人才辈出，被誉为"小邹鲁"。

从1500多年前的徐伯珍开办书院，到金华学派的形成，发展到今天的教育强市，这不是孤立的，而是具有一定的历史渊源，九峰书院不愧为金华教育的摇篮。

金衢盆地上早在杨时、罗从彦（后裔居住在罗埠镇联群村寺后罗自然村）、李侗之时，已萌动了新理学思想，并初步形成了"金华学派"。朱子理学的形成大致可分为孕育、成熟和发展三个阶段，经历了杨时、罗从彦、李侗、朱熹四代，历史上称作"理学南传四弟子"。朱子理学是一个庞大而复杂的哲学体系，大到宇宙天体万事万物，小到身边小事细枝末节，几乎无所不包，包括理气论、动静观、格物致知论、心性理欲论、美学思想等。

金华学派肇始于北宋范浚（其后裔至今生活在金华汤溪、兰溪），成形于南宋乾道、淳熙期间。作为金华学派的发源地九峰山，有徐伯珍、徐安贞、贯休等，形成了各自的政治和哲学思想，成为金华学派的代表，是中国南宋重要的儒家学派之一，在当时思想界有较大影响，为浙东学派先声之一，与永嘉学派同为浙东学派两大重要分支。九峰岩是金华地域文化的源头，是浙江文化发祥地之一。

第二，佛教出世养心地。所谓养心，就是指立足于个体之心，探讨如何使个体之心合于天、道，从而重建社会秩序与价值体系。

从光绪《金华县志》、嘉庆《义乌县志》、康熙《汤溪县志》三种不同的县志和《傅大士文集·嵩头陀达摩传》中可知，梁天监中，达摩来到了义乌、金华、汤溪等地，先后建造了义乌的香山寺、金东曹宅的石佛寺、孝顺的龙盘寺、婺城洋埠的证果寺、汤溪的九峰寺等禅寺。在《傅大士文集·嵩头陀达摩传》中明确写道："法师（嵩头陀）却还龙丘岩寺，及入灭。"所谓龙丘，汉时龙丘苌隐居九峰后，易九峰山为龙丘山。因此说：龙丘县就是汤溪县的前身，龙丘山，就是现在的九峰山，龙丘岩寺就是九峰禅寺。"法师（嵩头陀）却还龙丘岩寺，及入灭"，说明达摩就在九峰山的龙丘岩寺圆寂。人们为了纪念达摩，把九峰山的主峰命名为达摩峰。

中国禅宗的始祖菩提达摩，为九峰岩留下了"可以震撼世界的生命踪迹和文化财富"。梁武帝普通元年（520），由师傅授意来到中国。他先到了少林寺，教众人习武以强身健体，自己则面壁静坐9年，斩断情孽，彻悟佛理，然后将法器、衣钵和一部《楞伽经》传给慧可，离开少林寺云游四方。达摩始祖在九峰山留下的印记：一是九峰山因为达摩在此生活多年，所以才将九峰的第一峰称为达摩峰。二是嵩山有一个达摩洞，是达摩生活过的实证。九峰山也有一个达摩洞，洞内现存仙床、仙桌，同样可以佐证达摩曾在此生活。三是康熙《汤溪县志》记载：梁天监间，达摩曾为离九峰山不远的证果寺开基（即奠基）。四是据考证，达摩最后在九峰仙洞内禅坐七七四十九天而圆寂，时间是566年。这与达摩活了150多岁、在中国生活了50年左右，是基本吻合的。五是有文字记载，达摩圆寂后，其弟子按当地最高规格"悬棺葬"的形式，将其棺木安放在九峰禅寺前最高处的岩洞内。洞口有一对天然岩石形成的神兔、神龟把守。这神兔、神龟至今仍在。六是民国版《汤溪县志》记载，梁天监间，嵩山少林寺卓锡为九峰禅寺住持，这与达摩为证果寺开基是同一时间段，僧人名录中并无卓锡其人。所谓卓锡，其实就是达摩。[①]

佛教传入姑蔑，始于东晋，盛于南朝，境内有寺庵多处。乾隆《汤溪县志》记载："蒋村庄内有高源殿、唐祠殿，厚大下庄内有山口殿、戏坛殿，青塘庄内有经堂，上盛上庄内有青峰寺、南山庙、水口殿，高塍下庄有昭利庙（即白沙庙）、水竹庵……"较有影响的寺庵尚有九峰禅寺，建于梁天监二年（503）。

第三，道教隐世养身地。道教是中国固有的一种宗教，距今已有1800余年的历史。它与中华本土文化紧密相连，深深扎根于中华沃土之中，具有鲜明的中国特色，并对中华文化的各个层面产生了深远影响。自然界万物处于经常的运动变化之中，"道"就是其基本法则。

晋代道教领袖、丹家神医葛洪是在九峰岩修炼得道成仙的，《汤溪县志》记载："葛洪（东晋）曾经在九峰山炼丹，其丹灶前些年造僧房时被

---

[①] 朱德才：《文化九峰山》，《安徽文学》2010年第12期。

埋在地底下，今岩壁、岩顶上炼丹时留下的烟熏火燎的痕迹却依然清晰可见。"关于葛洪有许多记载和传说，葛洪是道教的重量级人物，继承并改造了早期道教的神仙理论，在所著的《抱朴子内篇》中，不仅全面总结了晋以前的神仙理论，而且系统地总结了神仙方术，包括守一、行气、导引和房中术等；同时又将神仙方术与儒家的纲常名教相结合，强调"欲求仙者，当以忠孝、和顺、仁信为本。若德行不修，而但务方术，皆不得长生也"。并把这种纲常理论与道教的戒、律融为一体，要求信徒严格遵守。在道教界，葛洪与张道陵、许逊、丘处机同誉为"护卫玉帝灵霄宝殿的四大天师"。葛洪曾隐居浙江九峰岩，专事炼丹之术。为了炼出不老神丹，访仙问道，游历坊间，尝遍百味。从时间上来推断，葛洪来金华修炼后，发现了黄大仙的事迹，写了《神仙传》卷二《黄初平》。《神仙传》记述了华夏名神黄初平（号称赤松子，又称黄大仙）、黄初起兄弟俩叱石成羊、得道成仙的事迹。《神仙传·黄初平》中这样写道："黄初平者，丹溪人也。年十五，家使牧羊，有道士见其良谨，便将至金华山石室中。"葛洪在九峰山隐居修炼期间，也经常赴九峰岩采药、游览、服食松脂茯苓。得道升天后，被玉帝封为养素净正真人，长居香港，为香港人民带去福祉。炼丹是道教主要道术之一，是近代化学物理前驱。除了九峰山外，葛洪还在金华赤松山、义乌葛公山、永康石城山、兰溪等地炼丹。

2. 吴越楚文化熏陶

姑蔑先属楚，后属吴，被吴分封给越，后为楚吞并，最后为秦统一。钱宗范先生认为荆楚文化和吴越文化对姑蔑文化具有重大影响，姑蔑文化是华夏先进文化与当地土著文化融合的产物。

前722年，在犬戎咄咄逼人的攻势下，周平王从关中盆地丰镐东迁到伊洛盆地的洛邑，从而揭开了春秋战国的帷幕。周天子权威失坠，诸侯们云合雾集，竞相争霸。据文献记载，春秋300年间，"弑君三十六，亡国五十二，诸侯奔走不得保其社稷者不可胜数"（《史记·太史公自序》）。战国250余年间，发生大小战争220余次，"争地以战，杀人盈野；争城以战，杀人盈城"（《孟子·离娄上》）。然而，在这充满血污与战乱的动荡时代，中国文化却奏起了辉煌的乐章。春秋战国时期的文化辉煌，最根本的是由于社会大变革时代为各个阶级、集团的思想家们发表自己的主张，进行"百家争鸣"提供了历史舞台，同时，它也有赖于多种因素的契合。一是礼崩乐坏的社会大裂变，将原本属于贵族最底层的士阶层从沉重的宗法制羁绊中解放出来，在社会身份上取得了独立的地位，而汲汲于争霸事业的诸侯对人才的渴求，更助长了士阶层的声势。二是激烈的兼并战争打破了孤立、静态的生活格局，文化传播的规模日盛，多因素的冲突、交织与渗透，提供了文化重组的机会。三是竞相争霸的诸侯列国，尚未建立一统的观念形态。四是随着周天子"共主"地位的丧失，世守专职的宫廷文化官员纷纷走向下层或转移到列国，直接推动私家学者集团兴起。正是如上种种条件的聚合，为民族精神发展创造了一种千载难逢的契机。

金衢盆地是古姑蔑国腹地，人类活动发轫甚早，聚落出现具有悠久的历史，处于古代吴、越、楚国的地界，被称为"吴根越角""楚头越尾"。这样的区位优势，使得在姑蔑自身的基础上，广泛吸收了吴文化的儒雅婉约、越文化的激越慷慨、楚文化的浪漫柔媚等江南各地的文化特色，形成既体现江南文化总特色，又有自身个性的文化，具有"艰苦创业、自强不息的进取精神，追新逐奇即锐意进取、不断开拓的创新精神，兼收并蓄即融汇南北、海纳百川的开放精神，宽慢生活即生态养生、尊老爱幼的孝道精神"风格秉性。姑蔑就是东夷人南迁后在浙江九峰山建立的文明古国之一，继承古代优良传统，吸纳先进文化因素，继续光大民族精神，不断创造新的文明，生生不息，彪炳千秋。

根据古文献和考古资料所示，姑蔑是越文化的重要组成部分，并在越文化形成和发展中起着重要作用。姑蔑在越国西界，是越国与西方古国的交通要道，姑蔑在越文化的西传、楚文化的东渐以及楚越文化的融合中起了重要作用，是文化传播的必经之地和吴越文化的交会点。越国与吴国因交换和战争的需要，既有战争又有交往。其主要通道有：由越至姑苏的西北干道；东干道；西南干道，由越都，以诸暨、姑蔑至乌干（鄱阳湖东部地区），与楚国相联系。越在春秋晚期称霸中原，在政治、经济、文化等方面对周边国家产生深远的影响。姑蔑先民在与自然和社会的变革撞击中，创造了一个个令人震撼的历史辉煌，历史悠久，文化灿烂，是吴越文化的重要发祥地，有着十分丰富和特色鲜明的传统文化。[1]

古代的越人，支属众多，分布广泛。从我国东南沿海，到南方辽阔地区，都是越人居处活动的范围。从文献和考古的一些迹象看，姑蔑与越有

---

[1] 洪国荣：《浦江上山遗址惊世大发现》，《文化交流》2005年第3期。

着特别的联系。金衢盆地是古姑蔑国腹地,地处钱塘江上游,自古以来是婺、衢、处、严四府交汇的枢纽,连接江西、安徽、福建的交通要道。源远流长的历史,留下了丰厚的文化积淀。春秋争霸战争持续长,战争激烈,姑蔑人处于春秋后期吴越争霸的纷纭中,受战乱或自然灾害等因素影响,举族迁徙是不乏其数的,同样姑蔑遭到灭国、灭族、迁徙的命运,南下潜入南荒之地,使华夏族与"蛮夷戎狄"得到初步融合。吴王夫差争霸中原,深入鲁腹地进兵泗上,姑蔑、鲁、邾、卫等中小国当处被征服中,为鲁附庸的姑蔑人能够南下创造了空间。相当一部分夷人由山东而江苏、而浙江的南迁走向、路线。趁吴国北上致使内部空虚之机,越王勾践大举伐吴,当上霸主。楚灭越后,浙江姑蔑地为楚国地界,属于晚期楚文化带。楚国辽阔的疆域,广袤的土地,丰富的资源,以及不断增加的政治、经济机构和人口,促使楚国的城市繁荣起来,不仅城市的数量多,而且筑城技术更为先进。城市规模较大,布局规划合理,防御设施完备,宫殿建筑豪华,台基雄伟,建材多样,装饰精美,城市发展带动了商业的发展,反过来又促进了城市的繁华。楚文化是周代春秋战国时期一种区域文化,同东邻的吴越文化、西邻的巴蜀文化一起,曾是盛开在长江流域的三朵上古区域文化之花。[①]

文化的发展,具有历史的连续性。它是超越朝代的局限而又一脉相承、承前启后、继往开来的。以吴越文化来说,吴国、越国虽已于春秋后期和战国前期先后灭亡,但吴越文化并不因此消失,而继续传承于后世,绵绵不绝地发展下去。在文化史上,六朝时期以前产生并存续于江浙地区的吴越文化,尚未形成一种真正具有鲜明统一性和系统性的文化形态。直到六朝前期,吴越民众仍以尚武逞勇为风气。粗犷中蕴含精雅,这是当时吴越文化的显著特征。从近年来出土的良渚文化时期的玉器和春秋吴国大墓的玉器、青铜器可以看出,吴越人已具有从粗犷中追求精雅的审美心理和实践创造力。文化传承的本质,在于各种文化基因的累积和裂变,在于诸种传承方式的相互协调、相互配合与相互作用,从而使文化具有流动性、延续性和再生性。"吴文化"和"越文化""同俗并土、同气共俗",逐渐在相互交融、激荡、流变与集成中形成统一的文化类型。

---

① 詹子庆:《姑蔑史证》,《古籍整理研究学刊》2012年第6期。

3. 姑蔑商贸文化奠基地

浙江金华与安徽一水相连，交通便捷。受中国十大商帮之一的徽商影响，姑蔑人在经营理念上，坚持"生财有道"的义利观，见利首先思义，认为义重于财，信奉君子爱财取之有道。坚持诚信经营，讲究商业道德，做到货真价实、童叟无欺、奉行秤准、尺足、斗满。并且做到薄利多销，让利于客。反对巧取豪夺，鄙视对顾客欺诈行骗。同时，还热心社会公益，乐善好施。在用人之道上，坚持任用那些熟读四书五经的儒雅之士，而且注意培养他们学习思考的习惯、吃苦耐劳的精神和坚韧不拔的意志。始终坚持"勤苦、诚实、谦和、忍耐、变通、俭朴、有主见、不忘本、知义理、重身命"的选人思想和用人标准。在人生哲学上，做到重德尊儒，坚持和为贵、礼为先、广交良缘。奉行"温良恭俭让"即温顺、和善、恭敬、节制、谦逊。认为谦以交友，和以生财，勤以补拙，俭以兴业。而且强调"五谊并重"，即族谊、戚谊、世谊、乡谊、友谊并重，不能厚此薄彼。在生活情趣上，崇文、重教、孝亲、讲礼，或者说是扬文风、重读书、讲孝道、识礼节。爱好广泛，琴棋书画，文风浓郁，崇尚以文会友。

婺商是浙江传统四大商帮之一。在历史上，留下了辉煌的印记。早在北宋时期，婺学领袖人物之一陈亮就在八婺大地传布他的"农商并举"理论："农商一事也……商藉农而立，农赖商而行，求以相补，而非求相病。"到了当代，八婺大地已进入工业化文明的初、中期阶段，但"农商并举"的现象依然存在，只是时代赋予其不同的内涵。在求学不能的情况之下，鼓励经商和学手艺一直是我们祖辈流传下来的传统，只不过有一段时间它被压抑了。正是有了这样的地域文化基因，当代婺商"一遇雨露就发芽，一有阳光就灿烂"。改革开放后婺商开始了第二次崛起。在浙中区域内，他们建起两块经济高地：一是以义乌为首的小商品市场高地；二是以永康为首的五金制造业高地。在发展过程当中，婺商左冲右突，开创了两大经济发展模式：一是先市场后制造的"义乌模式"；二是先制造后市场的"永康模式"。从宋朝开始到民国时期，在金华的商帮曾出现过三次崛起，首先是徽商的崛起，然后是"龙游帮"的崛起，最后才是本地商帮"金华帮"的崛起。"老上海"习惯于把从八婺大地走出去的商人统称为"金华帮"。据说在当时的上海滩，"金华帮"统领了酒业等多个行业。婺商志存高远，奋发图强，办企业拓市场，足迹遍布大江南北。用生动的实践开创了低调务实、敢为人先、坚韧不拔的婺商精神，形成了具有独特人文精神的群体。义乌人的骨子里就有一种与生俱来的商业意识，强调勤耕、好学、刚正、勇为的精神，这种意识和他们的传统分不开。秦始皇二十五年（前222）建县名乌伤，属会稽郡。传说秦时有个颜乌，事亲至孝，父死后负土筑坟，一群乌鸦衔土相助，结果乌鸦嘴喙皆伤，故称乌伤县。新莽时（9）改县名乌孝。东汉建武初复称乌伤，曾为会稽西部都尉治。初平三年（192）分割西部辖境，设置长山县（即后之金华县）。昔日从敲糖帮中走出的义乌商人，放下了沉重的货郎担，丢弃了辛酸的拨浪鼓，但其深厚的商业传统，为浙江经济的发展模式框出了方向，形成了亦商亦农的义乌人。文化的交流是一种互动的过程，随着义乌商贸往来的日益频繁，姑蔑人的经商热情也日益高涨。商业精神和商业意识渐渐浓厚，有着自强不息、坚韧不拔、勇于创新、讲求实效的精神。商帮走南闯北，开阔了视野，突破了安土重迁的传统观念，纷纷结帮成伙，背井离乡，与其他商帮参与全国商品流通，对全国商品经济发展与区域乃至全国商品市场的形成起了应有的作用。商帮经商的成功，积累了一批资金，投向扩大生产，投入办工矿企业，采用企业式经营，用雇佣劳动关系代替单一的家庭生产方式。

商业的发展离不开它所特有的人文环境，早在春秋战国就有陶朱公的历史典故，讲的就是越国大臣范蠡辅助勾践"卧薪尝胆"打败吴国之后，弃官从商，富甲天下的故事。今浙江金华市区有"陶朱路"，就是为纪念范蠡而命名的。他是浙江历史上最早的大商人了，也有人称其为中国商人的鼻祖。晋、唐时期，宁波、温州都是贸易港，浙江人就兴起海外贸易；南宋时期，浙江以"其货纤靡，其人善贾"而闻名全国，杭州、宁波、温州等地官方设有市舶司，专管海外贸易。

1996年11月由西南财经大学出版社出版范勇主编的《中国商脉》中写道："当徽商、晋商在商场争雄之时，冷不防在浙江中西南部崛起一个颇有影响的龙游商帮。于是角逐商场的争霸战变得微妙起来。就是这个不事声张，但又咄咄逼人的地方商帮，扬起了浙江人经商的大旗，为后起的浙江宁波商帮和绍兴、温州等地商人开辟出一条直往向前的通道。"龙游商帮是指以浙江衢州府龙游县为中心的衢商集团，它萌发于南宋，兴盛于明代中叶，以经营珠宝业、贩书业、纸张业著名。明万历年间（1573—1620），它与徽商、晋商在商场中角逐，称雄一时，故有"遍地龙游"之谚。它以一府一县之地为基础，聚集了大量资金，而成为中国十大商帮之一，至清代逐渐为宁绍商帮所替代。它以经营纸、书、粮食、山货、药材、丝绸棉布、珠宝、海外贸易以及边贸等为主，远销浙江、江苏、河北、山东、湖广、京师及日本、缅甸、印度、东南亚各国。其经营交通路线有：（北京、南京—）杭州—福建驿路（经杭州—严州—兰溪—衢州）；南京—杭州—福建水路；处州—龙游—衢州陆路；杭州—常山—玉山—江西南昌水陆路；衢州—浦城—建宁府水陆路（过江郎山、仙霞岭）；徽州—开化—常山陆路；徽州—常山—建宁府水陆路；杭州—江山—福州水陆路等。

## 二 姑蔑文化浙江风尚

（一）坚定文化自信

1. 破译历史密码

浙江先民与穴居文化有紧密关联，万年来金华大地上一直生存着一群自强不息的姑蔑人，他们不断地创造着奇迹，文明之花在岁月的风雨中绽放，文明薪火相传，从未间断。浙江金衢盆地，底蕴深厚，万年前出现了最早从山地穴居到河谷平原定居的上山人，触碰到人类史前文明的源头。先秦时期，百越部族中最古老、最发达的拥有霸主地位的於越人生活在金衢盆地，并融合南迁金衢盆地的越国抗吴盟友——姑蔑国族。民国《汤溪县志·序》记载："汤溪置县在明成化七年，其地于春秋为越之姑蔑，于秦汉为大末（太末）县境。""姑蔑""太末"成为浙江历史文化的坐标。

姑蔑是浙江文化的重要组成部分，是江南文化的主体，是中华文化体系中不可或缺的一部分。数千年来，姑蔑文化作为一种具有鲜明地方特色和深厚人文积淀的区域文化，创造出许许多多为世人瞩目、令今人骄傲的优秀文化成果，有力地推动了浙江大地的经济发展和社会进步，也为中华民族的发展进步做出了独有贡献。

从有文献记载以来的历史看，浙江金衢盆地是江南地区的政治中心与经济、文化中心，是浙江文化不可或缺的一部分，并占据着重要的地位。秦汉时期中国的政治、经济、文化中心均在中原的黄河流域，而地处长江下游的太末县落后于中原。据司马迁所见："楚越之地，地广人稀，饭稻羹鱼，或火耕而水耨，果陏蠃蛤，不待贾而足，地势饶食，无饥馑之患，以故呰窳偷生，无积聚而多贫。是故江淮以南，无冻饿之人，亦无千金之家。"（《史记·货殖列传》）政治上的边缘化与经济上的落后，使姑蔑地在吴越争霸达到鼎盛之后,忽然沉寂下来,直到孙吴建立江东政权之后,才重新得到开发。

金衢盆地九峰,是浙江文化的发源地,有着勤耕苦读、重技强能、开放进取之精神。九峰山千姿百态的轮廓,能与浦江的仙华山媲美;九峰山丹霞地貌的丰润艳丽,强于永康方岩五峰。其实古人早已明言:"九峰之胜胜过雁荡山也!"正因如此,古往今来,慕名而来的游客络绎不绝,吟咏九峰山的诗文数不胜数。明代进士胡荣就题诗赞曰:"兰谷东南峙九峰,芙蓉朵朵插晴空。飞流直下三千丈,一抹青云挂玉龙。"据历史记载,以古代百越为代表的浙江土著及夏后裔迁徙而来的中原人共同在这片土地上劳动、生活,创造着物质文明和精神文明。春秋中后期,居于浙江的越国已比较强盛,逐渐跻身于北方诸侯强国中。其国土"南至于句无(今诸暨一带),北至于御儿(今嘉兴一带),东至于鄞(今宁波一带),西至于姑蔑(今金华的汤溪、罗埠及衢州一带),广远百里"(《国语·越语》)。而北边紧邻苏南,精致高雅、优美多姿的吴地文化被更多地接受吸收。不打不相识,"吴越争霸"拉近了金华衢州对两地文化的融合。秦统一后,金华衢州处于南北交通的枢纽处,周边的福建、江苏、江西、安徽、上海也都是文化繁荣之地。这是造成浙江文化面貌丰富的根本原因。[①]

2. 锚定文化坐标

姑蔑文化是浙江文化的重要组成部分,底蕴深厚,影响久远。浙江姑蔑文化圈,主要是在金衢境内的衢江流域地区,大体上发轫于春秋战国,形成于秦朝,鼎盛于东汉、三国。出现了一大批学者大家,对中国的文坛乃至思想界都产生了深远影响。

域界范围基本稳定。渊源和基本特征有着鲜明的地区性,姑蔑文化在很大程度上受地理环境制约,区域范围的划分稳定延续,甚至不随行政区划的变化而发生相应变化。

文化特征特色明显。在相当一段时间内,一个区域内表现出来的文化特征稳定,才能谈得上姑蔑文化的形成和发展,才能剖析其发展脉络,把握其基本特征。文化是民族的血脉,是人民的精神家园。姑蔑地优秀的传统文化,积淀着中华民族最深沉的精神追求,代表着中华民族独特的精神

---

[①] 吉明亮:《金西:山水田园与经济发展共荣》,《金华日报》2012年11月22日第1版。

标识。作为中华文明的重要发祥地，浙江姑蔑地有着独特的精神文化内涵。

文化体系比较完整。从历史积淀角度，姑蔑文化很特别，包含很神秘的东西；从研究角度来讲就是高端的（旅游）市场，比如说国外一些旅游者很希望看一些人类的奇迹；从人文历史讲，姑蔑国作为春秋战国多部族国家纷争的历史，用现代的方法把它转化为旅游资源，吸引人过来看看，这样以后把这东西作为产品来构思，小而言之要把纪念品设计研发出来，大而言之可能到这里感受神圣氛围。

对此应进一步挖掘整合浙江姑蔑现有的文化资源，力求打造出具有深远影响的文化旅游品牌，寻找出最佳的资源整合途径，把姑蔑文化中的名居名建、名人名事资源有机地结合在一起，以姑蔑地美丽山水和人文景观为背景，比如在金华以"菩提达摩佛缘"和"葛洪道教养生"为内容，以佛教养心、道教养生健康之旅为主题，提高姑蔑景区知名度。例如：有特色的旅游线路，开辟道教文化修身养性游、开发以中国禅宗始祖菩提达摩文化为主的佛教朝圣游；有特色的宗教节庆活动，如达摩诞辰日活动等。

（二）发展文化产业

1. 姑蔑文明发展

优秀的地方文化遗产，对人们有着巨大的吸引力，为古村落的发展注入了活力。古村落是农耕文化的结晶，具有悠久的历史和深厚的文化底蕴，既包括村落的规划、各类建筑、桥梁、庙宇、名木古树等物质文化遗产，也蕴含各类民风习俗、传统节日、民间信仰、传统技艺等非物质文化遗产，是物质文化遗产和非物质文化遗产的综合体。

每个区域都有其独特的历史文化，每个区域所积淀的历史文化的厚重，也是自己对外亮出的"地域文化名片"。浙江过去所取得的成就，靠的是创新创业、勇于开拓、敢为人先的人文精神的支撑，浙江今后的发展更离不开这种精神的支撑。浙江丰厚的文化底蕴为建设文化强省奠定了坚实的基础，全力推进金衢盆地姑蔑文化的研究和保护，围绕构筑一个展示历史遗存、体现现代风貌的文化城镇，坚持统筹协调，加强姑蔑方域的资源优化配置和共建共享，促进中心城市和远郊小城镇协调发展，集聚辐射带动边界地区，促进本地和周边农村人口就近城镇化，让更多群体分享新型城镇化建设红利。

姑蔑文化是浙江文化传统精神的载体，不仅积累了厚实的有形文化，也形成了无形的精神文化。

姑蔑文化与物质文明。当今世界，文化与经济和政治相互交融，在综合国力竞争中的地位和作用越来越突出。文化的力量，深深熔铸在民族的生命力、创造力和凝聚力之中。沉积的传统优秀文化，极大地丰富了独特的地域特色，给经济社会的发展提供了良好的载体和推动力，实现经济发展和人口、资源、环境相协调，坚持走生产发展、生活富裕、生态良好的文明发展道路，保证一代接一代地永续发展。

姑蔑文化与精神文明。姑蔑文化中的许多优秀传统，对于加强思想道德建设有着不可替代的作用。传统姑蔑文化根植于小农经济，历史上与宗法等级制度及专制政治联系在一起，多属维系封建政治与经济统治的官方意识，与我们今天提倡的民主政治建设多有相悖，这些都是我们应该剔除的糟粕。

姑蔑文化之所以能自古至今保持不衰，并能够在中华大文化和江南文化中占有重要的一席之地，就是因为它具有鲜明的地方特色，并始终守持着这种特色。但它又不囿于一隅、故步自封，而是始终敞开胸怀，善于学习、广泛接受各种外来文化的影响，吸收消化，形成自己的文化。同时，它也以自己的鲜明特色影响着其他文化。这是姑蔑文化能始终保持活力、显示出大家风范的根本原因。剖析姑蔑文化的形成发展，可以清楚地看出这一点。

在经济社会文化一体化趋势日益明显的今天，在思考、制定区域经济社会发展规划时，应高度重视挖掘姑蔑文化资源，积极发展姑蔑文化产业，实现区域经济社会的可持续发展。充分挖掘姑蔑文化的精神内涵，有效保护姑蔑文化历史遗存；要科学利用，既要看到直接的旅游经济效益，更要重视文化传统的社会价值；要加强宣传推介，让姑蔑文化进一步走向全国、走向世界，在新时期促进文化交流、扩大影响，为弘扬传统文化、建设精神文明、构建和谐社会作出积极努力。

加快姑蔑文化产业的开发，将大量的劳动和资本注入文化旅游、娱乐服务、文化艺术、教育科学等活动中，把姑蔑文化发展放在当地经济社会发展的重要位置。姑蔑文化是浙江先民璀璨文明的缩影。它博大精深、奥妙神奇，让人类通过最直接、无声但又最强有力的实物证据了解历史，打开审视自己的一扇窗。挖掘姑蔑文化，再现湮没的辉煌，唤起人类渐已淡漠的记忆；挖掘姑蔑文化，照亮前进的方向，驱逐人类内心的孤独和迷茫；挖掘姑蔑文化，用零距离的方式，挖掘层层泥土中的尘封往事；挖掘姑蔑文化，用无声息的印鉴，见证古往今来的风流雅韵。

2. 姑蔑文脉延续

文化的范围是很大的，浙江文化作为一个文化共同体的概念，是由构筑在金衢盆地版图上姑蔑的文化地域组成的。可以说，没有姑蔑文化，就没有浙江文化；没有姑蔑文化研究，就谈不上浙江文化研究。因此，发展好姑蔑文化，就是繁荣浙江文化；做好姑蔑文化研究，就是做好浙江文化研究，为浙江精品城市的顶层文化设计提供智力支持和文化支撑。

研究姑蔑文化，要树立科学认真的态度，去粗取精，去伪存真，由此及彼，由表及里，提炼出文化最耀眼的闪光点、最优良的品质、最独特的个性，从而增强地方核心竞争力。研究姑蔑文化，要坚持古为今用的原则，打造"文化古都、产业新城、山水浙江"的目标定位，是科学发展对文化建设发出的时代呼唤。研究姑蔑文化，必须确立"推陈出新、古为今用"方针，大力推进文化创新，不断提高服务地方发展、助推转型跨越的"导航"水平。同时，要加强研究成果宣传应用，及时把研究成果转化为区域经济社会发展的软实力。

姑蔑既是一个历史地理概念又是重要的文化概念，作为民族文化，姑蔑文化是生活在这一地区的部落联盟、民族族群共同创造的，在不同历史时期创造了不同的文化形态。姑蔑文化作为浙江文化中最具古老传统的地域文化之一，在吸纳现代文明因素、走向现代化的历史进程中，从生产方式到生活方式，从物质文化形态到精神文化形态，从思维方式到认知体系，从生活习惯到制度规范，传统和现代的东西无不在碰撞、冲突、相互吸纳的过程中形成新的统一，使姑蔑文化成为传统文化与现代文化有机统一的整体。浙江姑蔑地，儒释道文化、书院文化、宗教文化、吴越文化、徽派文化、客家文化、埠头文化、手工业文化、孝德文化、农耕文化以及相关的文学艺术在此交相辉映，从而极大地推动了当地文化进一步繁荣发展，为当地的民风民俗起着积极的推动作用，营造了具有浓郁的地域文化氛围，创造出各式各样、特色鲜明、质量上乘的姑蔑经典产品。

## 第二节　姑蔑之旅

### 一　集聚辐射边界

（一）唱响文化新篇章

从人类进入文明社会以来，浙江就有新石器时期上山人生活，夏商周时期为於越地，春秋时期为姑蔑国族聚居地，处于吴、越两国的交界，后又归属于越地。南齐以后，浙江金衢盆地学风渐盛，县学、社学、书院及私塾等讲学机构多有设立，辐射出巨大的文化能量。不仅本地名儒代代有，在浩瀚学海与宦海中大展宏图，而且还活动过、寄寓过数不胜数的文化名人。从文人学者到书画大家，从能工巧匠到杏林名家，其生动活泼的文化创造与传播，绵延不绝的文化承续与传递，从来没有湮灭或消沉过，造就了浙江人具有农业种养和商埠文化的讲信重义、手工生产和作坊经营的分工合作、农村集市和城镇发展的开阔灵活之特性。

随着经济的快速发展，人们丰富多样的精神性、情感性需求也在不断升级，留住乡愁、唱响发展新篇章的节奏更加快捷。新经济催生新技术、新产业，锚定姑蔑文化坐标，用零距离的方式发掘层层泥土中的尘封往事，用无声息的印鉴见证古往今来的风流雅韵，再现浙江湮没的辉煌。让人们通过最直接、无声但又最强有力的实物证据了解历史，唤起人们渐已消失的记忆，打开审视浙江未来的一扇窗，增强文化认同感和归属感。坚定文化自信，发展文化产业，集聚辐射边界，融入都市版图，推进浙江地方区域工业、农业、旅游服务业三升级。

地域文化是文化自信的基石，特色鲜明的地域文化，是源远流长的中华文化的有机组成部分，是中华民族的宝贵财富。姑蔑地留下了独有的地理痕迹和韵味，孕育了地方特色的鲜明文化，这是文化自信来源。源远流长的姑蔑文化、底蕴深厚的耕读文化、瑰丽神奇的三教文化、刚毅正直的血性文化、自强不息的商埠文化，展现了浙江文化的独特魅力。姑蔑文化是浙江特定区域传承至今仍发挥作用的文化传统，是特定区域的生态、民俗、传统、习惯等文明的表现。姑蔑文化自信，彰显了我们对中华优秀传统文化的自信，对国家和民族未来发展以及自身走向的自信，使完善和发展中国特色社会主义伟大事业增强了传统血脉、文化底蕴和价值底气。

今天的姑蔑后裔站在发展前沿，更加自觉地吸收接纳新思想、新思维和新规划，明确姑蔑之地在长三角地区的发展定位，统筹协调发展工农业和第三产业，适应新变化。文化产业成为国民经济支柱性产业的今天，在思考、制定区域经济社会发展规划时，应高度重视挖掘浙江文化资源，积极发展文化产业，通过规划明确文化旅游开发布局，从实际出发、因地制宜，"点、线、面"整体开发包装，从布点开始，继之以连点成线，织线成网，最终形成由多个景点组合而成的网络结构式的"文化旅游产品"，实现区域经济社会的可持续发展。

第一，挖掘、保护姑蔑文化的精神内涵、历史遗存，做浙江美丽经济推动者。民间留有大量的生活信息资料，是动态的文化，处于内部或外部多元、多渠道、多层面、持续不断地传播、渗透、吸收、整合、流变之中。诸如稻作文化、水利文化、蚕桑文化、古村落文化、古建民居文化、婺学文化、传统中医文化、曲艺歌赋文化、手工艺文化、方言文化、民风民俗文化、儒释道文化、商贸文化、科技文化、方志谱牒文化、乡贤名人文化等。但是，文化研究受重视程度与经济社会发展的要求不相适应，不利于在更广阔的空间和更长的时间跨度内准确认识和把握姑蔑文化的本质和内涵。而且多为资料整理、考证性和粗线条评述性的成果，有一定思想深度且形成体系的综合性研究成果以及开发利用姑蔑文化资源直接为经济社会发展服务的成果少。文化理论的积淀和学术的发展随着建设社会主义文化强国战略的实施而进入了新的历史时期，如何将文化的发展和理论的创新，融入地方经济发展的洪流中，支撑起产业成长的基本框架，成为破解文化未来跨越式发展的重点所在。

第二，宣传、推广姑蔑文化的精神文明、传统文化，做党的十九大精神的传播者。追溯和查考姑蔑，凸显区域经济文化一体化的社会意义，研究挖掘并充分利用民间文化，不仅是保护、培育和传承民族文化的需要，也是做深"昨天文化"、做实"今天文化"、做活"明天文化"要求的具体实践。弘扬地域文化要加强对地域文化的研究、整理，成立文化研究院，出版学术刊物，举办"地域文化大讲堂"，组织开展考察、采风、调查等活动，挖掘本地民间习俗、历史风情、文化古迹等资源，让人们更加直观地感悟传统文化的深刻内涵。只有传承和发展地域文化，中华民族的根脉才不会断裂。有文化自信，才能增强民族文化认同，才能弘扬民族精神，才能把当代大学生培养成为先进文化的承载者和引领者，从而担负起中华民族伟大复兴的历史重任。如民俗剪纸、十字绣、麦秆扇子、民间绘画及坐唱班、古法舞狮、迎龙灯、抢头杵、保稻节、摆胜,还有木雕、石刻、竹艺、根雕,以及中药文化、银娘省亲、姑蔑公主演绎活动等,将特色鲜明的文化遗产转化为旅游产品,可以增强旅游目的地的知名度,吸引更多的游客前来旅游,促进社会共享,培育和扩大文化遗产的受众群体。

第三,锚定、丰富姑蔑文化的内容形式、产业发展,做文化浙江的践行者。古村落是农耕文化的结晶,具有悠久的历史和深厚的文化底蕴,既包括村落的规划、各类建筑、桥梁、庙宇、名木古树等物质文化遗产,也蕴含各类民风习俗、传统节日、民间信仰、传统技艺等非物质文化遗产,其独特的历史、文化、经济、旅游价值正越来越为人们所认识,对人们有着巨大的吸引力,从而兴起了游古村、访古镇的旅游潮,这股热流为古村落的发展注入了活力,促进了经济发展。古老的浙江文化放射着中华文明的流光溢彩,新经济催生新技术、新产业、新业态、新商业,加快文化产业的开发,重点引导文化创意和设计服务进入旅游业,提升旅游服务附加值,把文化发展与旅游经济发展融合起来并放在一个重要位置,文化融合旅游正当时。加快文化产业的开发,大量的劳动和资本注入文化旅游、娱乐服务、文化艺术、教育科学等活动中,把文化发展放在当地经济社会发展的重要位置。坚持以人为本推进城镇化建设,着力构建城乡融合、工农互补、人口与资源自由流动的城乡一体化格局,让浙江人民看得见山、望得见水、记得住乡愁。加大对旅游农家乐的投入,协调发展商贸流通、家庭服务、文体娱乐等贴近人民生活、需求潜力大、带动作用强的生活性服务业,促进服务业量质齐升。突出发展养生休闲旅游,以此带动生态观光游、研学游等多元化旅游业态,建成一流旅游目的地和知名健康养生休闲度假目的地。大力发展电子商务、现代物流等生产性服务业,完善金融服务体系,建立多层次资本市场,继续做大金融总量,为产业转型升级提供专业化服务支撑。

(二) 深植文化新发展

绿色生态是浙江的最大财富、最大优势、最大品牌,既要金山银山,又要绿水青山,让浙江的天更蓝、水更清、山更秀,走出一条可复制、可推广的经济发展与生态文明建设相得益彰的新路子。针对开发过程中存在的矛盾和问题,从宏观层次上对文化产业进行文化导向设计、文化主题定位、文化内容策划、文化形象设计等整合,从微观层次上探讨文化产业发展的对策，包括解决古村落产权困扰、统筹新村和古村建设、完善基础设施建设、维持历史文化氛围、活化古村落风貌、推动文化产品创新、稳定服务质量、健全开发机制、鼓励居民参与、控制环境容量、引导游客行为、健全市场营销系统、打造知名品牌等策略。采用低碳环保技术改造传统产业，推进绿色生产方式，构建以低碳工业、生态农业和低消耗、低污染的现代服务业为主要内容的绿色产业体系，加快推进绿色发展。加快生态安全屏障建设，重视实施重大生态修复工程。

　　延续几千年的乡村正在经历前所未有的变化，乡村的何去何从，也从未像今天这样引发社会的关注和思考。深化改革攻坚期、全面小康决胜期，认清时代大背景、把握发展大逻辑，翻篇归零再出发，抓紧转、加快赶，迈出现代化都市区建设更大步伐。在适应把握新常态中坚定扛起新使命，积极应对世界经济进入长周期调整和我国经济结构性失衡带来的风险挑战，主动对接"一带一路"倡议和长江经济带国家战略，紧紧抓住浙江省推进四大都市区和义甬舟开放大通道建设等历史性机遇，加快推进经济向城市经济、都市区经济转型，自觉肩负"扛起改革发展大旗、加快推进浙中崛起"新使命。在全国全省发展大格局中准确锚定新坐标，清醒认识姑蔑地在长三角城市群中的功能定位、在全省发展大局中的重要作用，确保与全市同步高水平全面建成小康社会，加快建设全国区域性中心城市，为浙江打造全面小康标杆省份注入更多姑蔑元素、贡献更多姑蔑人的力量。

　　文化是一个研究、传承、推广和开发的过程，文化元素需要旅游经济绽放体现。一个地方的文化可以影响和制约一个地方各方面的发展，需要地域文化的传承和发展来促进经济、政治、文化以及生态文明建设的全面进步，对文化产业、旅游事业发展更是具有不可估量的借鉴和参考价值。丰富厚重的地方文化，承载着古代文明连绵不断地向前发展，不仅指导过去的活动，也影响着未来的文明。文化观念变迁之快捷，文化研究与民生衔接之紧密，文化与旅游之密切，是文化研究的大趋势。从理论角度对地方文化做出系统总结，进一步了解和揭示当地文化的源流脉络、发展规划及其原因，丰富和发展灿烂的中华文化宝库，寻踪文化传承及其现代价值的阐扬，促进旅游经济创新。坚持"自然之美、田园之美、古村之美"三结合原则，保护好、利用好、管理好生态资源，打造成为集养生、休闲、美食、亲水、祈福等主要功能于一体的慢生活生态怡养旅游地。

第一，提升城镇的精细度。各村坚持百花齐放原则，突出文化主题，弘扬工匠精神，注重文化融镇，坚持以宽慢嬉文化为灵魂，做足文章。

第二，提升城镇的集聚度。全镇全村一盘棋，村村有景观特色，以求让更多的消费者能以观光的形式认识多元的文化产业，开发传统文化助力新经济，建设饮食文化博物馆，渲染小菜馆、小酒店、小吃店、手艺店等的文化味。

第三，提升美丽乡村的宜居度。进一步丰富美丽乡村内涵，突出宜居宜业，实现由"物的新农村"向"人的新农村"转化，推广农村污水处理"生态疗法"和垃圾分类处理，努力建设清洁家园、清洁水源、清洁田园，推广"坡顶、黛瓦、白墙、红柱、吊楼、翘角、墙裙、花窗"的民居风格，保住古镇古村、古屋古迹、古桥古树、古风古韵。

## 二 融入都市版图

（一）美丽乡村新常态

当前，把文化旅游产业当作推动转型升级、实现富民发展的重要抓手，以创新的理念、开放的姿态、鲜明的特色、多元的投入，破解规划土地资源瓶颈，锁定人才资本创新要素，因地制宜、顺应潮流、无中生有、有中生优，将劣势变成优势、使优势变成强势，让创意变成产品、把智慧变成财富。做"富"文旅融合发展规划；做"亮"文旅融合金字招牌；做"新"文旅融合特色产品；做"大"文旅融合社会投入；做"优"文旅融合全域管理；做"活"文旅融合文化内涵。

现在国内许多省份对自己辖区内的新奇事都会编成顺口溜，如福建、山西等均有"八大怪"，浙江金华自然也有"八大奇"，"握握手——握住佛手香吻鼻；摸摸腿——摸摸火腿嫌油腻；喝喝奶——喝上鲜奶心欢喜；泡泡澡——热水不烧就能洗；嬉嬉洞——身体躺着进洞嬉；闯闯卦——钻进八卦让你迷；演演戏——不是演员能演戏；购购物——走时购物整箱批"。通过导游之口、文字资料等形式进行传播，以丰富旅行者的旅途生活。在给旅客带来愉悦的同时，也增添了其对该旅游区所在省份风俗民情和名优特产的了解，感受当地的文化氛围。这种简洁明了、通俗易记、风趣幽默、夸张放大的顺口溜正是游客所喜爱的，是外地人对旅游地的瞭望窗口之一。目前浙江旅游界还未推出"浙江八大怪"之类的旅游文化小标签，据了解，全国各地级市也没有这种"旅游文化"的概括语句。①

任何一座城市乃至一个古老的自然村，在长期的历史发展过程中，都沉淀着自己相对独立厚重的文化底蕴，它不仅是一地百姓的感情纽带，更承载着众多渗透骨髓的文化基因。如何让乡土文化回归并为乡村振兴提供动力，如何让农耕文化的优秀精华成为建构生态文明的指南，让乡村成为生态宜居的家园，成为破题的关键所在。

党的十九大报告指出，实施乡村振兴战略要坚持农业农村优先发展，按照产业兴旺、生态宜居、乡风文明、治理有效、生活富裕的总要求，建立健全城乡融合发展体制机制和政策体系，加快推进农业农村现代化。姑蔑区域的美丽乡村建设就是要打造一个望得见山水、记得住乡愁、富有丰富文化内涵的宜居、富民、和谐美丽乡村。实施乡村振兴战略，要抓住文化内涵的牛鼻子，化文化优势为发展优势，坚持文化传承与创新并举，加速培育乡村文旅产业新业态。依托其原有文化内涵，合力唤醒乡村沉睡的本土文化资源，乘势而上、砥砺奋进，全面提升物质文明、政治文明、精神文明、社会文明、生态文明水平，文化魅力充分彰显，人民生活富裕文明，为现代化都市区建设打下坚实基础。高举习近平新时代中国特色社会主义思想伟大旗帜，全面贯彻党的十九大和省委十四届二次全会、市第七次党代会精神，不忘初心、牢记使命，大力弘扬红船精神，聚焦聚力高质量发展，打造高质量发展的重要增长极，高水平全面建成小康社会，高水平全面建设社会主义现代化，高水平全面建设现代化都市区。

美丽乡村建设不仅仅是改变村容村貌，改变乡村的卫生环境，更需要全面整合各种资源，以打造特色乡村、提高生活品质、繁荣乡土文化为目标，发展休闲农业、乡村旅游，以农为本，以生态保护、文化传承为主干。不仅要融入自然之美，在彰显一村一景、一村一色、一村一品的乡土色彩的同时，丰富人民群众的精神文化生活，实现村村优美、家家创业、处处和谐的新农村风貌，实现产业兴旺、生态宜居、乡风文明、治理有效、生活富裕的美丽乡村目标。以人民需求为本，以历史传承为脉，以特色文化为魂，深入发掘和弘扬优秀传统文化蕴含的核心思想理念，坚持创造性转化、创新性发展，充分运用"文化+""互联网+"，推动文旅融合、文教结合，上下联动、各方协同。加快推进优秀传统文化保护事业的高质

---

① 贾亦俭：《充分挖掘充实金华旅游的文化内涵》，《金华精神文明》2007年第8期。

量发展、竞争力提升、现代化建设，打造姑蔑文化金名片。

一个发展目标。即建设姑蔑区域现代化中心城镇和绿色崛起重要增长极，最终实现与全省同步建成小康社会。

两个发展理念。即争当生态文明建设标兵、绿色崛起实践先锋，在发展的同时，保护好山山水水，保护好美丽的家园。

三个基本判定。一是浙江金衢盆地发展的基础更加坚实；二是得天独厚的生态优势，依托政府支持政策叠加释放，面临的发展机遇前所未有；三是广大干部群众干事创业氛围非常浓厚，发展的势头强劲有力。同时，也看到了"三个明显不足"，就是基础仍然薄弱、形势不容乐观、竞争十分激烈。

四个同步推进。即做到壮大总量与转型升级同步推进、经济建设与生态保护同步推进、加快发展与改善民生同步推进、改革创新与和谐稳定同步推进，打造宜居宜游的自然生态、绿色崛起的经济生态、安定和谐的社会生态、风清气正的政治生态。

五个行动计划。加快建设现代化都市区，主要抓手和最有效载体包括：以"诗路浙江"建设平台为依托提升核心区首位度发展战略行动计划、以网络经济为重点的现代服务业发展战略行动计划、以农业农村现代化为目标的乡村振兴战略行动计划、以"最多跑一次"改革为突破口的全面深化改革战略行动计划、以建设美丽浙江为目标的绿色发展战略行动计划。

八大具体任务。基本建成一二三产业融合发展、山水田城相嵌、服务优质均衡的宜居宜业宜游之地。具体包括：资源整合，完善产业协同发展机制；优化布局，完善文旅融合发展机制；因地制宜，创新姑蔑区域协调机制；降低成本，创新土地供给保障机制；资源下沉，创新公共服务供给机制；以人为本，创新农民就业创业机制；多元持续，创新城镇化投融资机制；资源整合，创新农村新社区建设机制。

坚定地沿着习近平总书记的思想指引的道路执着前行，加快建设创新发展的现代化浙江，加快建设开放包容的现代化浙江，加快建设生态宜居的现代化浙江，加快建设民主法治的现代化浙江，加快建设文明幸福的现代化浙江，勇立时代潮头，担起历史重任，在社会主义现代化建设新长征路上继续前进，用赤诚与激情、奋斗与奉献，共同谱写21世纪浙江发展的崭新篇章。

(二) 美丽产业新动能

与普通村落不同,古村落的文化有深深的历史烙印,因而才与现实形成鲜明的反差。古村落也是农村,不可能因为保护而成为新农村建设的死角,而应该根据自身的条件跟上时代的步伐。古村落发展基础应立足自身的文化特色,而不是盲目地去搞产业性的开发。以文化营造环境,以文化带动产业,形成这里的文化经济,是古村落在新的时代条件下焕发活力的根本,也是实现"生产发展、生活宽裕、乡风文明、村容整洁、管理民主"的重要保障。古村落传统文化也像古村落建筑一样,面临失传或消失的危险,应利用各种技术手段,全面调查、搜集、记录和保存与古村落相关的文化现象,进行抢救性保护。启动"文化行动",多方合作,采用图文音像并举的方式,收集整理汤溪古村的民俗遗风、人文历史、古建筑历史、民间故事等,以期"定格"一个原生态的古村落。在民间文化挖掘、保护和开发过程中,还要整合地方人力资源,重视专业人才的培养,加强古村落文化的理论研究,不断挖掘古村落传统文化的丰富内涵。

古村落文化是农耕文化的结晶,是村民在长期的历史发展中世代相传下来的实践经验和智慧的总结。无论是风水理论中的生态理念,祭祀仪式中的传统道德、伦理教化,还是民风习俗、乡规民约中体现的人文精神,农村乡土社会人际关系中特有的乡情、亲情,其本质都是和合文化的体现,强调和谐和善,顺其自然。古村落文化所强调的村落、村民与地理(风水)、气候、河(溪)流、山脉、树木、植被、动物等自然生态环境的和谐相融,人与人之间的和睦和善、团结互助,对于我们倡导科学、文明、健康、向上的文明乡风,增进农村社会的凝聚力和向心力,促进农村社会的稳定与和谐,都具有现实意义。特别是一些传统仪式,是民间信仰的核心表现形式,保护好传统仪式,对于协调人与自然的关系、人与人的关系,增进家族认同、族群认同、民族认同和文化认同,维护社会稳定,弘扬民族精神,展现当地文化,都是十分必要的。只要具有一定的历史价值、艺术价值、文化价值、科学价值,只要对人类发展具有某种借鉴与推动作用,就应将其作为健康文化予以肯定、予以保护。应注重保护农村传统文化中的人文生态系统,发挥古村落传统文化的教化作用,使之转化为巨大的精神财富,更好地为营造农村和谐社会、促进农村精神文明建设服务。[1]

---

[1] 唐踔:《古村落及村落文化遗产保护》,《新乡学院学报》(社会科学版) 2010 年第 4 期。

城镇化改变了人们的居住方式，6亿多人住进了城市中的单元楼，居住密度大，活动空间小，逃出城市的愿望越来越强烈，对农村的向往和需求越来越大，这就要求农业不仅仅给城镇人口提供商品性农产品，还要提供休闲、娱乐、恢复体力、净化身心的服务。于是，休闲农业、养老农业、体验农业、城市阳台农业等新的农业发展模式迅速出现。乡村承载着独特的地方文化，乡村文化是"乡愁"基因的重要载体。乡村振兴，不仅仅是经济建设的振兴，还是生态建设、文明建设的振兴，是一个系统工程。推进姑蔑之地高质量发展，坚持以人民为中心的发展思想，以田园综合体建设推进乡村振兴战略，更好地满足人民群众日益增长的美好生活需要，不断提升都市区软实力。争当生态文明建设标兵、绿色崛起实践先锋，是姑蔑之地的第一要务。姑蔑之地生态环境好，旅游资源特别丰富。为此，姑蔑之地将坚持把旅游业作为第一位产业来抓，作为"绿色崛起"的先锋产业来打造，使旅游业成为金衢盆地的最大特色、最大优势、最大亮点，成为第一窗口、第一名片、第一品牌。按照"小、精、灵"的要求，坚持城景一体，把姑蔑之地作为一个大景区来打造，推进"旅游+"和"+旅游"融合发展，开展多领域、多渠道、多层次的紧密合作，以"旅游+文化""旅游+康养""旅游+体育""旅游+研学"作为战略目标，打造集高端度假康养、高山农业、极限体育、文化演艺、红色教育、区域旅游集散、滨水商业、生态庄园为一体的旅游与城市建设、工业项目以及大健康、大文化等多方面结合。全域创建国家农业可持续发展试验示范区，促进农业与第二、第三产业融合发展，打造农产品加工业工程。建设一批特色小镇、美丽乡村，打造田园综合体，带动农民致富、农业增效、农村发展。

农村尤其是偏远农村大多都还保留着古村落、古建筑等有形财富以及附着于其上的无形资产，仍然保存着历史遗留的地域、民族、习俗、礼仪、节庆、建筑等方面不同的风格。正是这些与城市同化发展形成鲜明对比的财富，才让乡村文化显得弥足珍贵。现在很多农村，原本独有的历史印记、文化注脚在逐渐减少甚至消失，同化发展的趋势渐成，在发展中更加珍视历史传承，延续乡村文化脉络，守护乡村文化生态，留住美丽乡愁，具有重大的现实意义。在改造传统农村社区、建设新型农村社区、实现农村"升级"的同时，必须努力保护乡村风貌、传承乡村文脉、留住乡村记忆、建设风情乡村，坚决防止把农村建得城不像城、乡不像乡、不伦不类。梳理整理文化，那些与故乡有千丝万缕联系的老记忆、老味道、老物件、老建筑、老声音等，是浙江独特的地域文化基因，从人文历史、自然风情、民俗民风、古迹遗存、族谱家规中追本溯源，挖掘整理文化，留住乡村的根；载体展示文化，通过实物展示、故事传说、情景模拟等方式展示村落历史、家庭生活、生产民俗，记载文化，通过说唱、舞蹈、劳作、生活等形式体现文化；规划留住文化，遵循"见人、见物、见生活"的原则，慎砍树、不填塘、少拆房，保留山清水秀的田园风光，展示"鸡鸣桑树颠，桃李罗堂前"的人与自然的和谐画卷；发展乡村文化，让人们在享受自然生态、人文景观、乡风乡情中回味美丽、原生、独特的乡村文化，严防破坏性开发和过度商业化。

对于未来日新月异的时代变化，改革的节奏非常快捷，站在改革前沿，更加自觉地吸收接纳新思想、新思维和新规划，明确浙江金衢盆地在长三角地区的发展定位，统筹协调发展工农业和第三产业，适应新变化。在地方经济的文化意义和姑蔑文化的经济价值中，需要寻求到有力的支撑。

以习近平总书记治国理政新理念新思想新战略为指针，奋力开创社会主义现代化大都市建设新征程，是我们国家和民族发展史上具有伟大里程碑意义的时期。姑蔑区域的发展进入重要的历史性窗口期，是由全面建成高质量小康社会向加快建设社会主义现代化大都市迈进的关键时期。高举中国特色社会主义伟大旗帜，坚持以马克思列宁主义、毛泽东思想、邓小平理论、"三个代表"重要思想、科学发展观为指导，深入学习贯彻习近平总书记系列重要讲话精神和治国理政新理念新思想新战略，紧紧抓住历史性窗口期，坚持稳中求进工作总基调，主动适应经济发展新常态，以新发展理念为引领，大力推进供给侧结构性改革，解放思想、创新竞进，特别是坚决打好防范化解重大风险、低收入百姓增收、污染防治的攻坚战，努力在解决发展不平衡不充分问题、满足人民日益增长的美好生活需要上取得新成效，为全面建成高质量小康社会、建设社会主义现代化大都市而努力奋斗。

# 参考文献

## 著作

徐云峰：《姑蔑历史文化论文集·三言两语话姑蔑》，人民日报出版社2002年版，第245—249页。

曹志耘：《汤溪方言民俗图典》，语文出版社2014年版。

陈文华：《中国古代农业文明史——春秋战国、秦汉时期的饮食文化》，江西科技出版社2005年版。

陈钟灵修，冯宗城等纂：《汤溪县志》，浙江图书馆藏，清乾隆四十八年（1783）刻本。

程有为：《姑蔑历史文化论文集·姑蔑史迹管窥》，人民日报出版社2002年版，第24—28页。

丁燮、薛达、戴鸿熙：《汤溪县志》，金震东石印局1931年排印本。

董楚平：《吴越文化新探》，浙江人民出版社1988年版。

[德]恩格斯：《家庭、私有制和国家的起源》，《马克思恩格斯选集》第4卷，人民出版社2012年版，第176页。

黄怀信：《逸周书校补注译》（修订本），三秦出版社2006年版。

黄怀信、李学勤：《逸周书会校集释·王会解第五十九》，上海古籍出版社1994年版。

黄寿祺修，吴华辰总纂：《江西玉山县志》，成文出版社有限公司影印清同治十二年刊本。

黄晓刚：《金华古十景诗选》，文化艺术出版社2008年版。

蒋炳钊：《百越文化研究》，厦门大学出版社2005年版。

金华茶文化研究会：《金华茶文化丛书》，浙江人民出版社2016年版。

金华历史文化丛书编委会：《源远流长——千古风流话金华》，浙江教育出版社 2018 年版。

金华县志编纂委员会：《金华县志》，浙江大学出版社 1992 年版。

兰溪市地方志编纂委员会：《兰溪市志》，浙江人民出版社 2013 年版。

劳乃强：《姑蔑历史文化论文集·南北姑蔑关系考》，人民日报出版社 2002 年版，第 136—144 页。

李渔：《闲情偶寄》，四川辞书出版社 1995 年版。

林胜华：《瀫滨古邑·罗埠》，中国戏剧出版社 2018 年版。

林胜华：《李渔饮食及其养生文化》，浙江工商大学出版社 2013 年版。

刘彬徽：《姑蔑历史文化论文集·论姑蔑文化和楚文化的关系》，人民日报出版社 2002 年版。

刘援朝：《中国首届人类语言学国际学术研讨会论文集·人类语言学在中国：吴方言与苗瑶语》，黑龙江人民出版社 2007 年版。

刘宗鹤总纂：《遂昌县志》，浙江人民出版社 1996 年版。

陆侃如、牟世金：《刘勰和文心雕龙》，上海古籍出版社 2011 年版。

钱宗范：《姑蔑历史文化论文集·关于姑蔑文化几个问题的探讨》，人民日报出版社 2002 年版。

万国鼎：《中国历史纪年表》，中华书局 2010 年版。

蒋金治、朱佩丽：《金华古城文化考略》，中国文联出版社 2015 年版。

汪文壁修，罗元龄等纂：《汤溪县志》，上海图书馆藏明万历三十二年（1604）刻本。

王湛、林雅琪：《蟹仙李渔三百年前道出浙菜精髓》，吉林大学出版社 2014 年版。

魏建震：《姑蔑历史文化论文集·先秦时期姑蔑族的渊源与迁徙》，人民日报出版社 2002 年版。

萧军：《吴越春秋史话》，华夏出版社 2008 年版。

徐松石：《粤江流域人民史》，人民出版社 2016 年版。

徐永生：《姑蔑历史文化论文集·姑蔑文化源远流长》，人民日报出版社 2002 年版，第 76—87 页。

徐云峰：《姑蔑历史文化论文集·泓上之战与姑蔑南迁》，人民日报出版社 2002 年版，第 250—258 页。

杨鸽声主编：《婺文化概要》，吉林人民出版社 2006 年版。

杨善群：《姑蔑历史文化论文集·姑蔑、徐人南迁考》，人民日报出版社 2002 年版，第 121—126 页。

余全介：《秦汉越地人物传》，浙江大学出版社 2011 年版。

余绍宋：《龙游县志》，北京城印书局刊印 1925 年版。

袁枚：《随园食单》，明清学人笔记丛书，江苏古籍出版社 2000 年版。

张广天：《妹方》，四川文艺出版社 2016 年版。

张秀奇：《金庸武侠小说完全手册》，山西教育出版社 2006 年版。

郑洪春、袁长江：《姑蔑历史文化论文集·试探姑蔑族与东夷族皋陶之少子徐偃王的关系》，人民日报出版社 2002 年版，第 203—205 页。

周振鹤、游汝杰：《方言与中国文化》，上海人民出版社 1986 年版。

左宗棠、刘泱泱：《左宗棠全集·衢州东南北三路一律肃清现筹进取情形折》，岳麓书社 2014 年版。

## 论文

［加拿大］蒲立本：《上古时代的华夏人和邻族及其语言》，游汝杰译，《扬州大学中国文化研究所集刊》1998 年第 1 辑。

曹志耘：《谈谈方言与地域文化的研究》，《语言教学与研究》1997 年第 3 期。

陈宝良：《风物闲美——明代的江南及其文化生活》（下），《艺术品》2013 年第 6 期。

陈文华：《宋元明清时期的饮食文化》，《南宁职业技术学院学报》2005 年第 4 期。

陈永祥：《浅谈先秦时期楚人的饮食文化》，《黄淮学刊》（哲学社会科学版）1998 年第 4 期。

冯爱琴：《走进百越研究：历史源流与文化发展》，《中国社会科学报》2013 年第 1 期。

戈春源：《姑苏考》，《苏州科技学院学报》（社会科学版）2014 年第 1 期。

海江：《金华古城邑的变迁》，《浙江档案》1990 年第 6 期。

洪国荣：《浦江上山遗址惊世大发现》，《文化交流》2005 年第 3 期。

洪铁城：《"婺派建筑"的由来及存在特征》，《中华民居》2010 年第 5 期。

侯哲安：《三苗考》，《贵州民族研究》1979 年第 1 期。

胡盛玮：《缙云"白汤布"》，中国缙云新闻网（http：//www.jynews.com.cn），2010 年 3 月 3 日。

黄现璠、韦秋明：《试论百越和百濮的异同》，《思想战线》（双月刊）1982 年第 1 期。

贾亦俭：《充分挖掘充实金华旅游的文化内涵》，《金华精神文明》2007 年第 8 期。

蒋巨峰、章荣高：《好川村发现新石器时代遗址》，《浙江年鉴》（文化）1998 年版。

蒋乐平：《龙游发现青碓新石器时代早期遗址》，《浙江文物》2010 年第 5 期。

雷广正：《试论古越人及其后裔的衣食习俗》，《贵州民族研究》1984 年第 4 期。

李宽：《寻幽姑射山仙洞沟》，《中关村》2018 年第 2 期。

林胜华：《从婺州窑的发掘探究金华烹饪的发端》，《浙江旅游职业学院学报》2007 年第 1 期。

李会娥：《原始社会饮食之次级加工技术初探》，《安徽农业科学》2006 年第 7 期。

林胜华、张跃西、芮顺淦：《从上山文化探析金华饮食》，《餐饮世界》2008 年第 12 期。

林胜华：《金华酒文化历史源流管窥》，《扬州大学烹饪学报》2002 年第 2 期。

林胜华：《金华烹饪文化史探析》，《神州民俗》2008 年第 5 期。

刘守华：《解码"鱼鳞图册"》，《中国档案》2019 年第 1 期。

刘锡诚：《春神句芒论考》，《西北民族研究》2011 年第 1 期。

刘正武：《且瓯国考》，《湖州职业技术学院学报》2017 年第 2 期。

吕洪年：《民间器物崇拜述略》，《东方博物》2005 年第 4 期。

孟世凯：《姑蔑与龙游》，《文史知识》2010 年第 12 期。

彭邦本：《姑蔑国源流考述——上古族群迁徙、重组、融合的个案之一》,《云南民族大学学报》(哲学社会科学版) 2005 年第 1 期。

彭利芝:《妹喜形象考论——兼论明清历史小说中的"女祸"现象》,《明清小说研究》2005 年第 2 期。

彭适凡:《开展对中国南方古代青铜器研究的若干思考》,《南方文物》2010 年第 1 期。

钱宗范:《试论姑蔑文化与楚、吴、越文化的关系》,《广西师范大学学报》(哲学社会科学版) 2005 年第 3 期。

时补法:《浙江兰溪发现庞大石窟群 与龙游石窟相距不远》,2017 年 4 月 20 日,新华网,http://www.xinhuanet.com//local/2017-04/20/c_1120841759_4.htm。

宋乔生:《女娲与王母娘娘打下母系氏族烙印》,《群文天地》2011 年第 11 期。

孙秋云:《费孝通"中华民族多元一体格局"理论之我见》,《中南民族大学学报》(人文社会科学版) 2006 年第 2 期。

谭国志:《从文化人类学的角度看中国饮食文化研究》,《湖北经济学院学报》2004 年第 2 期。

唐踔:《古村落及村落文化遗产保护》,《新乡学院学报》(社会科学版) 2010 年第 4 期。

陶百熔、许中华:《姑蔑地的味蕾》,2012 年 7 月 11 日,婺城新闻网,http://jhwcw.rzjol.com.cn/wcnews/system/2012/07/11/015199640.shtml。

王健:《先秦秦汉时期徐淮地域文化的变迁》,《史学月刊》2013 年第 8 期。

项珮霞:《漫谈缙云仙都与黄帝文化》,《少儿科学周刊》(教学版) 2014 年第 4 期。

徐云峰:《商纣后裔今何在 姑蔑之地有续篇》,《浙江师大学报》(社会科学版) 1995 年第 2 期。

徐云峰:《试论商王朝的谷物征收》,《中国农史》1984 年第 4 期。

薛文春、刘金桂、张胜华:《姑蔑地"新十大碗"酸甜鲜辣好下饭》,浙江新闻客户端 (http://jinhua.zjol.com.cn/jinhua/system/2016/10/22/020826578.shtml),2016 年 10 月 22 日。

颜如玉:《李渔优雅的慢生活》,《醒狮国学》2014 年第 12 期。

叶岗：《论于越的族源》，《浙江社会科学》2008 年第 10 期。

尹焕章、张正群：《1959 年冬徐州地区考古调查》，《考古》1960 年第 3 期。

俞珊瑛：《青铜管窥：浙江出土青铜器研究》，《东方博物》2010 年第 3 期。

杨勇：《论云南个旧黑蚂井墓地及其相关问题》，《考古》2015 年第 10 期。

翟淑君：《试析〈吕氏春秋〉中蕴涵的健康饮食理念》，《丝绸之路》2010 年第 10 期。

詹子庆：《姑蔑史证》，《古籍整理研究学刊》2002 年第 6 期。

张惠英：《从姑苏、无锡说起》，《方言》1998 年第 4 期。

张树：《千古之谜——龙游石窟》，《百科知识》2006 年第 5 期。

张仲淳：《江西贵溪崖墓族属新探——兼对"干越说"质疑》，《东南文化》1989 年第 1 期。

赵建国：《论魏晋南北朝时期的饮食文化》，《许昌师专学报》（社会科学版）1990 年第 2 期。

赵丽娟：《破译甲骨文字之 170：蔑 300》，新浪博客（http：//blog.sina.com.cn/s/blog_ 5958fe3a0100o4oa.html），2011 年 2 月 14 日。

郑宗林：《"僧尼会"的传说》，婺城新闻网（http：//jhwcw.zjol.com.cn/wcnews/system/2012/07/30/015267829.shtml），2012 年 7 月 30 日。

钟翀：《姑末考——兼论江南河谷平原地带中历史人文地域之形成》，《杭州师范学院学报》（社会科学版）2005 年第 1 期。

周尊生：《邳县邓林遗址出土西㹞簠铭释文》，《考古》1960 年第 6 期。

周振鹤、游汝杰：《古越语地名初探》，《复旦学报》（社会科学版）1980 年第 4 期。

朱德才：《文化九峰山》，《安徽文学》2010 年第 12 期。

**报纸**

蔡文洁：《100 多年前的"鱼鳞册"隐藏着怎样的乾坤》，《金华日报》2017 年 11 月 9 日第 8 版。

曹晓恒：《金华：朱元璋的"隆中"》，《金华日报》2010 年 12 月 24

日第 11 版。

曹晓恒：《九峰山下神秘古国姑蔑的猜想》，《金华日报》2012 年 3 月 30 日第 8 版。

陈洪标：《一首民谣，串起 2000 年记忆》，《浙江日报》2010 年 7 月 23 日第 13 版。

陈瑞苗：《越国储物屯兵之处——试解龙游石窟之谜一说》，《浙江日报》1999 年钱塘周末版。

陈霞、潘旻、雷文伟：《3000 年前，衢州已生活着越国贵族！衢江惊现西周大墓》，《衢州晚报》2018 年 6 月 27 日第 1 版。

陈月丹：《遍地开花姑蔑地菜》，《金华晚报》2013 年 12 月 19 日第 12 版。

戴建东：《姑蔑古语与汤溪方言》，《今日婺城》2010 年 7 月 21 日第 2 版。

戴建东：《塔岩峰：遗落在姑蔑古国上的泪珠》，《浙中新报》2013 年 6 月 14 日第 17 版。

段菁菁：《浙江东阳发现距今 1 万年左右新石器时代遗址》，《齐鲁晚报》2014 年 8 月 30 日第 A15 版。

方令航：《"山下周遗址"又添佐证》，《金华晚报》2010 年 7 月 2 日第 3 版。

方跃镇：《朱元璋在金华不停地逃难？遇难成祥的传说最多》，《金华晚报》2014 年 10 月 17 日第 12 版。

方增吉：《"宽慢"些，再"宽慢"些》，《金华日报》2017 年 4 月 14 日第 9 版。

冯源：《新石器遗址再证水稻种植源于中国》，《中国文化报》2010 年 9 月 12 日第 1 版。

高旭彬：《余绍宋的九峰山情结》，《金华日报》2017 年 6 月 8 日第 7 版。

葛剑雄、陈鹏：《地名、历史和文化》，《光明日报》2015 年 9 月 24 日第 11 版。

贡小兵、郑晓航：《汤溪城隍庙"摆胜"今胜昔》，《金华日报》2018 年 5 月 31 日增版。

胡汝明：《寻回历史的记忆——记明成化七年汤溪县的兰溪乡》，《金华日报》2015年3月21日第4版。

黄家豪：《浙江"建德人"在现代人类起源理论的意义》，《今日建德》2018年2月14日第4版。

吉明亮：《金西：山水田园与经济发展共荣》，《金华日报》2012年11月22日第1版。

蒋乐平、郑建明、芮顺淦、郑云飞：《浙江浦江县发现距今万年左右的早期新石器时代遗址》，《中国文物报》2003年11月7日第1版。

郎兴启：《泗水县域曾为十二古国建都之地》，《济宁日报》2015年11月20日文化周末版。

李啸、欧阳锡龙、徐肖富：《三叠岩下红军亭，"红二师"的悲与壮》，《衢州日报》2011年5月17日人文周刊。

李艳、洪兵：《浙江发现距今9千年新石器时代遗址》，《金华日报》2010年1月25日第6版。

林胜华：《古村落下伊：寻踪商汤名相伊尹后裔卜居地》，《金华广播电视报》2017年5月4日第23版。

林胜华：《古婺芳踪：学者揭秘数千年前曾经存在于金华汤溪区域的强盛古国》，《金华晚报》2018年7月20日第10—11版。

林胜华：《婺州窑及金华饮食文化》，《金华日报》2010年6月8日第8版。

刘芳：《徐伯珍与双湖》，《金华日报》2010年3月30日第8期。

刘慧：《沉睡万年荷花山醒来　早期新石器遗址又一重大发现》，《浙江日报》2013年9月16日第13版。

罗江红：《红军在金华》，《浙中新报》2014年12月4日第14版。

毛广绘、刘恩聪、蓝正伟：《龙游9000年》，《浙江日报》2010年11月26日第15版。

孟文镛：《关于"于越"、"於越"及其音读》，《绍兴日报》2012年2月23日第11版。

覃董平：《苗族的鼓社祭与图腾崇拜》，《贵州民族报》2004年7月3日第3版。

覃小华：《金西发现大面积婺州窑古窑群遗址》，《今日婺城》2013年10月14日第2版。

邵雪廉：《九峰山增加了两个传说》，《金华日报》2010年8月23日第 4 版。

瘦石：《〈龙游文库·综述篇〉出版发行　揭示龙游地方文化建设》，《今日龙游》2017 年 3 月 22 日第 1 版。

吴宇桢：《龙游发现新石器时代遗址》，《文汇报》2013 年 9 月 16 日第 8 版。

习近平：《与时俱进的浙江精神》，《浙江日报》2006 年 2 月 5 日头版头条。

徐惠林：《南太湖地区史上曾有个"且瓯国"》，《湖州日报》2014 年 5 月 17 日第 3 版。

徐月蓉：《金华市全国重点文物保护单位名录》，《金华日报》2012 年 5 月 18 日第 8 版。

许健楠：《一亿年前金衢盆地横空出世》，《金华日报》2012 年 3 月 9 日第 8 版。

杨法礼、张一诺：《小学生搜集的民间故事藏着姑蔑地怎样的历史密码》，《都市快报》2012 年 4 月 12 日第 8 版。

杨林聪：《义乌发现新石器时代遗址距今约 9000 年》，《金华晚报》2013 年 3 月 29 日第 3 版。

余菡：《金华万年历史又发现考古新证》，《金华日报》2018 年 10 月 23 日第 A04 版。

张姮、俞跃、葛跃进：《800 年前的婺州菜是什么味道》，《钱江晚报》2011 年 5 月 22 日第 6 版。

章果果：《金华这个古村自称"古城"，背后有怎样的故事？》，《金华日报》2017 年 8 月 16 日第 8 版。

赵风富：《妇好的九峰山》，《今日婺城》2016 年 8 月 26 日第 3 版。

赵风富：《九峰书院变迁史》，《金华日报》2016 年 6 月 20 日第 8 版。

赵如芳：《金箔是葛洪炼出来的？是不是在金华炼的？》，《金华晚报》2015 年 2 月 6 日第 21 版。

朱鬼鬼：《〈金瓶梅〉为啥多次出现金华酒、金华方言和金华风俗文化的描述：作者很可能是义乌县令汪道昆——东阳一位教师提出〈金瓶梅〉作者新说》，《浙中新报》2009 年 10 月 13 日第 5 版。

祝左军：《东华山怀古》，《今日龙游》2017 年 12 月 8 日第 3 版。

中华人民共和国住房和城乡建设部：《住房和城乡建设部等部门关于

公布第五批列入中国传统村落名录的村落名单的通知（建村〔2019〕61号）》，《中国建设报》2019年6月6日第一版。

中华人民共和国国务院：《第一批国家级非物质文化遗产名录（国发〔2006〕18号文件）》，2006年5月20日。

中华人民共和国国务院：《关于公布第二批国家级非物质文化遗产名录和第一批国家级非物质文化遗产扩展项目名录的通知（国发〔2008〕19号文件）》，2008年6月14日。

中华人民共和国国务院：《第三批国家级非物质文化遗产名录（国发〔2011〕14号文件）》，2011年6月9日。

中华人民共和国国务院：《第四批国家级非物质文化遗产名录（国发〔2014〕59号文件）》，2014年12月3日。

浙江省人民政府：《关于公布第一批浙江省非物质文化遗产代表作名录的通知（浙政发〔2005〕26号文件）》，2005年5月18日。

浙江省人民政府：《关于公布第二批浙江省非物质文化遗产代表作名录的通知（浙政发〔2007〕33号文件）》，2007年6月5日。

浙江省人民政府：《关于公布第三批浙江省非物质文化遗产名录和第一批、第二批浙江省非物质文化遗产扩展项目名录的通知（浙政发〔2009〕35号文件）》，2009年6月22日。

浙江省人民政府：《关于公布第四批浙江省非物质文化遗产名录的通知（浙政发〔2012〕55号文件）》，2012年6月25日。

浙江省人民政府：《关于公布第五批浙江省非物质文化遗产代表性项目名录的通知（浙政发〔2016〕16号文件）》，2017年1月5日。

浙江省人民政府：《关于公布第七批省级文物保护单位的通知（浙政发〔2017〕2号）》，《浙江省人民政府公报》2017年第7期。

# 后　　记

　　春秋战国时期的浙江金衢盆地，在前482年曾有一个神秘的古国——姑蔑国出现在这里，与当时的吴国、越国等诸侯国是平行的地域单位，距今2500年。

　　受传统正史的影响，对于夏、商、周三代包括姑蔑国在内的许多诸侯国，都以史料太少而不予重视，下功夫研究更是难度之大。浩如烟海的历史文化资料，有很多得益于非正史的各种地方史、志才得以保存于后世。由于文献的简略和考古的阙如，"姑蔑"尚难详细了解，先秦古籍中"姑蔑"的记载仅在《逸周书》《左传》《国语》中出现，但仍不失为史实，故而在"姑蔑"这个部族上作一些挖掘。

　　史前时期，浙江唯一的人类生活圈——金衢盆地，是婺、衢、处、严四府交汇地，连接浙、闽、赣、皖的交通要塞。金衢盆地的金华、兰溪、汤溪以及衢州、龙游诸县方志，对"姑蔑国"旧址的记载纷纭，然确载古大末城者唯汤溪县志。乾隆《汤溪县志》记载："太末县旧址在九峰山下，其城阃（门）街址，历历犹存。"也就是说，太末县旧址在浙江九峰山下证据确凿。

　　一直以来，文物考古对金衢盆地方域深掘不息，追踪探索始终没有停止过。自2018年3月以来，浙江省文物考古队入驻浙江九峰山进行了试探性发掘，发现有商、周、唐、宋等各个历史时期的石器陶瓦，有城市建筑的基址及完整的排水系统，现在还在进一步发掘中，考古人员判断疑似传说中的姑蔑国旧址。

　　在探究、发掘地方文化纷纷启动的今天，诸如"基于文化人类学的浙江姑蔑文化"课题研究，不仅纠正了过去对地方历史的偏见，还充实了古代史的内容，同时也在促进当地社会经济、文化建设的发展。讨论远古历史时，往往缺乏足够的资料，如果没有清晰的判断，全凭推论，不免谬以千里。当然，在开展这些区域历史文化研究的过程中，也并不是完全达成共识的，学术问题时有分歧也是正常的。"姑蔑"的考据辨析需要大量的资料，但历史文献记载的"姑蔑"地名、人名及历史信息纷繁复杂，要梳理清晰还需进一步的文物考古支撑，限于学力、资料的限制，不能轻易下结论。就浙江而言，学界认为"姑蔑之名是否确指古衢州还未能下定论"，金华与衢州等地同属古姑蔑国核心区，今天的浙江金衢人就是两千五百年前的姑蔑国的后人。然而，在云南也发现了姑蔑令的土墩墓，意味着云南也有"姑蔑"的存在，使"姑蔑"更加扑朔迷离。历史原因，"姑蔑"或隐或现，由于种种限制难以查到更多的"姑蔑"文字图片资料，但中华民族丰富的文化史料，极大地推动了浙江姑蔑文化的研究。从一些零碎的直接资料，加以综合分析，逐步丰富观点。从与之相关的资料，加以辩证地分析，得到相关的佐证。本书的初步研究及其结论只是试探性的，其中肯定存在不少需要进一步思考和斟酌的问题，尚待进一步考证，聊供讨论。

因此，探寻浙江姑蔑文化的内涵，推动地方文化繁荣发展，结合地域社会的相关现象，贯穿从文明起源到当代飞跃的整个过程，透过表象揭示其中奥秘，以激发"姑蔑"深层挖掘研究，这是本书的出发点，也是研究的目的。在昔日调查、采风、教学和科研活动的岁月里，笔者虽有了一些肤浅的积累，并发表了一些文章与业内同仁和学者探讨交流，但尚未形成系统的思考。当然，本书也不是各种资料的简单堆积与梳理，其中很多地方有笔者自己的判断与思考。而以"文化人类学"视角破题，也是自感体系乏力之故，现玉前抛砖，以求正于贤达。姑蔑国虽已湮没在历史长河中，但其古老的名字、悠长的岁月、灿烂的文化却给后人留下了宝贵的财富，姑蔑文化是和上山文化、河姆渡文化、吴越文化相媲美的浙江传统文化体系。

本书历经数载，数易其稿，终于付梓。在写作与出版的过程中，得到了浙江省哲学社会科学发展规划领导小组的具体指导和大力支持。浙江师范大学原校长蒋风教授、《浙江日报》原首席记者洪加祥、金华经济技术开发区顾问赵有根等专家对书稿提出了中肯的意见和建议。承叶志良教授为本书撰序，书法家、美术评论家郑竹山为本书专门创作《九峰山图》，书法家吴文胜、邹其寿、王红明题写书签，还蕴结了课题研究团队成员婺城区乾西小学语文老师郑丽华、艾青纪念馆金华市少年儿童图书馆研究馆员周国良、浙江旅游职业学院二级教授叶志良、金华职业技术学院旅游与酒店管理学院院长周彩屏教授、艾青纪念馆金华市少年儿童图书馆助理研究馆员许苗苗等的辛勤奉献，是集众人之才智，才能完成本书，在此一并致谢。

本书是2019年度浙江省哲学社会科学规划课题（编号19HQZZ03）研究成果，得到其经费资助，也获金华职业技术学院专著出版基金资助，在此一并表示感谢！

林胜华

2019年9月